PROMENADE

AUTOUR DU MONDE

OUVRAGE DU MÊME AUTEUR

SIXTE-QUINT

D'après des correspondances diplomatiques inédites, tirées des archives d'État du Vatican, de Simancas, Venise, Paris, Vienne et Florence. 3 volumes in-8°. Paris, librairie A. Franck, 67, rue de Richelieu.

13692. — Typographie Lahure, rue de Fleurus, 9, à Paris.

PROMENADE
AUTOUR DU MONDE

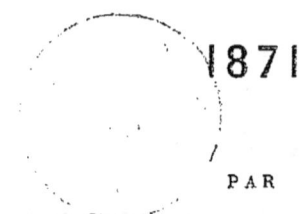

1871

PAR

M. LE BARON DE HÜBNER

Ancien Ambassadeur, ancien Ministre
auteur de *Sixte-Quint*

TOME SECOND

DEUXIÈME ÉDITION

PARIS
LIBRAIRIE HACHETTE ET Cie
BOULEVARD SAINT-GERMAIN, N° 79

1873

Droits de propriété et de traduction réservés

DEUXIÈME PARTIE

JAPON

(SUITE ET FIN)

PROMENADE
AUTOUR DU MONDE

1871

IV

YEDO

Du 14 au 16 septembre.

(Conclusion.) — Une partie fine chez Yaozen. — Audience du mikado. — La légation d'Angleterre. — Départ.

(14 septembre.) Il pleut à verse. Ce sont les premières eaux qui annoncent l'automne : la saison désagréable pour les habitants des maisons japonaises. L'humidité les envahit. Le papier des châssis se décolle ; plus d'obstacle au vent, et, quoiqu'il fasse tiède au dehors, à l'intérieur le frisson vous prend. En été on y souffre de la chaleur, en hiver il

n'y a pas moyen de se garantir contre le froid. Mais, pendant le court printemps et vers la fin de l'automne, quand le temps se remet au beau, on s'y trouve à merveille.

J'ai bouquiné chez plusieurs libraires. Dans les dernières années le prix des livres a extrêmement baissé. On n'achète plus que des encyclopédies traduites de l'anglais, de l'allemand, du français. Je fais emplette d'une description illustrée de la ville de Kiyôto, en onze volumes, et l'on me fait payer quatre *bous*, un peu plus de cinq francs. L'année dernière cette édition valait encore six rios, environ trente-six francs.

———

(15 septembre.) Il fait beau et nous voulons nous donner le régal d'un repas japonais chez le célèbre restaurant Yaozen. C'est le café de Paris de Yedo. La maison est située derrière l'Asakusa, à l'extrémité opposée de la ville, à onze ou douze milles de la légation.

L'hôtesse nous mène dans une jolie pièce du premier, nous fait prendre place sur de fines nattes et nous engage, en tout bien tout honneur, à simplifier notre toilette. Le Japonais se met à l'aise pour manger. On se rappelle que la ceinture seule est indispensable; les autres vêtements sont l'accessoire; on les met, on les quitte selon la saison et le temps qu'il fait. Il est dans le génie de la nation de viser à la simplicité. On aime, il est vrai, à jouer; on s'entoure, si on le peut, de mille superfluités; mais, s'il le faut, on s'en passe volontiers, et on a toujours le nécessaire puisque, dans les bons comme dans les mauvais jours, on se trouve réduit aux limites du possible.

Le repas est exquis : plusieurs poissons crus et coupés en tranches, bouillis et braisés, un potage de poissons, diverses confitures et à la fin un plat de vermicelle fait d'une racine dont j'ignore le nom, le tout servi dans des coupes de porcelaine placées devant chaque convive sur un petit cabaret à quatre pieds de bois laqué. Auprès de nous, quatre jeunes filles, richement habillées, font entendre à tour de rôle, quelquefois ensemble et en s'accompagnant du luth, les morceaux les plus à la mode. Dans les entr'actes, on cause, on rit beaucoup, mais on reste dans les bornes de la plus stricte convenance. Ces jeunes filles, dit-on, n'en sortent jamais, à moins qu'on ne leur fasse boire du saké; même alors elles ne pèchent que par un excès de gaieté qui se dissipe avec les fumées de cette boisson. Des fleurs épanouies près d'un tas de fumier! Deux autres jeunes filles exécutaient des danses ou plutôt des pantomimes. Elles tâchaient d'exprimer par des gestes et des poses les paroles des chanteuses. La musique n'accompagnait pas la danse. C'était plutôt la danse qui complétait la chanson. Les sujets de ces pantomimes étaient des scènes de tendresse. Un jeune homme va voir sa belle en cachette. Pour indiquer le caractère secret de l'entretien et en même temps la résistance que la belle oppose aux supplications de son amoureux, la danseuse s'incline et dérobe derrière son éventail sa figure et son buste. Enfin le jeune homme est écouté. Pour exprimer le départ de son amant, la jeune fille imite le mouvement d'un samurai qui passe ses deux épées dans sa ceinture et met son chapeau. A la fin, pour peindre son bonheur, elle compte sur ses doigts le nombre des rendez-vous. La danseuse devait à peine avoir quatorze ans, mais elle était déjà complétement faite. Elle avait de fort beaux yeux, l'air délicat, la physionomie régulière autant que le type mongol le comporte, l'expression du visage doucement mélancolique et le maintien on ne peut plus modeste. Ses poses étaient pleines de grâce, mais un peu outrées et offrant, sous ce rapport, une vive analogie avec les produits de l'art japonais. Sa toilette consistait en une robe de soie gris bleuâtre, retenue par une ceinture écarlate. Dans le courant de la soirée, elle et ses compagnes se retirèrent deux ou trois fois pour changer de toilette.

Cependant la conversation ne tarit pas. La première chanteuse, un peu plus âgée que les autres, y prend une part active. Elle a des traits fort jolis et les manières aisées et élégantes d'une femme du monde. Un événement vient d'agiter le quartier. Un comédien a enlevé une femme mariée. Le couple a été arrêté et jeté en prison. Être emprisonné, au Japon, c'est le plus souvent la mort, toujours l'extrême misère. Il est vrai qu'une commission de fonctionnaires, guidée par un des *étudiants* de la légation d'Angleterre, s'est rendue tout récemment à Hongkong pour visiter l'établissement pénitentiaire de la colonie anglaise, modèle de toutes les perfections que l'esprit philanthropique ait jamais inventées pour la demeure des criminels. Mais cette question n'est qu'à l'étude, et, en attendant la solution, les prisons sont encore des repaires infects. A moins d'avoir une santé de fer, ceux qui y sont enfermés périssent par la faim, par le froid, ou par les maladies[1]. Un homme en prison est donc, avec raison, le sujet de la commisération de ses concitoyens. Nos chanteuses aussi déploraient le sort du comédien; mais, et voilà le trait caractéristique, elles applaudissaient à l'incarcération de la femme; car, disaient-elles, quand une femme dit à un homme qu'elle l'aime, que peut-il faire, le malheureux! sinon se rendre à son désir? Agir autrement ce serait violer les lois de la galanterie; ce serait ignoble, ce serait lâche. Que dites-vous de ce code de morale?

Il est un autre trait que je ne dois pas omettre; il jette une vive lumière sur le mouvement qui se fait dans les esprits, et que représente la jeunesse dorée de Yedo. L'infatigable Satow, tout en causant avec ces beautés, transcrivait soigneusement sur son calepin le texte des chansons que nous venions d'entendre. En voici une : « Ah! que ne puis-je voyager par télégraphe ; car le jinrikisha est bien lent, il vous traîne péniblement, vous meurtrit les membres et vous écrase en tombant! » Ce sont là les échos du jeune Japon : progrès, imitation de l'Europe et mépris des choses indigènes.

1. D'après des nouvelles récentes (septembre 1872) des améliorations notables viennent d'être introduites dans l'administration du grand bagne de Yedo. Les prisonniers, tous des condamnés aux travaux forcés, sont suffisamment nourris et traités avec humanité.

Pendant notre retour on nous fait voir de loin la maison du chef des étas. Elle est située non loin de l'Asakusa, sur la rive gauche du Sumidagawa. La maison semblait proprette, bien tenue, et ne trahissait nullement l'état abject de son propriétaire. Impossible d'y entrer. Nous aurions été souillés à jamais et nos bettos nous eussent abandonnés sur-le-champ. Les étas sont les parias du Japon. Ils vivent entre eux, et sont employés aux cimetières comme fossoyeurs et à tous les métiers réputés infâmes.

(16 septembre.) Mon audience auprès du Mikado, fixée pour aujourd'hui, avait donné lieu à plusieurs entretiens de M. Satow avec Iwakura. On m'avait communiqué les paroles que l'empereur m'adresserait, et j'avais dû fournir ma réponse. On m'avait remis en outre un plan du pavillon où l'audience aurait lieu, avec indication du trône et des places que chacun de nous aurait à occuper. Quant à l'étiquette, elle fut réglée d'après le précédent fourni par l'audience accordée à M. Seward, ancien ministre des affaires étrangères des États-Unis.

Ce matin, un chambellan vint nous chercher dans une sorte de phaéton fabriqué à Hongkong, peut-être le seul véhicule qu'on possède, car à la cour impériale l'usage des voitures est inconnu. Le Mikado ne sort jamais[1].

1. Quelques mois après, sur le conseil de ses ministres réformateurs, l'empereur s'est montré en calèche à ses sujets ébahis. Cet

A midi, M. Adams, M. Satow et moi nous quittons la légation, précédés et suivis par les ordonnances anglaises à cheval et par une vingtaine de cavaliers japonais. Les bettos couraient à pied aux portières de la voiture. La distance qui sépare du château le faubourg de Takanawa est environ de quatre milles. Sur tout le parcours, les rues transversales avaient été fermées aux passants avec des cordes ; des sentinelles étaient placées à de courts intervalles. Les postes présentaient les armes. Une foule compacte, indifférente mais curieuse, se pressait derrière les cordes.

Arrivés à la porte de la première enceinte, nous trouvâmes de la troupe sous les armes. Il en était de même à l'entrée de la seconde et aux abords du château. Armés et en partie habillés à l'européenne, ces soldats avaient bonne apparence ; seulement ils semblaient un peu gênés par leur déguisement. En revanche, les yakunins et autres cavaliers du service militaire et civil qui portaient le costume et les armes du pays, offraient un spectacle imposant et vraiment beau. Après avoir traversé le dernier pont, jeté au-dessus du grand fossé du château, nous mîmes pied à terre et fûmes conduits dans le jardin particulier du Mikado, rigoureusement fermé aux mortels, sauf de très-rares exceptions.

C'est une étroite bande circulaire qui d'un côté entoure une partie du château, et de l'autre a pour limite le grand fossé. Mais ni le château ni le fossé

été (1872), ils l'ont vu parcourir les rues de Yokohama en voiture de louage. Le fils des Dieux portait un uniforme de fantaisie européen, moitié de marin et moitié d'ambassadeur!

ne sont visibles. Ils sont cachés derrière un double rideau de bambous et d'arbres plantés par Taiko-Sama : des conifères aux troncs rouges et tourmentés, des érables aux feuilles fines et étoilées, des chênes verts, des cryptomérias, des lauriers, des arbres fruitiers choisis pour la beauté de leurs fleurs, les seules que l'on trouve dans ce lieu enchanté. Aucun vestige de plates-bandes. Un seul sentier sur la pelouse fraîche et épaisse. Le terrain, artificiellement ondulé, figure une région montagneuse. Çà et là on a semé de petits chalets, ne se distinguant en rien des pavillons qu'on voit dans les jardins des riches. Nous avions marché environ cinq minutes, lorsque nous fûmes reçus par Sanjo, président du conseil, par Iwakura et par trois conseillers intimes, Kido, Okuma, Itagaki, les délégués des clans de Chôshiu, Hizen et Tosa, qui, avec Saigo, le délégué des satsumas, absent en ce moment, ont fait la révolution de 1868.

Nous nous trouvions donc en présence des hommes qui, selon le point de vue auquel on se place, seront les régénérateurs ou les destructeurs du Japon. J'ai déjà parlé d'Iwakura et de Sanjo. Tous deux ont l'air de ce qu'ils sont, de grands seigneurs. Okuma, pauvre étudiant à Nagasaki la veille de la révolution, est devenu, avec Kido, l'homme important du jour. Les autres, avant de s'élever aux postes qu'ils occupent, étaient de simples samurais ou kôtos, et leur nouvelle grandeur n'a pas poli leurs manières. Mais ce sont des têtes intéressantes, plus intéressantes même que celles de leurs nobles collègues. On y lit l'intelligence et la hardiesse, et aussi l'assurance du joueur qui, se sentant en veine, est décidé à jouer son va-tout. Certes, leurs ongles ne sont pas soignés, et leurs mouvements un peu brusques, un peu gauches, manquent de la gracieuse nonchalance du Japonais de haut rang. Mais ils n'en sont pas moins les maîtres de la situation. C'est d'eux que dépend en grande partie l'issue finale de la lutte, sourde encore en ce moment, entre ceux qui profitent de la réforme et ceux qui en payent les frais. J'en parlerai ailleurs en examinant la situation politique de l'empire. Il suffit de dire que, grâce à leur popularité, ces quatre conseillers, dont trois sont assis en face de moi, ont décidé leurs clans à prendre les armes en 1868, et à continuer leur appui aux réformes radicales qui doivent changer la face du Japon.

Après une courte causerie, on vint nous avertir que le Mikado était prêt à nous recevoir. Nous reprîmes notre marche et accompagnés de tous ces dignitaires qui portaient leur grand costume de cour, nous arrivâmes à la porte ouverte du pavillon dit *de la Cascade*. Malgré ma vive curiosité de voir l'empereur, je ne pus m'empêcher de jeter un regard autour de moi, et d'admirer la beauté poétique du lieu. Le pavillon s'élève sur le bord d'une petite plaine circulaire entourée de coteaux et d'arbres gigantesques. En face, quelques blocs de granit groupés avec un art et un sentiment de nature exquis, forment un rocher escarpé d'où se précipite un ruisseau abondant qui donne son nom au kiosque.

Nous pénétrons dans l'intérieur et nous voici en

présence du Fils des Dieux. La pièce est longue de vingt-quatre pieds environ et large de seize à dix-huit. Le plancher est couvert d'une natte très-fine. Aucun meuble, sauf un piédestal haut de deux pieds, occupé par le Mikado. A l'entrée, la pièce était sombre ; mais, par un heureux hasard, un rayon de soleil, glissant entre les persiennes et par les fentes des cloisons de papier, répandait une vive clarté sur la personne de l'empereur. Dans les rares audiences officielles, toujours données au château, un rideau à demi baissé dérobe la tête du souverain aux regards indiscrets des personnes qui l'approchent. Ici, aucune précaution de ce genre n'avait été prise. Il était assis sur un tabouret, les jambes croisées, et tenant ses mains appuyées l'une contre l'autre. C'est exactement la pose qu'on donne aux statues de Bouddha.

L'empereur a vingt ans, mais il paraît en avoir trente. Son nom particulier est Mutsuhito. J'ai eu de la peine à le savoir. C'est M. Satow seul qui a pu me renseigner sur ce point. Dans le peuple on ne désigne jamais le souverain que par le nom généririque de Mikado. C'est seulement après sa mort qu'on lui décerne le nom qu'il portera dans l'histoire. Les traits de Mutsuhito ont tous les signes de la race japonaise : le nez large et un peu épaté, le teint blême, mais les yeux vifs et brillants, malgré l'immobilité que leur prescrit l'étiquette. Il me semblait avoir souvent rencontré ce visage dans les rues de Yedo. Le costume était on ne peut plus simple : tunique bleu foncé uni tirant sur le noir d'ardoise et de très-larges pantalons écarlates. Les cheveux, arrangés à la mode du pays ; la coiffure, une aigrette colossale faite d'une branche de bambou et de crins, qui, partant de l'oreille droite, s'élevait verticalement à une hauteur d'au moins deux pieds et demi et s'agitait avec violence au moindre mouvement de la tête. C'est l'insigne du rang suprême. Ni le Mikado ni ses ministres ne portent de bijoux. Excepté en nous adressant la parole, Sa Majesté se tint immobile comme une statue.

Derrière elle un dignitaire portait, soigneusement enfoncé dans le fourreau, le glaive de l'empire. Malheur à celui qui le verrait nu ! Ce serait sa mort. A la droite du trône, appuyés contre la cloison, se tenaient Sanjo et les trois conseillers; à la gauche, Iwakura. M. Adams et moi, accompagnés de M. Satow et de l'interprète de cour, nous occupions le milieu de la pièce, en face et à quelques pas de l'empereur. Pendant les premiers instants, un profond silence régna dans ce petit pavillon qui en ce moment renfermait les arbitres des destinées d'un grand empire. On n'entendait que le bourdonnement des mouches et le chant des cigales.

M. Adams, prié par Iwakura de procéder à la présentation, dit qu'en l'absence du représentant de l'Autriche qui réside à Sanghaï, il avait l'honneur de m'introduire auprès de Sa Majesté. Le Mikado lui dit quelques mots aimables, s'adressa à moi en me félicitant d'avoir heureusement traversé les grandes mers, et je répondis par quelques phrases adaptées à la circonstance.

Il prit alors la parole pour la seconde fois.

« J'apprends, dit-il, que pendant longtemps vous

avez porté dans votre pays le fardeau d'importantes positions, et que vous avez diverses fois exercé les fonctions d'ambassadeur dans de grands pays. Je ne saurais guère me figurer exactement la nature de vos occupations. Si, parmi les fruits de votre expérience, il se trouve quelque chose qu'il me serait utile de connaître, je vous prie de vous en ouvrir sans réserve à mes principaux conseillers. »

Conformément à l'étiquette, l'empereur, en me parlant, ne faisait que murmurer entre ses dents des sons inarticulés et à peine saisissables. Sanjo les répétait à haute voix, et le drogman du palais les rendait en anglais. Nos réponses furent traduites en japonais par M. Satow. Toutes les fois que l'empereur parlait, il se tournait vers nous, nous regardait dans les yeux et ses traits s'animaient soudain d'un sourire gracieux et d'une expression de bienveillance. Mais au moment où il fermait la bouche, il reprenait aussitôt son visage sérieux, ou plutôt insignifiant.

Lorsque nous nous retirâmes, l'empereur, restant immobile, fixa sur nous ses yeux. Ni à notre arrivée, ni à notre départ, ils ne nous a salués. Les ministres nous suivirent et nous firent faire un tour dans le jardin. Ils nous montrèrent une petite ferme-modèle destinée à donner au souverain une idée des différentes manières dont ses sujets cultivent la terre. On me permit aussi d'escalader le bord du grand fossé et de jouir de là d'une vue superbe sur une partie de Yedo. Une petite collation nous fut ensuite offerte dans un des pavillons. Nous admirions la symétrie et l'élégante simplicité avec laquelle la table était servie.

Au moment où l'on allait se lever, Sanjo, selon les ordres de son maître, me pria de lui exposer mes idées sur le Japon. Je m'excusai sur mon ignorance, tout en applaudissant aux efforts que faisait le nouveau ministère pour améliorer les conditions du pays, et aux innovations salutaires qu'il méditait. « La sagesse des hommes éminents que je vois réunis autour de cette table, ajoutai-je, les dirigera dans cette tâche ardue. Ils compteront avec les mœurs et les idées du pays ; ils comprendront que tout ce qui est bon en Europe ne saurait l'être au Japon ; ils éviteront les changements trop brusques et ne procéderont qu'avec une circonspection extrême. »

C'est ainsi que notre réception se termina. Les dignitaires nous accompagnèrent à notre voiture, et à trois heures nous étions rentrés à la légation.

Le soir, le Mikado nous envoya des boîtes remplies de confitures de formes bizarres, et de sucreries de diverses espèces. Ces boîtes sont en bois naturel ; car, à la cour impériale, conformément à une ancienne tradition, on dédaigne de peindre ou de laquer le bois.

Je ne pense pas que j'oublierai jamais la scène de ce matin : ce jardin féerique, ces pavillons mystérieux, ces hommes d'État en grande tenue errant avec nous dans les sentiers des bosquets, ce potentat oriental qui se présente comme une idole et qui se croit et se sent un dieu. Cela dépasse les contes des Mille et une nuits.

(17 septembre.) J'ai rencontré ce matin l'un des quatre conseillers qui avaient hier assisté à mon audience et nous avons causé des affaires du pays. « Les chefs du mouvement réformateur, m'a-t-il dit, sont certains du succès. Ils le disent et ils le croient, et je partage leur opinion. Nous ne craignons aucune résistance sérieuse. Dans trois ans, l'œuvre sera accomplie (c'est exactement ce que Iwakura nous avait dit.) Peut-être ne sommes-nous pas tout à fait sûrs du Sud, ni des satsumas dans l'île de Kiushiu ; là il pourrait y avoir des dissidents ; mais eux aussi finiront par céder. Quant à moi, je ne doute pas du succès final. Un de nos grands projets est de réunir plusieurs petits clans en un seul et de scinder les clans trop grands et, par suite, trop puissants. »

Notez l'analogie avec les procédés qui ont été souvent employés en Europe. On décompose les provinces en départements, on change les districts électoraux. Au Japon, un sort pareil est réservé aux clans, qui sont les éléments historiques dont se compose la nation.

« Déjà, continua mon interlocuteur, nous avons supprimé les daimiats, les principautés féodales. Reste à résoudre la grosse question des samurais, des gentilshommes de clan attachés au service des daimios, et qui jusqu'à présent vivaient des rations de riz et des libéralités de leurs chefs. Voici notre projet : On leur ôtera le tiers de ce qu'ils touchaient. Les deux autres tiers leur seront payés pendant dix ans à titre de pension. Le troisième tiers, avec les intérêts composés, formera un fonds public qui servira à l'amortissement de la pension des deux tiers[1].

« Tous les daimios sans exception seront tenus de résider à Yedo, c'est-à-dire d'y prendre domicile et d'y établir leurs familles. Ils seront libres d'ailleurs de visiter leurs terres, et de voyager dans les pays étrangers.

« Nos réformes répondent aux vœux de la nation. Plusieurs clans nous ont adressé des pétitions, et ce que nous comptons faire était précisément ce qu'ils demandaient. »

La vérité, c'est que les meneurs du centre donnent le mot d'ordre aux meneurs des clans, et se servent des pétitions, écrites sous leur dictée, comme si elles émanaient de la libre initiative des clans. Qui n'est frappé de la ressemblance de ces procédés avec les moyens employés par nos radicaux d'Europe? Je me demande si elle est le produit naturel de tendances et de circonstances analogues ou d'influences étrangères qui agissent en secret. Je pense que les deux éléments sont à l'œuvre. Seulement, j'ai de la peine à me persuader que des Européens ou des Américains interviennent, même indirectement, dans le travail qui se fait à Yedo. Sans doute, les ministres japonais, excessivement ardents à s'informer des choses d'Europe et à les imiter, ont pris l'habitude de consulter les envoyés des grandes puissances sur telle ou telle mesure administrative ou financière, et on me dit qu'ainsi interpellés, les

---

1. Cette opération financière a été simplifiée. On m'écrit à ce sujet, du Japon, en date du 29 avril 1872, que les rations de riz des hommes à deux sabres ont été à peu près supprimées.

diplomates n'ont pas toujours refusé d'énoncer un avis. L'avenir prouvera peut-être qu'on aurait mieux fait de s'abstenir ; car les donneurs de conseils sont toujours regardés comme moralement responsables, quoique en réalité ils ne devraient répondre de leurs idées qu'autant qu'ils auraient été appelés à les mettre à exécution, et ce n'est pas ici le cas. Mais, à ce sujet, je suspends mon jugement. C'est une observation générale et non une critique déguisée de la conduite de tel ou tel ministre accrédité auprès du Mikado. Ce dont je suis fermement persuadé, c'est qu'aucun de ces diplomates, quand bien même il eût été consulté, n'aurait pris sur lui d'encourager le gouvernement à se lancer dans l'inconnu ou de lui fournir, d'après des modèles européens, un programme pour la future constitution du Japon. Quelque disposé qu'on puisse être à voir le pays entrer dans les voies d'une sage réforme, on ne peut pas ne pas comprendre que ces essais, fort louables en eux-mêmes, devront, s'ils réussissent mal, amener une réaction, et que cette réaction pourrait bien compromettre les intérêts, la prospérité, peut-être la vie des résidents européens.

Néanmoins l'analogie entre les procédés employés ici et la marche suivie par nos radicaux est si frappante, que, je le répète, on ne peut nier l'action d'influences européennes et américaines. Ce sont là, je pense, les premiers fruits des voyages que les Japonais font à l'étranger. Déjà ces influences commencent à se faire sentir. Elles seront bien autrement puissantes quand tous ces jeunes Solons seront revenus d'Europe.

Le soir, Kido, dont j'ai fait la connaissance hier au château, dîne à la légation. C'est le meneur du clan de Chôshiu, l'un des principaux moteurs de la révolution de 1868 et l'auteur de la célèbre pétition au Mikado, par laquelle les daimios ont demandé leur médiatisation. Il a l'air et les manières d'un homme du peuple. En effet, avant de figurer sur la grande scène, il était simple samurai. Mais je n'ai pas rencontré dans ce pays-ci de physionomie plus spirituelle. Quand il parle, ses traits s'animent singulièrement. Il s'exprime avec facilité. On voit que c'est un homme hors ligne. On l'a fait beaucoup causer après dîner, et le résumé de sa conversation est : la confiance la plus entière dans l'œuvre de la réforme. Lui aussi déclare que trois ans suffiront pour déplacer tous les droits acquis, changer les mœurs et transformer les idées !

La légation britannique à Yedo se compose en ce moment de M. F. O. Adams, chargé d'affaires ; d'un second secrétaire, absent et suppléé par M. Dohmen, vice-consul au Tsukiji ; de M. E. Satow, premier interprète ou *japanese secretary of legation*, et, quoique à peine âgé de trente ans, un des plus forts japonologues vivants ; enfin de quatre « étudiants » qui, placés sous la direction du secrétaire interprète, apprennent la langue du pays. Ils occupent de jolis *cottages*, situés dans l'enceinte de la légation, et touchent pendant la durée de leurs études deux cents livres sterling par an. Les jours de la malle, ils travaillent à la chancellerie, ce qui leur fournit l'occasion de se rompre aux affaires. Dès qu'ils sont suffisamment avancés, ils sont placés comme interprètes, soit à la légation, soit aux cinq ports des traités. La carrière consulaire leur est également ouverte; mais ils doivent s'engager à servir exclusivement au Japon. Ce système semble donner d'excellents résultats. Ces jeunes gens, animés d'une noble émulation, font des progrès rapides, s'éprennent d'une vive affection pour le pays où ils passeront la plus grande partie de leur vie, et contribueront un jour à porter la lumière dans les ténèbres qui enveloppent encore l'empire du Soleil levant. Mais ce ne sont pas les « étudiants » seuls qui aiment à apprendre. Ce désir est partagé par tous les membres de la légation. On ne parle que Japon, Japonais et Japonaises. C'est l'inconnu qui pique votre curiosité; un rébus qu'on s'étudie à déchiffrer.

En dehors du personnel diplomatique, il y a un médecin, un inspecteur et quatre ordonnances ou *orderlies* qui suivent le ministre à cheval dans les occasions solennelles ou quand il peut y avoir du danger. Ils sont chargés de veiller dans l'enceinte de la légation à la sûreté de ses membres, et font alternativement le service de nuit.

En attendant qu'on bâtisse l'hôtel de la mission, qui doit être érigé dans le Soto-Jiro, c'est-à-dire dans la seconde enceinte, la légation d'Angleterre occupe un yashki situé dans la partie haute du faubourg de Takanawa, à environ un mille de la porte occidentale de Yedo. Comme toutes les habitations des grands, c'est un groupe de maisonnettes en bois et en papier, reliées par des couloirs, élevées de deux ou trois pieds au-dessus du sol, donnant d'un côté sur de petites cours et de l'autre sur un vaste et beau jardin. Un mur solide l'entoure. Il y a bien quelques parties faibles du côté d'un petit bois sacré appartenant à un vieux temple, mais les orderlies y ont les yeux. Au centre est le principal corps de logis. Des arbres magnifiques ne vous laissent pas oublier que vous êtes au Japon. En effet, édifices et jardins portent au plus haut degré la couleur du pays. Près des maisons se dresse le mât de pavillon. Au dehors, en face du grand porche, imposant comme ceux de tous les yashkis, se trouve le corps de garde occupé par une trentaine de yakunins, de cavaliers et de soldats ayant pour mission de veiller à la sûreté des membres de la légation et de les accompagner quand ils sortent. J'ai plusieurs fois essayé de me glisser au dehors sans être aperçu. Vaine tentative! Trois ou quatre hommes, quittant leurs cartes et leurs pipes et ceignant à la hâte leurs épées s'attachaient aussitôt à mes pas. Pour leur échapper, je saute dans un jinrikisha et je dis au kouli : Vite à la Shiba! Mais à peine suis-je arrivé aux tombeaux des shoguns, trois autres de ces véhicules mettent sur le pavé autant de yakunins. Ils s'inclinent profondément et sourient finement; puis ils m'entourent, me suivent, et ne me quittent qu'à la porte de la légation.

L'accès de ce palais n'est pas facile. Une longue montée assez raide, où, par intervalles, on a pratiqué de larges degrés, vous y mène. Heureusement, chevaux et voitures s'y habituent. Le jardin, où ne se trouvent pourtant ni fleurs ni aucun genre de luxe, est de toute beauté. Il possède une belle allée et un tertre d'où l'on découvre, au-dessus des têtes d'arbres, le golfe de Yedo, les forts maritimes désarmés aujourd'hui, puis à l'horizon les hauteurs bleuâtres de Kanagawa. Dans ce lieu solitaire, on aime à passer les heures chaudes de la journée, recueillant les brises de la mer, et tendant l'oreille au son du gong des temples qui appelle les Dieux, aux mille bruits confus, étranges, qui, tempérés par la distance, montent du golfe et des régions basses de la ville jusqu'à ces hauteurs aériennes.

Ce sont mes dernières heures à Yedo, et nous sommes tous un peu tristes de nous séparer. L'hôte ou le compagnon de voyage de M. Adams pendant plus d'un mois, et jouissant chaque jour de l'agréable commerce de M. Satow et de tous les membres de la légation, je vois avec peine se terminer ce séjour si plein d'intérêt et d'agrément. Mes regrets sont, je le crois, partagés ; car, dans ce brillant mais lointain exil, on a rarement l'occasion de rencontrer des personnes avec qui l'on puisse causer des hommes et des choses d'Europe. Les grandes distances agissent sur l'esprit comme un rideau de gaze agit sur l'œil. Les nouvelles de la patrie, tronquées et dénaturées comme le sont ordinairement les télégrammes, arrivent d'abord par le fil électrique, et deux mois après par la malle[1]. Dans l'intervalle très-probablement, la situation en Europe a

---

1. Le télégraphe aboutit à Shanghaï (Chine) et atteindra prochainement le Japon.

de nouveau changé. Ce n'est presque pas la peine de lire les journaux, écrémés d'ailleurs par le télégraphe.

Telle est la disposition d'esprit des résidents de l'extrême Orient. Les nouvelles de la patrie leur parviennent comme aux passants de la rue les sons d'un concert à travers les fenêtres closes d'une maison. On entend la grosse caisse, mais l'ensemble de la musique vous échappe. Le cœur reste attaché au pays qui vous a vu naître, mais vous renoncez forcément à suivre en détail la marche des événements. Vraiment, l'existence de ces hommes courageux et dévoués n'est pas toujours enviable. Le négociant vient pour faire fortune; le missionnaire, obéissant à sa vocation, est soutenu par les satisfactions internes d'une vie d'abnégation et de sacrifice. Les fonctionnaires diplomatiques et consulaires ne sont amenés ni par l'appât de l'or ni par l'espoir des récompenses éternelles réservées aux apôtres et aux martyrs. Sauf quelques douteuses chances d'avancement, le sentiment seul du devoir les maintient au poste du danger. Oui, au poste du danger! Regardez cette légation d'Angleterre, la seule qui réside dans la capitale du Japon. Le golfe de Yedo, à cause de son peu de profondeur, est inaccessible aux vaisseaux de guerre. Et, même en supposant en rade quelque canonnière prête à vous recueillir, il faudrait, pour gagner la plage, descendre par des ruelles et traverser des rues et des quartiers populeux. A moins d'une protection miraculeuse de la Providence, il me semble qu'en cas d'une attaque soudaine par la populace ou par des troupes, aucun des membres de la légation ne parviendrait à se sauver. Leur vie dépend absolument de la loyauté du gouvernement japonais, des moyens qu'il a ou qu'il n'a pas de les défendre, des mouvements incalculables et le plus souvent mystérieux de sa politique, de la conduite de l'opposition, aujourd'hui sourde et contenue mais non résignée, et qui, à un moment donné et quand on s'y attendrait le moins, pourrait bien essayer de ressaisir le pouvoir[1]. A l'heure qu'il est, je veux bien le croire parce qu'on me l'affirme, il n'y a aucun danger. Mais, au Japon plus qu'ailleurs, les jours se suivent et ne se ressemblent pas. A Yokohama, il y a beaucoup plus de garanties pour la propriété et pour la vie des résidents. Les troupes et les bâtiments de guerre européens donneraient probablement, en cas d'attaque, le temps de s'embarquer. Comparativement, mais non absolument, c'est de la sécurité. Le corps diplomatique a d'ailleurs déjà fourni ses victimes. M. Heusken, secrétaire de la légation des États-Unis, fut massacré, au centre de Yedo, près du célèbre pont dit Niphon-Bashi. Sir Rutherford Alcock, le prédécesseur de sir Harry Parkes, à peine installé dans un temple, non loin de la légation actuelle, fut attaqué de nuit par des hommes armés; un de ses orderlies et son cuisinier furent tués. M. Oliphant, l'écrivain, alors secrétaire de la léga-

---

1. Ce printemps (1872), des hommes armés ont tâché de pénétrer dans le palais du Mikado. Après avoir livré aux gardes un combat acharné, ils ont été massacrés dans les antichambres. C'était un acte de désespérés: mais il répond au génie de la nation, et semble prouver que le feu couve sous la cendre.

tion, quelques jours seulement après son arrivée de Londres, fut très-grièvement blessé. Honneur donc aux hommes qui acceptent ces situations périlleuses, qui les remplissent avec dévouement, qui veillent sur les intérêts et la sécurité de leurs nationaux, portent haut, aux antipodes, le drapeau de la patrie et, par des études solides de la langue et des mœurs du Japon, ouvrent de nouvelles voies aux conquêtes de la science!

V

ÔSAKA

Du 19 au 22 septembre.

Kobe et Hiôgo. — La barre du Yodogawa. — Ôsaka. Son importance commerciale. Sa physionomie. — La rue des Théâtres. — Le château de Taïko-Sama. — Le Chi-fu-chi.

(19 septembre.) A quatre heures du soir, je suis à bord du *Costa-Rica*, un des beaux vapeurs de la *Pacific-steam-ship company*, qui entretiennent un service régulier entre Yokohama et Shanghaï, en touchant Hiôgo (Kobe) et Nagasaki. Ces bâtiments partent et arrivent quatre fois par semaine. La compagnie anglaise péninsulaire-orientale, *P and O*, comme on l'appelle ordinairement, et les messageries françaises, desservent, chacune deux fois par mois, la ligne plus considérable et plus ancienne entre Yokohama et Hongkong. On a donc, toutes les semaines, l'occasion de se rendre soit dans le nord, soit dans le sud de la Chine. Sauf les touristes et les étudiants que le gouvernement expédie en Europe, peu de Japonais en profitent; mais beaucoup de Chinois du midi s'en servent pour aller au Japon,

et ceux du nord, les natifs du Kiangsu et du Shantung commencent à suivre l'exemple de leurs frères méridionaux. Petit à petit l'élément chinois augmente dans les *ports des traités*, surtout à Yokohama et à Nagasaki. Quand l'intérieur du Japon sera ouvert aux étrangers, les enfants du Céleste-Empire y afflueront en masse, car la force d'expansion de cette race n'est égalée que par son activité, sa persévérance et son extrême frugalité. Si les réformes qu'on vient d'inaugurer dans le Japon s'accomplissent sans secousse, et que l'intérieur en soit rendu accessible à tout le monde, les Européens auront à soutenir dans l'exploitation de ce pays la formidable concurrence des Chinois.

Quelques amis viennent à bord. Comme ils vous envient le bonheur de partir! Mais celui qui part n'est pas disposé à la gaîté. Quitter un pays avec la certitude de ne plus le revoir est pénible. Vous regardez en arrière, et vous trouvez que cette époque ou cet épisode de votre vie est clos à jamais. C'est un peu l'avant-goût de la mort; de toute façon, c'est un moment solennel qui invite à la réflexion, et, quand on a été, comme moi, comblé de prévenances et d'amitiés, à la plus vive reconnaissance.

Vers la tombée de la nuit, nous sommes sortis du golfe. A la lueur incertaine du crépuscule, nous distinguons les contours de la petite île d'Enoshima et les deux cornes des monts Hakoné. Une clarté olympique inonde le Fujiyama.

———

(20 septembre.) Les mers du Japon ont mauvaise

réputation, surtout dans cette saison qui est l'époque du changement de la mousson. C'est la plus dangereuse de l'année à cause de la fréquence des typhons. Mais, par exception, le temps est superbe et la mer comme une glace. Ce qui ajoute aux périls de la navigation, c'est l'absence de cartes nautiques. Les capitaines suivent une certaine route où ils sont sûrs de ne pas rencontrer d'écueils; mais, si la tempête ou des courants changeants et peu connus éloignent le bateau de la ligne connue, du *beaten track*, tout est remis au hasard. En ce moment-ci, les gouvernements de France et d'Angleterre font faire des reconnaissances hydrographiques dans les mers intérieures. Ces travaux touchent à leur fin, et on attend avec impatience la publication des cartes.

Nous sommes peu nombreux à bord et peu intéressants. Mais l'avant-pont est surchargé de passagers japonais. Il y en a aussi quelques-uns aux premières cabines. Ils vont tous à Kiyôto et à l'île de Kiushiu. Dès qu'ils touchent le pont d'un bâtiment étranger, ils s'affranchissent de leur cérémonial, et certes ils font bien; mais, en affectant d'adopter les usages européens, ils deviennent insupportables[1]. J'admets tout naturellement des exceptions.

Vers trois heures de l'après-midi, nous nous approchons de la côte, en tous points semblable à celle de Yokohama : des montagnes aux profils tourmen-

---

1. M. Medhurst, consul d'Angleterre à Shanghaï, fait la même observation au sujet des Chinois *européanisés*. Il les appelle *most insufferable creatures*. Voir *The foreigner in far Cathay*. London, 1872, p. 176.

tés, couvertes de végétation sur leurs flancs, et couronnées de panaches.

(21 septembre.) A deux heures du matin, le *Costa-Rica* est à l'ancre devant l'établissement de Kobe, situé à un mille à l'ouest du *Ken* japonais Hiôgo.

Distance de Yokohama : trois cent quarante-deux milles, soixante au degré.

Kobe est l'un des cinq *ports des traités*. Il n'est réellement ouvert que depuis trois ans, et déjà la *concession* s'est couverte de belles habitations et de spacieux magasins. Le nombre des résidents, y compris la partie flottante de la population, ne dépasse guère le chiffre de deux à trois cents; mais Kobe a de l'avenir, car c'est en réalité le port d'Ôsaka.

M. Gower veut bien m'offrir l'hospitalité au consulat d'Angleterre dont il est le chef. Son habitation est un petit bijou de *comfort* et de goût. Il possède, sur le flanc de la montagne, une maison japonaise qu'il a fait venir d'Ôsaka; elle est entourée d'un jardin et on y jouit d'une vue enchanteresse sur le golfe. Derrière ce petit Tusculanum, un escalier mène à un temple à moitié enseveli dans le feuillage.

J'ai fait ici une connaissance fort intéressante. Le P. Monico, des Missions étrangères de Paris, qui dirige l'établissement catholique de cette ville naissante, m'a donné une foule de curieuses informations sur la triste et en même temps glorieuse situation des chrétiens japonais et sur les persécutions cruelles dont ils sont l'objet[1]. Ce digne prêtre est natif de Tarbes. C'est le beau type du missionnaire, pâle, mélancolique, des traits nobles, l'expression douce et résignée. Quand il parle, sa figure s'anime et un fin sourire légèrement caustique erre sur les lèvres décharnées de l'ascète. Les résidents de Kobe, pour la plupart des protestants, parlent de ce saint homme avec une extrême vénération. Il passe pour être un des meilleurs japonologues.

Le golfe d'Ôsaka s'avance dans les terres du sud au nord. Hiôgo et Kobe sont situés dans la partie occidentale. Vers l'est, la grande ville, le *fu* d'Ôsaka s'étend sur les deux rives du Yodogawa qui, coulant du nord au sud, après avoir traversé le *fu*, se précipite dans le golfe un peu au-dessous de la ville. De Kobe à Ôsaka en ligne droite par mer, on compte quinze milles et vingt-deux par terre en faisant le tour du golfe. Plusieurs petits steamers appartenant à des compagnies indigènes, et commandés par des Anglais, font le trajet entre ces deux villes. Un de ces bateaux, dont les différentes pièces ont été construites en Allemagne, nous transporte en une heure et demie à la barre toujours difficile et souvent dangereuse du Yodogawa. Quelques minutes après, nous arrivons aux premières maisons d'Ôsaka et, à onze heures du matin, après un trajet de deux heures, à la très-petite concession. Au dedans de la barre, près et un peu au-dessus de son embou-

---

1. J'en profiterai en traitant plus bas cette matière. Le P. Monico, mort peu de semaines après mon passage par Hiôgo, laisse une grande lacune dans l'œuvre des missions et d'universels regrets dans le milieu où il a exercé son ministère.

chure, la rivière est fort étroite, et, par conséquent, profonde et rapide. Les maisons qui la bordent, à l'instar de tous les édifices de cette grande ville, n'ont qu'un rez-de-chaussée. Sur les deux rives, devant les maisons, de doubles et triples rangées de djonques de toutes dimensions rétrécissent le lit du fleuve et n'ajoutent pas peu aux difficultés de la navigation.

Osaka, l'un des trois *fu*, compte, à ce qu'on m'a dit, de quatre à cinq cent mille habitants. Le terrain qu'il occupe est moins étendu que celui de Yedo; en revanche, il y a ici moins de yashkis, moins de temples et de bois sacrés, peu de jardins particuliers et pas de champs labourables. Je serais donc tenté de penser que le chiffre d'un demi-million reste au-dessous de la vérité. Trois branches du Yodogawa et une autre rivière moins considérable traversent la ville. Ces cours d'eau sont reliés par un réseau de canaux. On compte plus de deux cent soixante ponts, tous en bois; plusieurs sont d'une grande longueur.

Ôsaka est la capitale commerciale du Japon. Toutes les marchandises des pays étrangers destinées aux régions centrales de l'empire passent par là. Malgré le peu de profondeur de cette partie du golfe et la mauvaise barre, l'affluence des bâtiments indigènes est incroyable. En effet, l'animation de la rivière de Yedo me semble inférieure à l'activité maritime et commerciale qu'on rencontre aux approches et sur le parcours de cette grande artère. La vapeur commence ici à jouer un rôle, et, à cet égard, les Japonais ont devancé les Chinois.

Ceux-ci n'ont pas encore appris à faire marcher la machine ni à diriger un steamer, tandis qu'on trouve des Japonais qui en sont capables. Le prince de Tosa (île de Shikoku) possède plusieurs grands bateaux à vapeur dont les capitaines et les mécaniciens sont des indigènes. Nous avons vu à l'ancre, hors de la ville, trois beaux steamers. Ils appartiennent à ce daimio et font le commerce entre Yokohama et les petits ports de la mer intérieure. Comme les prix du passage sont fort inférieurs aux tarifs de la Compagnie américaine[1], ils sont toujours surchargés de voyageurs. D'Ôsaka, les marchandises importées de l'étranger remontent le Yodogawa jusqu'au Fujimi, d'où elles sont transportées par terre à Kiyôto. D'autres bateaux, en remontant ce fleuve, pénètrent dans le grand lac intérieur connu sous les noms de Biva ou d'Omi.

Je descends chez M. J. J. Enslie, vice-consul d'Angleterre. Quoique jeune encore, c'est un des anciens de l'état-major consulaire britannique. Il habite le pays depuis dix ans, en sait bien la langue, et connaît surtout les hommes et les choses de cette partie du Niphon. Il aura la bonté de m'accompagner durant mon voyage à Kiyôto. C'est une faveur inappréciable; car en ce pays, qui est encore fermé aux étrangers et où les interprètes bons ou mau-

---

1. Le passage de Kobe à Yokohama, dans la grande cabine, coûte à bord des batéaux américains trente dollars, et dix-huit à bord des steamers de Tosa. Dans ces derniers, il est vrai, on n'est pas nourri, on marche aussi plus lentement, et on risque de couler bas ou de faire explosion. Néanmoins ces bateaux sont toujours combles, ce qu'on ne peut pas dire des vapeurs américains.

vais, comme on en trouve en Égypte et en Turquie, manquent absolument, il faut, à moins de jouir d'une protection officielle très-efficace, renoncer à tout projet de voyage dans l'intérieur.

Le quartier des étrangers, complétement bordé sur tous les côtés par la rivière ou par des canaux et dûment surveillé par des gardiens, est situé à l'extrémité méridionale de la ville. Il contient deux ou trois maisons européennes, le consulat britannique, fort bien établi dans un petit yashki japonais, et quelques cases indigènes accommodées à l'usage des barbares blancs. Quelques beaux arbres sont l'unique ornement de ce lieu d'exil, qui dans son ensemble porte le cachet de la jeune Angleterre un peu américanisée. Il y a, dans le *settlement*, une vingtaine d'Européens et Américains, un nombre égal d'employés à la Monnaie qui vient d'être construite à l'extrémité septentrionale de la ville, et quatre ou cinq instructeurs français qui demeurent au château, en tout une cinquantaine de blancs. Les femmes blanches, me dit-on, font complétement défaut. Ni église, ni prêtres, ni ministres. L'esprit de la population indigène ne comporte pas l'exercice de la religion chrétienne. D'ailleurs le droit d'établir des églises dans la concession semble discutable, Ôsaka n'étant pas un *port de traité*, mais seulement une ville ouverte aux étrangers. Tout, dans cet établissement, me semble précaire et provisoire. Les affaires des négociants étrangers sont peu lucratives. Leurs meilleures pratiques étaient les daimios, qui autrefois résidaient ici pendant quelques mois de l'année; mais, depuis la chute du shogun, ils ne viennent plus. Les marchands indigènes alousent les étrangers, et les autorités, sourdement il est vrai, et en évitant autant que possible de provoquer les réclamations des agents consulaires, leur créent des obstacles de tout genre. Aussi la petite colonie est-elle stationnaire et plusieurs résidents parlent-ils de départ. La population, naguère excitée en secret par les fonctionnaires, est demeurée hostile. En se promenant dans les rues, on voit parfois les parents souffler à l'oreille de leurs enfants des injures que ceux-ci, en s'attachant aux pas des Européens, répètent à haute voix. Les soldats de la nouvelle armée impériale, qu'on fait bien d'éviter, se distinguent par leur insolence. Sur les réclamations instantes et réitérées des ministres étrangers, les autorités ont reçu l'ordre de mettre fin à ces démonstrations, et aujourd'hui il y a, sous ce rapport, un mieux sensible à constater.

Je n'eus pas plutôt franchi le seuil du consulat que le gouverneur de la ville, prévenu de mon voyage par un courrier d'Iwakura, fit annoncer sa visite. Quelques minutes après, il arriva, accompagné du vice-gouverneur et d'un interprète. C'est le type du haut fonctionnaire japonais, poli, digne, un peu gauche, ce qui lui sied assez bien, les traits contractés pour l'occasion, l'expression de la physionomie compassée et un peu stupide. L'étiquette le veut ainsi. C'est comme le style officiel de nos chancelleries, qui n'est ni brillant ni élevé, mais qui a l'avantage de subordonner le caractère de l'individu aux exigences des affaires qu'il traite. D'ailleurs, l'échange des phrases banales terminé, le visage se détend, le naturel, qui est ordinairement gai et souvent bienveillant, l'emporte; on écarte le masque officiel, sauf à le reprendre au moment du congé. Le *chi-fu-ji*, gouverneur d'un *fu*, coiffé du bonnet de papier laqué noir, portait son grand costume de cour, une très-ample robe, aux manches très-larges et très-raides, d'une riche étoffe de brocart brodée de soie et d'or. Ses deux sabres, l'un immense et l'autre de proportions raisonnables, étaient richement sculptés. Son compagnon avait une figure ouverte, la voix sonore et un gros franc rire qui faisait oublier l'extrême irrégularité de ses traits. Il portait un bonnet phrygien colossal en papier laqué et une robe de soie violette parsemée de dessins roses. Le gouverneur me félicita avec effusion de l'honneur inouï, disait-il, que j'avais eu d'approcher le Mikado, et me prévint que l'empereur lui avait ordonné de me considérer, durant tout mon voyage dans son gouvernement, comme l'hôte de Sa Majesté.

Ces grands personnages partis, nous nous mettons en jinrikisha. M. Enslie a renvoyé les yakunins, ce qui serait impossible à Yedo, et nous avons le plaisir de parcourir, tout seuls, ce fu immense.

C'est évidemment une ville qui travaille et qui s'amuse. L'aspect en est un peu uniforme, mais l'animation corrige la monotonie. Les rues sont alignées, très-étroites, — de quatre à huit pieds, — très-propres, très-longues, et se rencontrent à angle droit. Il y a des quartiers entiers qui, ne contenant que des boutiques, se composent de longs et bas parallélogrammes divisés en maisonnettes ouvertes, garnies d'auvents noirs formant saillie; au-dessus, un petit attique sert de magasin et supporte le toit, également très-plat. Pour l'œil, c'est un immense bloc sillonné par le réseau des rues. Les tons noirs et gris prédominent. Rien de moins gracieux ni de plus triste; mais le regard n'a pas le temps de s'arrêter aux maisons. Il est absorbé par la richesse et la variété, j'ajouterai par l'étrangeté, des objets exposés en vente, et par la foule bariolée des piétons. Dans ce courant d'êtres humains qui se croisent sans se choquer, on voit fort peu de cavaliers et quelques rares jinrikishas. Une de ces rues, courant du sud au nord et passant sur plusieurs ponts, traverse la plus grande partie de la ville. C'est l'Oxford-street d'Ôsaka. Dans une rue parallèle s'élèvent deux grands et vieux temples bouddhiques. Ils appartiennent à la secte de *Montó*, assez importante pour se faire ménager par les innovateurs de Yedo. Un des ministres m'a dit : « Nous n'osons pas y toucher, car les montoïtes comptent parmi eux des gens considérables. » Là règne encore en maître Shaka, le Bouddha des Japonais ; personne ne le dérange, ni lui, ni ses sous-dieux, ni ses sanctuaires. Ses deux temples remontent à une haute antiquité. Ni peints, ni laqués en rouge et vert comme la plupart des édifices de ce genre que j'ai vus jusqu'ici, ils ont conservé la couleur naturelle du bois, devenue, sous l'action des siècles, gris clair de brun rougeâtre qu'elle était à l'époque de la construction. Les sculptures à l'entrée et à l'intérieur sont riches, mais sobres. On ne voit nulle part de hauts reliefs, ni trace du caractère baroque qui m'a frappé dans les édifices érigés sous les auspices de Taiko-Sama et de ses premiers successeurs. Les hautes et lourdes toitures, semblables à des chapeaux de feutre retroussés sur les bords, dominent la ville et interrompent la monotonie de son aspect.

Nous quittons nos véhicules pour gravir à pied les gradins qui mènent à la ville haute. Nous voici à l'entrée de la rue des spectacles. Il s'y trouve plusieurs théâtres. Sur toute la longueur de ces édifices on voit, suspendus au-dessus de la galerie qui longe la façade, des tableaux d'un coloris très-vif, peints à la gouache et représentant des scènes empruntées aux pièces à la mode, surtout aux drames historiques. Aux portes, se presse une foule de curieux des deux sexes et de tout âge. J'aperçois des vieillards essoufflés qui tâchent de se frayer un passage. Une impatience fébrile se lit sur leurs visages pâles et décharnés. Des musiciennes et des danseuses fortement grimées, les cheveux ornés de trois ou quatre épingles, et portant des robes d'étoffes riches, s'élancent vers l'entrée. Il y en a toujours cinq ou six qui forment une petite bande. La foule regarde ces privilégiées avec curiosité et bienveillance, et se range autant que possible sur leur passage. En attendant, le courant nous entraîne. La presse est énorme, mais on ne se bouscule pas. Ici, comme partout dans ce pays, la foule est bleue et couleur de chair bronzée. Au peuple se mêlent un grand nombre d'hommes de qualité, mais pas une femme de cette classe. Ce n'est pas la toilette, qui est la même pour tous, c'est le teint plus clair, les ongles soignés, et surtout le maintien, qui les font connaître. Nous remarquons aussi beaucoup de chevaliers à deux épées. Au-dessus de ce chaos humain et des tableaux destinés à attirer les curieux, on voit se profiler sur le ciel une forêt de mâts, reliés par des festons, des fleurs, de petits et de grands drapeaux qui s'agitent dans l'air. Tout le monde est animé par la soif des divertissements. On veut s'amuser. Spectacle étrange où le grotesque bouscule l'élégance, où toutefois, dans l'ensemble comme dans les détails, le bon goût et le comme-il-faut prédominent.

Arrivés au bout de la rue des spectacles, nous montons par de larges degrés de pierre dans la rue des temples. Au quartier des plaisirs, l'animation; au quartier des Dieux, la solitude. Des deux côtés, des murs d'enceinte de modique élévation et percés de grands portails laissant voir la petite cour qui précède le sanctuaire. Quelque étroite qu'elle soit, il y a toujours de la place pour quelques magnifiques *ichós*, pour quelques cèdres ou cryptomérias dont les branches tordues envahissent la rue et donnent de l'ombre aux passants. Sur le seuil de la porte sont assis les bonzes à la tête rasée, au vêtement usé et sale de taffetas jaune ou violacé. Ils fument leur pipe et vous lancent de leurs petits yeux clairs des regards curieux et malveillants. C'est dans quelques-uns de ces temples qu'ont logé les ministres d'Angleterre, de France, des États-Unis et des Pays-Bas, lorsque les événements de 1868 les eurent appelés dans ces parages qu'aucun Européen n'avait visités avant eux[1].

Nous sommes arrivés vers l'extrémité nord-est et en même temps au point culminant de la ville. Il est occupé par le château qui, bâti par Taiko-Sama[2], a plusieurs fois, et en dernier lieu lors de la chute du shogun, joué un si grand rôle dans l'histoire du Japon. C'est une double enceinte formée de murs presque cyclopéens, dont les pierres légèrement bombées sont rangées en lignes courbes. Deux fossés énormes, murés de la même façon, les protègent; mais, par suite d'une ignorance incroyable en matière de fortification, deux ponts larges et solides facilitent aux assiégeants l'accès de la forteresse. Au centre de la seconde enceinte et sur le point le plus élevé, était le palais. Le shogun l'a brûlé en 1868, au moment où il se vit obligé d'évacuer le château. C'est à cette occasion qu'il a aussi fait incendier, sur les bords du Yodogawa, le grand yashki du prince de Satsuma, l'un des auteurs de sa chute. Le palais est entièrement rasé, mais la seconde enceinte est restée intacte. De l'une des quatre tours qui la flanquent on jouit d'un panorama superbe. L'immense ville, traversée de larges rubans blancs et d'une infinité de petits filets d'eau, s'étend à nos pieds. Au-dessus d'une masse confuse, les toits des deux temples se profilent sur les eaux, à cette heure argentées et lumineuses, du vaste golfe. Au delà, les montagnes, dorées par le soleil couchant et ta-

---

[1]. Quelques années auparavant, Sir Rutherford Alcock y avait passé sans s'arrêter.
[2] En 1590.

chetées de noir par les ombres des nuages légers que la brise du soir éparpille sur le fond azur et rose du ciel! Telle est la vue vers le sud, l'ouest et le nord-ouest. Au nord s'ouvre une vallée large et plate. C'est le lit du Yodogawa, notre chemin pour Kiyôto. A l'est, des montagnes toutes vertes, aux contours gracieux, s'approchent de la ville. Une plaine étroite et bien cultivée les en sépare.

En face du château, de l'autre côté du fleuve, et un peu plus en amont, se dresse fièrement la nouvelle Monnaie, bâtie aux frais du gouvernement par des architectes anglais et dirigée par des fonctionnaires appartenant à la même nation. C'est un édifice énorme, qui a coûté des millions. On évalue à dix mille dollars l'ameublement du pavillon destiné à la réception des personnages japonais! Il leur faudra du temps pour apprendre à s'asseoir sur ces magnifiques fauteuils et canapés tendus d'étoffes de Lyon. Le reste est à l'avenant. La Monnaie vient de commencer à travailler. Le nouveau *rio* est fort bien réussi.

Nous terminons notre promenade par une visite au gouverneur, qui nous reçoit dans son yashki officiel, situé sur un canal au centre de la ville. Ici nous avons pu jouir d'un de ces magiques effets de lumière possibles seulement sous cette latitude et dans les maisons japonaises. Le portail qui mène dans la cour, et qu'on s'empresse d'ouvrir devant nous, car l'étiquette ne permet pas aux gens de qualité de passer par les poternes latérales, est peint en noir et revêtu de briques de même couleur. La cour est dans la pénombre. En face du portail, le vestibule encadré de noir est tout grand ouvert. A l'intérieur s'étend une belle natte couleur de paille; les cloisons sont en papier blanc. Le disque du soleil, visible entre les maisons qui bordent l'autre côté du canal, touche l'horizon. Ses rayons, presque horizontaux, pénètrent par le grand portail, glissent sur les cailloux de la cour, s'engouffrent dans le vestibule, y allument un foyer de lumière presque insupportable : des teintes d'or mat, des teintes d'or luisant, et, autour, un halo transparent, mais profondément noir.

On nous fait traverser les bureaux, à cette heure déserts, un dédale de chambres où l'on vient de placer, pour l'usage des employés, des tables et des chaises. C'est toute une révolution. Le Japonais écrit debout ou blotti sur ses jambes, la tête penchée en avant. Il tient le pinceau verticalement, afin de faire mieux couler son encre de Chine. Assis auprès d'une table, il incline nécessairement sa brosse en arrière. Il faudrait donc remplacer l'encre de Chine par la nôtre, et de toute façon le pinceau par la plume qui ne se prête guère à tracer les caractères chinois, larges et fins en même temps. Il serait, par conséquent, nécessaire d'en adopter d'autres, d'introduire l'usage de l'écriture européenne, révolution que l'essence des langues mongoles ne comporte guère. J'insiste sur ces détails, en apparence puérils, mais qui ont une signification, car ils donnent une idée des obstacles presque insurmontables que rencontrent nécessairement les imitateurs de l'Europe [1].

1. D'après les journaux américains (septembre 1872), un professeur de New-Haven, accompagné d'une centaine d'instituteurs, était

Le chi-fu-ji nous reçoit dans une pièce ouverte sur le jardin. Il nous invite à nous asseoir autour d'une table. Un fonctionnaire, non sans s'être préalablement prosterné à terre, y prend également place. Les deux pages, qui ne manquent jamais dans les maisons des grands, et trois chevaliers à deux sabres s'accroupissent sur la natte à une distance respectueuse. La conversation roule sur la culture du thé, et le chi-ji nous donne des informations intéressantes. La province qui produit les meilleurs crus est Udji. Vient ensuite celle de Kiyôto. Il nous enseigne comment il faut préparer le thé, et, joignant la pratique à la théorie, il fait placer sur la natte le cabaret avec la théière, s'y blottit et nous sert du thé d'Udji le plus finement parfumé que j'aie jamais goûté. Voici sa recette : il fait bouillir l'eau dans un vase de terre cuite, et non dans un pot de métal. Il faut calculer exactement la quantité requise de feuilles et d'eau pour un nombre de tasses déterminé, à boire le thé très-chaud et immédiatement après l'infusion, et ne jamais en faire une seconde. Les confitures de diverses couleurs qu'on nous servit nous parurent un peu fades, mais elles étaient d'un goût très-fin qui répondait à l'odeur de différentes fleurs. Les Japonais ont le palais moins blasé que nous autres Européens, et plus apte à saisir les nuances qui nous échappent.

---

attendu au Japon avec la mission d'établir, dans différentes parties de l'empire, sept écoles normales. Le gouvernement du Mikado avait décidé que l'anglais servirait désormais de langue savante et que, pour la langue du pays, les caractères chinois seraient remplacés par les lettres de l'alphabet romain!

ÔSAKA. 43

Le retour au *settlement* se fit en bateau par une nuit délicieuse. Le palais du gouverneur est, je l'ai dit, situé au centre de la ville ; cependant, malgré la rapidité de nos rameurs, nous mîmes près d'une heure pour rentrer. Des *bateaux de thé*, éclairés par des lanternes et remplis de jeunes gens et de chanteuses, glissaient à côté de notre barque. Nous rencontrâmes aussi d'immenses djonques, venant de Kiyôto et surchargées de passagers. A l'angle des canaux, s'élèvent des maisons de thé, brillamment éclairées à l'intérieur et inondées, cette nuit, des magiques rayons de la pleine lune. Partout des rires, des cris joyeux, des chants accompagnés de la flûte et de la guitare !

VI

KIYÔTO[1]

Du 22 au 25 septembre.

Sur le Yodogawa. — Fujimi. — La capitale de l'Ouest. — Le palais du Mikado. — Le château du shogun. — Les temples. — Vue sur Kiyôto. — Guion-machi.

(22 septembre.) En dehors des grands bateaux à rames employés au transport des voyageurs et des marchandises, de petits vapeurs quittent Ôsaka le matin, et, suivant l'état variable du courant du Yodogawa, arrivent ou n'arrivent pas vers le soir ou dans la nuit à Fujimi. Capitaine, ingénieur, matelots, sont tous des indigènes. Ainsi s'explique la fréquence des accidents. Par bonheur, depuis quelque temps il n'y a pas eu d'explosion. C'est à bord d'un de ces petits vapeurs que nous partons à sept heures du matin. Grâce à l'intervention de M. Enslie, notre garde d'honneur a été réduite à deux fonction-

---

[1]. Le Miako de nos cartes européennes. Au Japon ce nom commence à tomber en désuétude.

naires civils, deux officiers et quatre soldats. Le cuisinier et les gens du consul complètent notre suite. Le chi-ji, malgré mes protestations, nous a fait réserver exclusivement l'arrière-pont et les cabines du bateau. Nous sommes donc fort bien installés.

On passe devant plusieurs palais. Le plus grand est ou plutôt était celui du prince de Satsuma, incendié, comme on a vu, par le shogun au moment de sa retraite. Les murs d'enceinte sont seuls restés debout. Plus loin nous côtoyons l'imposant édifice de la nouvelle Monnaie. Enfin les maisons cèdent la place aux jardins et aux champs. Le rivage est trop élevé pour que l'on puisse voir l'intérieur des terres; mais ce qu'on en aperçoit donne une idée de la culture et de la fertilité du sol. Bientôt les bords du Yodogawa s'aplanissent. Nous naviguons entre des touffes de bambous et de beaux groupes d'érables, de mélèzes, de saules pleureurs. De gros bourgs, des villages petits et grands, tous ayant l'air populeux et prospère, se succèdent à de courts intervalles. Pendant qu'aux stations on dépose et on reçoit des passagers, nous assistons à de petites scènes de politesse villageoise. On accompagne les partants, on accueille les arrivants à la jetée, avec des démonstrations de respect et d'amitié. On forme de petits groupes, et on se parle dans les attitudes voulues entre gens bien élevés, c'est-à-dire les jambes pliées, et les mains appuyées sur les genoux. Les endroits solitaires, où les bosquets remplacent les maisons, sont rares et d'un caractère tout à fait bucolique. Mais sur la rivière règne partout une grande animation. Les bateaux sont munis d'une seule et immense voile carrée, formée d'étroites bandes de jonc, disposées verticalement et reliées entre elles par un léger cordage ; le jour et le vent passent à travers. Aspect singulier et bizarre, qui vous rappelle que vous vous trouvez au cœur du Japon, où tout vous semble nouveau, parce que tout vous est inconnu.

Par une faveur spéciale du fleuve, nous arrivons à quatre heures à Fujimi. Une reception brillante nous y attendait. Les autorités en grande tenue nous reçoivent au débarcadère et nous mènent à un bel appartement orné de fleurs et de tapis, où l'on a placé pour l'occasion une table et des chaises. Ces meubles utiles, que le gouverneur a eu la gracieuseté de mettre à notre disposition, nous suivront dans tout le voyage.

Fujimi a souvent marqué dans l'histoire du Japon. C'est là que s'est livrée, il y a trois ans, la bataille qui a décidé du sort du shogun. D'autres souvenirs se rattachent à cette ville. Saint François-Xavier y a séjourné, lorsque, le crucifix à la main, la besace sur le dos, les pieds gelés, le corps couvert d'ulcères, il se rendait avec deux catéchumènes à la cour du Mikado.

La route de Fujimi à Kiyôto monte, en serpentant, une pente douce et peu élevée. Des deux côtés, les maisons se suivent sans interruption. On quitte Fujimi et on entre dans Kiyôto sans s'en apercevoir. Tout le chemin n'est qu'une seule rue longue de trois ris ou un peu moins de huit milles. Le pays conserve le caractère idyllique de la vallée du Yodogawa.

Chemin faisant, nous visitons deux temples célèbres d'une haute antiquité. Dans le premier, Inari-no-Yàjiro, petit édifice du culte shintoïte, on voit des renards sculptés sur les poutres et les lambris.

A un ri plus loin est le grand et très-ancien temple bouddhique Tô-fu-Kuji, fondé, s'il faut en croire nos amis japonais, par le shogun Yoritomo, au commencement du treizième siècle. La plupart des temples japonais ont été rebâtis plusieurs fois. Celui-ci, à en juger par les sculptures et la couleur des poutres, doit être très-ancien. Un bois sacré l'entoure et l'on y franchit un profond ravin sur un pont ombragé d'érables gigantesques et d'itchôs qui semblent contemporains de la fondation du temple. Toujours en traînant à notre suite une foule de fonctionnaires et d'officiers et une escorte de trente soldats envoyés par le chi-fu-ji de Kiyôto, M. Enslie en norimon et moi sur son beau poney japonais, nous avançons lentement à travers la foule qui se précipite sur notre chemin pour jouir du rare et émouvant aspect de voyageurs européens. A six heures nous entrons dans la capitale de l'Ouest, et, une demi-heure après, notre journée se termine dans le sud-est de la ville au seuil d'une grande auberge. Sous notre balcon passe une belle rivière, la Kanagawa, animée, à cette heure de la nuit, par une foule de bateaux de plaisir. Le dai-sanji, ou vice-gouverneur, se présente pour nous complimenter au nom du chi-ji dont il annonce la visite pour le lendemain matin à sept heures, disant que le gouverneur a choisi cette heure matinale pour que nous puissions parcourir la ville avant les fortes chaleurs du jour.

Distance de Ôsaka à Fujimi, dix ris; de là à Kiyôto, trois ris; en tout environ trente milles.

(23 septembre.) Les deux fonctionnaires d'Ôsaka nous quittent ici et sont remplacés par le vice-daysanji et un autre personnage, tous deux chargés de nous faire les honneurs et de nous accompagner dans nos promenades. Ils arrivent au lever du soleil et déroulent un papier long de six à huit pieds sur lequel sont marqués les différents temples que nous visiterons. Ce n'est pas sans peine que M. Enslie parvient à en faire biffer quelques-uns. Le principal de nos guides est un petit gentleman à la physionomie ordinaire, au visage fortement marqué de petite vérole, aux yeux petits, intelligents et vifs. Il porte un chapeau noir de papier laqué qui affecte la forme d'une assiette, avec une pointe au centre, et qu'à la mode des Anglo-Indiens il a entouré d'un grand voile de mousseline blanche. Une tunique de taffetas lilas bordée d'un liséré blanc, des pantalons et des bottines à l'européenne, voilà son costume. Par un procédé ingénieux, il a passé ses deux sabres par les goussets de son gilet qui remplace la belle ceinture japonaise. L'une de ces armes, un chef-d'œuvre de ciselure et d'incrustation, appartient à sa famille depuis le règne de Taiko-Sama. L'ensemble du personnage est d'un haut comique. C'est d'ailleurs le type du bureaucrate de

haut bord. Très-respectueux vis-à-vis des supérieurs, d'une politesse exquise envers nous, raide pour ses subordonnés, il hume avec une volupté visible les profondes salutations dont il est l'objet de la part du peuple. Son second, plus avancé dans les voies du progrès, porte à la mode européenne sa chevelure raide, revêche, et imparfaitement peignée. Sa redingote et ses pantalons lui vont fort mal; l'usage de la chemise et de la cravate lui est encore inconnu; ses bottes vernies semblent le gêner, car de temps à autre il les ôte pour les remplacer par les sandales du pays. C'est un jeune homme à physionomie ouverte. Vêtu à la japonaise, il serait joli garçon, mais le costume des barbares lui donne un air gauche et vulgaire.

A sept heures précises le chi-fu-ji fait son entrée dans l'hôtellerie. Sur son passage, c'est un *kowtow* général; tout le monde se prosterne et nous entendons le bruit des têtes qui frappent le sol. Le gouverneur nous comble de civilités. Intimement lié avec les moteurs de l'œuvre de la réforme, il n'occupe son poste que depuis peu de temps, mais il a déjà beaucoup fait pour l'instruction publique et établi plusieurs écoles de jeunes filles. Jusqu'ici, sauf de rares exceptions dans les classes élevées, les femmes n'apprenaient ni à lire ni à écrire. Comme Iwakura, comme Kido, le gouverneur affirme que la transformation du Japon sera accomplie dans l'espace de trois ans. J'aime cette force de conviction; elle est un gage de succès, si le succès est possible.

Pour se rendre de notre auberge, qui est dans le sud-est de Kiyôto, au château du Mikado, qui avoisine l'extrémité nord-est, il faut traverser la ville dans toute sa longueur. A la tête de notre cortége marche un fonctionnaire du gouverneur; c'est un samurai monté sur un grand cheval noir qui, selon le goût des hommes à deux sabres, est dressé à sautiller et à faire des lançades. Six gardes à cheval nous précèdent immédiatement. Le sanji et son second se tiennent à côté et aussi près que possible des deux Européens. Les bettos suivent à pied. C'est à grand'peine que nous les empêchons de saisir la bride de nos chevaux. Six yakunins à deux sabres et à cheval, et des gardes à pied forment l'arrière-garde. En tout nous sommes environ quarante personnes. Aussi notre marche triomphale produit-elle une grande sensation. Les passants s'arrêtent, les marchands et leur famille se précipitent sur le seuil de leur boutique. Tous se prosternent devant le sanji et saluent jusqu'à terre les autres officiers. Pour les deux barbares, on ne se met pas en frais de politesse; on les regarde avec curiosité et froideur; dans certains quartiers, habités comme nous dirions par des conservateurs, par les mal pensants comme dit notre sanji, à en juger par les regards qu'on nous lance, nous ne sommes guère populaires. Durant les haltes mon lorgnon fait grande sensation. Des notables s'approchent et me demandent la permission de s'en servir; il passe de mains en mains, et, après avoir fait l'admiration de quelques centaines de personnes, il m'est rendu avec force démonstrations de reconnaissance.

Le palais du Mikado occupe un vaste terrain. Le quartier des domestiques, des petits employés de

cour, des samurais, entoure la première enceinte et
ne se distingue du reste de la ville que par un calme
solennel, par cette atmosphère de cour qu'on respire ordinairement aux approches des résidences
royales. Ici, pareillement, chacun semble sentir sa
propre importance et prendre sa part de la splendeur du souverain qu'il sert, mais qui malheureusement est parti pour jamais.

Dans l'espace compris entre la première enceinte
et la seconde dite *des neuf portes*, laquelle est une
assez haute muraille, se trouvent les palais de l'a-
ristocratie de cour, des kugés. Leurs yashkis, semblables à ceux des daimios, sont entourés de petits
jardins où le laurier alterne avec des cèdres nains,
et avec les plus beaux, les plus grands saules pleureurs que j'aie jamais vus.

Un des principaux objets de mon voyage à Kiyôto
était de visiter le château de l'empereur, le pied-à-
terre de ce mystérieux personnage dont la véritable
demeure est l'Olympe, puisqu'il est fils des Dieux.
Comparer son habitation avec les résidences magnifiques des shoguns à Yedo, à Ôsaka et à Kiyôto
même, c'était, je l'espérais, soulever un coin du
voile qui couvre encore les relations si peu connues
entre les shoguns et les Mikados. Mais, à Yedo et à
Yokohama, on m'avait dit : « N'y songez pas. La
demeure du dieu est inaccessible aux mortels. »
Rien de plus juste. Cependant je ne désespérais pas.
Grâce à l'intervention aimable et toujours efficace
de MM. Adams et Satow, après d'assez longs pourparlers, Iwakura m'avait muni d'une lettre pour
l'intendant du palais, avec ordre de me laisser voir

les neuf portes de la seconde enceinte, c'est-à-dire de m'admettre dans le quartier des kugés. De là, disait-on, vous pourrez distinguer parfaitement le palais.

Mais, arrivé sur les lieux et n'apercevant à travers ces fameuses neuf portes, heureusement ouvertes, qu'un autre mur et nullement le château, j'insiste pour entrer dans la seconde cour formée par la deuxième et la troisième enceinte. Le sanji ne me cache pas sa surprise, voire même son mécontentement. Quelle prétention inouïe ! D'accord, mais j'insiste. Cela devient sérieux. Notre homme est évidemment ébranlé. Ses remontrances font place aux prières, aux rires, au silence de l'embarras. A ces symptômes d'indécision, je pique des deux, et franchis le seuil de la porte interdite, traînant après moi les deux grands fonctionnaires et tout le cortége.

Arrivés dans la seconde cour, nous nous regardons en silence. La consternation se lit sur tous les visages. Un grand sacrilége vient d'être commis ! Cela est indubitable. Mais on accepte le fait accompli et nous faisons le tour de la troisième et dernière enceinte dite *des six portes*. Successivement nous passons devant le grand portail appelé du *Sud*, devant la porte du *Soleil*, qui regarde vers l'est, devant les portes du *Jardin*, des *Femmes du Mikado*, des *Cuisines* et des *Fonctionnaires*, tournées vers le nord-est, le nord, l'ouest et le sud-ouest. Toutes ces portes ressemblent aux portails des temples. Elles sont faites de bois grisonnant sous l'action des années. On y voit quelques rares sculptures et des traces de dorure à peine perceptibles. Ni laque, d'ailleurs, ni peinture. L'enceinte consiste en un soubassement de pierres de taille, sur lequel s'élève un mur en talus, construit en bois, probablement couvert de ciment, peint en gris et divisé en compartiments. Un petit toit de briques noires le protége contre la pluie. Sauf quelques pignons et les arbres du jardin, impossible de rien voir du palais. Quelques-unes des six portes étaient fermées; d'autres, entr'ouvertes. Lorsque je faisais mine de pénétrer dans ce sanctuaire, les regards suppliants du sanji m'arrêtaient. M. Enslie épuisait en vain tous les arguments propres à vaincre ses scrupules. La réponse était invariablement : l'intendance du palais n'est pas du ressort de l'administration; l'intendant appartient à l'ancien parti de la cour, hostile au ministère, au progrès et surtout aux Européens. Pour dernière concession, le sanji nous mène à la porte des Cuisines, et nous fait entrevoir, par-dessus les toits bas de quelques maisonnettes, le pignon de la grande salle du palais. « Eh bien, êtes-vous content? s'écrie-t-il avec un rire forcé. De retour en Europe vous pourrez vous vanter d'avoir vu ce que personne ne voit : le palais de l'empereur. » Et il se hâte de tourner bride, ajoutant qu'il est tard; que le chi-fu-ji nous attend au château; que le chemin est long; qu'il fait chaud, et qu'il est temps aussi de penser au déjeuner. « Non, lui répondis-je, je ne suis pas satisfait de votre conduite. Comment! vous imitez nos mœurs, vous vous affublez de notre costume, vous vous croyez en pleine voie de civilisation, et vous êtes assez superstitieux pour nous exclure de la demeure de votre souverain! Comme on rira en Europe quand on apprendra que la permission de jeter un regard dans la cuisine du Mikado est le dernier mot de votre civilisation. » M. Enslie n'a pas plutôt traduit ces paroles que le silence se fait autour de nous. Autant que le lui permet son teint de mongol, le sanji rougit. Une courte conversation à voix basse s'engage entre lui et son second. « Vous avez raison, nous dit-il. On se moquerait de nous. » Il offre d'aller voir l'intendant, mais il ne se promet, dit-il, aucun bon résultat de cette démarche, car, à l'exception de sir Harry Parkes et de ses trois collègues, dont la courte apparition a produit une fermentation si grande et donné lieu à des massacres, aucun Européen n'a jamais mis les pieds dans cette enceinte. Nous prenons place sous un énorme tilleul. Un groupe se forme autour de nous, à une distance respectueuse. Ce sont les domestiques des kugés. Nous remarquons le costume particulier et la coiffure coquette des servantes. Dans le reste de l'enceinte, pas une âme. Rien que la monotonie des murs. L'œil, involontairement, s'élève vers la cime des arbres et des montagnes bleues qui forment l'horizon.

Une demi-heure se passe ainsi. Enfin, nos ambassadeurs accourent tout joyeux. Nous serons admis. L'intendant et son second ne demandent que le temps de passer leur grande robe de cour. Les voici. Ils ont l'air assez maussade ; mais enfin ils s'exécutent et nous font franchir le seuil de la cité défendue. Nous entrons par la *porte des Fonctionnaires*. Malgré un soleil meurtrier, tout le monde se découvre. Quant à nous, on nous invite à plier au moins nos parasols en signe de respect. Les gens de notre suite se jettent par terre et ramassent de petits cailloux en nous engageant à suivre leur exemple. Ces pierres sont des talismans qui préservent des maladies.

Nous nous trouvons dans une cour spacieuse et solitaire. Un silence profond y règne. A l'ombre d'une porte, trois gardes, pareils à des statues, sont assis sur leurs talons. Derrière eux un grand écran orné de peintures sur fond d'or empêche les regards profanes de pénétrer dans l'intérieur. A ce moment un kugé en grand habit de drap d'or, aux manches larges et raides, traverse la cour à pas mesurés, passe devant les gardes qui ne bougent pas, et disparaît derrière l'écran. Cette cour, comme toutes celles que nous avons visitées, est entourée d'une galerie couverte qui suit la muraille. Les colonnes sont peintes en rouge et en blanc; on retrouve les mêmes couleurs dans tous les temples du culte shintoïte. Arrivés à l'extrémité de la galerie, l'intendant, dont la mauvaise humeur et l'embarras sont évidents, fait mine de nous reconduire par où nous sommes venus. Mais cette fois, notre bon sanji prend ouvertement parti pour les barbares; il gesticule, crie, se fâche tout rouge; M. Enslie le seconde de son mieux, et, malgré les protestations courroucées de l'adjoint, on finit par vaincre les scrupules de l'intendant. Des scènes semblables se répètent à toutes les portes, qui heureusement sont ouvertes et que je franchis dès que je vois l'irrésolution gagner les fonctionnaires. On m'avait dit à Yedo : Les bureaucrates japonais sont lourds et aiment à faire des difficultés; mais avec de la patience, de la politesse et de la fermeté on en vient aisément à bout. Ce renseignement m'a aujourd'hui bien servi.

Nous sommes dans la cour d'honneur, au fond de laquelle, en face de la *porte du Sud*, s'élève une grande construction isolée, la salle des audiences. Un pan de muraille sert d'écran à ce sanctuaire et le protége, même quand la porte de l'enceinte est ouverte, contre les regards curieux des passants. C'est dans cette salle que sir Harry Parkes et ses trois collègues avec leurs suites furent admis en la présence de l'empereur : la première et jusqu'à ce matin la dernière fois que des Européens y ont mis les pieds. On introduisit les diplomates par la grande porte, et on les reconduisit par le même chemin. Les autres parties du palais leur restèrent inaccessibles.

La salle des audiences est construite en bois ; le plancher s'élève de quatre pieds au-dessus du sol, un large escalier y mène. L'édifice est un parallélogramme : l'un des grands côtés forme façade sur la cour ; le toit est double, très-haut, très-lourd, et surplombe les murs de plusieurs pieds. Les extrémités des poutres qui le supportent sont sculptées et ornées de dorures. Les boiseries, selon le goût et les traditions de la cour des Mikados, ne sont ni peintes ni laquées. Cette salle a été construite il y a environ vingt ans. A l'intérieur, rien qu'une natte tapissant le plancher. L'obscurité de la pièce ne nous a pas permis d'examiner les ornements des lambris, s'il y en a. La cour d'honneur aussi est encadrée d'une galerie peinte rouge et blanc.

Dans un petit pavillon isolé, on avait, de temps

immémorial, conservé les insignes mystiques du pouvoir suprême des Mikados, entre autres une épée, un coffret et un miroir. Ces objets précieux ont été, l'année dernière, transportés à Yedo.

Après de nouvelles discussions qui se terminent par de nouvelles concessions, nous pénétrons dans la cour qui mène à la *porte du Soleil* ou de l'Est.

En somme, le palais du Mikado, qui, abstraction faite des deux quartiers où logent les kugés et les samurais, n'occupe qu'un terrain peu considérable, ne se distingue des yashkis que par des dimensions un peu plus grandes et par le caractère essentiellement sacré de l'architecture. C'est un dédale de cours et de ruelles formé par des maisons, par des pavillons, par des corridors ou de simples cloisons. Les toits, pareils de tous points à ceux des temples shintoïtes, sont supportés par des poutres horizontales, laquées de blanc ou dorées aux extrémités, et ornées de petites sculptures dont quelques-unes sont de vrais bijoux. Aux angles des maisons s'élèvent des pans de mur construits en pierre ou en bois et couverts de ciment. Les cloisons ressemblent à celles de toutes les autres habitations ; elles sont mobiles et garnies de petits carreaux de papier blanc. Parfois un grillage en bois naturel les protége. J'en ai admiré le dessin à la fois varié, simple et élégant. Les volets aussi ont gardé la couleur naturelle du bois, devenue, selon l'âge et l'espèce des arbres, gris clair ou acajou pâle. Çà et là on y voit des baguettes en laque noire. L'effet de l'ensemble est indescriptible. L'harmonie sobre et douce des couleurs, la beauté des détails, le fini des ornements qui, loin de s'imposer à l'œil, semblent plutôt le fuir, le goût exquis, l'élégance et la noble simplicité qui dominent en ces lieux mystérieux et inaccessibles, vous font oublier le caractère barbare de l'architecture. Nulle part, la moindre trace des riches sculptures, des hauts-reliefs percés à jour que l'on admire à la Shiba de Yedo, en général dans tous les édifices de Taïko-Sama, et que le goût et les traditions shintoïtes des Mikados ont peut-être dédaignés.

« Mais où est l'habitation, la chambre à coucher de l'empereur ? — Dans le jardin. — Passons au jardin. — Impossible. Deux portes seules y conduisent. L'une est la porte d'honneur; il n'y faut pas songer, on blesserait la susceptibilité du peuple. L'autre est clouée. Donc impossibilité absolue. — Nous ne prétendons pas à l'honneur de la grande porte. Nous sommes des gens modestes. Mais rien n'est plus facile que de passer par une porte clouée. Une pince et de la bonne volonté suffisent. » Cette fois, je l'avoue, devant le désespoir visible du sanji et de l'intendant, devant la rage mal contenue de son adjoint qui, à voix basse, semble conjurer son chef de ne pas céder, je m'arrête. Je renonce à pénétrer dans le saint des saints. Mais M. Enslie ne se décourage pas si vite. Il se mêle à la conversation des cerbères et parvient à les amadouer. Nous entrons donc dans le jardin par une poterne. Quant aux clous, il va sans dire qu'ils n'avaient existé que dans l'imagination fertile de l'intendant.

Le jardin du Mikado n'est qu'un petit étang af-

fectant les contours sinueux d'un lac. Sur deux
côtés, il est bordé de beaux et vieux arbres; sur
le troisième, d'un mur, et sur le quatrième enfin,
de deux maisons perchées sur des poutres et reliées
par un corridor. C'était la demeure du Mikado et
de ses femmes. Nous n'en avons pas vu l'intérieur.
On nous dit que les nattes et les objets précieux
qu'elle contenait ont été transportés à Yedo. Un
pont en zigzag est jeté sur le lac. Ce motif bizarre,
fort à la mode en Chine, doit rappeler le serpent et,
indirectement, le dragon, symbole du pouvoir suprême.
L'état d'abandon où se trouve le jardin du
fils des Dieux suffirait à expliquer l'extrême répugnance
de l'intendant pour nous y introduire. Tout
respire l'absence du maître. Le petit lac est couvert
de feuilles mortes et de végétaux; l'herbe a envahi
les allées; quelques pots de fleurs rangés devant les
maisons témoignent seuls de l'existence d'un jardinier.
Mais, abstraction faite de l'absence de soin,
tout est petit et mesquin, sauf les arbres. Quelle
différence entre le parc vraiment impérial du château
de Yedo, œuvre des shoguns, et ce misérable
teahouse garden du fils des Dieux!

En quittant le palais, nous nous rendons au
château. Il est situé dans la partie occidentale de la
ville. Pour y arriver, il nous faut, par une chaleur
accablante, parcourir Kiyôto dans presque toute sa
largeur.

Voici, très-brièvement, ce qui m'a particulièrement
frappé dans ce curieux et magnifique édifice.
Rebâti de la base au faîte par Taiko-Sama, il porte
l'empreinte du génie et de la puissance de ce grand

homme. Au devant règne une vaste esplanade bordée de beaux arbres sur un côté. Le mur d'enceinte est pareil à ceux du palais impérial, mais plus solide. La porte d'entrée, en bois gris, donne sur une cour spacieuse. En face est le portail du principal corps de logis. J'admire la *sopraporta*; c'est un travail d'une grande richesse; des oiseaux et des fleurs en haut relief, dorés et peints, y rappellent les fenêtres de la Shiba[1].

Les appartements, répétition en grand et en beau de ceux qu'on voit dans les palais de daimios, se distinguent surtout par leur élévation; car, au Japon, les maisons sont ordinairement très-basses. Tout respire ici la splendeur de cette époque, âge d'or des shoguns et âge d'or des arts[2]. Sur des plafonds en or mat, des poutres sculptées se croisent en échiquier, et une plaque de bronze doré d'un dessin fort élégant marque les points où elles se rencontrent. Nous traversons plusieurs pièces avant d'arriver à la grande salle, longue environ de quatre-vingts pieds, large de trente et haute de vingt-deux. Le plafond, dans le style que je viens de décrire, est d'une grande beauté; les cloisons mobiles et les murs présentent, sur un fond d'or, des arbres de grandes dimensions hardiment et simplement dessinés, sans toutefois être complétement libres des contorsions et exagérations qui sont dans le goût du pays[3]. Autour de cette pièce règne un cou-

1. Voir vol. I, p. 426.
2. Cette époque embrasse environ un demi-siècle, de 1580 à 1630.
3. J'ai profité d'un moment d'absence de notre hôte pour en

loir dont les fenêtres percées dans le haut du mur, et semblables à celles de la Shiba, sont d'une richesse, d'une variété et d'une exécution merveilleuses. On trouve le même style, mais un peu moins riche, dans les salles où le shogun recevait les daimios et les kugés. L'appartement qu'il habitait est décoré de lambris en vieux laque, et de quelques tableaux précieux où se trouve réfutée la supposition, généralement admise, que les Japonais ignorent les règles de la perspective. L'emblème du shogun, un trèfle entouré d'un anneau, est ici reproduit à l'infini.

Après une collation servie dans la grande salle, le chi-fu-ji nous conduisit dans les appartements du château, et dans ses bureaux, meublés depuis quelques jours de chaises et de tables. Les employés y étaient assis gauchement, écrivant à qui mieux mieux, car, lorsque le chef se montre, l'étiquette veut qu'on redouble de zèle. Dans chaque pièce il y a une étagère où l'on dépose les épées. C'est un meuble important, car on ne plaisante pas avec les épées, et ceux des employés qui appartiennent à la classe militaire se gardent bien d'oublier qu'ils sont avant tout des gentilshommes. Le sabre est l'essentiel; le pinceau, l'accessoire. A ce sujet, un fait mé-

---

prendre à la hâte un croquis que j'ai comparé plus tard avec un dessin absolument semblable, fait par Engelbert Kaempfer en 1691. Peut-être est-ce dans cette même pièce qu'a eu lieu l'audience de la délégation hollandaise, dont le savant allemand faisait partie. On sait d'ailleurs que les Mikados habitaient parfois le château, surtout lors des visites des shoguns qui possédèrent cet édifice jusqu'à l'abolition de leur dignité. Voyez l'*Histoire du Japon*, par Engelbert Kaempfer, traduite de l'allemand. La Haye, 1729.

rite d'être noté. Il y a quelques mois, deux membres du corps diplomatique de Yokohama visitèrent Kiyôto. Dans une ville des environs, pendant une halte, un d'eux, par hasard, toucha du pied le sabre d'un yakunin de leur suite. Cet homme se crut déshonoré. Ses collègues d'abord, puis les nombreux oisifs de la ville, enfin toute la population, s'apitoyèrent sur le malheureux, qui déclara ne pouvoir survivre à cet affront, et n'avoir plus qu'à faire harikiri. La situation des Européens devenait assez critique, lorsqu'un des interprètes japonais eut l'heureuse inspiration de dire au yakunin : « Vous avez déposé votre sabre sur la natte et non sur l'étagère, comme vous auriez dû le faire. C'est donc par hasard que le seigneur étranger a touché votre épée et non avec l'intention de vous offenser. Votre honneur est sauf. » Cette interprétation satisfit tout le monde, surtout l'officier, dispensé de s'ouvrir le ventre, et les deux voyageurs, empressés de quitter une population si chatouilleuse sur le point d'honneur.

Le gouverneur eut l'amabilité de nous faire préparer un repas à la mairie de l'un des arrondissements que, selon son programme, nous devions visiter. Dans une belle salle on avait dressé une table recouverte d'un tapis de soie et ornée d'un immense bouquet de fleurs, haut de cinq à six pieds, tels qu'on en voit dans les temples ; sur les chaises on avait jeté des châles et sur la natte un tapis anglais. Des couverts furent mis pour les deux Européens et les deux sanjis. Les officiers de la suite dînèrent dans la même pièce, assis sur le plancher, et les autres dans les chambres adjacentes. Le repas fut copieux et les plats très-variés. La grosse pièce est le fameux poisson *tay*. On le coupe en tranches, on se hâte de l'apporter sur la table, on lui verse sur les yeux quelques gouttes de vinaigre. Les fibres font un dernier mouvement convulsif. Les tranches se séparent, et l'animal semble expirer. Cette fois l'expérience ne réussit pas ; mais plusieurs Européens m'ont assuré avoir été témoins de ce cruel et dégoûtant spectacle.

Ma io nol viddi, nè credo che sia.

A côté de la salle du festin est l'école du quartier, une grande chambre remplie de petites et de grandes filles, de petits et de grands garçons, tous occupés à noircir du papier déjà tout noir. Il y a dans Kiyôto, me dit-on, soixante-quatre écoles. Le gouverneur actuel, homme de progrès, a le mérite d'en avoir fondé le plus grand nombre.

Après avoir visité le temple shintoïte, Kitano-tenjin, consacré à la mémoire d'un guerrier célèbre du quinzième siècle, nous passons par des rues interminables, toujours en nous dirigeant vers l'ouest. A la fin on sort de la ville. De longues avenues de beaux arbres, bordées de ruisseaux, mènent vers une chaîne de collines boisées. Au-dessus et à une distance de quelques milles, de hautes montagnes ferment la vallée de Kiyôto vers le couchant.

Nous sommes arrivés au but de notre promenade : un des plus riches temples bouddhistes, nommé Kin-kaku-ji, et dédié à Tojimizu, un des héros du Japon. Cet édifice[1] ne se distingue des autres tem-

1. Érigé vers l'an 1420.

ples antérieurs à Taiko-Sama que par la beauté et l'étendue de ses bosquets. L'art du jardinage japonais célèbre ici ses plus grands triomphes et atteint en même temps la dernière limite du grotesque et du ridicule. Pour ne donner qu'un exemple, on a figuré un bateau avec les branches d'un pin colossal. Le tronc en forme le mât; les branches supérieures, les vergues; les branches d'en bas, les rames. Le charme poétique de ce lieu consiste dans la solitude qui y règne et dans les échappées de vue que l'on a sur les environs, mais non sur la ville, cachée derrière un épais rideau de feuillage.

A peu de distance s'élève un mamelon. Du sommet on doit évidemment apercevoir Kiyôto. Par malheur, ce point ne se trouve pas marqué sur le programme du gouverneur. Le bon sanji me le démontre en déroulant le long papier où est tracé notre itinéraire. Mais, riche de mes expériences du matin, je gravis tout seul le mamelon, laissant à M. Enslie le soin de tranquilliser nos gardes. Aussi ne tardent-ils pas à mettre pied à terre, à attacher irrévérencieusement leurs chevaux à la balustrade d'un petit temple et à nous rejoindre. L'ascension est pénible, mais nous en sommes bien récompensés. A nos pieds se déroulent la vallée et la ville de Kiyôto. Au centre s'étend un océan noir de toits, entouré d'un océan vert de cimes d'arbres. Pour cadres, des montagnes inondées de teintes transparentes, variant du gris de perle au rose; mais quel rose et quel gris!

En marchant au pas accéléré de nos chevaux, nous mettons une heure et vingt minutes pour rentrer à l'auberge. A notre arrivée il fait nuit close.

Sur la rivière, comme hier, fête vénitienne : des bateaux de plaisir, des lanternes pirouettant sur l'eau, des cris, des chants, de la musique ; le tout enveloppé des crêpes noirs d'une tiède nuit d'été.

———

(24 septembre.) Les artistes en renom nous ont apporté une foule de *curiosités*; dans le nombre il y a quelques vrais chefs-d'œuvre. Malheureusement les gens riches du pays aiment à collectionner, et les prix sont exorbitants. Les objets en laque moderne et les sculptures en ivoire me paraissent bien supérieurs à ceux que l'on voit à Yokohama et même à Yedo. Quant aux bronzes, ils sont hors ligne. J'ai choisi une coupe et une boîte en cuivre incrusté d'or et d'argent, œuvres, l'une et l'autre, du célèbre Goroza. Une inscription sur le revers contient le nom de l'artiste, et il y est dit que la famille de ces orfèvres, les Cellini du Japon, fleurit depuis neuf générations.

A sept heures nous reprenons nos promenades dans Kiyôto. Nishi-hon-guan-ji, le grand temple bouddhique de la secte de Montô, construit au treizième siècle, et rebâti presque tout entier par Taïko-Sama vers la fin du seizième siècle, se compose de deux grands édifices, les deux temples proprement dits. Séparés et reliés par une galerie, ils occupent le fond d'une cour oblongue. On y voit un seul arbre, mais il est plusieurs fois séculaire. Deux portails donnent accès dans ce vaste enclos. Les deux temples portent l'empreinte de l'époque du grand shogun. L'un est consacré à Shinranshôzo, le fondateur de la secte de Montô, l'autre à la déesse Amida.

Nous pénétrons dans le temple du dieu. C'est une grande salle en forme de parallélogramme, longue de cent vingt-quatre pieds et large de cinquante-six. Le fond est occupé par cinq chapelles séparées les unes des autres par des cloisons. La chapelle du milieu, qui est la plus large, est le sanctuaire ; on dirait que l'architecte a étudié et imité les églises gothiques de Florence. Au devant règne un couloir fermé du côté de la salle par une balustrade. Le toit est supporté par des colonnes sans chapiteaux, auxquelles on a laissé la couleur naturelle du bois. Le temple était rempli d'hommes et de femmes vêtus de blanc. Ceux dont la toilette se composait seulement d'un pagne, portaient dans les cheveux un morceau de papier blanc : le blanc est la couleur du deuil. On les laissait à tour de rôle entrer dans le couloir. Ils s'inclinaient devant le sanctuaire, disaient la prière pour les trépassés, ce qui était l'affaire d'une minute, puis s'écoulaient à droite et à gauche, riant et bavardant. Malgré la foule immense, il n'y avait ni presse ni confusion. La foi du charbonnier de ces braves gens amusait beaucoup notre Sanji ; esprit fort comme tous les gens de qualité, il s'étudiait à nous bien faire comprendre la liberté de ses idées en matière de religion.

Les parois des chapelles et les battants des portes, toutes grandes ouvertes à cette heure, sont dorés et ornés de *sopraportes* sculptées et dorées aussi. Le sanctuaire est d'une grande magnificence. Au fond, l'autel, laqué de noir, supporte un *tempietto* en bronze doré et très-richement ciselé. Il est fermé, mais je suppose qu'il contient l'idole. Devant l'autel, une table oblongue, couverte d'un tapis de soie brodé qui rappelle le style byzantin. On y voit l'encensoir, deux tablettes, et deux beaux vases de porcelaine dont l'un contient un immense bouquet de fleurs naturelles. Six tabourets très-bas en laque noir et ornés d'arabesques dorées sont placés symétriquement des deux côtés de l'autel. Les parois du sanctuaire présentent un fond d'or mat légèrement rehaussé de quelques peintures. Quatre grandes lampes suspendues au plafond, doré aussi, mêlent leur lumière blafarde aux reflets du soleil qui viennent de la cour, glissent à travers la forêt de colonnes de la salle, se concentrent dans le sanctuaire, l'inondent de leurs clartés mouvantes.

La résidence de la déesse est pareille à celle du dieu.

Ce grand et célèbre temple, une des gloires de cette antique capitale et en même temps un des sanctuaires les plus vénérés de l'empire, est doté richement. Naguère encore, il était desservi par un grand nombre de bonzes. Mais, malgré les égards que l'importance de la secte montoïte impose aux ministres, les embarras financiers l'ont emporté sur les règles de la prudence et sur le respect dû au droit. Le gouvernement a donc réduit le nombre de ces prêtres, confisqué au profit de l'État une partie de la dotation, et s'est approprié quelques-uns des plus beaux édifices appartenant au temple. En ce moment, il les fait convertir en logements destinés à des hôtes de distinction. C'est dans un de ces appartements que l'on admire un tableau représentant trois femmes à l'entrée d'un palais. Il est digne de nos grands maîtres, et la perspective n'y laisse rien à désirer.

Toutes ces constructions, temples et maisons, à l'exception d'un petit portail, évidemment beaucoup plus ancien, portent, en ce qui regarde la sculpture et la peinture, les signes caractéristiques du style plus ou moins baroque de Taïko-Sama et de ses premiers successeurs au pouvoir. L'emblème du grand régent[1] se retrouve ici; seulement, il se compose de trois trèfles qui se touchent par le lobe médial, et sont inscrits dans un cercle. Le dessin des feuilles est héraldique, et s'écarte volontairement de la nature que les artistes japonais savent si bien imiter.

Le bois sacré qui s'étend derrière le temple passe pour le plus beau et le plus vaste du Japon. Des palmiers et des bananiers lui donnent un air tropical. Partout on rencontre des souvenirs de la vie et des actions, grandes ou petites, de Taïko-Sama. Ici, il s'est reposé pendant les chaleurs de midi; là, il avait coutume de regarder la pleine lune; ces deux oiseaux presque effacés sur le mur, c'est lui qui les a peints.

Nous avons encore visité d'autres temples que je passe sous silence. Le plus considérable est Higachi, dans le style du Nishi, et également l'œuvre de Taïko-Sama; un incendie vient d'en détruire une partie.

---

1. Taïko-Sama n'a jamais été shogun: Son nom était Toyotomi Hidiyoshi, et son titre officiel *Kuambaku*, régent. Lorsqu'il abdiqua n faveur de son fils, il prit le titre de *Taïko* ou regent en retraite.

M. Enslie possède un manuscrit indiquant les époques où ont été fondés les principaux sanctuaires[1], dont plusieurs, à en croire ce document, remonteraient aux neuvième et dixième siècles.

Malgré l'intérêt qui s'attache à ces lieux, on s'en fatigue bien vite. Une foule de questions se présentent à votre esprit, mais personne ne sait les résoudre. Notre connaissance de l'histoire sacrée et de la mythologie du Japon est encore fort incomplète. En revanche, les bonzes, par une chaleur étouffante, vous font exécuter des marches et des contre-marches, escalader et descendre des échelles presque perpendiculaires et peu solides, plonger dans des cavernes, et tout cela, pour vous montrer une pierre, un kiosque, une hutte à laquelle se rattache quelque miracle ridicule, quelque absurde légende dépourvue de tout intérêt historique.

Les temples de Kiyôto et des environs sont innombrables. Quelques-uns ont des dotations en terres, et en ce moment, dit-on, sont impitoyablement rançonnés par le gouvernement. D'autres jouissent d'une subvention de l'État, qui consiste en rations de riz. Enfin il y en a dont les prêtres vivent d'aumônes.

Un fait curieux attestant le grand rôle joué si longtemps par les shoguns, qui étaient bouddhistes, dans la résidence et sous les yeux des Mikados qui, officiellement du moins, sont shintoïtes, c'est que

---

[1]. Les plus anciens datent des années 839, 870, 950, 1162, 1185 et 1240. D'après ce manuscrit, le temple de Taïko-Sama, dont on vient de lire la description, a été bâti en 1578 et le Higachi en 1592.

Kiyôto compte encore aujourd'hui plus de trois mille temples bouddhiques.

Au sud-est de la ville, au delà du Kamagawa, sont situés les quartiers Guion-machi et Shima-barra, consacrés particulièrement au plaisir. Ils couvrent les flancs des montagnes qui ferment vers l'est la vallée de Kiyôto. Les maisons de thé les plus élégantes, et hantées de préférence par la jeunesse dorée, s'y succèdent presque sans interruption. Nous nous dirigeons vers Guion-machi, où les foires et les fêtes sont en permanence. Partout des mâts ornés de petits drapeaux, des festons de fleurs, des cordons avec de petits morceaux de papier, tendus à travers les rues, et de maison en maison; partout des chants, partout le son de la guitare et de la flûte mêlé aux rires bruyants des convives. Un sentier assez raide nous mène à une maison de thé fort à la mode, d'où l'on jouit d'une vue magnifique.

La ville de Kiyôto, un immense parallélogramme, occupe le centre d'une vallée qui descend doucement du nord au sud. Deux rivières considérables la bordent : à l'est le Kamagawa, à l'ouest le Katsuragawa. Réunies un peu au sud de la ville, elles vont à peu de distance se jeter dans le Yodogawa. La vallée de Kiyôto, fermée sur trois côtés par des montagnes, s'ouvre vers le sud et se confond avec la large et plate vallée du fleuve que je viens de nommer. A l'est, les montagnes ne sont séparées de la ville que par le Kamagawa; elles ne peuvent guère avoir plus de mille pieds de hauteur; celles du côté opposé, appelées Atagoyama, atteignent une élévation d'au moins trois mille pieds. A la distance de trois ris ou huit milles anglais, elles dessinent sur le ciel leurs contours allongés, interrompus çà et là par des cônes et des brèches.

La ville de Kiyôto offre l'aspect d'une masse confuse et uniforme de maisons basses, dont les toits noirs sont seuls visibles. A notre gauche, dans le lointain, le château montre ses pignons et les murs blancs de son enceinte. Devant nous, un peu à notre droite, on distingue un dédale d'édifices et un groupe de vieux arbres : le palais du Mikado. Au-dessus de cet océan de toits s'élèvent les innombrables chapeaux de feutre des temples. Les deux grands sanctuaires de Taïko-Sama les dominent tous ; ils attirent le regard par la majestueuse grandeur de leurs profils.

Nous sommes dans les premières heures de l'après-midi. Figurez-vous un grand fleuve qui charrie des blocs de charbon, noirs, polis, ruisselant de lumière sur les arêtes. Au milieu de cette nappe sombre mais miroitante, des îlots, des oasis vertes, les bosquets sacrés des temples, et, autour de la ville, un autre océan : des têtes d'arbres et des rizières qui, privées de leur fraîcheur à cette époque de l'année, commencent à jaunir. Tel est l'effet que, vu de cette élévation et à l'encontre du soleil, Kiyôto produit sur le spectateur. Devant nous, mais à notre droite, s'avancent les collines boisées de la montagne qui porte sur ses flancs une infinité de temples et de bosquets. En face, à l'ouest et au nord-ouest, se développent les masses aériennes de l'Atagoyama. Ajoutez aux tons noirs, argentés, dorés, azurés, du paysage, les transparences indescriptibles du ciel.

Je ne parle pas du repas « impérial » que le chi-fu-ji, au nom du Mikado, nous a fait préparer au Rocher de Cancale de Guion-machi, ni de toutes les délicatesses que le maître de l'établissement nous sert en les assaisonnant d'un nombre infini de kow-tow.

Au sortir de cet élégant festin nous passons devant un petit sanctuaire. Une douzaine de bonzes accroupis sur le sol et rangés sur une seule ligne, chantent des litanies en battant chacun une grosse caisse. Tout auprès, la foule s'amuse sans faire la moindre attention aux prêtres. Sous un hangar, un vieillard offre des photographies. Il n'avait jamais vu d'Européen ; et a appris son art d'un photographe indigène. Au point de vue technique, ses productions laissent à désirer ; mais il possède un autre art, que le ciel seul peut donner, l'art de saisir les objets par leur côté le plus beau et le plus pittoresque.

A peu de distance est le temple Chionin, devenu historique par le séjour de sir Harry Parkes, lors de sa courte apparition à la cour du Mikado.

Au retour, on nous fait prendre la route que suivit, le 23 mars 1869, la légation britannique, en se rendant processionnellement au palais de l'empereur. M. Enslie, l'un des témoins oculaires, me montre le théâtre de l'attentat. Sir Harry, à cheval comme tous ses secrétaires, portait le grand habit d'envoyé ; mais, se conformant à l'usage du pays en pareille occasion et pour démontrer le caractère pacifique de sa mission, il avait quitté son épée, que portait un de ses gens. Treize cavaliers anglais, les ordonnances (*orderlies*), le précédaient. Cinquante hommes d'un régiment de ligne, de la garnison de

Yokohama, amenés pour rehausser l'éclat de l'ambassade et au besoin pour la protéger, suivaient le chef et les membres de la légation. Des fonctionnaires, des gentilshommes à deux épées et des soldats japonais à pied et à cheval ouvraient et fermaient la colonne. Leur nombre était de mille à douze cents hommes. Une foule immense se pressait le long des maisons. La première moitié du cortége et le ministre avaient tourné le coin d'une rue étroite qui s'ouvre sur une des grandes artères transversales, lorsque à la tête de la procession se manifestèrent des symptômes de désordre. On vit briller dans l'air deux grands sabres. En un moment, neuf des treize ordonnances, grièvement mais par miracle non mortellement blessés, tombèrent sur le sol. L'un des assassins, un samurai, brandissant des deux mains son sabre ensanglanté, s'élança sur l'envoyé. Celui-ci, quoique sans armes, avec cette intrépidité dont il a fait preuve lors de sa terrible captivité en Chine, ne trahit aucune émotion. Déjà l'assaillant abattait son sabre sur lui, mais au moment de frapper il trébuche et tombe. Tout cela fut l'affaire d'un moment. Couvert de blessures, le samurai se relève et se réfugie dans une boutique. Quelques soldats japonais le poursuivent, l'arrachent de sa cachette et l'achèvent. L'autre meurtrier, un bonze, également blessé, fut épargné, grâce à l'intervention d'un des secrétaires de sir Harry. Il fut traduit devant les tribunaux du pays, condamné et exécuté. M. Enslie, qui se trouvait dans la suite du ministre, n'avait pas encore tourné le coin de la rue. Il entendait des bruits sourds, sinistres, confus, et devinait un malheur, mais il ne pouvait avancer. En regardant en arrière, il vit seulement les cinquante soldats anglais que l'encombrement causé par les chevaux et les *orderlies* étendus sur le sol empêchait de se porter au secours du Ministre. Les fonctionnaires, les samurais, les soldats indigènes, les habitants qui tout à l'heure remplissaient les rues, avaient disparu comme par magie. Le vide s'était fait autour des Européens, qui s'empressèrent de regagner le temple où ils étaient descendus. Pendant que cette horrible scène ensanglantait l'un des quartiers les plus populeux de la capitale, le Mikado, assis sur son trône et entouré de ses grands dignitaires, attendait vainement dans son palais l'envoyé de la reine d'Angleterre. Une fermentation sourde régnait au sein de la population; une répétition de l'attentat était à craindre. Cependant les audiences eurent lieu, après quoi les légations retournèrent à Ôsaka.

L'enquête judiciaire et plus encore des informations puisées à de bonnes sources constatent que cet attentat, comme presque tous ceux qui, à Yedo et dans les environs de Yokohama, ont été dirigés contre des Européens, est l'œuvre du fanatisme politique. L'inspiration du moment, parfois une forte libation de saké, pousse le bras de ces meurtriers qui ont fait d'avance le sacrifice de leur vie. En effet, pour que deux hommes s'attaquent à une colonne de plus de mille hommes, tous armés, il faut qu'ils soient bien décidés à mourir. La présence des légations avait remué la haine contre les étrangers, si répandue dans les classes supérieures du Japon, et nulle part plus que dans l'antique résidence des Mikados. Deux hommes s'en rendirent les interprètes en courant sus aux Anglais avec la rapidité de l'éclair et avec la témérité que la résolution de périr peut seule donner. C'est toujours la même histoire. Des samurais boivent ensemble dans une maison de thé. On parle des étrangers. On s'échauffe, l'un dit : Je suis décidé à en tuer un. Un autre se lève et dit : Je suis à vous. Ils sortent et de leurs sabres, affilés comme des rasoirs, ils frappent le premier blanc qui se trouve sur leur chemin. Ils n'ignorent pas que leur vie est sacrifiée. Ils sont résolus à la donner. Ils seront exécutés, ils le savent; s'ils sont nobles, ils auront le privilége de s'ouvrir le ventre[1]. Dans les deux cas, ce sont des hommes morts. Mais leur nom passera à la postérité, leurs tombeaux ne manqueront jamais ni de branches d'arbres, ni d'encens, et la vénération des générations à venir entourera leur mémoire de l'auréole du héros et du martyr. Ce fanatisme, essentiellement politique et non religieux, sort des entrailles mêmes de la nation, il revêt dans les classes nobiliaires des formes chevaleresques, cherche à se justifier par le mépris de la mort, et frappe ses victimes avec une résolution, une rapidité inouïe. C'est, pour les Européens, le seul danger réel des voyages dans l'intérieur.

Kiyôto, situé dans la province de Yamaskiro[2],

1. Un édit, publié à la suite de cet attentat, et appliqué pour la première fois en 1872, prive les samurais qui auraient tué un étranger de la faculté de se suicider.
2. Cette partie centrale du Japon s'appelle Gôkinai; elle se com-

est, d'après les historiographes indigènes, la résidence du Mikado depuis la fin du huitième siècle[1]. Mais, plusieurs fois détruit par des incendies, le vieux Kiyôto a disparu. Avant le transfert de la cour à Yedo, cette ville comptait environ quatre cent mille âmes. Dans les deux dernières années, ce chiffre serait tombé à deux cent mille. Je n'ai pas besoin de répéter que toutes ces données statistiques reposent sur des calculs approximatifs.

Les rues, toutes alignées au cordeau, traversent la ville, du nord au sud et de l'est à l'ouest, et se croisent à angle droit. Les premières, dont sept plus larges et mieux habitées que les autres, se désignent par des numéros, le numéro 1 appartenant à celle qui mène au palais impérial; elles ont douze à vingt pieds de largeur. La longueur varie de trois à cinq milles. Les rues transversales, moins larges, et longues environ de deux milles et demi, sont désignées par des noms. Les maisons n'ont qu'un rez-de-chaussée et ressemblent à celles des autres villes du pays. Elles contiennent presque toutes des boutiques. Depuis le départ de la cour, beaucoup d'habitations dont les propriétaires ont suivi l'empereur sont fermées, abandonnées, mais non encore délabrées. J'ai déjà parlé de la seconde enceinte du palais, ce faubourg Saint-Germain des kugés. Cent vingt de ces grands seigneurs y sont restés avec leurs familles; les autres ont été s'établir à Yedo. A l'exception de deux ou trois grandes

---

pose de cinq provinces : Yamashiro, Yamato, Idsumi, Kavaji et Setsu.

1. En 798.

artères, les rues de Kiyôto sont peu animées. La principale source de la prospérité est tarie, la vie s'en va. On ne voit que des piétons; pas de jinrikishas, pas de voitures, peu de cavaliers. Très-rarement on rencontre des chars attelés de bœufs noirs. Les habitants ont un teint plus clair que la population de Yedo, et les femmes me semblent mériter leur réputation de beauté. Depuis quelques semaines, deux Européens au service du gouvernement japonais résident à Kiyôto : un ingénieur anglais chargé d'un travail préliminaire sur un chemin de fer qui doit relier cette ville avec Ôsaka, et un maître d'école prussien appelé à inculquer aux enfants du Soleil Levant les rudiments de la langue allemande. Je regrette de n'avoir pas vu ces deux pionniers de la civilisation.

D'après ce que l'on m'a dit, les opinions des habitants des classes élevées seraient fort partagées. Les hommes du progrès scandalisent de mille manières les vieux conservateurs; ils vont jusqu'à se souiller par l'usage de la viande. A Kiyôto comme à Yedo une boucherie vient d'être établie, et une fois par semaine les novateurs peuvent manger du bœuf. Généralement les Japonais en ont horreur. Ils se nourrissent d'orge, de riz, de poissons, et admettent tout au plus la volaille et le porc, ce qui, aux yeux des orthodoxes, est déjà un péché. Le pain, dont au reste ils ne font guère usage, s'appelle *pan* (*pão*). Ce mot est la seule trace que les Portugais du seizième siècle aient laissé de leur passage. Les princes de Tosa et de Chiôshiu comptent parmi les réformateurs; Chiôshiu avait prescrit à ses soldats de se nourrir de viande, pour se donner des forces, disait-il dans son ordonnance. L'innovation rencontrait une grande opposition, et il fallut des mesures énergiques pour venir à bout des récalcitrants.

Le prince de Tosa comptait remplacer les sandales de paille de ses soldats par des souliers en cuir; mais, comme le contact de la peau des animaux est considéré comme une souillure, sauf les *etas* qui sont immondes eux-mêmes, on ne trouvait pas d'hommes qui voulussent se prêter à la fabrication de ce genre de chaussures. Le prince vainquit les résistances en promettant, par un édit, la noblesse aux cordonniers qui seconderaient ses vues civilisatrices.

Pendant ces deux jours, passés tout entiers sur pied ou à cheval, nous avons du matin au soir parcouru tous les quartiers de la ville et visité un grand nombre de monuments, mais pas la moitié de ceux que le gouverneur avait fait inscrire sur notre itinéraire. Aussi le sanji est-il vivement contrarié. Il craint le mécontentement de son chef, et il tenait personnellement à nous faire voir certaines pierres, certaines inscriptions mystiques ou rappelant des prodiges; car, chose étrange, ou moins étrange peut-être qu'on ne devrait penser, il croit, quoique libre-penseur, aux miracles les plus absurdes. Mais, malgré ses regrets, il n'a eu garde de nous engager à rester. S'il est vrai que Kiyôto soit le foyer de l'opposition conservatrice et anti-européenne, nous devons nous féliciter que nulle aventure désagréable n'ait troublé le séjour de deux voyageurs blancs, perdus seuls au fond du Japon.

VII

LE LAC DE BIVA

Du 25 au 27 septembre.

Otsú. — Le lac. — Ishyama. — Le gouverneur et son dai-sanji. Ôwaku. — Udji. — Retour à Ôsaka. — Les arts au Japon.

A la pointe du jour, le sanji et son adjoint pénètrent dans ma chambre à coucher. Ils sont venus pour faire leurs adieux, et ont remis leurs vêtements japonais. Nous les reconnaissons à peine, tant ils ont l'air grand seigneur. Je leur en fais mon compliment qui ne les flatte guère, car ils se piquent de ressembler aux Européens.

Départ à huit heures. Précédés, entourés, suivis d'une escorte désolante de gardes d'honneur et d'espions, nous traversons le grand pont du Kanagawa, et nous nous engageons dans une gorge des montagnes à l'est de la ville. En moins de quarante minutes nous avons atteint le point culminant du défilé, et, tournant au nord, nous descendons rapidement vers une petite plaine. La partie du Tokaïdo que nous suivons en ce moment ressemble à la principale rue d'une ville populeuse. L'animation y est extrême : des passants, des voyageurs, des messagers, ces Mercures du Japon, des hommes chargés de paniers pleins de poissons qu'ils apportent en courant, soit du grand lac, soit de la mer du Nord, des koulis avec leurs longs bambous, des femmes, des pèlerins et un grand nombre de chars tirés par des bœufs. La route est parfaitement entretenue. Des dalles transversalement placées la protégent contre les ravages des pluies torrentielles si fréquentes ici dans toutes les saisons, et assurent la circulation des charrettes dont les roues laissent leur profonde empreinte sur la pierre.

Le gros bourg de Yamashina occupe le centre d'un petit plateau formé par les deux crêtes de la chaîne qui, en courant du sud-est au nord-ouest, sépare la vallée de Kiyôto de celle du grand lac. Nous quittons le Tokaïdo pour prendre un chemin de traverse plus court, mais plus montueux. Direction, nord-nord-ouest. Le pays a le caractère général du Japon, mais il est moins riant. Cependant on voit partout des champs cultivés. En suivant les sinuosités d'une gorge étroite, dont les flancs étagés jusqu'au sommet ont été gagnés à la culture, en passant près de petites rizières suspendues dans les rochers entre des bosquets de bambous, de lauriers, d'érables, nous atteignons vers neuf heures et demie la seconde crête ; puis, après une courte descente par des sentiers extrêmement rapides, nous arrivons au pied du grand temple et aux premières maisons de la ville d'Otsú.

Distance de Kiyôto, trois ris ou un peu moins de huit milles.

Le temple de Midèra de la secte des Tendaïs est l'un des établissements les plus considérables des bouddhistes au Japon. Sa fondation remonte au neuvième siècle. Ses revenus sont, en moyenne, de cinquante mille kokus de riz représentant une valeur de quarante mille rios, plus de cent vingt mille francs, somme énorme vu le prix fort élevé de l'argent. Aussi le gouvernement actuel a-t-il jugé bon de rançonner le couvent et de réduire à trois cents le nombre de ses bonzes. De longs et raides escaliers en pierre mènent au temple. Les sanctuaires, les habitations des prêtres, les maisons destinées à recevoir des pèlerins, sont dans un parfait état d'entretien. Autour de ces édifices et dans le vaste enclos qui les environne, s'élèvent de vieux arbres qui sont pareils à ceux de tous les terrains sacrés, mais qu'on ne se lasse jamais d'admirer. Nos yakunins nous racontent en riant qu'afin de ne pas troubler la dévotion des prêtres, le beau sexe n'est admis dans le jardin qu'une seule fois par an. La grande curiosité de ces lieux, la joie et la gloire des moines, est une cloche énorme couverte de caractères et remontant, dit-on, aux premiers siècles de notre ère. Comme toutes les cloches de ces temples, elle est posée sur un haut échafaudage en bois; un bélier à bascule, suspendu près de la cloche, remplace le battant. Pendant que nous jouissons des ombres et de la fraîcheur du bosquet, des sons rauques et lugubres, tempérés par la distance, descendent jusqu'à nous des hauteurs environnantes. Ce sont les trompettes des prêtres *tendaïtes* qui errent dans les montagnes, cherchant et appelant les dieux.

Mais ce qui absorbe surtout notre attention, c'est le grand lac mystérieux si rarement vu par des Européens. Le *ken* d'Otsú, capitale de la province, est assis sur le versant d'une montagne qui se précipite dans le lac. La ville basse s'étale sur la plage. Contemplée du point où nous sommes, Otsú ne présente qu'une masse confuse de toits gris et noirs. Immédiatement après les dernières maisons, à l'est et au sud, s'élèvent les montagnes magnifiquement boisées dont les gorges étroites donnent accès dans la ville. Devant nous, vers l'ouest et le nord, au-dessus des sombres toits des maisons, s'étend le lac, placide, silencieux, solitaire. Pas une voile ne l'anime ; mais au loin nous apercevons une colonne noire verticale, la fumée d'un steamer qui approche. A notre gauche, vers le nord, de bas promontoires couverts de culture et de groupes d'arbres forment autant de petites baies, en s'avançant dans l'eau. Ils sont les derniers contre-forts de hautes montagnes et nous empêchent de voir l'extrémité septentrionale du lac. En face, c'est-à-dire vers l'est, s'étendent de bas coteaux, surmontés par les crêtes d'une longue et haute chaîne appelée Shigarakidane qui, en courant du sud au nord, forme le bord oriental du bassin. Ses contre-forts, sévèrement dessinés, fantastiques et, chose rare au Japon, entièrement dépourvus d'arbres. — ils sont, dit-on, couverts d'herbes et de lichens, — s'avancent perpendiculairement sur le lac et y plongent leurs caps escarpés qui se terminent en pics ou en dômes. Ainsi, tandis que le côté occidental du bassin offre tous les charmes d'un paysage idyllique, la rive opposée se complaît dans les dehors d'une sauvage grandeur.

Au nord-nord-est, l'horizon a pour limite une autre chaîne fort éloignée. On en peut nettement distinguer les lignes allongées, malgré la distance et des teintes d'azur presque aussi claires que le ciel. C'est une digue naturelle opposée aux fureurs de la mer du Nord qui en baigne et fouette les fondements.

Le lac de Biva, littéralement : *luth à quatre cordes*, que les anciennes cartes des jésuites du seizième siècle désignent sous le nom d'Oits (Otsú) et quelques cartes modernes sous le nom d'Omi, forme un carré irrégulier long et large d'environ dix-huit à dix-neuf ris, quarante-cinq à quarante-huit milles. Les bords du lac sont médiocrement peuplés. Les points les plus importants sont les petites villes ou plutôt les bourgs Hadjemanje sur la rive de l'est, et, sur la rive septentrionale, Hikoneno-Mayebara et Kaitsu. De ces deux dernières localités à Tsûruga, le port le plus rapproché de la mer du Nord, la distance n'est que de sept ris, environ dix-sept milles. Un voyageur sorti d'Otsú le matin par le vapeur, et faisant le reste du voyage à pied, arrive facilement avant le soir à Tsûruga. Distance d'Ôsaka à Kiyôto, douze ris ; de Kiyôto à Otsú, trois ; d'Otsú à Hikoneno, dix-huit ; de Hikoneno à Tsûruga, sept ; en tout quarante ris ou cent milles anglais. Il en faut défalquer les détours du chemin, très-considérables dans les montagnes, et ceux du Yodogawa, ce qui réduit de plusieurs milles la distance entre Ôsaka et Tsûruga. Ainsi le cœur de la principale des îles japonaises, qui par une ligne diagonale s'étend du trente-quatrième au quarante-deuxième degré de latitude, se compose d'une grande nappe d'eau séparée des deux mers par deux étroites chaînes de montagnes. Configuration étrange, dont le globe, je crois, offre peu d'exemples.

Sur la rive septentrionale du lac on cultive le ver à soie. Les *cartons* sont envoyés à Otsú et de là à Ôsaka et à Hiôgo. Depuis quelque temps une société d'actionnaires indigènes a établi trois bateaux à vapeur, qui partent le matin d'Otsú, font le tour du lac et reviennent dans la nuit. Ils ont accaparé tout le trafic et fait disparaître le peu de voiliers qui s'y livraient autrefois. A Yokohama, des résidents à l'esprit spéculatif et à l'imagination fertile parlent avec enthousiasme de la fécondité du sol, du développement de l'industrie, de la surabondance des populations de ces régions lacustres qu'ils n'ont jamais visitées. A les en croire, les productions n'ont besoin que de débouchés. C'est une sorte de terre promise qu'il faut ouvrir à la civilisation et au commerce européens. Le gouvernement de Yedo, entrant jusqu'à un certain point dans ces idées, a envoyé, comme on l'a vu, un ingénieur anglais à Kiyôto. Il est chargé de faire le plan d'un chemin de fer entre cette ville et Ôsaka et de s'occuper ensuite de le prolonger jusqu'à Tsûruga. Sans vouloir préjuger les développements dont l'agriculture et le commerce de cette partie du Japon peuvent être susceptibles, j'avoue que cette nappe solitaire, entourée de rochers, de rizières, et, au nord, de quelques plantations de mûriers, que ce lac vanté, dont tout le trafic se fait par trois petits steamers, répond fort peu aux espérances brillantes des faiseurs de projets de Yokohama et aux sacrifices pécuniaires que ces projets, si on tente de les réaliser, entraîneront pour le trésor déjà épuisé de l'État[1].

Un petit bateau nous transporte de l'autre côté du lac. En longeant le bord méridional, nous passons près des soubassements d'un grand château féodal. Le propriétaire, un des principaux daimios de la province, partisan des idées nouvelles, a demandé l'an dernier et obtenu facilement l'autorisation de démolir son vieux castel pour en mettre le terrain en culture. Partout on rencontre les symptômes du travail qui se fait dans les esprits.

Nous approchons de l'endroit où le Yodogawa sort du lac. Il s'appelle ici Setogawa et se dirige d'abord vers l'est, baigne le pied des montagnes qui séparent Kiyôto du lac, traverse la province d'Udji dont il prend le nom (Udjigawa), revient vers l'ouest jusqu'à Fujimi pour couler ensuite vers le sud sous le nom de Yodogawa, et se précipite enfin près d'Ôsaka dans le Pacifique. A peu de distance de sa sortie du lac, il forme un îlot que le Tokaïdo traverse sur deux ponts. Ces ponts et ce lieu répondent très-exactement à la description du docteur Kaempfer[1].

1. Ces informations sur le lac de Biva m'ont été données par les bonzes de Midèra, par le vice-gouverneur d'Otsu, et par quelques notables de cette ville. Elles se sont trouvées parfaitement identiques aux renseignements qu'on m'a fournis à Kiyôto et à Ishiyama. J'ai donc tout lieu de penser qu'elles sont conformes à la vérité.

Nous passons sous l'un des ponts et, descendant le long des charmants rivages de Setogawa, nous arrivons à un petit village coquettement blotti sur le bord de l'eau au pied d'un rocher abrupt, enveloppé d'arbres énormes, et portant, sur sa cime, l'antique et célèbre temple de la *montagne de granit*, Ishiyama.

Distance d'Otsú, deux ris ou cinq milles.

Le temple, dont la fondation se perd dans la nuit des temps, est, comme l'Asakusa de Yedo, consacré à la déesse Kwanon. Son ancienneté se démontre par la simplicité de la construction, la couleur gris clair du bois, l'absence de toute ornementation dans les colonnes qui supportent le toit. Mais, en consultant mes observations faites sur d'autres temples et les renseignements chronologiques qu'on m'a donnés, je ne puis croire que l'édifice actuel remonte au delà du douzième siècle. Un *tempietto* à deux toits superposés en guise de parasols, l'inférieur se terminant en coupole plate, me charme par l'élégance du dessin et le parti qu'on a su tirer de l'engrenage des poutres dont les extrémités sont sculptées et forment le seul mais riche et gracieux ornement de ce petit bijou. Le mérite de l'architecte est de n'avoir demandé au bois que ce qu'il comporte; mais tout ce que l'on pouvait faire avec du bois, il l'a fait. Une maisonnette, élevée au-dessus du sol par des perches hautes de plusieurs pieds, renferme les archives ou le dépôt des Saintes-Écritures, et nous

---

1. En 1691. Voir *Histoire du Japon*, par Engelbert Kaempfer. La Haye, 1729, p. 201.

frappe par sa simple et ingénieuse construction. Je n'avais jamais rien vu de semblable. M. Enslie, qui a visité les ports de la Manchourie et les établissements russes du Nord-Pacifique, croit reconnaître dans ce petit édifice le même type que dans les chaumières de la Sibérie. S'il en est ainsi, le fait est extrêmement curieux et, comme tant d'autres choses du Japon, cette immense énigme non devinée encore, il pose des problèmes que personne ne sait résoudre.

De la cime où nous sommes on peut embrasser du regard la partie septentrionale du lac. Nous admirons, comme nous l'avons déjà fait à Kiyoto, les nuances claires, transparentes et douces de l'atmosphère.

Devant le temple nous rencontrons trois jeunes filles mises avec élégance et appartenant à la noblesse. En passant près de nous, elles détournent la tête et se dérobent derrière leurs éventails : précaution indispensable, au dire des fonctionnaires impériaux, pour des jeunes filles qui n'ont pas encore noirci leurs dents ni arraché leurs sourcils, la prudence exigeant que leur éblouissante beauté soit soustraite aux regards des barbares téméraires.

Le petit village d'Ishiyama paraît ce qu'il est, un simple lieu de pèlerinage. Il consiste en une seule rangée de maisons adossées à la montagne et regardant la rivière. Presque toutes sont des auberges, très-bien tenues. Devant les maisons est une allée de conifères nains et, de distance en distance, on voit des lanternes de pierre ou de petits autels qui ajoutent au caractère essentiellement ecclésiastique du lieu. Çà et là, de petits hangars. On y vend des chapelets et les images miraculeuses du sanctuaire. Des enfants jouent dans la rue ; les hommes, désœuvrés comme on l'est en pareil endroit, se prélassent à l'ombre de petits pins. Les pèlerins vont et viennent. Tout le monde regarde d'un air stupéfait mais non malveillant les deux êtres étranges commodément installés dans la véranda d'une maison de thé, et assis, non sur leurs talons, mais sur des chaises et autour d'une table ornée d'un vase rempli de fleurs. Ce sont les mêmes meubles dont nous avons fait la première connaissance à Fujimi et qui ont été jusqu'ici nos utiles et inséparables compagnons. Un calme profond règne dans l'air, sur l'eau et sur la terre. Tout respire le *sanctitas loci*.

De retour à Otsú avant la nuit, nous recevons la visite du chi-ken-ji (gouverneur du ken). C'est un jeune homme taciturne et timide. Avant de parler ou de répondre à nos questions, il regarde avec inquiétude le dai-sanji qui est son bras droit, probablement son factotum, son mentor et son surveillant, l'être qu'il recherche, qu'il craint et qu'il déteste le plus, l'homme qui empoisonne ses jours, et sans lequel en même temps ses jours de gouverneur seraient nécessairement comptés. Avec ce beau spécimen de haut fonctionnaire contraste la désinvolture et l'élocution facile du dai-sanji. Mais les deux se complètent, et je suppose qu'à Otsú, comme ailleurs, la chose publique marche tant bien que mal.

(26 septembre.) A sept heures du matin, nous rendons sa visite au chi-ken-ji, ce qui nous ramène au temple de Midéra, car c'est là qu'il s'est logé. Il occupe l'appartement du grand prêtre depuis que le gouvernement s'est emparé d'une partie du couvent sous les prétextes ordinaires : « on manque de place pour les bureaux, et les moines en ont plus qu'il ne leur en faut. De plus, le pontife fait de nombreuses excursions; c'est un absentéiste. » J'ai commis l'indiscrétion de questionner le gouverneur sur cette matière, et le dai-sanji a eu la bonté de répondre. Ailleurs, dans les couvents supprimés, on vous donne les mêmes explications. Seulement, au Japon, on est plus franc. « Et le grand prêtre, dis-je au gouverneur, est-ce avec plaisir qu'il vous voit installé dans son appartement? — Le ken-ji regarde son sanji d'un air effaré. Ce dernier répond en souriant : « Non, mais nous sommes les plus forts. »

Aujourd'hui, nous traverserons un pays qu'on me dit n'avoir été visité par aucun Européen.

Départ d'Otsú, à huit heures vingt minutes. Direction, sud-est. Arrivée au village Oiwaki, à neuf heures. Ici nous quittons le Tokaïdo pour nous diriger, à l'est, vers le district d'Udji, célèbre par son thé, le meilleur du Japon. Je voyage à cheval et il pleut à verse, mais la température est douce et agréable. Nous passons par un gros bourg, Daijingoji. On y voit un grand temple, au milieu d'un bois sacré fort étendu et entouré d'une belle muraille blanche. La route traverse constamment des villages et longe des enclos qui, derrière leurs murs solides, abritent des bois et des temples. Tout porte le cachet de la prospérité et d'une civilisation ancienne et raffinée.

A onze heures, arrivée et halte à Tissômura, autre bourg très-considérable. Départ à midi. Une demi-heure après, nous sommes à Òwaku, c'est-à-dire devant le portail d'un des temples bouddhiques les plus renommés. Il contient plusieurs cours, séparées par des murs, et un grand nombre d'édifices. Dans l'une des grandes salles est un autel, en forme de table, sur lequel se trouvent les objets ordinaires : un grand vase au centre avec une branche d'arbre ; devant le vase, l'encensoir ; de chaque côté, un petit et un grand flambeau ; et aux deux extrémités, des vases d'un dessin entièrement classique, contenant d'immenses bouquets de fleurs. Derrière l'autel, sur trois piédestaux isolés, d'un style qui rappelle le baroquisme italien du dix-septième siècle, s'élèvent trois statues de bois doré : l'une, colossale et occupant le milieu, représente Shaka, le Bouddha du Japon ; les deux autres, grandes comme nature, ses deux principaux disciples, Anan et Kashu. Bouddha est assis. On ne lui a pas donné sa pose traditionnelle de quiétude ; il élève la main droite pour donner la bénédiction. Une grande auréole, en forme de conque elliptique, part du piédestal et s'élève comme une niche derrière le dieu. Les deux disciples sont absorbés dans l'adoration. Anan tourne le visage vers le maître et élève les mains appuyées l'une contre l'autre. Kashu a les mains pliées et la tête légèrement inclinée. Les poses et l'expression des physionomies peuvent se voir dans toutes les églises catholiques. Le long des murs latéraux de la salle on voit assises, sur des estrades, dix-huit statues, neuf de chaque côté. Elles sont aussi de bois doré et grandes comme nature. Dans ces chefs-d'œuvre de la statuaire japonaise se trouvent réunis tous les signes qui caractérisent l'art de cette nation : le respect de la vérité, le sentiment de la nature, la perfection technique, le goût de la contorsion, de la bizarrerie, du grotesque et l'*humour*. Quelques-unes de ces têtes sont monstrueuses et vraies, terribles et risibles à la fois. Mais telles qu'elles sont, on ne saurait leur contester une valeur artistique.

Nous quittons le temple à une heure. Le temps s'est éclairci, et nous jouissons de la beauté du paysage composé toujours des mêmes éléments, auxquels, à partir d'Òwaku, viennent se joindre les plantations de thé. Une haute digue les traverse et nous mène aux bords de l'Udjigawa qui, sortant ici brusquement d'une gorge étroite toute boisée, pénètre dans le pays plat pour ne plus le quitter avant de se jeter dans la mer.

En face est Udji, le chef-lieu du district qui produit le thé le plus renommé du Japon. Un bac nous transporte de l'autre côté. Avant de visiter les plantations nous prenons un peu de repos dans une jolie hôtellerie. Rien n'est plus laid que ces terrains consacrés à la culture du thé; des buissons raides en échiquier; les intervalles remplis de fumier, et partout une odeur méphitique.

A Udji, nos gardiens d'honneur nous quittent pour retourner à Otsú. C'est une infraction grave à leurs instructions, car ils devaient nous suivre à Ôsaka. Mais, grâce à l'éloquence de M. Enslie, nous en sommes débarrassés et respirons librement. On ne saurait se faire une idée de l'importunité de ces gens. Ni pendant le voyage ni durant les haltes ils ne nous quittent un instant.

A trois heures et demie, départ en bateau. Les rivages s'aplanissent, la rivière s'élargit. Après avoir glissé doucement entre des îlots couverts d'herbes, nous passons sous le pont de Fujimi et, l'obscurité ne permettant pas à notre misérable bateau de continuer, nous débarquons vers sept heures sur la rive droite du fleuve, qui déjà prend ici le nom de Yodogawa. De cet endroit solitaire au village de Yâvata on compte un demi-ri. Nos gens nous ayant précédés dans un autre bateau, M. Enslie se décide à garder nos effets en attendant les domestiques qui doivent déjà être au gîte et que je lui enverrai. Muni d'une lanterne, je pars seul avec deux de nos bateliers. La nuit est obscure ; il pleut à torrents ; le chemin est une digue très-haute, à peine large d'un pied, baignée d'un côté par la rivière, de l'autre par un marais. Le terrain est détrempé. A chaque pas je glisse en laissant mes chaussures dans la boue. A la fin, l'un des hommes me charge sur ses épaules. Les mains appuyées sur le dos de son camarade qui le précède pour lui indiquer où il faut mettre le pied, toujours sur le point de rouler dans le fleuve qui bourdonne à gauche ou dans le marais qui s'étend comme un linceul à notre droite, trébuchant à chaque pas, ce brave homme avance pourtant sans tomber. Après une cavalcade qui a duré vingt-cinq minutes, et qui m'a paru beaucoup plus longue, nous apercevons au loin un point lumineux : c'est l'auberge. J'y suis reçu avec grandes acclamations ; hommes, femmes, jeunes filles m'entourent, me regardent avec curiosité, m'adressent mille questions que je ne comprends pas, me comblent de soins et d'amabilités. En un clin d'œil, malgré mes protestations, je suis, *coram populo*, dépouillé de mes habits ruisselants, et plongé dans une baignoire remplie d'eau chaude ; il y avait de quoi faire cuire un homard ; puis on me jette de l'eau froide sur le corps. C'est la méthode japonaise, et elle est excellente. On m'enveloppe d'une tunique neuve de l'aubergiste et on me dépose sur la natte de la chambre d'honneur. Quelques tasses de thé d'Udji, servi bouillant, achèvent de me restaurer.

Distance d'Otsú, huit ris ou vingt milles.

(27 septembre.) Nous descendons rapidement la rivière. A midi nous avons atteint les premières maisons d'Ōsaka, à une heure et demie, nous débarquons dans le quartier des étrangers. Cela donne une idée de l'étendue de la troisième ville de l'empire.

Pendant que notre petite djonque glissait doucement entre les rives bucoliques du Yodogawa, couché au fond du bateau, je repassai dans mon esprit les trésors d'art que j'ai eu la bonne et rare fortune de voir, et j'inscrivis sur mon calepin les réflexions suivantes :

Kiyôto, Kamâkura, Yedo, possèdent les temples les plus renommés par leur antiquité, leur richesse et la beauté de leur construction. Les sanctuaires de Kamâkura ont été en partie détruits. Parmi les tombeaux, ceux de la Shiba tiennent le premier rang et sont, il me semble, avec le château de Taïko-Sama et ses deux temples à Kiyôto, les chefs-d'œuvre les plus parfaits de l'art japonais. Autour des deux capitales de l'Ouest et de l'Est se groupent un grand nombre de sanctuaires de premier ordre. Les districts à l'est de Kiyôto, entre le lac de Biva et l'entrée septentrionale de la vallée du Yodogawa, sont parsemés de bois sacrés et de temples. Le temple d'Ôwaku en est la perle. A Nikkô, au nord de Yedo, il y a quelques tombes de shoguns, et, à l'est de Kiyôto, à un endroit dont le nom m'échappe, des tombes de Mikados que je n'ai pu visiter. Mais, sauf ces deux nécropoles, bien inférieures, me dit-on, à la Shiba, j'ai vu les monuments les plus célèbres du Japon. Quant aux diverses productions des arts, Kiyôto en est le grand foyer; Yedo ne tient que le second rang. J'ai pu voir et examiner une foule d'objets de tout genre. Nagasaki exerce, pour ainsi dire, le monopole de la fabrication des vases, qui d'ailleurs, dans l'état actuel de cette branche d'industrie, ne peuvent guère être comptés parmi les objets d'art!

Maintenant, résumons nos impressions!

Architecture. — Le mot est peut-être ici mal appliqué. Le temple, le château fort, le palais, la maison bourgeoise et la hutte du pauvre se composent des mêmes éléments : un plancher élevé de quelques pieds au-dessus du sol, — précaution nécessaire contre l'humidité et les reptiles; — puis, au moins, quatre poutres verticales et un toit très-lourd. Les murs mitoyens sont des châssis de papier glissant sur des coulisses; le mur d'enceinte est remplacé par des volets en bois qu'on place et qu'on ferme pendant la nuit. Dans les temples, châteaux et yashki, il y a, de plus, un véritable mur de pierre et de ciment. Tout le reste est en bois. C'est la construction la plus primitive possible, et en même temps la plus conforme aux exigences du climat, aux ressources et à la situation financière de la nation. Elle résiste mieux que les maisons murées des Européens aux typhons et aux tremblements de terre. Elle est plus exposée aux incendies; mais, qu'elle soit endommagée ou détruite par le feu, par le vent ou par des convulsions du sol, le mal est réparé, à peu de frais, promptement et facilement. Le terrible typhon du 24 août de cette année avait détruit à Yedo toute la partie basse du faubourg de Takanawa; il avait fait aussi de grands dégâts à Yokohama, dans la ville européenne et surtout aux bluffs. Un des édifices du gouvernement anglais, occupé par le juge, était à moitié découvert et menaçait ruine en dépit et peut-être à cause de la solidité de ses murs. Les travaux de réparation dureront des mois et causeront des frais considérables. La reconstruction des maisons de Takanawa était presque terminée lorsque, neuf jours après le désastre, je revins à Yedo. Une architecture, dans le sens ordinaire du mot, n'existe donc pas au Japon, mais on s'adapte aux circonstances et l'on possède au plus haut degré l'entente de la matière que l'on emploie : le bois [1].

Sculpture. — Les plus grands chefs-d'œuvre qu'elle ait produits sont, dans mon opinion, le Daibutsu, près de Kamàkura, œuvre de bronze, et les statues de bois d'Ôwaku, enfin, à un autre point de vue, les figurines représentant les quarante-sept ronins. Celles qui sont exposées dans l'enceinte de l'Asakusa, méritent aussi d'être mentionnées.

Le sculpteur grec de l'âge d'or visait à la beauté absolue, et tâchait de réaliser l'idéal de la beauté humaine. Les grands maîtres italiens de la haute renaissance suivaient des tendances complexes. Eux aussi cherchaient la beauté idéale, mais avec une arrière-pensée : ils voulaient, ils devaient subordonner la beauté au symbole exprimant indirectement les idées dominantes du temps ou de l'individu qui avait commandé l'œuvre. Ainsi, par exemple, Michel-Ange, chargé de faire le tombeau de Jules II, compare ce pape à Moïse qui devient sous les mains du maître le symbole de l'inspiration divine et de la force surhumaine. En contemplant cette création unique, on se sent comme saisi de frayeur. On baisse le regard tout surpris et intimidé par le spectacle du surnaturel. La beauté et la vérité sont sacrifiées au sublime. Le sculpteur

---

1. Au printemps dernier (1872), un incendie détruisit un grand quartier de Yedo. Le gouvernement ordonna que les maisons fussent rebâties dans la forme européenne. Cette innovation suppose un changement de climat, une transformation totale des mœurs du pays, et, de plus, des moyens pécuniaires qui font défaut.

japonais tâche de rendre les affections de l'âme : la quiétude absolue de Shaka (Bouddha), l'extase ou le profond recueillement de ses disciples, une douce et en même temps caustique mélancolie, la peur, la colère, la haine, la surprise, la gaieté, rarement la tendresse. Le corps nu, le grand problème de la statuaire antique, n'a aucun intérêt pour lui; il ne le reproduit qu'à titre de portrait. Mais quand il s'y met, il réussit. Non qu'il ait étudié l'anatomie dont il ignore jusqu'au nom, et d'ailleurs on ne touche pas un cadavre sans être souillé; mais il a constamment sous les yeux des corps vivants occupés à tendre leurs muscles, soit en soulevant des poids, soit en maniant la rame, et non des modèles dont la pose est toujours forcée. Aussi ses œuvres, tout imparfaites qu'elles sont à d'autres points de vue, brillent-elles par une qualité qui fait souvent défaut à notre statuaire moderne : elles ont de l'animation, de l'animation vraie. En général, l'artiste japonais cherche la vérité et non la beauté pour elle-même. A l'exemple du peintre et du poëte, il est, dit-on, humoriste. Mais son *humour* se fait sentir moins dans les attitudes que dans le choix des sujets et dans l'expression des visages. Il exagère, mais avec mesure et avec goût. Dans la reproduction des animaux il est passé maître; il sait donner à leur physionomie et même à leur pose le reflet des passions et affections humaines. On ne peut regarder ces produits d'une imagination tout à la fois bizarre, profonde et enfantine, souvent d'une étonnante *maestria* technique, on ne peut les regarder sans rire; seulement ce rire est contenu par la surprise et tout prêt à se convertir en tristesse. Mais c'est précisément ce qui constitue l'*humour*. On saisit, en même temps, le côté comique et le côté sérieux ou triste des choses. Il en résulte un conflit de sensations qui piquent la curiosité et caressent l'œil; de là une légère tension de l'esprit jointe à une agréable agitation de l'âme. C'est comme l'aigre-doux, le chaud-froid de la haute cuisine. De toute façon c'est un grand raffinement, qu'on est étonné de trouver dans une nation à demi barbare.

Orfévrerie. Bronzes. — C'est surtout à Kiyôto que ces deux arts se sont le mieux conservés. Les bronzes destinés à l'Europe, et exposés à Yokohama, me paraissent très-inférieurs. C'est de la pacotille, dont tout l'intérêt autrefois consistait dans la difficulté qu'il y avait à se les procurer, mais qui aujourd'hui n'a plus aucune raison d'être.

Peinture. — Elle s'occupe du ciel, de l'enfer, de la terre, des créatures animées et inanimées. La théogonie indienne, en passant des bords du Gange en Chine, de Chine en Corée, de Corée au Japon, a laissé en route une partie de ses terreurs et s'est accommodée au génie de ce peuple enfant, qui aime à rire et à pleurer en même temps. De plus, le temps a marché. Les Dieux ont quitté les hauteurs éthérées de l'Olympe, et, s'ils ne sont pas encore descendus aux derniers échelons, si aucun Offenbach japonais ne s'est encore trouvé pour les faire danser aux sons profanes de son archet sacrilége, il n'en est pas moins vrai que les jours de leur règne semblent comptés. Je n'ai pas rencontré un seul homme de qualité qui, à propos de religion, ne m'ait tenu exactement le langage des grands seigneurs philosophes du siècle dernier : « Shaka, les Dieux, bah! invention des prêtres! nous nous moquons bien et des prêtres et des Dieux ; mais c'est bon pour le peuple. » On conçoit qu'avec de tels Mécènes, l'art religieux, la peinture et la sculpture sacrées ne peuvent guère fleurir. On fabrique toujours et on vend aux gens du commun, à raison d'un demi-tempo, quantité d'images de Dieux courroucés, aux visages rouges ou verts, assis sur un dragon, vomissant des flammes, brandissant leurs sabres, se livrant des combats à outrance. Mais les gens à tunique de taffetas, surtout les lettrés, en font fi. J'ai pu m'en convaincre plus d'une fois en bouquinant à Yedo et à Yokohama. Laissons donc de côté le ciel et l'enfer, ou plutôt le purgatoire, car le bouddhisme n'admet pas de peines éternelles. Passons à la vie actuelle, à l'art de la peinture, telle qu'elle s'exerce aujourd'hui, sans exclure les vieux tableaux que j'ai vus et dont aucun ne m'a semblé antérieur au dix-septième siècle. Tout ce que j'ai dit des sculpteurs s'applique aux peintres, avec cette nuance que, chez ces derniers, l'*humour* dispose d'un champ plus vaste et s'ingénie à étendre son règne. Mais là aussi l'exagération et le goût de la contorsion sont contenus par le respect de la vérité et le désir évident de copier la nature.

Il est un point que je ne puis passer sous silence. On pense généralement en Europe que la perspective n'est pas connue des artistes japonais. J'ai vu et j'ai mentionné plus haut de petits chefs-d'œuvre, trois tableaux anciens, de l'époque de Taïko-Sama, qui constatent le contraire. Comment croire que des artistes si habiles à reproduire et à copier exactement la nature, n'aient pas d'yeux pour les effets que produit la distance? C'est inadmissible. Sans doute ils ignorent les lois de la géométrie et par conséquent les strictes règles de la perspective, tout comme les sculpteurs n'ont aucune idée de l'anatomie, ce qui ne les empêche pas de modeler assez correctement; mais si les peintres voulaient, ils pourraient, j'en ai cité les preuves, reproduire avec plus ou moins d'exactitude les éléments d'un paysage tels qu'ils se présentent à l'œil. Il y a en Europe une foule de paysagistes qui n'ont pas étudié la perspective, mais qui, par intuition ou par l'habitude de copier, parviennent à fournir des dessins corrects. Pour ma part, je pense que le peintre japonais s'écarte volontairement des règles de la perspective. Chez nous, l'art s'est mis au service de l'Église, de l'État, du monde riche et élégant, et des classes aisées. Ici, le peintre travaille pour tout le monde; il veut et doit être compris du peuple. Or le peuple de tous les pays s'entend fort peu à la perspective. De la part de l'artiste comme de son public, la perspective suppose et exige un certain travail mental et une certaine culture de l'esprit. Mettez sous les yeux d'un paysan une *vue* de son village : la fontaine, le quinconce, et, au-dessus, la flèche du clocher. Le paysan, tout ahuri, aura de la peine à reconnaître ce qu'on lui montre, et il sera mécontent de ne pas voir figurer dans ce tableau l'église tout entière, la mairie, tel ou tel édifice qui fait la gloire des habitants. Vous avez beau lui expliquer que cela est impossible, puisque ces objets sont cachés par les arbres et par la fontaine. Il n'en sera pas moins choqué. Maintenant, pour satisfaire ce brave homme, montez sur un point culminant. De là vous découvrez tout le village. Vous pouvez en réunir sur votre toile ou sur votre papier les principaux édifices. Mais gardez-vous bien de les représenter tels que vous les voyez, c'est-à-dire à vue d'oiseau. Le villageois ne comprendrait rien au raccourci des objets. Il faut donc pour le satisfaire mettre de côté les règles de la perspective. Cela est encore plus nécessaire dans les intérieurs, si goûtés du public japonais, car ici l'artiste doit réunir dans un petit espace plusieurs groupes de personnes, et, à moins de les peindre de haut, l'un masquera l'autre. Cette explication n'est qu'une hypothèse, et c'est comme telle que je la consigne dans mon journal. Mais j'affirme que les peintres japonais connaissent ou ont connu la perspective.

Il y a la peinture d'histoire, de paysage, et d'éventail. Quant aux objets laqués et aux vases de porcelaine modernes, ils n'ont plus aucun titre à être rangés parmi les productions de l'art. La peinture d'histoire, en dehors des sujets mythologiques qui ont été appréciés plus haut, perpétue, selon les formes traditionnelles, des faits et des événements connus du peuple. Viennent ensuite les illustrations des romans à la mode, des tableaux et des images parfaitement honnêtes représentant des situations qui ne le sont guère. Un grand nombre de tableaux et d'images ne contiennent qu'une tête ou une figure de femme. Ce sont toujours des portraits, le plus souvent de courtisanes, faits pour leurs adorateurs. Il ne viendra à l'esprit de personne de commander qu'on lui peigne une figure de femme rien que pour sa beauté, une Gabrielle d'Estrées, à moins d'en être le Henri IV. Ces tableaux, comme les vieux laques, passent quelquefois dans le commerce. On peut les acheter par occasion, mais ils ne doivent pas leur origine au culte de la beauté abstraite, à un sentiment artistique; ils la doivent à des relations et à des motifs personnels.

Les paysages, dessin et coloris, sont inférieurs à la figure; mais comme *portrait collectif*, si on me passe cette expression, ils sont inappréciables. Je possède un grand nombre de dessins coloriés, assez grossièrement faits et dont les motifs ont été recueillis dans les rues de Yedo. Ce ne sont pas des *vues*. J'ai vainement cherché les lieux qu'ils peuvent représenter. Ces lieux n'existent pas, mais le peintre rend admirablement le caractère général de son sujet. Maisons, ponts, canaux, arbres, figures, tout y est. En regardant ces dessins on se trouve à Yedo. Même comme ressemblance, toujours au point de vue général, les plus belles photographies de M. Beato, à Yokohama, ne sauraient soutenir la comparaison.

La peinture d'éventail mérite une attention particulière, car ses produits se répandent dans toutes les classes de la nation, depuis le Mikado jusqu'aux pauvres koulis. C'est une industrie, mais c'est aussi un art, où se retrouvent quelques-uns des signes caractéristiques de la statuaire et de la peinture japonaises. Le bon marché en est la première condition. S'il y a des éventails de grand prix, je n'en ai pas vu. Les éventails sculptés en ivoire que parfois en Europe on fait passer pour japonais, viennent de Chine. Les images peintes sur papier, qui se vendent à des prix minimes, représentent toutes sortes de sujets : des scènes de roman, le Fujiyama, les plantes et arbres du Japon, les quatre saisons, les travaux des cultivateurs, les temples de Yedo et de Kiyôto, les plans de ces villes, et autres motifs divers.

C'est tout naturellement avec ces images que l'on couvre les éventails. Mais il est d'autres sujets excessivement simples, fort gracieux, qui excitent la curiosité et frappent l'esprit par le contraste entre l'exiguïté de l'objet principal et l'immensité qui lui sert de fond et de cadre. Par exemple une cigogne tenant un poisson dans son bec. Elle rase les vagues de la mer dont l'horizon se dérobe à la vue, ce qui augmente l'impression de l'infini. Autre éventail : le ciel étoilé, ou le ciel sombre avec le soleil couchant d'un côté, et la lune qui se lève de l'autre; un, deux ou trois petits oiseaux s'envolent; on se demande où ils vont. L'effet est toujours celui de la curiosité mêlée à une sorte d'inquiétude; et il est produit avec les éléments les plus simples : un petit morceau de papier triangulaire, de l'encre de Chine, tout au plus trois ou quatre couleurs. Ajoutez que ces petits chefs-d'œuvre se vendent pour quelques centimes. J'ai donc raison de dire que l'art pénètre dans le peuple.

On a déjà vu[1] qu'il est cultivé par les classes élevées, et qu'on trouve des artistes parmi les femmes; mais j'ai fait remarquer qu'il y a là plutôt un simple jeu de l'esprit, où l'on emploie certains motifs appris par cœur et variés selon les inspirations du moment. Je ne crois pas me tromper en pensant que les motifs qui défrayent ici l'art moderne, sauf quelques grotesques représentations de poteaux de télégraphes, de locomotives, d'étrangers en costume européen et avec des favoris roux, appartiennent au passé. Aujourd'hui on n'invente plus. Ce don semble épuisé, signe caractéristique de décadence. Au reste, pour constater cet amoindrissement, on n'a qu'à comparer ce qui se fait aujourd'hui avec les produits de l'art ancien, dont les plus beaux se trouvent évidemment en Europe, où ils ont été envoyés par les Hollandais de Deshima. Les Japonais eux-mêmes reconnaissent le fait; mais l'explication qu'ils en donnent est superficielle comme eux. Les gens riches, disent-ils, ne payent plus comme autrefois. Pour vivre, l'artiste doit produire beaucoup, et par conséquent travailler vite. Il n'a plus le temps de bien faire. Si cela était vrai, ce serait la suite, non la cause, de la décadence. Les amateurs payent encore très-cher, la preuve en est dans les prix élevés des belles choses qu'on fait à Kiyôto. Mais la vérité, c'est que les gens riches n'aiment point à acheter des œuvres médiocres au même prix que donnaient leurs pères pour des chefs-d'œuvre. Partout on cherche le nouveau, et

---

1. Voir vol. I, page 454.

les artistes d'aujourd'hui ne savent que reproduire, et encore imparfaitement, les vieilles formes dont on commence à se lasser. Ce qui s'est conservé, c'est un don que le ciel seul peut donner : le goût et le comme-il-faut parfait dans les petites choses.

Il n'y a au Japon ni ateliers, ni académies, ni marchands de tableaux. Il paraît que l'art se transmet dans les mêmes familles de père en fils. De là son caractère stéréotypé. Ordinairement l'amateur qui fait une commande appelle l'artiste, lui paye trois ou cinq rios (dix-huit à trente francs) par mois, le loge et le nourrit pendant tout le temps de son travail, et en retour attend de lui un certain nombre de tableaux qui, exécutés sur de la soie ou du papier, se conservent roulés, ou bien collés sur des baguettes de bambou et suspendus dans la niche ou sur la partie immobile de la cloison de l'appartement d'honneur. Ce fut exactement ainsi que Murillo, passant cinq ans dans un monastère de Séville, et dix dans un autre, créa ses chefs-d'œuvre et, péniblement et misérablement, gagna l'auréole de l'immortalité.

VIII

NAGASAKI

Du 28 septembre au 2 octobre.

Le Papenberg. — Deshima. — Les chrétiens indigènes. — Situation politique du Japon.

(28 septembre.) Après une journée fort agréablement passée à Hiôgo avec le consul anglais M. Gower et avec ses amis, je m'embarque dans la nuit à bord du steamer américain *New-York*, capitaine Furber, l'un des hommes les plus aimables que j'aie rencontrés sur les mers.

(29 septembre.) Le *New-York* a appareillé à trois heures du matin, et s'est aussitôt engagé dans la *mer intérieure*. Au lever du soleil je suis sur le pont. Des deux côtés surgissent des îlots coniques. Au sud se développent les hautes montagnes de l'île de Shikoku.

A deux heures nous sommes devant Mehara, situé sur le continent, c'est-à-dire sur la grande île de Niphon. Rasant les bords, nous passons devant le grand yashki, d'aspect féodal, du prince de Kishiu : pour l'œil, c'est un mur percé, à égale distance, de grands portails. Le prince y est; des hommes armés fourmillent aux approches du château et sur la plage. Tout près de là est le *han*, le chef-lieu du fief. A bord, autour de moi, on se demande si tout cela croulera réellement comme les murs de Jéricho devant les nouvelles ordonnances de Yedo.

Le *New-York* continue de son pas réglementaire : dix milles à l'heure. Les éléments du paysage, renommé à juste titre pour son indéfinissable beauté, sont toujours les mêmes. La mer, aujourd'hui comme une glace, devient tour à tour lac et fleuve. Partout d'innombrables volcans éteints, flanqués de blocs arrondis qui ressemblent aux flots de l'Océan. Une végétation abondante les recouvre de pied en cap. Les parois des gorges sont relevées en terrasses et converties en champs; les crêtes des rochers, panachées d'arbres. Entre leurs troncs, on voit le ciel; comparés aux montagnes, les arbres se présentent comme des géants. Et pourtant, contemplées à travers le prisme de l'atmosphère voilée et humide, les montagnes paraissent éloignées et fort élevées. Effet d'optique étrange et fantasque, qui explique certaines bizarreries apparentes de la peinture japonaise. Bien souvent ce qui nous paraît bizarre n'est qu'une reproduction fidèle de la nature. Sur la plage, au fond de mille petites baies, blanchissent des villes, des bourgs, des hameaux de pêcheurs. Des bateaux fourmillent dans les anses et le long des petites jetées qui avancent dans l'eau. Au-dessus des toits, se profilent les flancs de la montagne! Des escaliers taillés dans le roc mènent au temple, enseveli dans le feuillage épais du bosquet sacré. Parfois les sons lugubres et solennels du gong appelant les Dieux rompent le silence qui plane sur le lac.

(30 septembre.) La plus belle partie de la mer intérieure est le détroit de Shimonoséki, connu en Europe par l'attaque des escadres anglaise et française[1]. Par malheur nous l'avons franchi quelques heures avant le lever du soleil. En revanche, la journée d'aujourd'hui est, plus encore que celle d'hier, riche en magiques tableaux, qui, composés des mêmes éléments, varient toutefois à chaque tour de roue de notre bateau. La mer s'élargit, les horizons s'étendent. Au sud les contours de l'île Firando, célèbre par les prédications de saint François-Xavier, surgissent plus fantastiques ; les montagnes de la grande île de Kiushiu, qui jouent un si grand rôle dans l'histoire du jour, forment un arrière-plan plus imposant; les rochers éparpillés dans la mer et percés à jour par des grottes où s'engouffrent les vagues, sont plus nombreux et plus escarpés. Quelques-uns, dépourvus de toute végétation sur leurs flancs, mais couronnés d'épaisses touffes d'arbres gigantesques, détachent leur silhouette noire sur le ciel lumineux et ressemblent à la tête d'un géant aux cheveux ébouriffés, que la main d'un maître aurait hardiment tracée sur une feuille de papier gris. Un de ces îlots est rayé de haut en bas. Ce sont de profondes crevasses habitées par des milliers d'oiseaux blancs.

1. En 1864.

Nous sommes à l'entrée de la baie de Nagasaki. Une haute et longue montagne forme comme un rideau vert, derrière un dédale d'îlots. L'un d'eux, un pan de muraille couronné d'arbres, est le Papenberg. C'est du haut de ce rocher que quatre mille chrétiens ont été précipités dans la mer [1]. C'est ici qu'a été noyée la véritable civilisation du Japon. Aujourd'hui le Papenberg est le rendez-vous et le but de promenade des résidents européens de Nagasaki. « Nous y faisons nos pique-niques, » me disait l'un d'eux. Des quatre mille martyrs il n'avait aucune souvenance.

À cinq heures le *New-York* jette l'ancre sur la rade de Nagasaki. La ville se présente en amphithéâtre. A l'est est le quartier des Européens, gagné sur les eaux de la baie à la suite de travaux considérables. Dans des positions culminantes, on voit l'église catholique flanquée d'un acacia gigantesque, et l'imposant édifice du consulat d'Angleterre. Au fond est Deshima, l'ancienne factorerie hollandaise, et, derrière cet îlot, la ville indigène, le tout encadré de hautes et vertes montagnes. La mer ressemble à un lac. Plusieurs navires de guerre étrangers, des bâtiments de haut bord, et un grand nombre de djonques animent la rade.

J'ai laissé l'automne à Yedo et à Hiôgo ; ici je retrouve l'été. Assis sur le pont de notre steamer, aspirant avec délices un air tiède et embaumé, nous jouissons de l'indescriptible beauté d'une nuit presque tropicale. La brise nous amène, avec les

---

1. En 1638.

parfums de la forêt, des sons de musique. C'est la bande de la frégate cuirassée *l'Océan*, qui joue le *God save the queen*, l'invitation à la valse de Weber, des contredanses. Nous sommes émus et charmés. C'est comme un souffle d'Europe.

(1ᵉʳ octobre.) Fait le tour de la ville. Les magasins et dépôts des négociants européens, aujourd'hui fermés, à cause du dimanche, occupent la partie basse du quartier des étrangers. Leurs maisons, entourées de jardins, rampent dans les sinuosités des gorges ou couronnent les hauteurs. Ici, comme à Yokohama et à Hiôgo, on se plaint d'une stagnation dans les affaires. En revanche, les escadres anglaise, française et américaine des mers chinoises, visitent souvent le port, et les steamers de la compagnie du Pacifique le touchent régulièrement.

L'église, desservie par des prêtres appartenant aux Missions étrangères de Paris, est remplie de matelots et de soldats de la frégate anglaise. Au reste, trois hommes en bourgeois, moi compris, et pas une femme.

L'ancienne factorerie hollandaise de Deshima[1] peut se parcourir, dans toute sa longueur, en moins de trois minutes. Sa largeur n'est que de quelques pas. A l'exception de la maison, occupée aujourd'hui par le consul des Pays-Bas, toutes les autres sont postérieures au dernier incendie qui, il y a treize ans, a entièrement détruit les édifices de l'an-

---

1. Fondée en 1638 et supprimée à la suite des traités de 1858, qui ont ouvert le port de Nagasaki à toutes les nations.

cien établissement, ou plutôt de l'étroite prison des négociants hollandais. Ces hommes n'osaient jamais la quitter, et étaient constamment gardés à vue. On connaît le triste rôle que les membres de la factorerie ont joué au temps des persécutions contre les chrétiens. Il s'explique par des antipathies religieuses et politiques — les États Généraux étant alors en guerre avec la couronne d'Espagne, qui avait en outre pour sujets les missionnaires, — par des rivalités commerciales, par le désir d'évincer les Portugais qui possédaient encore des comptoirs florissants sur différents points du Japon. D'après quelques auteurs catholiques, les marchands hollandais auraient indirectement contribué à l'extermination des chrétiens catholiques étrangers et indigènes. Ce fait n'est pas constaté; ce qui semble certain, c'est que les Hollandais n'ont cessé d'exciter les méfiances des shoguns contre les missionnaires, en accusant ceux-ci d'être des agents politiques de l'Espagne, chargés de préparer les esprits à une invasion méditée par le roi. Sous ce rapport, une grande part des maux atroces qui ont fondu sur les apôtres et sur leurs néophytes tombe à la charge de la Hollande. Pour n'être pas enveloppés dans la ruine des chrétiens, ils s'évertuèrent à faire comprendre la différence qu'il y a entre leur communion et la religion catholique. C'est ainsi qu'ils obtinrent et exercèrent pendant plus de deux siècles le monopole très-lucratif du commerce avec l'Europe. En revanche, leur demeure était une prison, leur existence un supplice. Le magique pouvoir de l'or peut seul expliquer comment ils ont pu se soumettre à de telles tortures. Tous les quatre ans, une sorte d'ambassade d'obéissance devait être envoyée à Yedo auprès du shogun et quelquefois auprès du Mikado. J'ai déjà nommé le médecin allemand Engelbert Kaempffer, employé, comme on sait, à la factorerie de Deshima, et devenu célèbre par son excellent livre sur le Japon [1]. Il nous a laissé un récit palpitant de l'une de ces missions dont il a fait partie. A en juger par l'exactitude qu'il apporte dans la description des localités, et que j'ai pu vérifier sur les lieux, sa véracité est indubitable. Le délégué ou ambassadeur de la factorerie et sa suite voyageaient dans des norimons fermés et étaient constamment traités comme des prisonniers d'État. On les entourait de certains honneurs, mais, sauf de rares exceptions, on les empêchait de rien voir. Il fallait à Kaempffer des prodiges d'adresse pour observer, prendre des notes et faire furtivement les dessins qu'il donne dans son ouvrage. Introduits en présence de l'empereur — shogun ou mikado, — que cependant ils ne voient pas, car il se tient avec l'impératrice derrière un grillage, les membres de l'ambassade, sauf le chef qui en est dispensé, sont forcés d'exécuter une sorte de représentation théâtrale. Ils doivent causer dans leur langue, se dire des injures, feindre des rixes, faire l'ivrogne et exécuter des danses. On a affirmé qu'ils étaient aussi obligés de marcher sur la croix. Kaempffer n'en dit rien, et, jusqu'à preuve du contraire, il n'est que juste de repousser cette accusation. Mais

---

1. Cité plus haut, p. 61.

on assure que plusieurs fois, à Nagasaki, durant l'époque des grandes persécutions, cette *cérémonie* eut lieu en présence des membres de la factorerie, et que les sanjis, en gens qui savent vivre, eurent la délicatesse de les prévenir en les invitant à détourner la tête. Dans les dernières années qui précédèrent l'ouverture du port de Nagasaki et la dissolution de la factorerie, les scènes burlesques dont je viens de parler ne se renouvelèrent plus. Les shoguns étaient suffisamment édifiés sur la manière dont les Hollandais s'injurient, dansent et s'enivrent. Il est juste pourtant de rappeler que le gouvernement des Pays-Bas peut revendiquer l'honneur d'avoir, dans son dernier traité avec le shogun, stipulé l'abolition « des pratiques injurieuses au christianisme. »

Au bazar, on peut voir les vases, jadis célèbres, de porcelaine laquée de Nagasaki. On en exporte encore des quantités prodigieuses aux États-Unis et en Europe.

Le consulat anglais est une maison spacieuse, somptueusement meublée. On se croirait dans quelque *country house* d'un nobleman de la vieille Angleterre. C'est l'heure du tiffin. Le *chiji* (le gouverneur), son dai-sanji avec des interprètes, le capitaine Hewitt, de l'*Océan*, et les différents consuls sont réunis autour de la table de M. Annesley. La conversation roule sur les réformes annoncées à Yedo. On accable le gouvernement de questions. « Toutes ces innovations seront-elles acceptées par les intéressés? Y aura-t-il des résistances, des insurrections peut-être? Les daimios se prêteront-ils aux sacrifices

qu'on leur demande? Ou bien toutes ces belles ordonnances resteront-elles à l'état de lettre morte? »
A toutes ces questions, le gouverneur et son daisanji donnent textuellement les réponses que les hauts fonctionnaires m'ont faites à Yedo, à Kiyôto, à Otsù, à Hiôgo. Tout ira pour le mieux et comme sur des roulettes. Le refrain final est invariablement que, dans trois ans, la réforme sera accomplie. Évidemment, le gouvernement de Yedo sait donner le mot d'ordre et se faire obéir par ses organes. Mais les daimios obéiront-ils? S'empresseront-ils, conformément aux ordonnances publiées au nom du Mikado, d'accomplir ce harakiri politique et financier? Voilà la question sur laquelle les avis sont partagés. Durant mon dernier voyage dans l'intérieur, j'ai entendu dire que les grands feudataires ne songent pas à se déposséder. Ils seraient aussi forts et plus forts que jamais. Ils se rient des décrets de Yedo. Les princes de Satsuma, Hizen, Chôshiu et Tosa font semblant, il est vrai, de se sacrifier à la cause du progrès; mais, en réalité, ils comptent l'exploiter à leur profit et partager, avec les meneurs de la capitale, les dépouilles des daimios assez simples pour prendre au sérieux les ordonnances réformatrices. « Les chefs des quatre clans, ou plutôt les faiseurs de ces chefs qui, avec Iwakura, constituent le gouvernement actuel, m'a dit un homme haut placé, forment une oligarchie et espèrent devenir les maîtres du pays. On demande donc aux daimios de grands sacrifices. Les quatre princes feignent de s'exécuter, tout en se promettant de ne rien donner et de gagner beaucoup. L'avenir prouvera si le cal-

cul est juste ou s'ils tomberont dans la fosse qu'ils creusent pour les autres. » Un fait qui s'est passé ici il y a trois semaines semblerait venir à l'appui de l'opinion généralement accréditée dans les provinces que jusqu'à présent les ministres du Mikado n'ont pas osé insister auprès des chefs des grands clans, pour obtenir l'exécution des nouveaux décrets. Il s'agissait de la pose du câble qui réunira Nagasaki avec Shangaï. La compagnie ayant demandé au ministère l'autorisation requise, celui-ci répondit que, le point où le câble devait être attaché se trouvant sur le territoire du prince de Hizen, c'était à lui que la compagnie devait s'adresser. Or Hizen est le chef de l'un des quatre grands clans qui ont fait la révolution de 1868 et qui font aujourd'hui la réforme. Il y a donc des mystères qu'il n'est pas possible de pénétrer.

D'un autre côté, une série de faits constatent que les idées de progrès et de réforme gagnent de jour en jour. On a vu qu'un daimio avait rasé son château pour en faire des terres labourables. On remarque ici avec satisfaction que beaucoup de samurais se montrent en public désarmés ou armés d'une seule épée, les uns dans la crainte de perdre leurs rations de riz s'ils ne se conforment pas aux règlements nouveaux, les autres parce qu'ils ont embrassé les nouvelles opinions. De toutes façons, depuis que ces gentilshommes se promènent en bourgeois, il y a moins de rixes sanglantes, moins de meurtres, et plus de sécurité pour les Européens. Je ne passerai pas sous silence un mot qu'un personnage du pays a dit à l'un des consuls :

« Nous avons échangé l'arc et le bouclier contre le fusil et le canon des Européens parce que nous en avons reconnu la supériorité. Peut-être le jour viendra-t-il où il en sera de même de la religion. » Propos remarquable, car il dévoile, en deux mots, la légèreté des novateurs du jour, prêts à tout sacrifier à leur idée de progrès : mœurs, traditions, constitution, et jusqu'à la religion du pays. Ils ignorent que toute religion suppose la foi et que la foi naît des profondeurs du cœur et non de variables calculs sur des profits matériels et mondains. Et cependant cette prophétie se réalisera peut-être. Un membre spirituel du corps diplomatique de Yokohama m'a dit : « Avant cinquante ans, le Japon sera peut-être chrétien. » Cela est possible. Les novateurs qui détruisent violemment les idoles du peuple, peuvent créer le néant, et du néant peuvent sortir, cela s'est vu, des aspirations nouvelles, le désir de la vérité. Mais j'ai de la peine à penser que les voies du radicalisme, le mépris du droit, l'imitation superficielle des choses d'Europe, la tendance de tout niveler et l'arbitraire du pouvoir, puissent mener le jeune Japon au christianisme.

Lorsque, peu de temps après la conclusion des traités[1], les prêtres des Missions étrangères de Paris arrivèrent dans cette partie de l'extrême Orient, l'existence de chrétiens indigènes y était inconnue. On pensait généralement que les grandes persécu-

1. En 1858 ils s'établirent provisoirement aux îles de Liukiu et ensuite dans les cinq ports ouverts aux Européens.

tions du dix-septième siècle avaient détruit jusqu'aux derniers vestiges de l'œuvre de François-Xavier. Trois ans seulement après leur installation à Nagasaki, les Pères français apprirent que, non loin de cette ville et dans l'intérieur de la grande île de Kiushiu, plusieurs villages[1], entre autres le gros bourg d'Urakami, situé à quelques ris de la ville, étaient habités par des chrétiens. Les missionnaires s'y rendirent pour prêcher et exercer leur ministère. Plus tard, sur un ordre du vicaire apostolique, Mgr Petitjean, ordre provoqué par le ministre de France à Yokohama, ils durent s'abstenir de franchir les limites du territoire assigné aux étrangers.

Il est donc avéré que, malgré les terribles persécutions, malgré l'absence complète de prêtres indigènes ou européens, aucun missionnaire, depuis 1638, n'ayant plus mis le pied sur le sol du Japon, les chrétiens sont restés fidèles à leur foi, ont conservé, avec les dogmes fondamentaux, la formule du baptême, et que, dans chaque communauté chrétienne, il y a eu jusqu'à ce jour des hommes faisant les fonctions et portant le nom de baptiseurs. Ils appartiennent à certaines familles, et leur dignité est héréditaire. On a aussi trouvé quelques anciens livres de prières, donnés probablement par des Pères Franciscains, car on y lit l'invocation du saint de cet ordre. Plus tard on apprit qu'aux îles de Goto et dans l'extrémité sud-est de Niphon un grand nombre de communes conservaient encore les lu-

---

1. On comprend que je dois m'abstenir de nommer les chrétientés connues des missionnaires, mais peut-être ignorées du gouvernement persécuteur.

mières de la religion chrétienne, obscurcies, il est vrai, par l'ignorance, la superstition et des pratiques païennes. Un édit publié dernièrement, dans la gazette officielle de Yedo, condamne les habitants chrétiens d'un village des environs, et révèle en même temps ce fait inconnu jusque-là, que le christianisme avait pénétré dans ces contrées si éloignées du théâtre de l'activité des premiers missionnaires. On en conclut que, du temps des anciennes persécutions comme dans les plus récentes, le gouvernement a fait transporter les chrétiens dans l'intérieur, et qu'ils ont été comme aujourd'hui disséminés sur divers points de l'empire. Depuis l'apparition de saint François-Xavier jusqu'à la catastrophe finale, les massacres de Papenberg, on compte quatre-vingt-dix ans, et l'époque des grandes prédications et des nombreuses conversions n'embrasse guère plus d'un demi-siècle ; et cependant, malgré des persécutions périodiques et des vexations constantes, les traditions chrétiennes se sont maintenues jusqu'à ce jour.

A la fin de 1869, le bruit vague d'une persécution exercée contre les chrétiens des îles de Goto parvint jusqu'à Yokohama. Sir Harry Parkes, qui à bord d'un bâtiment de guerre visitait alors les ports nouvellement ouverts, se rendit sur les lieux. J'ignore s'il put vérifier le fait, mais à son retour à Nagasaki il fut témoin des affreux traitements infligés aux chrétiens du village Urakami. Le jour de l'an 1870, quatre mille personnes, hommes, femmes, vieillards, enfants, furent arrachées à leurs domiciles, garrottées et entassées pêle-mêle et presque nues sur des djonques qui les transportaient on ignorait où. Sir H. Parkes, indigné de ce spectacle révoltant, adressa au ministre des affaires étrangères une protestation énergique, et demanda au gouverneur de Nagasaki de surseoir provisoirement à l'exécution de ses ordres. Ce dernier, s'excusant sur ses instructions, qui en effet étaient péremptoires, sir Harry se hâta de regagner Yokohama. Les nouvelles affligeantes d'Urakami l'y avaient déjà précédé. Les membres du corps diplomatique s'en étaient émus, et, sans entente préalable, avaient déjà spontanément protesté. On n'attendait que l'arrivée de l'envoyé britannique pour se concerter sur les démarches à faire en commun. Tous les chefs de mission se rendirent à Yedo. Une conférence eut lieu, à laquelle assistèrent le premier ministre Sanjo et Iwakura, alors premier membre du grand conseil et déjà l'âme du gouvernement impérial. Le ministre d'Angleterre rendit compte des faits dont il avait été en partie témoin. Son langage était empreint d'une grande réserve. C'étaient des remontrances bienveillantes, un appel aux sentiments d'humanité qui, disait-il, animaient sans doute les principaux conseillers du Mikado, et une allusion au mauvais effet que de semblables actes, si peu en harmonie avec les idées du temps et les projets de réforme du gouvernement impérial, devraient produire en Europe. M. Outrey, constatant en termes chaleureux les sympathies de la France pour ses coreligionnaires, usa des mêmes ménagements et se plaça sur le même terrain que son collègue d'Angleterre. M. Delong, l'envoyé des États-

Unis, plaida la cause des chrétiens en termes énergiques. Iwakura prit ensuite la parole. Aux doléances du corps diplomatique il opposa les griefs de son gouvernement. Les plus graves accusations alternaient avec les plus puériles ; mais toutes tendaient à établir le caractère essentiellement politique des crimes imputés aux chrétiens.

« Les chrétiens (indigènes), dit-il, refusent de participer au culte du pays. C'est un acte de rébellion contre le Mikado, fils des Dieux et chef de la religion dédaignée par les chrétiens.

« Les chrétiens refusent de fournir des fleurs pour l'ornement des autels.

« Ils évitent de passer sous les fourches (les portails isolés placés à l'entrée de l'avenue des temples) et de traverser le terrain attenant aux sanctuaires.

« Ils reconnaissent l'autorité de prêtres étrangers, et refusent obéissance aux magistrats.

« Contrairement aux coutumes, ils n'admettent pas les bonzes à l'occasion des naissances, des mariages et des enterrements. En d'autres termes, ils leur refusent les redevances perçues par les prêtres en pareilles occurrences.

« Enfin ce sont des conspirateurs, car ils se réunissent en secret, ce sont des rebelles contre le souverain et chef de la religion, contre les lois et les coutumes du pays. »

Les représentants des puissances s'étudièrent à réfuter ces arguments, et demandèrent que le gouvernement japonais réintégrât les chrétiens déportés dans leurs domiciles. En retour, il s'engagèrent, de concert avec Mgr Petitjean, à prendre soin qu'aucun prêtre ne franchît plus les limites des traités et n'exerçât son ministère dans les localités habitées par des chrétiens indigènes.

Sanjo et Iwakura ayant déclaré qu'avant de répondre ils devaient en conférer avec leurs collègues, la séance fut levée. La décision finale ne se fit pas attendre. Ce fut un refus net et catégorique. Les deux ministres se rendirent à Yokohama pour le notifier aux représentants. « Revenir, disaient-ils, sur une mesure sanctionnée par le souverain, déjà exécutée et généralement approuvée par le pays, serait une atteinte grave portée à l'autorité du Mikado et un défi jeté à l'opinion publique. En un mot, c'est impossible. » En même temps ils remirent aux envoyés un mémoire justificatif.

« Le gouvernement du Mikado, y est-il dit, a appris avec chagrin que les mesures prises à l'égard d'un certain nombre de sujets du Mikado, habitant Urakami et se disant chrétiens, ont causé du déplaisir aux ministres étrangers.

« Le prix qu'il attache à l'amitié et à la bonne opinion des puissances avec lesquelles il a des relations d'amitié et de commerce lui fait un devoir de s'expliquer sur ce sujet. L'exposé des motifs qui l'ont fait agir dissipera tout malentendu.

« Rien n'est plus éloigné des intentions du gouvernement japonais que de punir le peuple parce qu'il professe une religion étrangère, à moins toutefois qu'il ne montre, comme à Urakami, des dispositions à l'émeute et à la rébellion.

« Jamais le gouvernement n'a songé à se mêler

des opinions religieuses personnelles de ses sujets. Plusieurs individus venus au Japon comme missionnaires (protestants) se trouvent actuellement au service de l'État. Ils enseignent dans les colléges et dans les écoles publiques les sciences et les langues étrangères. Aucune entrave n'est mise à la circulation des livres étrangers, même de ceux qui traitent de matières religieuses. Ils sont traduits dans notre langue et se trouvent chez tous les libraires. Le gouvernement estime que ce sont là autant de preuves de son esprit libéral à l'égard des questions de religion.

« Mais, quand nos sujets embrassent le christianisme pour conspirer librement et pour afficher le mépris des lois fondamentales du pays, quand les communautés indigènes des chrétiens récusent l'autorité du Mikado et que leurs catéchistes leur promettent la protection de l'étranger, c'est-à-dire l'impunité, alors le gouvernement ne peut rester inactif. Pour sa sauvegarde et pour le maintien de l'autorité de S. M. l'empereur, il doit prendre des mesures qui ramènent au respect des lois et des institutions ses sujets égarés. Sa conduite lui a été imposée par la nécessité et plus encore par l'opinion publique, qui avait gardé le souvenir des déplorables événements d'il y a deux siècles, lorsque des missionnaires catholiques apportèrent le christianisme au Japon. Encore maintenant, l'opinion publique demande qu'on éloigne cette cause de discorde qui, dans les temps anciens, renversa presque le gouvernement et compromit l'indépendance du pays. »

C'est donc par une fin de non-recevoir que se termina cette négociation, qui, sans adoucir le sort des chrétiens, eut pour résultat l'affaiblissement du prestige des puissances et l'engagement pris par leurs représentants d'interdire aux missionnaires catholiques l'exercice de leur ministère en dehors des étroites limites fixées par les traités[1].

1. Le 9 février 1872, une nombreuse députation de l'*Evangelical Alliance* se présenta au Foreign Office pour appeler l'attention du principal secrétaire d'État sur les persécutions dirigées contre les chrétiens japonais. Le ministre de la reine au Japon se trouvait alors en Angleterre. Lord Granville le pria d'assister à l'audience et de répondre au nom de Sa Seigneurie. J'emprunte au compte rendu du *Times* du 12 février 1872 les parties essentielles du discours de sir H. Parkes. — Il admet l'existence d'une persécution religieuse au Japon, mais c'est un héritage des temps anciens, les persécutions continuant depuis le dix-septième siècle. L'histoire des deux derniers siècles est toujours présente à l'esprit des Japonais. C'était une guerre des chrétiens qui avait amené l'expulsion des missionnaires du Japon. La loi n'a pas été changée depuis. Une fois même elle fut appliquée avec tant de rigueur, que douze Japonais furent exécutés uniquement pour avoir professé le christianisme. Un fait certain, c'est que le christianisme ébranle dans sa base l'autorité du Mikado qui, d'après l'opinion des masses, est d'origine divine. Autoriser la propagation d'une religion étrangère serait la condamnation de la foi nationale. Il est vrai que la population du village d'Urakami a été exilée, mais, au dire du gouvernement japonais, cette mesure n'a été prise que dans l'intérêt du maintien de l'ordre et pour prévenir l'explosion des sentiments religieux (je traduis littéralement). On a donné l'assurance aux ministres étrangers que les exilés ne seraient pas maltraités. Ayant appris que le gouvernement avait manqué à cette promesse, il (sir Harry) a tout de suite envoyé sur les lieux un officier pour s'informer du véritable état des choses. Il résulte de cette enquête que, dans une seule des trois localités visitées par son agent, les chrétiens ont eu à subir de mauvais traitements. Dès que le gouvernement japonais en a été averti, il s'est empressé de désavouer ses fonctionnaires et de leur infliger un blâme public dans la *Gazette de la Cour*. De plus, les ministres japonais ont affirmé que, malgré la nécessité de se conformer aux lois, surtout à celles qui ont trait à la religion, ils ne s'opposeraient pas au développement d'opinions nouvelles en ma-

On a vu que, dans cette mémorable conférence, l'envoyé des États-Unis s'était distingué par l'énergie de son langage. Le gouvernement de Washington, écoutant les représentations des sociétés bibliques et la voix de l'humanité si cruellement outragée sous les yeux de son ministre, non-seulement approuva la conduite de M. Delong, mais se déclara même disposé à tenir, de concert avec la France, une conduite plus accentuée. Des ouvertures en ce sens furent faites à Paris et communiquées au cabinet

tière de religion, pas plus qu'ils n'avaient entravé l'introduction de nouvelles idées politiques et commerciales. Les changements en matière de religion impliqueraient nécessairement des changements dans les esprits et dans les convictions, et, malgré ses dispositions libérales, le gouvernement était impuissant à vaincre les préjugés et les traditions du peuple en pareille matière. L'envoyé finit par déclarer qu'il est autorisé à protester sans hésitation si le gouvernement japonais se montre dur ou intolérant envers les chrétiens indigènes. De semblables instructions ont été données à d'autres ministres étrangers qui, le cas échéant, ont aussi protesté. Il ne croit pas que ces avertissements soient restés sans effet, et il aime à espérer que, grâce aux progrès rapides de l'opinion publique de plus en plus éclairée du Japon, grâce aussi aux mesures prises par le gouvernement japonais pour seconder ce mouvement, les vœux de l'*Alliance évangélique* se réaliseront promptement, à moins que des tentatives imprudentes et intempestives de propagande ne viennent y mettre obstacle. — C'est à l'avenir de justifier ou de démentir ces espérances. La même Société évangélique a plaidé la cause des chrétiens auprès de l'ambassade japonaise, qui se trouvait alors en Angleterre. La réponse très-réservée d'Iwakura, reproduite dans le *Times* du 7 décembre 1872, mérite de fixer l'attention de sir H. Parkes. En voici le résumé :

Le bruit que nous avons remis en vigueur les lois contre les chrétiens est faux. Le gouvernement agit dans l'intérêt de ses sujets. Il favorise les idées libérales en matière de religion autant qu'en matière civile. Telle est notre politique, notre conduite le prouve.

En attendant, les chrétiens gémissent et meurent dans les cachots du gouvernement qui se dit libéral et dont Iwakura est l'âme, la tête et le porte-voix.

de Londres. La guerre entre la France et l'Allemagne mit fin à ces pourparlers.

D'après les assurances formelles des ministres japonais, les chrétiens déportés étaient traités avec douceur. On ne tarda pas d'apprendre la fausseté de cette assertion. Partagés en petites bandes, et disséminés dans l'intérieur de Niphon, ces infortunés avaient été confiés à la garde de différents daimios, ou traînés dans les environs de Yedo et de Kiyôto. On sut qu'ils étaient parqués comme du bétail dans de misérables cabanes; ceux qui avaient abjuré obtenaient la permission de sortir pendant le jour pour travailler et gagner quelques *tempós*; tandis que les récalcitrants, c'est-à-dire ceux qui restaient fidèles à leur religion, étaient renfermés jour et nuit dans des trous infects; les uns et les autres ne recevaient d'ailleurs qu'une misérable pitance à peine suffisante pour vivre, et de terribles maladies les décimaient. C'est à un missionnaire américain, protestant, qu'on dut les premières informations authentiques sur le sort de ces malheureux. Un employé du service consulaire, envoyé dans l'intérieur par sir H. Parkes, les confirma. Il avait trouvé pourtant que dans deux localités on traitait plus humainement les déportés. Au reste cet agent n'a pu visiter que trois de ces dépôts[1].

On soutient qu'à la fin de l'année dernière un

---

1. D'après des nouvelles récentes, le gouvernement s'est un peu relâché de ses rigueurs. En vertu d'un décret du 2 mars 1872, les chrétiens qui ont apostasié ont été renvoyés dans leurs foyers. Les chrétiens fidèles sont toujours traités avec la même cruauté.

tiers environ des déportés d'Urakami aurait succombé à la faim, au froid, aux maladies et aux tortures morales. Je n'ai pu vérifier ce chiffre; mais il est certain qu'un très-grand nombre de ces malheureux sont morts. Poussés à bout par des souffrances atroces, quelques-uns abjurèrent le christianisme. Ils espéraient ainsi obtenir la liberté. On leur accorda seulement, comme je l'ai dit, la permission d'aller travailler au dehors pendant le jour. Les autres, dignes descendants des glorieux martyrs du dix-septième siècle, continuent à donner l'exemple d'une constance héroïque et d'un attachement inébranlable à la foi du Christ.

L'action des ministres étrangers, peu connue d'ailleurs dans ses détails, a été diversement jugée. Les résidents européens leur savaient gré d'avoir évité une complication qui pouvait sérieusement compromettre les transactions commerciales. Quelques-uns, s'élevant au point de vue de l'humanité outragée, blâmèrent la mollesse des représentants. S'ils avaient, disaient-ils, tenu tous le même langage, laissant, en cas de refus, entrevoir des actes de représailles, le gouvernement japonais n'aurait eu garde de se montrer intraitable; les ministres auraient eu le facile mérite de sauver quatre mille infortunés, et se seraient épargné l'humiliation de voir sous leurs yeux immoler lentement des gens inoffensifs, victimes à la fois de leur fanatisme religieux et du fanatisme politique de leurs bourreaux. Il y avait enfin, à Yokohama, quelques fervents chrétiens, catholiques et protestants, qui déploraient le sort de leurs coreligionnaires et en rendaient responsables les chefs des légations. Eux aussi, ils pensaient qu'avec un peu plus d'énergie on serait aisément venu à bout des résistances du gouvernement japonais.

Pour ma part je m'associe aux regrets que l'on donne aux martyrs, mais non aux jugements que l'on porte sur la conduite des diplomates.

Cet incident d'Urakami touche à des questions internationales si graves, qu'il me semble mériter d'être examiné avec soin.

J'accorde d'abord, bien que j'en doute, que, si tous les représentants avaient tenu absolument le même langage, si les nuances du diapason qui ne pouvaient échapper à la pénétration d'Iwakura n'avaient point affaibli leur autorité, ils auraient peut-être obtenu un résultat meilleur. Mais c'est là précisément la grande difficulté de toute action diplomatique collective. Chacun des représentants, en dehors de la cause commune et transitoire qu'il s'agit de défendre, doit sauvegarder les intérêts particuliers et permanents de son pays, et ces intérêts ne sont pas toujours identiques avec les intérêts des autres États représentés par ses collègues. Aussi, ceux qui ont siégé dans des conférences européennes savent combien il est difficile, même entre des plénipotentiaires de puissances étroitement alliées, d'établir et de maintenir une solidarité de langage et de conduite. Dans le cas donné, vu le chiffre énorme des capitaux anglais engagés dans le trafic avec le Japon, la plus grande responsabilité pesait sur sir H. Parkes. De là son extrême circonspection et la mollesse qu'on lui reproche. La

France s'est donné mission de protéger les intérêts catholiques dans les pays non chrétiens. Cela explique la chaleur comparative de M. Outrey; mais cette chaleur était tempérée par des considérations politiques de premier ordre et par les égards dus au commerce français. Évidemment, il ne se séparera pas de son collègue d'Angleterre qui, tout aussi évidemment, ne posera pas de *casus belli*. Iwakura a dû le comprendre. J'ignore quelle a été la conduite du chargé d'affaires de la Confédération Germanique du Nord. Je pense qu'elle a dû être empreinte à la fois du désir de parler haut, comme il convient à une grande puissance, et de ne pas compromettre la navigation marchande de l'Allemagne, très-importante dans ces mers. L'envoyé d'Amérique a énergiquement protesté. Mais ses collègues ignoraient si son gouvernement l'approuverait; s'il serait disposé à agir seul et à agir dans le cas probable où l'Angleterre; dans le cas possible où la France, resteraient passives.

La Russie, dont les intérêts commerciaux au Japon sont nuls et qui n'y entretient pas de mission; l'Autriche, dont les intérêts politiques et commerciaux sont également nuls dans ce pays et qui, à cette époque, n'avait pas encore noué de relations diplomatiques avec le Mikado, l'Autriche et la Russie n'étaient pas représentées dans la conférence. Elles jouissaient donc des bénéfices très-réels de l'absence.

On dit : Si les ministres avaient menacé, les Japonais auraient cédé. Ce n'est pas certain; et les grands gouvernements ne menacent que lorsqu'ils sont résolus et préparés à agir. Après avoir proféré des menaces, sans qu'elles fussent écoutées, il fallait procéder immédiatement à l'emploi de mesures coercitives. Les envoyés disposaient-ils de forces navales et militaires suffisantes pour ouvrir les hostilités? Évidemment non. Il fallait donc ou reculer peu honorablement, ou se lancer dans les aventures, provoquer des événements d'une portée incalculable : chute des hommes au pouvoir, lesquels, comparativement, sont amis des étrangers, avénement du vieux parti anti-européen, cessation entière du commerce, reprise des assassinats isolés et des attaques contre les factoreries. Pour délivrer de prison quatre mille Japonais, les ministres exposaient à la ruine, peut-être au massacre, deux mille Européens, et engageaient leurs gouvernements dans une guerre avec le Japon.

En ce qui touche la question de droit, je cherche vainement un titre sur lequel fonder l'intervention des diplomates. Les traités assurent aux étrangers le libre exercice de la religion chrétienne dans les ports ouverts. Pas un mot sur les chrétiens indigènes (les plénipotentiaires, lord Elgin et M. Gros, ignoraient leur existence). Enfin, le gouvernement japonais maintient l'engagement pris antérieurement avec les Hollandais d'abolir les pratiques injurieuses.

Au point de vue de l'opportunité, au point de vue du droit, la réserve des chefs de mission me semble donc justifiée. Car, ne nous y trompons pas, ils ne pouvaient invoquer aucun principe général. L'État moderne, l'État sans confession, à moins de conventions spéciales qui autorisent son intervention, a renoncé au droit de protéger, à l'étranger, telle ou telle croyance religieuse. Il peut bien élever la voix en faveur de l'humanité, mais là se borne son action. Il ne pourrait employer la force qu'en se plaçant sur le terrain vague et indéfini de la philanthropie.

Envisagé à ce point de vue, le remède serait probablement pire que le mal. Les plénipotentiaires des puissances, après avoir vainement fait appel à la prudence et à la générosité du gouvernement japonais, se voyaient donc condamnés au rôle passif de spectateurs des tortures infligées à leurs coreligionnaires.

―――

(2 octobre.) Les dernières terres japonaises, les îles de Gôto, ont disparu sur l'horizon. Le *New-York* s'en éloigne avec la vitesse réglementaire de dix nœuds à l'heure. La mer Jaune, quittant ses rudes manières, nous traite avec une urbanité qui ne lui est pas habituelle. Pour le voyageur c'est le moment de récapituler ses impressions sur la situation politique du Japon.

Les Portugais parurent les premiers dans les ports de Kiushiu, la plus méridionale des quatre grandes îles dont se compose cet empire. En même temps, François Xavier, accompagné de quelques prêtres, mit le pied sur le sol du pays dont il devait devenir l'apôtre. C'était l'époque des brillantes affaires des factoreries portugaises, et l'époque des grandes conquêtes du christianisme. Elle embrasse environ quatre-vingt-dix ans[1]. Des profits fabuleux, comparables seulement aux gains énormes réalisés de nos jours pendant quelques années, à Shanghaï et à Hongkong, enrichissaient la ville de Macao, alors le grand emporium du commerce portugais dans l'extrême Orient. La prédication des missionnaires encourageait les plus belles espérances. L'île de Kiushiu, la principauté de Nagato (Chioshiu), le territoire du prince de Tosa, les îles de Gôto et de Firando se couvrirent de communautés chrétiennes. Même à Kiyôto, au siége du Mikado, la croix fit de nombreuses conquêtes. Mais à ces succès si brillants succédèrent bientôt de funestes revers. La haine des bonzes, la jactance des nouveaux riches portugais, des parvenus de la fortune, les méfiances croissantes du shogun, éveillées par les indiscrétions d'un voyageur castillan qui lui avait parlé de l'irrésistible puissance de Philippe II, alors maître du Portugal; la prise des Philippines par les Espagnols, les intrigues des Hollandais devenus les concurrents formidables des Portugais, tout sembla conspirer contre ces derniers, et en même temps contre l'œuvre des missionnaires catholiques. Des lois restrictives, des persécutions partielles, la défense absolue faite aux indigènes, sous peine de mort, d'embrasser la religion chrétienne, remplissent les dernières années de Taiko-Sama et le règne de son successeur. Le soulèvement d'une communauté de chrétiens indigènes, dans lequel des Portugais avaient été im-

1. De 1549 à 1638.

pliqués, détermina la catastrophe. La même année[1], les résidents portugais furent expulsés, les Hollandais, qui avaient fondé une factorerie dans l'île de Firando, au nord des îles Gôto, admis dans l'établissement portugais de Deshima (Nagasaki), et le christianisme, noyé dans le sang des missionnaires et de plusieurs milliers de martyrs indigènes.

Dès ce moment, jusqu'à l'arrivée de l'escadre américaine[2], c'est-à-dire pendant plus de deux cents ans, le Japon resta hermétiquement fermé. Durant cette longue période, les négociants hollandais, relégués dans le petit îlot de Deshima, exercèrent le monopole du commerce européen. Ce que le monde savait de cet empire mystérieux, il le devait aux anciens missionnaires et aux négociants hollandais, surtout à deux Allemands, au docteur Engelbert Kaempfer, qui à la fin du dix-septième siècle pratiquait son art dans la factorerie hollandaise, et à Siebold, presque notre contemporain, également établi à Deshima. Mais ces deux savants, retenus dans cette petite île ou voyageant à la suite des délégués de la factorerie qui, tous les quatre ans, visitaient la cour de Yedo et quelquefois celle de Kiyôto, puisaient leurs informations dans des sources indirectes. Portés dans des norimons fermés, leurs observations étaient nécessairement incomplètes. Avant eux les missionnaires avaient parcouru le pays librement, et quoique, leur voca-

1. En 1638.
2. Le commodore Perry arriva en 1844 et conclut son célèbre traité l'année suivante.

tion étant de sauver les âmes, ils eussent peu de temps à donner aux recherches scientifiques, néanmoins leurs correspondances contiennent des informations précieuses. Mais, quelque riches que fussent les matériaux fournis par les uns et les autres, ils ne suffisaient pas pour donner une idée claire du Japon. Il s'y trouvait des lacunes et, comme on l'a reconnu plus tard, quelques erreurs essentielles dont une, on le verra tout à l'heure, devait exercer une certaine influence sur les destinées du Japon.

De tout temps il y a eu des relations entre ce pays et la Chine; plus d'une fois le Japon ressentit le contre-coup des grands événements qui s'accomplissaient dans l'empire du Milieu. La presqu'île de Corée, placée sous la suzeraineté nominale de l'empereur de Chine, et envahie à plusieurs reprises par des armées japonaises, formait le lien géographique entre les deux grandes nations de race mongole. C'est de Chine, et par la voie de la Corée, que le bouddhisme a envahi le Japon, que les idées philosophiques, les maximes morales de Confucius, et même des doctrines politiques ont été importées. L'adoption de l'écriture chinoise facilite, avec l'échange des idées, les relations politiques et commerciales, naguère très-rares entre les deux nations. Plus on avance dans la connaissance de la langue, des mœurs, de la littérature du Japon, plus se dévoile l'importante influence de l'empire du Milieu. Ce fut en se plaçant à ce point de vue qu'à l'issue de la *guerre de l'opium* [1], et à l'occasion de l'ouver-

---

1. En 1844.

ture de plusieurs ports chinois, le roi des Pays-Bas adressa au shogun le conseil de suivre l'exemple de la Chine. « Si vous ne le faites de vous-même, lui disait-il, vous serez forcé de le faire ; évitez-vous cette humiliation. » Le shogun répondit par un refus. Dans l'intérêt de sa navigation de plus en plus active dans le Nord-Pacifique, le gouvernement des États-Unis entreprit le premier de nouer des relations avec le Japon et d'obtenir, de gré ou de force, l'ouverture de quelques ports de refuge et de ravitaillement. Une escadre, dirigée par le commodore Perry, vint s'embosser devant Yedo. L'année suivante elle reparut, et grâce à l'influence morale de ses canons, après de courtes négociations, un traité de paix et d'amitié fut signé dans le village de Kanagawa[1]. Deux ports désormais furent ouverts aux bâtiments et aux négociants de cette nation. La Russie et l'Angleterre, représentées par les amiraux Sterling et Poutiatine, obtinrent des concessions analogues[2].

Mais à Yedo l'arrivée des Européens donna lieu à des tragédies sanglantes. Le parti hostile aux étrangers s'agita. Le shogun fut empoisonné ou massacré dans son palais. Son fils et successeur étant mineur, le sage et modéré Ii-Kamon-no-Kami prit comme régent les rênes de l'État. Soupçonné, à son tour, de sympathie pour les étrangers, il fut assassiné en plein jour à l'entrée du palais du shogun, sa tête envoyée et publiquement exposée à Kiyôto. Le coup

---

1. Le 31 mars 1854.
2. La convention anglaise fut signée en octobre 1854. Le traité russe n'a pas été publié.

était parti du prince de Mito, l'un des chefs du parti anti-européen. Un des gentilshommes du régent vengea son maître en tuant le père de ce prince.

Les Hollandais, émus de la perte de leur monopole, obtinrent en compensation quelques avantages, dont le plus important était la promesse d'être admis dans les ports qui seraient ouverts à d'autres nations [1]. La factorerie de Deshima fut maintenue et le gouvernement japonais s'engagea à abolir la coutume de fouler aux pieds la croix. Peu après éclata la dernière guerre de Chine. Ce fut pour les puissances alliées, l'Angleterre et la France, entourées alors du prestige de la victoire, le moment de faire reviser leurs traités avec le shogun, en d'autres termes, d'ouvrir le Japon au commerce et à la civilisation. Les flottes des deux puissances, avec lord Elgin et le baron Gros à bord des vaisseaux-amiraux, parurent à de courts intervalles dans la baie de Yedo. Voici les principales clauses des traités que les deux plénipotentiaires conclurent avec le shogun [2] :

Des agents diplomatiques résideront à Yedo et des agents consulaires dans les ports ouverts. Ces ports sont Hakodaté, Kanagawa (Yokohama) et Nagasaki, auxquels plus tard s'ajoutèrent Hiôgo et Niigata. Les sujets anglais et français pourront s'y établir, acquérir des maisons, faire le commerce, élever des églises et exercer leur religion. Ils seront

---

1. Aux termes d'une convention conclue à Nagasaki en novembre 1855. Des articles additionnels furent signés en janvier 1856.
2. Le traité anglais fut signé le 26 août, le traité français le 9 octobre 1858.

aussi, à une époque fixée, admis à Ôsaka et à Yedo, mais seulement pour y faire le commerce (ce qui semblerait exclure les missionnaires). L'agent diplomatique et le consul général seuls auront le droit de voyager à l'intérieur. Dans un paragraphe de l'article concernant le libre exercice de la religion chrétienne pour les étrangers dans les ports ouverts, les plénipotentiaires ont eu soin de prendre acte de la cessation, obtenue par la Hollande, des pratiques injurieuses au christianisme. Enfin, on prévit la révision des traités après un délai de douze ans. La conclusion de ces actes qui ouvrent le Japon au commerce européen, tout en limitant les points sur lesquels il pourra se faire, fut suivie de la signature de conventions analogues avec la Prusse, l'Espagne, la Belgique et, il y a deux ans, avec l'Autriche.

A en croire les anciens missionnaires, le Japon était placé sous la domination de deux empereurs. L'un gouvernait les âmes, l'autre l'empire. Les savants de Deshima partageaient cette opinion qui nous a été inculquée à tous lorsque, dans notre enfance, nous apprenions les rudiments de la géographie. L'un, le Mikado, était le chef spirituel ; l'autre, le Shogun, le chef temporel. Lord Elgin et le baron Gros le pensaient comme tout le monde, et, à l'exemple des amiraux étrangers qui avaient fait les conventions antérieures, s'adressèrent au shogun, négocièrent et conclurent leur traité avec lui. C'est plus tard qu'ils apprirent que le shogun, bien que plus ou moins le maître, depuis le douzième siècle, de la plus importante partie du pays, n'était légalement que le premier vassal de l'empereur, qu'il manquait de pouvoirs pour négocier avec l'étranger, et que c'était contrairement à la volonté et aux ordres du Mikado qu'il avait signé les traités. Ébranlé déjà dans sa situation, comme on le verra bientôt, il avait voulu se prévaloir de ses relations avec l'étranger pour en imposer à la cour de Kiyôto et pour contenir certains grands daimios qui engageaient l'empereur à rompre ouvertement avec lui. On prétend que, pour laisser les plénipotentiaires des deux puissances occidentales dans l'ignorance où ils se trouvaient sur la nature de son autorité, il prit dans ses rapports avec eux le titre chinois de Taïkoun qui implique le sens de la souveraineté, au lieu de son titre habituel de shogun qui répond au mot de général en chef. Sa conduite eut des résultats opposés à ses espérances. Elle hâta la ligue de ses ennemis et l'abolition du shogunat. Le pouvoir suprême, dans tout l'empire, fut de nouveau nominalement concentré dans les mains du Mikado. De fait, il passa aux chefs des quatre grands clans qui avaient renversé le shogun, ou plutôt à leurs principaux agents, aujourd'hui conseillers et ministres de l'empereur. Certes, l'arrivée des Européens devait tôt ou tard altérer gravement l'état intérieur du Japon; mais l'erreur involontaire des plénipotentiaires anglais et français, le fait qu'ils se sont adressés non au Mikado, mais à son vassal, a rallié autour des daimios mécontents tous les éléments hostiles aux étrangers, et par conséquent hâté la chute du shogun. Les intérêts des Européens n'en ont pas souffert. La scission survenue entre les gouvernants indigènes leur était au contraire favorable. Mais, pour le Japon, l'abolition du shogunat devait entraîner les conséquences les plus graves.

Les traités conclus, on procéda à l'exécution des articles. Les Missions étrangères s'établirent à Yedo ; les consuls et les négociants sur la plage de Yokohama, où une ville considérable s'éleva en peu d'années. Le cabinet de Saint-Pétersbourg, fidèle à l'ancienne et sage maxime que la présence d'un agent diplomatique doit être justifiée par les exigences d'intérêts majeurs que le gouvernement est décidé et prêt à sauvegarder par la force, le cas échéant, le cabinet russe s'abstint de nommer un ministre auprès du shogun, et se borna à établir des consulats à Yokohama et à Hakodaté, dans l'île de Yesso, le point le plus rapproché de ses possessions du Pacifique. De cette façon il pourvoyait aux intérêts du commerce et de la navigation russes, assez insignifiants encore dans ces parages, et évitait, par son absence diplomatique, de s'engager sans motif et sans profit dans une voie évidemment hérissée de difficultés, et peut-être riche aussi de compromissions. En effet, la situation politique était obscure, compliquée, critique. On avait conclu les traités avec le shogun et, bien qu'un rideau épais dérobât aux agents diplomatiques ce qui se passait à la cour de Yedo, à celle de Kiyôto et au camp des grands daimios qui demandaient et préparaient l'expulsion des intrus, on ne put se dissimuler que toutes les couches supérieures de la nation étaient hostiles, que le pouvoir avec lequel on avait traité chancelait, qu'il était peut-être miné dans ses fondements et prêt à crouler. Néanmoins on s'appuyait sur ce pouvoir, et on était décidé à l'appuyer, sans songer, ou peut-être parce qu'on ne pouvait faire autrement, que l'appui moral ou même matériel donné par les étrangers au shogun ne ferait que le discréditer de plus en plus auprès de la nation, fournir des armes à ses ennemis et accélérer sa perte.

A cette époque le fait dominant de la situation, c'était l'affaiblissement du shogunat. Quant aux causes, personne n'a su me les donner. On parle de corruption, de vénalité, de trahisons; mais telle est encore l'obscurité qui enveloppe l'histoire presque contemporaine du Japon, que personne n'a pu préciser des faits. Sur ce point capital, comme sur bien d'autres, on en est réduit à des conjectures. Iwâkura seul, à qui je me suis permis d'adresser la même question, m'a donné une réponse nette et précise: « Le shogun, a-t-il dit, est tombé sous l'exécration de la nation japonaise, pleine de loyauté et d'affection pour son souverain légitime le Mikado. » Mais comment se fait-il alors que la nation japonaise, si pleine d'attachement pour l'empereur, ait supporté les usurpateurs pendant sept siècles, et comment la loyauté endormie pendant ce long espace de temps s'est-elle réveillée si soudainement? A cette question il n'a pas été fait de réponse.

Voilà donc un élément important de constaté. Le shogunat, établi au douzième siècle et maintenu avec des fluctuations diverses jusqu'à nos jours, était déjà, par des causes inconnues, fortement ébranlé avant l'arrivée des étrangers.

A Kiyôto, les kugés, la haute aristocratie de cour, soutinrent que les traités conclus avec les Européens avaient besoin, pour être mis en vigueur, de la ratification du Mikado. Ce fut le premier coup que le parti de la cour porta au shogun. A partir de ce moment, le maître de Yedo pour affermir son pouvoir, le Mikado pour recouvrer le sien, tâchèrent de se servir des Européens. Kiyôto devint un foyer d'intrigues.

Il paraît que le Midi a toujours joué un grand rôle dans les révolutions du Japon. On y envoya des agents. On tâcha d'exciter l'opinion publique contre le shogun qu'on accusait de livrer le pays aux barbares. Le shogun d'un côté, de l'autre les grands daimios, armèrent à la hâte, empruntèrent des instructeurs aux étrangers, achetèrent des fusils à culasse, construisirent et commandèrent en Europe des bâtiments de guerre. Les chefs des trois grands clans de Satsuma, de Choshiu et de Tosa, auxquels plus tard vint se joindre celui de Hizen, d'accord avec les kugés, exigèrent hautement l'expulsion des étrangers et adressèrent au Mikado une pétition insistant pour que le shogun fût chargé de les jeter à la mer. L'ordre fut donné, mais le shogun s'excusa sur sa faiblesse. Les meneurs du mouvement anti-européen, dominés de plus en plus par les samurais, les hommes de la classe militaire, demandèrent alors au Mikado de châtier le shogun, et d'entreprendre lui-même la croisade contre les barbares. Si cette demande n'eut alors aucune suite, c'est que le Mikado se trouvait entre les mains d'un des daimios les plus puissants du Nord, le prince d'Aidzu, à ce moment gouverneur militaire de Kiyôto, parent et ami du shogun. Le prince de Choshiu (connu aussi sous le nom de Nagato), voulant s'emparer de la personne du Mikado, tenta un coup de main contre Kiyôto [1]. Les choshius pénétrèrent dans la ville et livrèrent bataille aux hommes du prince d'Aidzu ; mais, battus et rejetés, ils se retirèrent dans leur pays, à l'extrémité sud du Niphon, en face de l'île de Kiushiu. Momentanément, le prince d'Aidzu et le shogun se trouvèrent ainsi, à la cour du Mikado qui s'était entièrement livré à eux, les maîtres de la situation. Ils lui arrachèrent l'ordre pour le shogun de punir les choshius [2]. A cette époque les ministres étrangers se rendirent à Hiôgo pour demander au Mikado la ratification des traités. M. Roche offrit l'assistance des forces françaises pour la réduction des choshius. C'était d'une manière indirecte intervenir militairement en faveur du shogun. Le Mikado déclina l'offre, mais il ratifia les traités.

Cependant deux événements eurent lieu. Les Anglais avaient, pour certains faits, demandé vainement satisfaction au prince de Satsuma. Ils bombardèrent Kagoshima, capitale de sa principauté, dans l'île de Kiushiu. L'année suivante [3], les vaisseaux des quatre puissances signataires avaient successivement canonné et incendié la ville de Shimonoséki, située à l'entrée de la mer intérieure et appartenant aux domaines du prince de Choshiu.

1. En 1864.
2. En 1863.
3. En 1864.

Dans ces deux actions, les Japonais avaient dû se convaincre de l'incontestable supériorité des Européens. Dès lors de bonnes relations s'établirent entre les représentants étrangers et les chefs des deux clans de Satsuma et de Choshiu.

Le shogun entreprit deux campagnes contre ces derniers. Mais, durant le cours de cette entreprise, il mourut au château d'Ôsaka[1]. Quelques mois après, le Mikado le suivit dans la tombe[2], et le souverain actuel, à peine âgé de douze ans, monta sur le trône de ses ancêtres. Keiki, fils cadet du prince de Mito, fut élevé au shogunat. Il accepta cette dignité en dépit des conseils de son père et des autres membres de sa famille, tous ennemis héréditaires des shoguns. Keiki, établi au château de Kiyôto, prit néanmoins le titre de shogun; mais, pour apaiser l'opposition, il déclara son intention de coopérer à la restauration du Mikado et de déposer sa dignité dès que les daimios, réunis en conseil, auraient fixé les bases de la nouvelle constitution. A cet effet il convoqua à Kiyôto une assemblée des princes. Plusieurs se rendirent à son appel. Cependant les chefs des satsumas, des choshius et des tosas concentraient leurs forces autour de cette ville[3].

Des événements décisifs s'ensuivirent avec une grande rapidité. Le 3 janvier[4], les hommes du prince de Satsuma pénétrèrent dans Kiyôto, obtin-

---

1. A la fin de 1866.
2. Il mourut à Kiyôto, février 1867.
3. Décembre 1867.
4. En 1868.

rent du Mikado l'ordre pour le shogun et le prince d'Aidzu de retirer leurs troupes du palais et l'occupèrent aussitôt. Le même jour, ne se croyant plus en sûreté, le shogun et Aidzu évacuèrent Kiyôto et se retirèrent précipitamment sur Ôsaka, où ils arrivèrent le lendemain. Des édits importants, émis au nom de l'empereur, signalèrent cette retraite. Le Mikado déclara sa souveraineté rétablie et étendue à toutes les parties de l'empire. Le shogunat fut aboli ; un autre décret posa les principes de la nouvelle constitution. Mais le prince d'Aidzu ne se tint pas pour battu. Entraînant le shogun dans une dernière tentative, il marcha avec lui sur Kiyôto. Près de Fujimi, à cinq milles de la capitale, on rencontra les hommes de Satsuma et de Choshiu. Une bataille sanglante eut lieu ; elle se termina par la déroute des agresseurs et leur retraite sur Ôsaka. Après avoir brûlé le château de cette ville, le shogun se réfugia sur une de ses frégates, qui le transporta dans sa capitale. Les vainqueurs, conduits par un membre de la famille impériale, se dirigèrent par terre sur Yedo, et y entrèrent sans que le shogun, retiré dans le temple d'Ueno, parût vouloir essayer de la résistance. On lui permit de se retirer dans ses terres, où il vit encore paisiblement et sans être molesté par le gouvernement impérial.

Telle fut, après une durée de sept siècles, la fin du shogunat.

Le prince d'Aidzu retourna avec ses troupes dans ses domaines, et, ayant formé avec plusieurs daimios une ligue connue sous le nom de Confédération du Nord, continua les hostilités pendant quelque temps. Une défaite qu'il subit dans les derniers jours de l'année[1] mit fin à la confédération et à la guerre civile. Partout, sauf un seul point, l'autorité du Mikado était reconnue.

On sait que Yesso, la plus septentrionale des quatre grandes îles, n'est qu'une vaste forêt, renfermant, dit-on, de grands trésors de cuivre et de charbon, mais habitée par des aborigènes, de vrais sauvages. Quelques points de la côte méridionale ont été colonisés par les Japonais. Sur l'extrémité sud en face de Niphon, se trouve Hakodaté, l'établissement le plus important. C'est ce port qui, sur la demande du commodore Perry, fut ouvert aux Américains, et est aujourd'hui l'un des cinq *ports de traités* accessibles aux Européens. Pendant que les troupes des princes marchaient sur la capitale du shogun, E nomoto, capitaine d'un vaisseau de guerre, s'empara de la flotte japonaise ancrée devant Yedo, et se rendit avec ces bâtiments dans le port de Hakodaté. Son arrivée y devint le signal d'une révolution pacifique. Le capitaine Brunet, un des instructeurs français, se mit à la tête du mouvement. On proclama la République et le suffrage universel! Ce suffrage, il est vrai, fut réservé aux samurais, c'est-à-dire à la classe militaire. Toutes les autres castes restaient expressément exclues. Les résidents étrangers, pour la plupart des aventuriers, très-peu nombreux d'ailleurs, et parmi eux l'un des consuls, prirent fait et cause pour la révo-

---

1. En 1868.

lution. Pendant plusieurs mois, cette constitution grotesque ne marchait pas trop mal; tout le monde, à ce qu'il paraît, s'en trouvait bien, excepté le gouvernement du Mikado qui envoya une petite escadre. Une action navale s'ensuivit; les républicains à deux sabres furent battus, Brunet rentra en France et l'île de Yesso sous la domination de l'empereur [1].

La question du choix de la future capitale était la première à résoudre. Pendant des siècles la vie politique avait gravité autour de Yedo. Yedo partage aussi avec Ôsaka la suprématie commerciale. Tous les fils de l'administration des États du shogun qui s'étendaient de Yesso à Kiushiu, aboutissaient à Yedo. Yedo fut donc choisi pour résidence du Mikado. Ce prince visita cette ville une première fois, revint à Kiyôto, puis établit définitivement sa cour à Yedo [2].

Quelle était l'action des ministres étrangers, quel était le sort des Européens, depuis leur établissement à Yokohama et pendant la guerre civile? Un instant, l'hostilité évidente des classes supérieures jointe à la faiblesse du gouvernement de Yedo sembla menacer sérieusement l'existence de la jeune colonie. Une série de meurtres commis sur des résidents soit à Yokohama, soit dans les environs, et, au siège du gouvernement, trois attaques dirigées contre la légation britannique, avaient porté la consternation dans Yokohama et imposé aux représentants des quatre puissances et aux amiraux

1. En 1869. — 2. En 1869.

commandant les stations navales l'obligation de pourvoir à la sécurité de leurs nationaux. Les ministres, placés constamment sous le coup d'attaques meurtrières, quittèrent Yedo. Le représentant des États-Unis seul, se séparant de ses collègues, y resta pendant quelque temps. Ceux-ci s'établirent donc à Yokohama au milieu de leurs compatriées, et sous la protection des vaisseaux de guerre portant leurs pavillons. Un jour, on apprit que des rassemblements d'hommes armés avaient lieu autour de la factorerie. Le gouverneur japonais se déclara impuissant à la défendre. Les résidents s'armèrent à la hâte et se préparèrent à embarquer leurs familles à bord des navires. Ce fut au milieu de cette alarme que l'amiral Jaurès fit débarquer des troupes de marine qui s'établirent au pied des *bluffs*. Un régiment anglais appelé de Hongkong vint dresser son camp sur les hauteurs. Cette double occupation, avec certaines modifications concédées à la susceptibilité du gouvernement actuel, a été maintenue jusqu'à ce jour, et il serait, ce me semble, de la dernière imprudence de retirer ces forces, d'ailleurs peu considérables, et, en cas d'une attaque victorieuse, tout au plus suffisantes pour ménager aux résidents le temps de se réfugier sur les navires. Peu après, la légation d'Angleterre s'établit de nouveau à Yedo. Les autres ministres continuent de résider à Yokohama. Dans ces derniers temps tout danger semble avoir disparu, et la « concession » jouit, du moins en apparence, d'une parfaite sécurité.

J'ai parlé plus haut de la politique tortueuse, mais

en somme favorable aux Européens, de la cour shogunale, placée dans la situation délicate de ménager à la fois les étrangers et l'opinion hostile du pays. Lorsque les ministres des quatre puissances annoncèrent au shogun leur intention de châtier le prince de Choshiu et de bombarder Shimonoséki, il s'empressa de donner en secret son consentement, et protesta publiquement. Le Mikado lui avait envoyé l'ordre d'expulser les étrangers. Il fit publier un édit conçu dans ce sens, mais il se hâta de notifier secrètement aux agents diplomatiques que sa proclamation n'était qu'une démonstration. Lorsque, sous le prétexte de secourir l'empereur, il entreprit la campagne contre les choshius, il pria les amiraux de faire transporter ses hatamotos par des vaisseaux de guerre anglais et français, qui, pour ne pas blesser l'opinion publique, arboreraient le pavillon japonais. Cette demande fut naturellement repoussée, mais on lui permit de noliser des bâtiments de commerce anglais et d'y hisser son pavillon. Ces faits sont significatifs. Un pouvoir réduit à de semblables expédients est jugé et condamné.

En présence d'une situation si complexe, la tâche des diplomates était des plus délicates. D'abord, ils étaient imparfaitement renseignés. Les nouvelles qui leur parvenaient de Kiyôto du sud-est, foyer principal des trames ourdies contre le shogun, et même de Yedo, étaient rares, incomplètes, le plus souvent contradictoires. Une politique d'abstention était évidemment la plus sage et au fait la seule à recommander. Mais le moyen de s'abstenir, quand on massacre vos nationaux, quand on incendie et qu'on attaque l'une des légations, quand on en tue et qu'on en blesse plusieurs membres? Rester les bras croisés, c'était accroître l'insolence des ennemis et provoquer de nouveaux désastres. Agir, c'était s'engager dans des voies dont on ne connaissait ni la direction ni l'issue. Cependant il fallait pourvoir à la sécurité de l'établissement. Il fallait demander et obtenir des satisfactions. Autrement le prestige était perdu, l'existence des étrangers compromise. Mais que faire? Userait-on de persuasion, ou de menaces, ou de représailles? Il y eut sans doute des hésitations, mais, somme toute, s'il m'était permis d'énoncer un jugement, je dirais que les représentants d'Angleterre auxquels, vu l'importance des intérêts britanniques engagés dans le commerce du Japon, vu les forces matérielles dont ils disposaient, revenait de droit le premier rôle, je dirais donc que sir R. Alcock, le colonel Neal et sir H. Parkes qui se sont succédé à la tête de la légation de la reine Victoria, ont, dans ces moments difficiles, agi avec prudence, avec énergie quand il le fallait, et, ce qui est l'essentiel pour l'intérêt public, avec un succès incontestable. Le représentant de la France, M. Roche, suivait une ligne plus tranchée; il ne cacha pas ses sympathies pour le gouvernement de Yedo, et alla, comme on a vu, jusqu'à offrir au Mikado, c'est-à-dire en réalité, vu l'état du moment, au shogun, l'intervention des forces navales françaises. Après la chute de ce dernier, M. Roche quitta le Japon et fut remplacé par M. Outrey. Le ministre des États-Unis se tenait à l'écart. L'action du quatrième membre de corps diplomatique, le plénipotentiaire des

Pays-Bas, bien que naturellement limitée, était empreinte de l'esprit sage et conciliant qui distingue toujours la diplomatie hollandaise. Lorsque la révolution des quatre clans triompha, les chefs du mouvement sentirent le besoin de consolider leurs relations avec les puissances étrangères. Le Mikado fit donc prévenir les envoyés chargés de lui remettre leurs nouvelles lettres de créance qu'il les recevrait à Kiyôto. On connaît l'épisode sanglant qui troubla cette solennité[1].

Des recherches et découvertes récentes, dues en grande partie au zèle et à l'activité intelligente des interprètes et étudiants des légations, ont considérablement modifié les idées qu'on s'était faites en Europe sur la constitution du Japon. On sait maintenant que le Mikado est et a toujours été le maître suprême. Fils des Dieux, invisible (jusque dans ces derniers temps) comme Jéhovah parlant à Moïse entouré de nuages, il réunit dans sa personne tous les attributs de la divinité. Dépositaire et source de tous les pouvoirs, il n'est pas, comme on l'a cru si longtemps, le chef de la religion, une sorte de pape, distributeur de grâces spirituelles et gardien de la foi. Il est plus que cela, car il est issu de la divinité. Jamais on n'a distingué entre le pouvoir spirituel et le temporel. Depuis le neuvième siècle il réside à Kiyôto, entouré de ses kugés, nobles de cour de haute et ancienne lignée, et parfois, quand il les convoque, de tous les daimios de l'empire. Le pou-

---

[1]. L'attaque de deux fanatiques sur sir Harry Parkes, le 23 novembre 1869. Voir les détails page 72.

voir militaire était délégué à deux grands fonctionnaires. L'un commandait dans le Nord, l'autre dans le Midi, ce qui leur valait le nom de shogun, général en chef.

L'un d'eux, au douzième siècle, eut l'audace et la bonne fortune de rendre cette dignité héréditaire dans sa famille, et, toujours sous la suprématie de l'empereur, de s'emparer des plus riches et plus importantes provinces du Japon. C'est ainsi que le shogunat fut établi : il devait durer sept siècles. Le shogun était le premier vassal du Mikado. Quant à l'étendue de sa puissance, elle subissait des fluctuations diverses. Depuis Yoritomo, une des grandes figures de l'histoire japonaise, mais appartenant à une époque trop reculée pour qu'on puisse la juger en pleine connaissance de cause, le terrible Taïko-Sama, à la fin du seizième siècle, est celui des princes qui a le plus marqué. Né dans l'obscurité, parvenu au faîte des grandeurs, grâce à son génie, à son énergie, à un grand mariage et à son étoile, il a survécu dans les traditions légendaires et il a laissé, dans les deux centres de Yedo et Ôsaka, qui sont ses créations, et même dans Kiyôto, de magnifiques monuments de sa grandeur. Le lien de vasselage, parfois nominal, qui unissait les shoguns au Mikado se maintenait toutefois. De temps à autre ils se rendaient à Kiyôto pour faire acte d'obéissance. On doit à des envoyés de la factorerie hollandaise de Deshima une relation curieuse sur une de ces entrevues. Des fenêtres de la maison qui leur servit d'auberge et de prison ils purent voir passer les cortéges des deux potentats.

Le territoire shogunal se composait de huit provinces, comprises sous le nom collectif de Kuantô avec Yedo, et des villes Ôsaka, Nagasaki, Niigata et Hakodaté avec leurs territoires. Ces villes et provinces, administrées par des gouverneurs, étaient placées sous l'autorité directe du shogun. Il y était maître absolu. Il monopolisait le commerce et s'emparait du produit des douanes. Mais, dans les différents *hans*, villes et domaines des daimios devenus ses vassaux, il lui fallait compter avec eux. Aussi lorsque, dans les négociations avec les plénipotentiaires américains et européens, il s'est agi d'admettre les étrangers, le shogun n'a consenti que l'ouverture de villes et ports placés sous son autorité directe. Il n'a eu garde d'accorder l'ouverture de hans dont les seigneurs, quoique ses vassaux, auraient probablement protesté et même résisté. Sa force armée était principalement fournie par les *Hatamotos*, littéralement : *sous le drapeau*. Le premier successeur de Taiko-Sama, en anoblissant et dotant de terrains ses hommes de la classe militaire, avait créé la caste des hatamotos, qui était tenue de servir le shogun en temps de guerre, soit personnellement, soit en fournissant un certain nombre de soldats ou une certaine indemnité en argent. Il y avait quatre-vingt mille hatamotos. Englobés dans la ruine de leur maître, ils se dispersèrent. Les uns se firent marchands, d'autres, la plus grande partie, allèrent grossir les rangs des déclassés, des *ronins*.

En dehors des daimios, vassaux du shogun, en dehors des princes et comtes *médiatisés*, s'il est permis d'employer ce terme inconnu au Japon, il y avait les daimios relevant directement du Mikado, plus ou moins soumis selon le temps qui courait, plus ou moins dignes du nom de roi que les anciens missionnaires donnaient aux dix-huit grands seigneurs féodaux de premier ordre. Ceux du Nord étaient les plus indépendants. On a vu le rôle important que les plus puissants d'entre eux ont joué dans la dernière révolution. Mais, règle générale, la partie septentrionale de la grande île est trop éloignée, peut-être aussi trop pauvre, pour exercer une influence décisive sur les destinées de l'empire. Ces provinces qui, par suite de la rigueur du climat, manquent d'un article de première nécessité, le riz, qu'elles sont obligées d'acheter dans le midi, sont peu cultivées, imparfaitement peuplées, et moins prospères que celles du centre et du Sud.

Telle était, il y a deux ans encore, la constitution politique du Japon. Socialement, la nation se divise d'un côté en clans, et de l'autre en castes. A ce double point de vue, le Nord de l'Écosse d'autrefois et des Indes ont avec le Japon une certaine analogie.

La caste militaire prime toutes les autres. Les marchands cèdent le pas aux cultivateurs et occupent l'un des derniers rangs. Les bonzes et les lettrés jouissent de quelque considération. Les paysans forment une classe respectée et respectable. Dans chaque village, le maire est élu par les chefs de famille. Il n'y a pas en Europe d'exemple d'une constitution municipale plus libérale. Respectueux, strict observateur des règles de l'étiquette, docile et facile à vivre, le paysan est jaloux de ses droits, et malheur à l'agent de l'autorité qui oserait y porter atteinte. Tout dernièrement, les cultivateurs d'un gros bourg ayant à se plaindre d'exactions, après avoir épuisé les moyens de pétition, envoyèrent une députation nombreuse auprès du gouverneur. Lorsqu'ils virent que ce fonctionnaire ne voulait pas faire droit à leurs justes réclamations, ils l'égorgèrent dans son yashki et rentrèrent tranquillement chez eux. Tout le monde considérait ce procédé comme un acte de défense, justifié par les circonstances. Le métier des armes est héréditaire. C'est le féodalisme né dans la nuit des temps, parvenu dans le cours des siècles à ses derniers développements, animé de l'esprit chevaleresque de nos croisés, identifié avec les idées, les traditions, les mœurs de la nation. On a vu que les arts et métiers occupent les derniers degrés sur l'échelle hiérarchique de la société japonaise. Seul le fourbisseur fait exception. Il passe pour noble. Quand il procède à la partie la plus délicate de son œuvre, quand il s'agit de souder ensemble l'acier et le fer dont se compose la lame, il ferme le devant de sa boutique et s'affuble du costume de cour[1]. Le sabre et le poignard se transmettent de père en fils, de génération en génération. Les noms des grands fourbisseurs de Kiyôto, de Yedo, d'Ôsaka, connus de tous les hommes à deux sabres, forment souvent le sujet de leurs causeries. Même les dames apprenaient jadis à manier la hallebarde. M. Mitford raconte que, dans quelques grandes familles de vieille roche, cet usage s'est conservé. Il y avait et il y a

---

1. Voir Mitford, *Tales of old Japan*.

encore des associations entre gens de la même caste. Elles ont pour but une pensée de défense mutuelle, de charité, de secours aux opprimés. On entend dire dans le quartier européen de Yokohama que tout cela c'est de l'histoire ancienne, que la féodalité et la chevalerie ont fait leur temps, qu'elles sont usées. Je reviendrai plus bas sur ces assertions. Mais, quoi qu'on dise ou pense du système féodal en général, et des institutions qui ont jusqu'à présent régi le Japon, il y a un point sur lequel tout le monde est d'accord. Au moment de l'arrivée des Européens, et jusque dans ces derniers temps, le peuple était heureux et content. Sauf les revenus énormes des grands daimios, absorbés d'ailleurs par les charges de leur position, et formant en quelque sorte le bien commun du clan, il y avait peu de grandes fortunes et peu de pauvres. Bien que de nombreuses classes fussent armées, il se commettait, comparativement, peu d'actes de violence. L'histoire japonaise ne connaît pas d'horreurs semblables à celles qui furent commises en Chine par les Tae-pings. L'ordre public a été rarement troublé au Japon. La vie et la propriété s'y trouvent mieux garanties que chez aucune autre nation païenne. La culture du sol, le développement de certaines branches d'industrie, le goût et la pratique des arts témoignent d'une ancienne civilisation. Sans doute cette civilisation est imparfaite, parce que les lumières et les bienfaits du christianisme lui font défaut. Des coutumes barbares ternissent l'esprit de chevalerie et le sentiment d'honneur qui distinguent ce peuple. Des superstitions grossières obscurcissent et entravent les aspirations des âmes, mal satisfaites par les doctrines du bouddhisme, qui est la religion de l'immense majorité du peuple. Le scepticisme a envahi et énervé les classes supérieures. La famille forme la base des institutions politiques de l'État ; mais la femme, quoique plus libre et plus respectée que dans aucune autre société païenne, attend encore son affranchissement [1]. De là un déplorable relâchement des mœurs ; mais les vices honteux qui souillent le peuple chinois sont moins répandus au Japon. Le respect de l'autorité paternelle, la fidélité au chef du clan, qui est le père de famille commun de tous les membres de ces groupes historiques, la bravoure, la mort volontaire quand l'honneur l'exige, étaient et sont les vertus les plus appréciées et les plus répandues de cette nation gaie, polie, insouciante, chevaleresque et aimable.

Que l'abolition du shogunat qui, durant tant de siècles, a rempli dans l'État une si large place, dût laisser une profonde lacune ; que le pays, avant de pouvoir la combler, dût traverser des crises et des troubles, c'est ce qui n'était guère douteux ; mais personne ne pouvait prévoir l'étendue des bouleversements qui en ont été la conséquence.

La guerre civile à peine terminée, ses auteurs principaux, ceux qui avaient médité et accompli la perte du shogun, les princes de Satsuma, Choshiu, Tosa et Hizen, adressèrent au Mikado une pétition rédigée et en partie inspirée par un simple samurai

---

1. Au Japon le mari renvoie sa femme simplement, et en donne avis au chef de son clan. Cette formalité remplie, il se considère comme légalement divorcé.

du prince de Choshiu, nommé Kido, aujourd'hui un des membres les plus influents du conseil de l'empereur. Dans cette mémorable pièce, ces grands princes offraient au Mikado leur territoire et leurs hommes de guerre. C'était demander leur propre destruction. Les non-initiés n'en croyaient pas leurs yeux. L'offre fut acceptée. Les autres daimios, à l'exception de onze, qui d'ailleurs ne tardèrent pas à se résigner au sort commun, suivirent l'exemple des quatre princes. Dès lors le gouvernement du Mikado, avec une hardiesse inouïe, s'engagea dans la voie des réformes. Les titres de daimio, seigneur feudataire, et de kugé, noble de cour, furent abolis et remplacés par la désignation vague de *katsoku*, noble. Les daimios furent laissés à la tête de leurs clans, mais seulement à titre de gouverneur relevant du conseil impérial. Quelque temps après, un changement ministériel eut lieu [1]. Les meneurs de la révolution de 1868, Iwâkura et les principaux agents des quatre princes, qui jusqu'alors agissaient dans la coulisse, furent amenés en scène. Ils composent maintenant, avec Sanjo et Saigo, le ministère et le conseil du Mikado.

J'ai noté plus haut les principaux actes du nouveau gouvernement, tels qu'ils m'ont été communiqués et expliqués par leurs auteurs : l'abolition des *hans*, villes et territoires féodaux, transformés en *kens*, villes et territoires relevant directement de la couronne. C'était, d'un trait de plume, détruire dans tout l'empire la constitution féodale. Cette mesure

---

1. Au mois d'août 1871.

hardie fut accueillie par le pays avec le silence de la stupeur, par les Européens de Yokahama, qui avaient applaudi aux premières innovations, avec une inquiétude mal dissimulée. On se demandait si une ordonnance d'une si grande portée pouvait être mise à exécution sans provoquer des résistances sérieuses.

Les daimios, transformés d'abord en simples gouverneurs de leurs anciens fiefs, furent ensuite destitués pour être remplacés par des fonctionnaires envoyés de Yedo. De plus, ils devront résider constamment dans cette ville. On sait que les daimios soumis à l'autorité du shogun y devaient passer six mois de l'année. Mais cette obligation leur avait été imposée à l'époque où ils étaient devenus les vassaux du shogun, et en vertu d'un acquiescement mutuel. L'ordonnance des nouveaux ministres est un acte arbitraire; il prive les personnages les plus haut placés de l'empire d'un droit qui n'est refusé ni aux *étas*, ni même au dernier mendiant, celui de vivre dans le lieu qui les a vus naître. Le prince Ichikusen, s'étant attiré le mécontentement du ministère, fut destitué, remplacé par un fonctionnaire dans son gouvernement, mandé à Yedo et enfermé dans son palais, qui est tout près de la légation d'Angleterre. D'après l'ancien usage en pareil cas, le grand portail d'honneur de son yashki fut démoli, et l'ouverture fermée par des planches clouées sur des poutres transversales. Tout cela se passait pendant mon séjour à Yedo. Les ministres étaient tout glorieux d'avoir osé faire cet acte d'autorité.

Les clans, dont l'organisation intérieure était

d'ailleurs détruite par suite de l'abolition des *dai miats*, subiront, comme il a été dit plus haut, des modifications importantes. Les petits clans seront réunis en groupes, les plus grands seront divisés.

Le gouvernement annonça l'intention de former une armée impériale. Les grands daimios reçurent l'ordre de diriger sur Yedo et Kiyôto leurs hommes et leur matériel de guerre, et les chefs des quatre clans s'empressèrent, du moins en apparence et dans une certaine mesure, d'obtempérer à un ordre qui faisait partie de leur programme. Grande était la satisfaction du ministère et plus grand l'étonnement du public. On n'avait pas vu d'exemple d'un semblable désintéressement. Les casernes faisant défaut, on s'empara d'une partie des couvents de la Shiba. Les bonzes furent délogés avec ou sans indemnité. Les soldats furent habillés, armés et exercés à l'européenne.

La question religieuse n'échappait point à la sollicitude du gouvernement. Les nouveaux ministres, soutenant qu'il fallait revenir aux dogmes plus purs de la religion du Mikado, ont ordonné la destruction des symboles, statues et images bouddhiques dans les temples jadis shintoïtes. Si ces ordres sont exécutés à la lettre, c'est la destruction des sanctuaires les plus vénérés par le peuple et indirectement de la religion bouddhique, c'est-à-dire de la religion en général. Déjà il est question de démolir les magnifiques tombeaux de la Shiba, les monuments sépulcraux les plus précieux du Japon. Partout on commence à confisquer en partie, et en partie à exproprier, moyennant la promesse d'une faible indemnité, les grands couvents bouddhiques. Pour apaiser les clameurs des moines, on les dispense du célibat. Le peuple regarde en silence ; il laisse faire sans rien comprendre à cette croisade soudainement dirigée contre les Dieux et leurs prêtres.

Il est une autre source de désaffection. L'état des finances n'est pas brillant, et les réformes coûtent cher. Jusqu'ici le système financier était fort simple. Le Mikado, le shogun, les daimios, le paysan, vivaient du rendement de leurs terres. Les cultivateurs payaient un impôt aux daimios, ceux-ci payaient un tribut soit au Mikado, soit au shogun. Les hatamotos de ce dernier avaient des dotations en terres. Les samurais du Mikado et des daimios, à part quelques fermes qu'ils exploitaient, touchaient des rations de riz et un certain nombre de *kokus*, le prix du koku variant selon l'état des recettes, mais représentant, en moyenne, vingt-cinq francs. Cette solde formait presque la seule ressource du samurai. Les commerçants et industriels étaient exempts de tout impôt. Quand la récolte était mauvaise, l'impôt n'était pas perçu, mais réparti sur les années ultérieures, pourvu qu'elles fussent abondantes. Ces facilités répondaient à l'esprit paternel des princes, qui oubliaient rarement que leurs sujets étaient membres de leur famille, et que l'appauvrissement du paysan retombait sur le seigneur. L'état moderne la complexité de ses rouages, la cherté de son administration, ne comportent pas de semblables ménagements. Aujourd'hui l'impôt, sans égard à la qualité des récoltes, est rigoureusement perçu. De là, dans la classe si importante des cultivateurs qui forment la grande majorité du peuple, des symptômes de désaffection. Pour alléger leurs charges, le ministère se propose de réduire ces impôts, ce qu'il ne pourra faire, vu l'accroissement de ses embarras financiers, et d'imposer les marchands et les industriels, ce qu'il fera certainement ; le résultat sera d'augmenter le nombre des mécontents. Mais il dispose d'autres sources de revenus. Les daïmios ont fait le sacrifice de leurs territoires, et par conséquent de l'immense revenu qu'ils en tiraient. Le gouvernement, en se les appropriant, compte laisser aux anciens propriétaires la jouissance du dixième, et prend à son compte les charges inhérentes à la situation des daïmios. La plus considérable de ces charges, en dehors de l'achat des navires et du maintien du matériel de guerre, était la subvention due aux samuraïs. On a vu plus haut que le gouvernement compte leur payer deux tiers de leur pension et former du troisième un fonds public. De cette façon il espère être, dans dix ans, à même de racheter cette pension. En attendant, les espèces ont disparu ; sauf la petite monnaie de cuivre, on ne voit que du papier. Telles sont en résumé les mesures financières, méditées et en partie proclamées par le gouvernement réformateur. Mais les embarras augmentent tous les jours. Ils remontent à deux causes : d'abord, le trouble porté dans toutes les relations par suite de si grands et de si rapides changements, et, comme conséquence, une diminution notable des revenus publics ; ensuite, une augmentation énorme de la dépense. Il faut pourvoir à l'installation du gouvernement central, calqué sur le modèle dispendieux des gouvernements européens, tels du moins qu'on se les imagine ; à la formation et au maintien d'une armée impériale et d'établissements maritimes ; à l'introduction des télégraphes et des travaux de chemins de fer ; à la fondation d'écoles de langues étrangères et autres ; à la construction de la somptueuse Monnaie d'Ôsaka et, ce qui est un grand bienfait, à l'érection de phares sur les côtes et dans la mer intérieure. Pour suffire à toutes ces entreprises, on a besoin d'Européens. On emploie à grands frais des ingénieurs, des architectes, des professeurs, des légistes, des instructeurs militaires, des maîtres d'école français, allemands, anglais. Des jeunes gens sont envoyés en Europe et en Amérique, les uns « pour la vue », les autres « pour la bouche », c'est-à-dire comme simples voyageurs, chargés de prendre et de rapporter des idées européennes, ou comme étudiants chargés de suivre des cours de médecine, de mécanique, de physique. Ils sont défrayés et reçoivent en outre une gratification de mille dollars. On me dit que le nombre de ces jeunes émissaires, qui doivent importer la civilisation, dépasse le chiffre de cinq cents, et la dépense celui de sept à huit millions de francs ! Des livres anglais, allemands, français, le plus souvent des compilations encyclopédiques populaires, destinés à propager les connaissances utiles, sont, au frais du gouvernement, traduits en langue japonaise et répandus parmi la jeunesse.

Avec ces efforts tendant à doter d'emblée le Japon de tous les bienfaits de la civilisation européenne, contrastent la haine du christianisme qui semble animer les réformateurs, les persécutions dont les chrétiens indigènes, peu molestés sous le règne des derniers shoguns, sont devenus les victimes, et la fin de non-recevoir opposée aux remontrances amicales du corps diplomatique.

Maintenant, qui sont les véritables auteurs de la révolution de 1868, quel est le but ostensible, quelles sont les tendances secrètes des meneurs?

Écoutons d'abord les indigènes. Iwâkura m'a dit, et dit à tous ceux qui l'approchent : « La nation aime et vénère le Mikado. Le shogun était devenu l'objet de l'exécration universelle. Il fallait le renverser. Mais c'était lui qui contenait les chefs de clan, les daimios placés sous sa dépendance. Toujours turbulents, ils visaient depuis sa chute à l'émancipation complète. C'était intolérable. Le Mikado seul pouvait les réduire à l'obéissance. Il fallait donc avant tout le restaurer. C'est ce qui a lieu en ce moment, et ce qui sera accompli en trois ans. » Voilà le langage officiel du jour, peu fait, il est vrai, pour nous éclairer. Mais j'ai sous les yeux un document extrêmement curieux. Je pense, sans pouvoir l'affirmer, qu'il se trouve parmi les papiers communiqués au parlement anglais. Il date évidemment des premiers mois de la révolution, alors que l'expulsion des barbares était encore inscrite sur les bannières des quatre clans victorieux. Il a pour titre : *Fuku-ko-ron : retour à l'ancien régime*. En voici les parties essentielles :

« On croit, en général, et on soutient que l'empire ne peut être gouverné par l'empereur durant une longue suite d'années. Il faut être dépourvu du don d'observation et de toute réflexion, il faut ne savoir pas lire les signes du temps, pour tenir un pareil langage. » Suit un exposé tendant à prouver, contrairement, je crois, à la vérité historique, que, pendant deux mille ans, les Mikados ont régné et gouverné sans la participation de la classe militaire, et que, s'ils lui ont, pendant peu d'années, abandonné les rênes de l'État, ç'a été volontairement; puis l'auteur continue :

« Cette fois c'est le peuple qui, spontanément, a pris l'initiative du rétablissement de l'autorité exclusive du Mikado. Le mouvement, commencé par les ronins [1], gagna successivement les *kerais*, les *karos*, et enfin les daimios. Ainsi, né dans le peuple, il se propagea de plus en plus, et aboutit au retour du pays tout entier à l'ancienne forme du gouvernement. Il s'ensuit que, *le Mikado même voulût-il changer de politique, il ne le pourrait pas, parce que l'opinion du peuple serait contraire à un pareil changement*..... On dit encore : En apparence, le mouvement actuel est un retour au gouvernement du souverain, mais en réalité le but est de remettre le pouvoir aux mains des daimios. C'est se tromper foncièrement sur les faits. Le peuple a pris l'initiative du mouvement, le peuple l'a conduit à bonne fin. Comment les daimios, quelles que fussent leurs intentions, pourraient-ils l'exploiter à leur

---

[1]. Allusion aux six cents ronins qui, en 1865, dans les provinces de Yamato et Tajima, sous la conduite des kugés, se révoltèrent contre le shogun. Ils furent dispersés, et les kugés se réfugièrent chez le prince de Chôshiu.

profit ?... Si on examine la marche du nouveau gouvernement, on trouve que, dans toutes les affaires, même les moins importantes, les daimios sont d'abord consultés; ensuite le Mikado décide. Idéal d'un gouvernement national et impartial. Les promoteurs de cette révolution ont été, sans nul doute, en premier lieu, Satsuma, Chôshiu et Tosa; plus tard, les autres daimios leur ont prêté un concours soutenu et énergique. Quiconque voudrait défaire un arrangement équitable, rencontrerait l'opposition des forces réunies de l'empire.... Comment est-il arrivé que l'initiative du mouvement ait été prise par les classes inférieures? Depuis deux cents ans le peuple s'était habitué à discuter sur l'obéissance due au souverain. On comptait les crimes commis dans les derniers temps par le shogunat. A l'occasion de la signature des traités avec les barbares extérieurs, l'indignation contenue du peuple s'est légèrement manifestée. » Ici l'auteur énumère ces légères manifestations de la colère populaire : l'assassinat du régent Ii-Kamon-no-Kami, l'attentat commis sur la personne du second ministre des affaires étrangères Tsushima, grièvement blessé; les attaques contre la légation d'Angleterre, le cuisinier et une ordonnance tués, le secrétaire, M. Oliphant, grièvement blessé; la révolte des six cents ronins, et la scission survenue dans le clan du prince de Mito, dont une fraction s'est déclarée pour le Mikado[1].

Ce mémoire, évidemment inspiré par les chefs du

---

1. Ces événements eurent lieu en 1860, 1862, 1865.

mouvement, dont il prétendait justifier la conduite, bien que rempli d'inexactitudes volontaires et de contradictions palpables, qui du reste s'expliquent par la situation des meneurs, répand une vive lumière sur l'origine et le but de la révolution. Il s'ingénie d'abord à réfuter la croyance populaire que les Mikados ont toujours été incapables de gouverner par eux-mêmes. Il tâche de donner au mouvement un caractère essentiellement démocratique. Le peuple, qui en réalité n'a pas bougé, en aurait pris l'initiative dans l'intention de déposséder la classe militaire, c'est-à-dire ces mêmes samurais qui, combattant sous les bannières de leur clan, ont renversé le shogun! Le mémoire soutient que le but principal était la restauration du Mikado, mais il se hâte d'ajouter que le Mikado serait impuissant à remettre le pouvoir aux mains de la classe militaire contrairement aux vœux du peuple, plaçant ainsi le peuple au-dessus du Mikado. Il admet que le grand crime du shogun était d'avoir traité avec les barbares, et il proclame comme l'idéal d'un État bien réglé le gouvernement par les daimios, ou, pour dire vrai, par les trois chefs de clans qui ont provoqué le mouvement, et que le Mikado consulte avant de rendre ses arrêts. Aveu naïf! Ceux-là auraient donc raison qui pensent que le remplacement du shogunat par une oligarchie était le but et est, dans sa phase actuelle, le résultat de la révolution.

Passons maintenant aux informations recueillies par des Européens, et j'ose ajouter par les hommes les mieux placés pour être bien renseignés. En voici le résumé. L'initiative du mouvement appartient aux principaux conseillers des deux grands princes du Sud, Satsuma et Chôshiu, à qui se ralliaient quelques kugés dont Sanjo, par ses relations de famille, est le plus haut placé, dont Iwâkura est le mieux doué et le plus actif. Les yashkis des princes de Satsuma et de Chôshiu dans le Sud, Kiyôto dans le centre, étaient les deux foyers des intrigues ourdies contre le shogun. Sa ruine complète, la destruction de sa puissance et l'abolition de sa dignité formaient le premier but des conspirateurs. Pour s'assurer du concours des grands clans, ils faisaient appel à la haine, si répandue parmi les Samurais, contre les étrangers. Le cri de ralliement devint donc : restauration du Mikado, expulsion des barbares. Lorsque la première partie du programme eut été accomplie, les hommes à deux épées demandèrent qu'on marchât sur Yokohama. Les meneurs tâchèrent de les contenir. Ils leur disaient : Les étrangers sont plus forts que nous, mieux armés, plus riches, supérieurs enfin sous tous les rapports. Ils ont brûlé Kagoshima et Shimonoséki, ils brûleraient Yedo et Ôsaka. Ayez patience! Notre jour viendra. Mais, avant tout, il faut perfectionner nos armes, exercer nos troupes, emprunter aux barbares les moyens d'action qui un jour nous serviront à les détruire. Ce raisonnement fut écouté. Mais les chefs, quels sont leurs sentiments à l'égard des Européens? On pense qu'ils ne songent qu'à se maintenir au pouvoir; qu'ils ne partagent pas l'animosité des samurais, mais qu'on s'abuserait étrangement si on leur supposait des dispositions bienveillantes et amicales. Quant au peuple, à qui le mémoire justificatif attribue l'initiative de la révolution, il n'y a pris aucune part, il ne s'occupe pas de politique, il est, ce qu'il a toujours été à l'égard des Européens, poli, aimable et indifférent.

Sur ce qui précède, le doute n'est guère possible. Les faits relatés sont avérés. Mais bien des points importants restent dans l'obscurité. Pour soulever le rideau on se perd dans des conjectures. Ainsi, j'entends soutenir que les princes, et en général les daimios, sont des hommes nuls, abrutis, tombés dans un état d'imbécillité ; qu'ils sont devenus les instruments de leurs conseillers; que ces conseillers, tous de la classe des samurais, ont imaginé la révolution, non pour remplacer le shogun par le Mikado, car ils ne se soucient ni de l'un ni de l'autre, mais pour secouer le joug de plus en plus pesant de leur maître (de l'homme, qu'au dire de ces mêmes personnes, ils dominent et exploitent à leur profit); que les idées modernes, les idées démocratiques importées d'Amérique et d'Europe, les ont gagnés ; que le système féodal, ici comme en Europe, a fait son temps; que ces institutions se sont survécu; que, minées dans leurs fondements, le premier souffle les a fait crouler ; que le contact avec les Européens a dessillé les yeux des lettrés; que les aspirations vers le progrès, vers l'adoption de notre civilisation se répandent de plus en plus ; que les fréquents voyages en Europe et en Amérique développent ce mouvement et consolideront les réformes inaugurées sous nos yeux.

A ceci j'ai répondu : Connaissez-vous personnellement les princes? On m'a avoué que non, ou bien qu'on les connaissait superficiellement. On les a vus dans des occasions officielles où l'étiquette impose aux grands un silence absolu et un visage d'idiot. Ce silence et ce visage ne prouvent donc rien. Il est vrai que beaucoup d'entre eux se laissent dominer par leur entourage : ce qui en effet semblerait prouver qu'ils manquent d'intelligence et d'énergie. Aucun fait constaté n'a pu être allégué à l'appui de l'assertion sur la prétendue intention des samurais de se soustraire à l'autorité de leurs princes. C'est donc une supposition. On a lu l'histoire des quarante-sept ronins. Je l'ai inscrite dans mon journal, parce qu'elle est l'apothéose du principe de la loyauté, base et essence des institutions féodales. Cent cinquante ans environ, il est vrai, se sont écoulés depuis, mais aujourd'hui encore le peuple brûle de l'encens sur les tombeaux des martyrs de ce principe. C'est là, il y a trois ans, qu'un ronin s'est donné la mort parce que l'entrée dans le clan d'un grand prince lui avait été refusée. Mais, pour constater la séve, la vitalité, la vigueur des institutions féodales, telles qu'elles existaient encore en 1868, il y a un autre fait qui forme, selon moi, un argument sans réplique, c'est l'histoire même de la dernière révolution. La puissance du shogun, quoique affaiblie, était encore immense. Ce prince, maître des plus prospères et des plus riches provinces de l'empire, disposait d'une armée parfaitement équipée, de ses quatre-vingt mille hatamotos, du produit douanier des ports ouverts et de Yedo et d'Ôsaka, enfin de l'appui moral à peine déguisé et très-réel du corps diplomatique. Il a été vaincu ; vaincu par trois princes qui, grâce à l'organisation de leur puissance féodale, ont trouvé tout ce qu'il fallait pour renverser ce colosse : des ressources morales et matérielles, des hommes rompus au métier des armes et décidés à les porter sous les bannières de leur chef.

Quant à l'existence d'une forte opinion, très-répandue dans certaines régions, qui demande le progrès, sans trop savoir quelle direction prendre ni où s'arrêter; quant à l'existence de ces aspirations vagues mais ardentes, le fait me paraît incontestable. C'est en s'abandonnant à ce courant que les gouvernants du jour ont ouvert l'ère des transformations. Dans ce travail ils sont encouragés et aidés par les applaudissements presque unanimes des négociants européens, par l'accueil bienveillant qu'ils rencontrent auprès des chefs des missions quand ils leur demandent conseil sur des mesures financières ou administratives (car je suppose qu'on s'abstient prudemment de donner un avis sur des questions de politique intérieure), par le concours d'un bon nombre d'Américains et d'Européens engagés au service du Mikado, enfin par les échos flatteurs qui reviennent déjà de l'autre partie du globe, par les appréciations favorables de la presse américaine et anglaise, par les lettres des touristes et étudiants japonais qui parcourent les États-Unis, l'Angleterre, la France, l'Allemagne pour puiser aux sources mêmes de la civilisation. C'est par ces canaux que l'Europe et l'Amérique envahissent le Japon.

Je me demande si, et dans quelle mesure, les décrets réformateurs du gouvernement de Yedo deviennent une vérité. Sur ce point capital, faute d'agents et de voyageurs à l'intérieur, les renseignements qui arrivent aux légations et aux grandes maisons de commerce de Yokohama sont rares, incomplets, contradictoires. Il y a pourtant un fait constaté. Les princes de Satsuma et de Hizen dont les royaumes, pour me servir de l'ancienne dénomination, s'étendent sur la plus grande partie de l'île de Kiushiu, n'ont rien perdu de leur prestige ni de leur puissance. C'est ce que mandent les négociants de Nagasaki et un ou deux Européens employés par ces grands seigneurs féodaux. Il n'y a rien là qui puisse nous étonner, puisque ce sont Satsuma et Hizen qui, avec Chôshiu et Tosa, ont fait la révolution. Il est tout simple qu'ils l'exploitent. Mais les autres grands daimios, qui ont adhéré à la célèbre pétition de Kido, seront-ils pressés de se suicider? Une personne étrangère à la politique, habitant l'un des petits ports des traités et vivant en relation continuelle avec les gens du pays, m'a dit :

« Dans l'intérieur, la plupart des ordonnances de Yedo restent à l'état de lettre morte. Ainsi le gouvernement a aboli les hans, destitué, dépouillé et dégradé les daimios; mais jamais leur pouvoir n'a été plus solidement établi. Pour la forme ils s'exécutent, en réalité ils font ce que bon leur semble. Ils décrètent de nouveaux impôts, lèvent des hommes et des contributions, font et défont des lois, absolument comme si le gouvernement du Mikado n'existait pas, et ce dernier n'a garde, en insistant sur l'exécution de ses décrets, de provoquer une lutte avec ces roitelets. Au Japon, c'est toujours le même refrain, la même impuissance du gouvernement, soit du Mikado, soit du shogun, avec cette différence toutefois que ce dernier était réellement maître dans les provinces placées sous son autorité directe, et qu'il contenait jusqu'à un certain point, mais toujours en les ménageant beaucoup, les daimios ses vassaux; en sorte que l'action du gouvernement central est aujourd'hui plus faible qu'elle ne l'a jamais été[1]. »

Je retrouve la même pensée chez quelques membres du corps diplomatique : « L'année prochaine, m'a dit l'un d'eux, auront lieu les négociations pour la révision des traités[2]. La question de l'ouverture de tout le territoire de l'empire aux Européens sera probablement agitée. Si le gouvernement y met obstacle, ce sera sous le prétexte qu'il ne pourra garantir leur sécurité aussi longtemps qu'un désarmement général n'aura pas eu lieu, et que c'est là une mesure grave qui exige du temps. Pour cette

---

1. Cela était vrai en septembre 1871; mais, d'après les dernières nouvelles (septembre 1872), la situation s'est modifiée considérablement. Obéissant aux ordres du gouvernement, les daimios sont arrivés en grand nombre à Yedo. Exclus de toute participation aux affaires de l'État, dépouillés d'une grande partie de leurs revenus, ils se voient condamnés à l'insignifiance et à l'obscurité. A ce point de vue, l'œuvre de destruction s'accomplit. Mais l'autorité du gouvernement y a-t-elle gagné? S'est-elle consolidée dans les provinces et au sein des clans privés de leurs chefs naturels? Les lettres du Japon se taisent sur ce point capital.

2. Sur la demande du gouvernement japonais, elles sont ajournées à 1873.

raison, on demandera un ajournement. Mais le véritable motif se trouve ailleurs. En principe, l'autorité du Mikado s'étend aujourd'hui sur tout l'empire; en réalité, quoi qu'en disent les réformateurs, cette autorité est loin d'être partout une vérité. »

La faveur, un peu moins vive maintenant, que l'œuvre de réforme a trouvée auprès des négociants étrangers, s'explique aisément. L'Anglo-Saxon est naturellement philanthrope, un peu porté à la propagande de ses idées et de ce qu'on appelle les connaissances utiles. Il s'affectionne au pays où il réside, et applaudit à tout ce qui ressemble à une assimilation avec les institutions britanniques. Vient ensuite la question des intérêts. La civilisation créera des besoins nouveaux que l'industrie et le commerce anglais seront appelés à satisfaire. Le Japon saura payer; du moins on se l'imagine à Yokohama, ne fût-ce que parce qu'il possède d'inépuisables trésors de minerais. Cependant il y a des hommes qui en jugent autrement : « Les ministres du jour, disent-ils, agissent en dépit du bon sens; ils sont comme des enfants ; ils détruisent les anciennes institutions sans avoir conçu une idée claire sur la manière de les remplacer. Ils cherchent des modèles en Amérique et en Europe, sans songer qu'ils sont incapables de se les approprier; ils courent après des notions dont ils ne sauraient pénétrer le sens. C'est une rage d'imitation qui passera, mais peut-être en restera-t-il quelque chose de bon. Après tout, ils font comme les sauvages des îles Sandwich qui ont adopté les costumes européens, le pantalon et la veste, sinon le linge, et par-dessus le marché, deux chambres et un ministère responsable. » C'est le raisonnement le plus répandu : il est peu flatteur pour les Japonais qu'il compare aux sauvages, et il me semble peu profond. Si les réformateurs agissent en dépit du bon sens, comment espérer que quelque chose d'utile puisse sortir de leurs aberrations?

Enfin, écoutons les adversaires du progrès japonais; ils sont les moins nombreux.

« Les réformes des nouveaux ministres, disent-ils, à moins qu'elles ne restent à l'état de lettre morte, impliquent la ruine totale des daimios, destitués et dépossédés des neuf dixièmes de leurs revenus, et la ruine totale, la destruction entière des samurais, réduits à l'état de mendicité. Ce sont pourtant les daimios et les samurais qui ont fait la révolution et porté au pouvoir les auteurs de leur ruine. Ainsi ceux qui vous ont placés à la tête du pays recevront, sans résistance, de vos mains et avec le glaive qu'ils vous ont fourni, le coup de grâce qui devra mettre fin à leur existence. Est-ce admissible? C'est là pourtant le point de départ de la réforme. Ajoutez les embarras financiers, les dilapidations énormes, l'épuisement du trésor, l'impossibilité de le remplir sans appauvrir le pays, la banqueroute inévitable, la tentative puérile et ruineuse d'introduire des institutions et des formes administratives empruntées aux pays les plus avancés de l'Europe et de l'Amérique, les confiscations des biens du clergé bouddhique, enfin le mécontentement croissant des paysans, des bonzes si nombreux[1], et surtout de la classe militaire. Pour que la réforme, commencée et poursuivie avec une témérité, une précipitation et une légèreté inouïes, puisse réussir, il faut que les daimios soient des idiots, que les liens plus de vingt fois séculaires entre eux et leurs hommes de clan soient complétement brisés ; que ces derniers soient tout aussi idiots que leurs maîtres. Il faut que les paysans, si indépendants, si jaloux de leurs droits, et formant l'immense majorité de la nation, soient soudainement tombés au-dessous du niveau des fellahs d'Égypte ou des noirs de l'Afrique centrale, et que les prêtres bouddhiques, illuminés par un trait de lumière divine, n'aient désormais qu'un désir, celui de voir renverser leurs idoles et leurs temples, de perdre leurs rations de riz, et d'être réduits à la dernière misère. Et tous ces miracles doivent s'accomplir pour doter la nation d'institutions empruntées aux barbares dont la destruction avait servi de cri de ralliement au début de la révolution ! Est-il probable, est-il possible que ces projets puissent se réaliser sans provoquer des résistances terribles ? Ou la nation japonaise est un corps mort, ou il lui est resté quelque vitalité. Dans le premier cas, les réformateurs n'ont rien à craindre et rien à espérer. Comme des remèdes appliqués à un cadavre, leurs réformes resteront sans effets. Si le peuple japonais vit encore, il finira par ne plus tolérer ces attentats violents dirigés contre ses biens, ses mœurs, ses institutions, sa religion. Il se sou-

---

1. On évalue leur nombre, je ne sais d'après quelles données, à quatre cent mille.

lèvera, il brisera les hommes téméraires qui ont osé porter la main sur tout ce qui lui est cher. L'anarchie et la guerre civile couvriront le pays de sang et de ruines, et les établissements européens seront menacés dans leur existence, englobés peut-être dans la catastrophe commune, car la réaction se fera aux cris de *mort aux barbares!* »

Telles sont les sinistres prévisions des pessimistes. Pour ma part, j'hésite à donner un jugement. Pour apprécier la réforme, il faudrait posséder ce qui me manque : une connaissance exacte du caractère national, des hommes parvenus au pouvoir suprême, de la nature de leurs relations avec le Mikado et avec les quatre grands clans, des véritables dispositions de ces derniers, de l'influence et de l'autorité des agents chargés, dans l'intérieur, de l'exécution des décrets réformateurs. Sur tous ces points je me trouve plus ou moins dans l'obscurité ou réduit aux informations qu'on me donne, que je ne puis contrôler, et qui le plus souvent ne sont que des suppositions. Pourtant, dans toutes les choses humaines, il y a des éléments qui, sauf la différence des temps et des lieux, sont communs à toutes les races, se retrouvent sous toutes les latitudes et dans toutes les sociétés, et ce sont ordinairement les plus essentiels. En me plaçant à ce point de vue, en considérant les derniers événements du Japon sous leur aspect général, j'arrive à certaines conclusions. Je les donne ici sous toutes réserves.

Je suis d'abord frappé de la profondeur et en même temps de la légèreté d'esprit de ceux qui ont dirigé le mouvement des quatre clans, et qui aujourd'hui en exploitent les conséquences.

De leur profondeur : il s'agissait de détruire le shogunat. Les auteurs du projet commencent par proclamer comme but la restauration du Mikado. Ils légitiment ainsi leur entreprise en prenant comme point de départ un principe, le principe le plus élevé, le plus enraciné dans le cœur de la nation. Pour s'assurer du concours moral de ceux qui doivent prêter leur épée, ils font appel à la passion dominante du jour, à la haine des étrangers. Ils inscrivent donc sur leur drapeau : restauration du Mikado, expulsion des barbares. Mais le Mikado n'est qu'un principe, un précieux talisman, si l'on veut, indispensable à ceux qui comptent agir sur le peuple. De puissance réelle, de ressources financières, politiques, militaires, pas de trace ; mais le prestige moral est énorme. Le Mikado a ses femmes, ses kugés qui passent leurs robes de brocart à ailes de drap d'or, se coiffent du bonnet noir et vont s'incliner devant l'idole ; il a aussi quelques samurais; il n'a pas d'armée. C'est tantôt tel grand daimio, tantôt tel autre, qui est appelé ou qui s'impose pour monter la garde avec les hommes de son clan auprès de la personne sacrée du fils des Dieux. Cependant il paraît certain que, sans le Mikado, on ne réussit guère. Les derniers événements semblent le prouver. Tant que le prince d'Aidju occupe le château de Kiyôto, les affaires du shogun, son ami, ne vont pas trop mal. Aussi Chôshiu, avant de tenter sa levée de boucliers, tâcha-t-il de s'emparer de l'empereur, la première fois en l'engageant à se rendre dans un temple hors de la ville. C'était un guet-apens. La chose fut ébruitée et le coup manqua. La seconde fois, ses hommes pénétrèrent de vive force dans Kiyôto, mais ils furent repoussés. A la fin, le talisman tomba entre les mains des conjurés. Dès lors la cause du shogun fut jugée et était en effet perdue. On voit la grande importance morale du Mikado, jointe à une égale impuissance matérielle. Si donc, pour mettre à la place du shogun, on n'avait que le Mikado, qui est tout comme principe et rien comme pouvoir réel, il était clair qu'aucun pouvoir central ne pourrait se créer, ou bien qu'il s'évanouirait aussitôt, et que les daimios, grands et petits, se rendraient indépendants. C'était la guerre civile et l'anarchie en permanence. Au shogunat fortement organisé, il fallait, dans le moment même de sa chute, substituer un autre pouvoir fortement organisé aussi et prêt à se charger de la succession. C'était le pouvoir des quatre princes, de ceux qui, eux ou leurs conseillers, n'importe, avaient conçu l'idée du mouvement, porté le fardeau de la guerre, gagné la victoire, et détruit l'adversaire. La révolution de 1868 n'a aucun sens, ou elle est le remplacement du shogunat par la domination des quatre princes sous l'autorité suprême mais nominale du Mikado. Pour ce dernier, tout le bouleversement se réduisait à un changement de résidence. Yedo, le centre du pouvoir du shogun, devait nécessairement être aussi celui de ses successeurs qui ne pouvaient se dessaisir du Mikado. Le talisman fut donc transporté de Kiyôto à Yedo. Je n'entends pas dire par là que les gouvernants actuels aient fait violence à l'empereur. Il paraît, au contraire, certain que le jeune souverain, très-favorablement disposé pour les innovations, approuve la conduite de ses ministres. Le nouvel état de choses est donc, de fait, la domination des quatre chefs de clan, collectivement exercée, au nom du Mikado, par les ministres qui sont leurs mandataires, et étendue, plus ou moins nominalement, plus ou moins réellement, sur toutes les parties du Japon. Combinaison tout ensemble habile et profonde, car elle repose sur une juste appréciation des éléments donnés.

Pour se consolider, le nouveau pouvoir devait créer une force armée. Les hatamotos du shogun étaient dispersés. Tout dévoués d'ailleurs à leur prince, on n'aurait pu, avec sécurité, les ranger sous les drapeaux du nouveau régime. Le Mikado, je viens de le dire, n'avait aucune force militaire. Restaient les clans des quatre princes, vivant à l'extrémité de l'empire. Ici commençaient les difficultés et en même temps les légèretés. Les quatre princes avaient offert au Mikado leurs territoires, et les autres daimios avaient été obligés de suivre cet exemple. Maintenant, il s'agissait de faire un autre sacrifice, d'envoyer à Yedo les hommes de guerre de tous les clans, et d'en former l'armée impériale qui serait, en réalité, l'armée du pouvoir collectif. Cette mesure grave et radicale au dernier degré répondait aux intérêts des quatre princes ; elle leur donnait les moyens de consolider leur nouveau pouvoir au centre de l'empire et de rendre les autre daimios inoffensifs en les désarmant. Mais en même temps elle détruisait l'organisation des clans, l'institution fondamentale de la nation. Politiquement, au point de vue des besoins momentanés, la mesure était excellente, mais socialement et par ses conséquences je la crois désastreuse même pour les quatre princes qui, en détruisant les clans, sapaient les fondements de leur propre existence.

Le gouvernement central se compose de quelques ministres, dont le plus important est Iwâkura, et de quatre conseillers impériaux, les délégués des quatre clans, appelés à coopérer avec les ministres et en même temps à les contrôler, à les surveiller. Kido, comme il a été dit, est le plus actif et le mieux doué d'entre eux. Saigo aussi peut rendre de grands services. En sorte que la direction des affaires se trouve concentrée dans les mains des hommes qui, pour les quatre princes et avec les hommes de guerre de ces derniers, ont fait la révolution de 1868. S'ils s'appellent ministres et conseillers de l'empereur, c'est qu'on veut et doit sauvegarder le principe. En réalité, ils sont les mandataires des princes ; leur pouvoir repose sur le concours de ces princes, et, comme ceux-ci, à ce qu'on croit, sont livrés à leurs conseillers, sur l'appui de ces conseillers qui, de leur côté, s'appuient sur les hommes les plus influents du clan. Voici comment on procède. A Yedo on médite une mesure importante. Le projet en est communiqué aux conseillers des quatre princes, envoyé dans les provinces et débattu dans la coterie dominante de chaque clan. L'assentiment est donné sous forme de pétition aux ministres. Ceux-ci publient alors le décret, motivé, disent-ils, par l'opinion publique, témoin les pétitions. En un mot, c'est l'oligarchie de Yedo appuyée sur les petites oligarchies qui dominent dans les quatre clans. Aussi les allées et venues entre la capitale et les résidences de Satzuma, Chôshiu, Tosa et Hizen sont-elles incessantes. Cet état de choses pourra-t-il longtemps se maintenir ? Le gouvernement central, sous la pression des besoins urgents de sa situation, absorbe de plus en plus les forces vitales des clans qui, pour faire marcher l'organisation nouvelle, doivent donner leur sang et leur argent. On a supprimé les daimiats, du moins sur le papier, ruiné les samurais et en dernier lieu détruit les clans ; on est obligé de grever le peuple d'impôts, et d'avoir recours à des mesures financières désastreuses. De là un affaiblissement universel que les quatre clans, quoique maîtres du pouvoir, doivent également ressentir. Le jour viendra peut-être où ils se lasseront des sacrifices que le gouvernement de Yedo ne cesse de leur demander, et où les coteries progressistes qui y dominent aujourd'hui seront remplacées par des hommes de la vieille roche. Sur cette question si importante, la véritable disposition d'esprit des clans, je manque de renseignements certains. Mais il est dans la nature humaine et dans la situation donnée que, tôt ou tard, les gouvernants de Yedo tâcheront de s'émanciper de la tutelle des quatre clans. Plus l'organisation de l'armée impériale avancera, plus ils sentiront croître leurs forces, et moins ils se plairont dans le rôle de simples mandataires.

Les ministres installés à l'issue de la guerre civile avaient déjà favorisé les innovations calquées sur des modèles européens. Mais leurs successeurs, les véritables auteurs de la révolution, se sont lancés dans cette voie avec une ardeur extrême. Dans le peu de jours que compte l'existence de la nouvelle administration, on a dépouillé et dépossédé les daimios, détruit indirectement les clans, réduit à la misère la classe militaire. On s'est attaqué à la religion du pays; on a ouvert une croisade contre le bouddhisme, et, pressé par les embarras financiers, on s'est emparé d'une partie des biens du clergé. Les montoïtes seuls, à cause de l'importance politique et de la richesse des membres de cette secte bouddhique, ont été jusqu'à présent ménagés. On dirait que le ministère, au fur et à mesure qu'il rompt avec les anciennes traditions et avec ceux qui y tiennent, cherche un appui dans l'opinion nouvelle qui tâche d'emprunter aux États-Unis et à l'Europe les modèles des futures institutions du pays. Loin de moi la pensée de dénigrer ou de soupçonner les mobiles des hommes remarquables que nous voyons à la tête des affaires. Jusqu'à preuve du contraire, je les tiens pour animés des intentions les plus pures et les plus patriotiques. Je ne me sens aucune sympathie pour le dieu Bouddha, mais je crains que, en détruisant ses idoles et ses temples sous le prétexte de restaurer le culte officiel qui n'est d'aucune religion, on ne prive le peuple de sa foi, et, chose plus grave, de la faculté de croire, mauvais moyen, à mon sens, de le rendre heureux et de le civiliser! Quelque séduisants qu'en soient les dehors, je donne peu de regrets à une chevalerie barbare; mais elle se lie étroitement à la constitution féodale qu'on détruit avant de savoir par quoi la remplacer. Je constate et je loue, dans les couches élevées de la nation, les aspirations générales vers le progrès, la soif ardente des améliorations, le désir d'acquérir des connaissances utiles et de doter le pays des conquêtes de la civilisation européenne. Seulement la manière dont on s'y prend ne me paraît pas pratique. Les journaux et la plupart des résidents étrangers trouvent que la voie est bonne, mais qu'on marche trop vite. Je leur demande pardon, la voie n'est pas bonne. Il me semble que l'œuvre de la réforme doit commencer par toucher les cœurs. Elle doit y implanter la charité et le renoncement de soi-même. Cela fait, on pourra avec succès proscrire les actes de violence et de vengeance, et fonder des institutions philanthropiques. Par la réhabilitation de la femme, le lien conjugal sera épuré et fortifié, les mœurs seront corrigées, la famille, qui est la base des États, sera régénérée. Il en résultera le respect de la propriété et des garanties sérieuses pour l'ordre public, sans lesquels l'industrie ne saurait fleurir. Alors le moment sera venu de penser au télégraphe et aux chemins de fer. Commencer par là, c'est, je le crains, faire les choses à rebours. Un homme peut apprendre à transmettre un télégramme et à diriger une locomotive, et cependant rester barbare, éprouver, en quittant la station, le fil de son sabre sur le premier mendiant qu'il rencontre, ou, si le chef de gare l'a réprimandé, venger son honneur en s'ouvrant le ventre.

Toutes ces questions sont beaucoup discutées par les résidents européens. Quand je leur dis mes idées, on sourit finement; on est trop poli pour rire tout haut, ce qui ne m'empêche pas de craindre que les essais que je vois faire ne tournent mal; car, l'expérience le prouve, le contact de notre civilisation est toujours funeste aux races sauvages ou semi-barbares tant qu'elles sont privées des lumières du christianisme.

Mais trêve de réflexions. Bornons-nous à constater le fait qui, dans l'empire du Soleil-Levant, domine aujourd'hui la situation. Les ministres se sont engagés à outrance dans le mouvement réformateur, soit pour le diriger, soit pour l'exploiter, soit pour s'en faire une arme contre leurs adversaires, contre l'opinion du vieux Japon stupéfait, silencieux, intimidé, mais plus vivace peut-être qu'on ne pense. Je ne leur en fais aucun reproche; ce que je ne puis approuver, c'est l'absence totale de respect pour les droits acquis, l'arbitraire des mesures, la légèreté qui s'attaque à tout, l'usage qu'ils font, pour détruire, du nom du Mikado, dont le prestige, vingt fois séculaire, pourrait bien s'éclipser dans leurs mains hardies et inexpérimentées.

Enfin, au milieu de bruyants applaudissements, mais qui au moindre accident se convertiront en reproches et en injures, la barque a quitté le rivage et descend rapidement le courant. Arrivera-t-elle à bon port? C'est possible. Sombrera-t-elle? C'est probable. Nul ne le sait. Ne pouvant ni s'arrêter, ni remonter le fleuve, on va à l'aventure, on s'en remet au hasard. Le spectacle est curieux; il n'est pas nouveau. Déjà Guichardin a dit que ceux qui introduisent une « nouveauté » dans l'État ne prévoient jamais la direction que prendra le mouvement et en voient rarement la fin [1].

> 1. J'ose appeler l'attention du lecteur sur une pièce que je donne à l'*Appendice*. C'est un précis historique de douze mois, de la fin de septembre 1871, date de mon départ du Japon, à la fin de septembre 1872. Celui à qui je le dois, fin et bienveillant observateur, habite Yokohama depuis plusieurs années. J'ajoute quelques exraits de lettres d'un autre résident de la même ville. Il juge les actes du gouvernement progressiste avec plus de sévérité que l'auteur du mémoire ; mais tous les deux méritent confiance.

FIN DE LA DEUXIÈME PARTIE.

TROISIÈME PARTIE

CHINE

I

SHANGHAI

Du 3 au 8 octobre ; du 14 au 16 novembre.

Physionomies diverses des « concessions ». — La ville chinoise. — Sü-kia-wei. — Une symphonie de Haydn exécutée par des Chinois. — L'Orphelinat des Sœurs. — Fluctuations et état actuel du commerce.

(3 octobre.) Le ciel est gris, l'air vif et froid. Une fraîche mousson souffle du nord-est. On se dirait en Russie. Hier nous nous sommes crus sous l'équateur. On n'a pourtant pas quitté le 31ᵉ parallèle. A midi, le *New-York* se trouve à deux cents milles de l'embouchure du Yang-tse-kiang et déjà la mer pâlit. Vers le soir, elle devient couleur de boue.

(4 octobre.) A dix heures, on entre dans le « grand fleuve », comme les Chinois l'appellent avec raison ; car, après l'Amazone et le Mississipi, c'est le plus grand fleuve du monde. La rive gauche est invisible. A notre droite s'enfuient, à perte de vue, les plaines de la province de Kiang-su.

Quelques grands steamers du commerce anglais pataugent dans les eaux bourbeuses de cet immense égout fouetté à cette heure par le vent. Des bateaux de pilotes et des djonques, toutes leurs colossales voiles dehors, courent des bordées comme en pleine mer.

A une heure, le *New-York* pénètre dans le Hwang-pu, passe devant la station navale française de Wu-sung, côtoie des rives plates, vertes, cultivées, parsemées de villages qui rappellent les bords de l'Humber et le Yorkshire. Rien, dans le paysage, qui par sa nouveauté ou sa beauté frappe l'esprit ou parle à l'imagination. Tout cela on l'a vu mille fois. Cependant, sur la rivière, l'animation augmente au fur et à mesure qu'on approche de la grande métropole. Déjà, à travers une forêt de mâts, apparaissent les édifices imposants de la ville anglaise, les maisons du quartier américain, les pavillons flottants des consuls.

Nous avons passé devant les chantiers et les docks de la compagnie américaine dont les grands steamers à deux étages complétement peints en blanc desservent la ligne du Yang-tse-kiang. Plus haut vous apercevez, partant, arrivant ou à l'ancre, les bateaux de la compagnie anglaise péninsulaire et ceux des Messageries françaises. Ajoutez les nombreux vapeurs du commerce anglais expédiés directement de Londres, de Liverpool, de Glascow, ceux des grandes maisons de Shanghai, des Jardine, des Russell, et, près de chacun, semblables à des planètes gravitant autour de leur soleil, les sampans chinois employés au chargement et au déchargement de ces grands navires. On aperçoit aussi beaucoup de voiliers ; mais, depuis l'ouverture du canal de Suez, leur nombre diminue sensiblement. C'est la vapeur qui aspire au monopole des mers. Mon œil se récrée à l'aspect d'une belle corvette autrichienne, la *Fasana*, capitaine Funk, arrivée ces jours derniers de Trieste. Au fond du port, le regard se perd dans une masse confuse de mâts, de vergues, de voiles fantastiques. Ce sont des djonques de toutes dimensions, ancrées sous les murs de la ville chinoise. La proue de chacun de ces bâtiments est ornée de deux yeux peints. Malheureusement, les capitaines ne font pas toujours usage des leurs ou bien, passant en signe de mépris devant les steamers européens, ils provoquent des accidents dont eux et leur bateau sont les victimes. Ces gros yeux ouverts qui semblent fixés sur vous avec de sinistres intentions, ne laissent pas, je l'avoue, de m'inspirer une terreur secrète. Symbole, menteur il est vrai, de la vigilance des équipages, ils donnent au bâtiment l'apparence d'un monstre prêt à vous dévorer.

Nous débarquons près du quartier américain, et je tombe avec plaisir dans les bras ouverts de M. de Calice, notre consul général à Shanghai et ministre résident en Chine et au Japon. Il m'offre et j'accepte avec reconnaissance sa cordiale et splendide hospitalité.

———

Plus j'examine cette ville, plus augmente mon admiration. Certes, l'emplacement, une plaine marécageuse et plate, n'a rien d'attrayant. Au point de vue du pittoresque, c'est même le plus laid paysage qu'on puisse imaginer. Certes, les résidences des riches négociants, de grands édifices imposants, magnifiques, prétentieux, ne sont pas tous des chefs-d'œuvre d'architecture ; et, comme climat, Shanghai jouit, à tort de plus en plus, d'une détestable réputation. Ce que j'admire, c'est la hardiesse, la constance, l'activité riche d'expédients, élastique, infatigable du génie anglo-saxon qui a conçu l'idée de fonder ici une ville, qui l'a réellement fondée, qui a lutté victorieusement avec la nature et avec toute sorte de difficultés : résistances sourdes du gouvernement chinois, attaque des rebelles, catastrophes commerciales, rivalités entre les immigrants de diverses nations, dissensions au sein même des résidents britanniques. Sans doute, tout le mérite ne revient pas aux Anglais, le gouvernement français peut en réclamer sa part. Mais les huit dixièmes des capitaux engagés dans le commerce et la navigation sont anglais, et la population blanche, envisagée au point de vue de l'origine, montre la proportion de quatre pour un entre les résidents anglais et ceux de toutes les autres nations chrétiennes. La différence entre le génie du peuple français et les fils de la vieille Angleterre, si frappante dans l'extrême Orient et partout où les deux drapeaux flottent à côté l'un de l'autre, cette différence s'impose ici pareillement à l'observation du voyageur. La factorerie anglaise est née de l'initiative des particuliers, aidés de l'appui moral et, exceptionnellement et temporairement, des forces militaires et navales du gouvernement. Les établissements français sont l'œuvre du gouvernement, accomplie avec ou sans le concours des nationaux. Les agents officiels de la France marchent à la tête des colons, les fonctionnaires britanniques en forment l'arrière-garde et la réserve. Les premiers inspirent et dirigent leurs nationaux ; les seconds protégent et très-souvent doivent contenir leurs compatriotes. Les agents officiels des deux pays sont l'objet constant des critiques rarement bienveillantes de leurs nationaux ; les Anglais se plaignent d'être trop, les Français trop peu gouvernés ; les Anglais disent : notre consul se mêle de tout ; les Français : notre consul ne se soucie de rien. La vérité est que la tâche des autorités britanniques est moins de diriger que de contrôler, tandis que les consuls français sont obligés de gouverner et parfois même de régner. Retirez l'action de ces fonctionnaires, amenez le pavillon français, rappelez le stationnaire du port, et il est à parier un contre dix que dans quelques années l'établissement aura disparu. Dans une factorerie anglaise, les choses se passeraient tout autrement. Après le départ des représentants officiels et des troupes de la reine, les résidents pourvoiraient eux-mêmes au maintien de l'ordre, et, s'il le fallait, à la défense contre un ennemi extérieur. Il y aurait peut-être de mauvais moments à traverser, mais il est presque sûr que les éléments respectables finiraient par prévaloir et par fonder un état de choses, sinon bon, du moins tolérable. Les Français, je le répète, partiraient à la suite des autorités civiles et militaires, et le peu qui en resterait s'amalgamerait avec les indigènes. Cela s'est vu et a été souvent dit, et, si je l'inscris sur ces pages, c'est qu'il est bon de se le rappeler afin de comprendre Shanghai. Loin de moi la pensée de dénigrer le peuple français. On peut être une grande nation et n'avoir pas la vocation de coloniser.

D'ailleurs qu'est-ce que veut dire coloniser? Serait-ce le défrichement du sol? A ce point de vue, les colonies de Louis XIV au Canada peuvent se comparer aux plus florissantes de toute autre naion. Est-ce la tâche d'exploiter le sol au profit des immigrés? Dans cette supposition, certes, les Anglais méritent la palme que tout le monde leur accorde. Mais si l'on entend par coloniser porter la civilisation au sein des populations indigènes dont on occupe le territoire, les Portugais et les Espagnols des seizième et dix-septième siècles me semblent avoir été les premiers colonisateurs du monde. L'histoire, écrite, ne l'oublions pas, par des plumes qui n'étaient rien moins qu'impartiales, a flétri, justement si les faits relatés sont vrais, la cruauté des conquérants et des adelantados portugais et espagnols. Ceux mêmes d'entre eux dont on vante la douceur ont employé des moyens que l'esprit de notre siècle ne comporterait guère. Mais les royaumes d'outremer de ces couronnes étaient riches et prospères, les chefs-lieux des *presidencias* devinrent des foyers de civilisation. Les indigènes y affluaient et remportaient chez eux, avec les lumières, faibles et incertaines peut-être, du christianisme, les idées et les usages, imparfaits aussi, du monde civilisé. C'étaient de vrais et durables progrès. Des témoins qui ne sont pas suspects, des voyageurs qui comme Alexandre de Humboldt ont visité les colonies espagnoles au commencement du siècle, c'est-à-dire à une époque où l'Espagne était depuis longtemps descendue de son rang de puissance de premier ordre, parlent avec admiration de l'organisation et de la régularité du service administratif dans ces colonies, de la sécurité et de l'ordre qui y régnaient, de la sagesse des lois coloniales élaborées et codifiées sous le règne des Philippes. La cour de Madrid, il est vrai, tirait de ses possessions d'outre-mer les métaux précieux, mais en revanche la mère patrie donnait son sang. L'émigration constante, qui devait finir par épuiser l'Espagne, est en effet une des principales causes de la décadence si rapide de cette noble et chevaleresque nation. Encore aujourd'hui les jeunes gens de certaines provinces s'expatrient en masse. Dans celles du Nord, surtout dans les Asturies, on ne voit que des femmes et des vieillards. Les hommes sont allés à la Havane, au Pérou, dans le Rio de la Plata. En traversant des hameaux perdus dans les gorges des montagnes cantabriennes, j'ai pu voir des affiches annonçant le départ de bâtiments de Santander, de Gigon, de Ribadesilla, pour Cuba et l'Amérique du Sud ; tous, était-il dit, munis d'un chirurgien et d'un chapelain. Hélas ! l'un et l'autre ne sont pas de trop ; car, dans ces traversées, la mortalité est effrayante. Chacun de ces émigrants, et autrefois c'était plus vrai qu'aujourd'hui, devient, le plus souvent à son insu, un agent civilisateur. Aussi, voyez les résultats ! Partout où les Espagnols ont régné, on trouve des tribus indiennes qui ont embrassé le christianisme et adopté, dans une certaine mesure, nos mœurs et nos idées. La plupart des hommes politiques que nous voyons figurer à la tête de leurs républiques sont d'origine indienne. J'ai eu pour collègues des Peaux-Rouges pur sang, et j'ai vu des dames de même couleur, habillées par Worth, s'extasier sur les roulades de la Patti. Je ne donne pas ces personnages pour des modèles d'hommes d'État, ni les critiques de ces dames comme devant faire autorité en matière de musique ; mais le fait n'en est pas moins significatif. Eh bien, c'est l'œuvre de la colonisation espagnole. Peut-on en dire autant de l'action des émigrants anglais? Évidemment non. J'écarte ici tout ce qui a rapport aux Indes anglaises, que je n'ai pas visitées. Partout ailleurs, surtout dans l'Amérique du Nord, le contact de la race anglo-saxonne avec les sauvages semi-barbares est désastreux pour ces derniers. Ils n'adoptent que les vices des Européens, ils nous haïssent, nous fuient — et c'est ce qu'ils peuvent faire de mieux, — ou bien ils dépérissent. De toutes façons, ils restent ce qu'ils ont été, des sauvages. A quoi bon d'ailleurs discuter sur le mérite comparatif des différentes nations? Rendons à chacune l'honneur qui lui est dû.

Voyons maintenant ce que les *diables étrangers* ont créé ici, et comment ils s'y sont pris.

Le Hwang-pu, qui, en réalité, n'est qu'une crique, se présente à Shanghai comme un fleuve majestueux, large d'un demi-mille anglais. Il coule du sud au nord, et tourne ensuite soudainement à l'est. C'est dans cette courbe que l'arrivant aperçoit sur la rive gauche les premières maisons de la ville. Elles appartiennent à la concession américaine, séparée par un ruisseau, le Suchow Creek, de la concession anglaise qui touche à la concession française, la plus méridionale des trois. Une autre crique fait limite entre la concession française et la ville chinoise.

La concession américaine contient, avec les consulats d'Autriche et la Confédération Germanique du Nord, quelques maisons basses, beaucoup de hangars et de magasins, et, plus à l'est, une rue neuve bordée de belles petites maisons.

La concession anglaise est le grand centre de l'activité commerciale. Les recettes de la ville, pour l'année courante, provenant des taxes, droits de poste, etc., sont estimées à soixante mille livres sterling. Aussi, avec ce bon sens pratique, avec cette absence de préjugés qui distingue le Yankee, les principales maisons de commerce de sa nation se sont établies sur la concession britannique. On y arrive par un pont jeté sur le Suchow Creek, et on voit alors se développer le long du quai, dit le *Bund*, une série de constructions monumentales, de vrais palais, bâties dans le goût britannique, mais ayant toutes une véranda, cet accessoire indispensable dans un climat où les chaleurs des tropiques alternent subitement avec les frimas de la Sibérie. Rien n'est imposant comme l'aspect de cette longue enfilade d'habitations princières étalant leurs façades sur le quai et ayant vue sur le Hwang-pu, théâtre principal de l'activité dont elles sont les produits. Un vaste enclos contient les différents édifices du consulat britannique, le palais de justice et la demeure du juge anglais. Suivent les résidences des *merchant-*

princes. Celles de la maison Jardine et Cie et de Dent fixent surtout l'attention. Sur le quai, en face des maisons, on a planté un jardin public. En ce moment, de beaux arbres plient sous la furie d'une bise noire qui les dépouille de leurs feuilles jaunies et fait geler le sang dans les veines des promeneurs. Ce qui manque à ce glorieux *Bund*, c'est une digue de pierre. Mais la pierre fait défaut, car Shanghai est bâti sur les bords d'une immense plaine alluviale, où manquent absolument les matériaux de construction. Des poutres remplacent encore le granit, et de nombreuses jetées en planches, des *godowns*, facilitent, à ceux qui ont appris la gymnastique, la tâche peu commode de gagner ou de quitter leurs embarcations.

Shanghai possède deux ou trois églises, dont la plus grande, faute de capitaux, n'a pas encore de clocher. Derrière le magnifique rideau des palais, la ville anglaise s'étend vers l'ouest. Ici le goût du beau et du splendide fait place aux exigences de l'utile et du nécessaire. On ne voit que dépôts, magasins, boutiques, ces dernières richement fournies de tous les produits de l'industrie anglaise. On se dirait à Oxford Street, ou dans le Strand. A ce point de vue, ni Yokohama, ni aucune autre ville européenne en Asie, sauf Calcutta et Bombay, ne supportent la comparaison avec Shanghai.

Plus loin s'ouvre le quartier habité principalement par des Chinois. Dans des magasins que tiennent des marchands à queue noire, on trouve tous les articles de fabrication anglaise, de moindre qualité peut-être, mais à des prix fort réduits; car le

Chinois a sur le négociant européen la supériorité du bon marché. En d'autres termes, il se contente de profits modiques, et il n'est pas pressé de s'enrichir, ce qui, à la longue, doit lui assurer l'avantage sur ses concurrents blancs. Toutes les maisons sont numérotées, mais les Chinois dédaignent les chiffres, et préfèrent les mots. Même les grandes maisons consentent à se décorer de *raisons sociales* adaptées au goût du pays. Ainsi, Dent et Cie s'appelait *Précieux* et *Complaisant;* Jardine et Cie a choisi le nom de *Honnête* et *Harmonieux*. Dans les rues, un mélange d'hommes blancs et d'hommes jaunes, d'un petit nombre de femmes chinoises et de très-peu d'Européennes. A Shanghai aussi, l'absence de la femme, cette regrettable lacune des établissements de l'extrême Orient, produit ses tristes conséquences. Cependant, depuis un ou deux ans, cet article si rare et pourtant si précieux commence à s'importer. Les commis partis en congé reviennent mariés. Le nombre des ménages augmente, et les mœurs et les manières, me dit-on, se ressentent déjà de l'influence salutaire de la femme honnête.

A cette heure, le Bund est rempli de monde. On passe à pied, à cheval, en voiture, en brouette. La brouette est le car irlandais, à une roue, poussé par un Chinois. Deux personnes y sont assises dos à dos, ayant les pieds posés sur une planchette. Je vois de fort beaux chevaux d'Australie et du Cap, qu'on paye assez cher, et des poneys du pays, de race mongole. Depuis quelque temps, les grands steamers de la Compagnie pacifique amènent des chevaux de Californie. Les chefs des maisons de commerce ont de riches équipages; leurs employés, des gigs ou un cheval de selle.

Toujours en suivant le quai, nous gagnons la concession française. Le Bund continue; mais, à part l'activité qui règne autour des grands magasins des *Messageries maritimes* et de ceux de la compagnie dite *Shanghai steam navigation*, situés les uns et les autres dans cette concession, l'animation, la vie des affaires semble s'être arrêtée sur les limites du quartier anglais. Les maisons des résidents ne peuvent se comparer à celles de la ville britannique. En revanche, le somptueux hôtel du consulat, la grande cathédrale et le palais municipal attirent les regards. La différence entre les deux quartiers est frappante. D'un seul pas on s'est transporté d'une factorerie dans une colonie. Là les marchands, les résidents, sans aucun plan arrêté d'avance, et selon les besoins du moment ou leur plaisir, font le gros de la besogne. Ici le gouvernement qui veille, qui pense, qui réfléchit, qui agit méthodiquement et bureaucratiquement, le gouvernement a tout conçu, tout ordonné, tout exécuté. Les résidents sont des administrés. S'il y a de leur part des résistances, elles sont aisément brisées. Il est arrivé que la municipalité s'est montrée intraitable. Le consul l'a cassée, a mis en prison les conseillers les plus récalcitrants, et a passé outre.

Notre chemin nous conduit à la ville chinoise, située, comme il a été dit, au sud des concessions européennes et entourée d'une haute muraille. Nous y pénétrons par une de ses sept portes, et, traversant un dédale de rues et de ruelles, nous examinons ce qu'elle renferme de curieux : le grand temple avec son jardin où l'on voit plus de faux rochers que d'arbres et de fleurs ; les maisons de thé qui ne sauraient se comparer à celles du Japon ; enfin les restaurants, fréquentés, les uns par les gentlemen, les autres par les gens du peuple, également remarquables d'ailleurs par l'odeur infecte de l'atmosphère qu'on y respire, par la conversation bruyante des convives, par la saleté repoussante des garçons et des cuisiniers. J'ai lu tant de descriptions de villes chinoises, que la première que je visite ne m'offre pas même le charme de la nouveauté. Aussi ne me donné-je pas la peine de prendre des notes. Il faut pourtant déclarer à l'honneur des Shanghaiais, et dans l'intérêt de la vérité, que la plupart des voyageurs exagèrent un peu les horreurs dont ils ornent leurs descriptions. Certes, il y a ici des coins, des carrefours, des ruelles où, en passant, on fait bien de fermer les yeux et de se boucher le nez. On y est témoin de scènes dignes de figurer dans les contes fantastiques de Hoffmann. Mais les principales rues du Shanghai chinois ne sont guère au-dessous de ce qu'on voit en ce genre dans le midi de l'Europe.

Pour quitter ces lieux si peu sympathiques, il nous faut constamment traverser, remonter ou descendre des courants d'êtres humains, donner et recevoir des coups de coude, nous exposer à d'autres inconvénients particuliers aux foules chinoises. Sur une petite place, le peuple forme une masse compacte. Un jongleur l'a attiré. Grâce à un effort suprême, je parviens à me poster auprès de l'artiste déguenillé qui évidemment n'a pas dîné, et qui, si l'on en juge par le peu de sapèques qu'il recueille, ne soupera guère. Sur sa physionomie fine et spirituelle se peignent la fourberie, l'impudence et la misère. Et pourtant ce pauvre diable fait des prodiges. Je me demande encore si tout cela n'est pas de la magie. Je lui ai vu réellement avaler une demi-douzaine de petites tasses de porcelaine fine et les rendre au bout de quelques minutes. Je n'en croyais pas mes yeux, mais j'atteste le fait, laissant aux anatomistes et aux médecins le soin de l'expliquer. L'autre jour, me dit-on, son camarade, après avoir avalé les tasses, ne put les rendre, et mourut dans des souffrances atroces.

Mais, Dieu merci, nous voici sortis de l'enceinte. Nous sommes en rase campagne et nos poumons se dilatent. Devant nous s'étend un pays plat, vert, dépourvu de grands arbres, monotone et laid. A l'horizon, une pagode à plusieurs étages se profile sur le ciel couleur de plomb. A peu de distance de cette tour et à cinq milles de Shanghai, s'élèvent, entourés d'un beau jardin, les édifices de Sü-kia-wei, l'antique et célèbre collége des jésuites. Fondé au dix-septième siècle, englobé lors des grandes persécutions dans la ruine commune des établissements chrétiens, rendu à la compagnie à l'issue de la dernière guerre, abandonné de nouveau à l'approche des Taepings et réoccupé après leur fuite, il renaît de ses cendres plus prospère et plus puissant que jamais. Les pères, sauf le supérieur qui est Italien et trois Chinois, sont Français. Tous portent le costume et la longue queue des *célestiaux*. Les élèves du collége appartiennent pour la plupart à des familles chrétiennes et sont tous des indigènes. Ceux de l'orphelinat sont des enfants du bas peuple apportés par leurs parents. Chose curieuse et difficile à expliquer, le nombre de ces enfants a considérablement augmenté depuis les terribles massacres de Tien-tsin de l'année dernière, qui ont eu, dans tout l'empire, un si grand retentissement. On dit que les Anglais emportent avec eux, aux antipodes, leurs mœurs et leurs traditions. On peut en dire autant des jésuites. Les établissements de la compagnie se ressemblent partout. Une ou deux salles, un corridor au milieu de la maison; des deux côtés, les cellules des pères, petites mais propres, les classes et dortoirs des élèves, les cuisines et réfectoires, le tout empreint du cachet de l'ordre et de la discipline. Les élèves font des études classiques dans le sens chinois, et acquièrent des connaissances utiles. Les orphelins apprennent des métiers. Chacun de ces jeunes gens, en rentrant dans sa famille, y apportera les germes de la civilisation. Tout le monde, pères et élèves, a l'air gai et bien portant.

Le supérieur ne veut pas nous laisser partir sans avoir improvisé un petit concert. Sous la direction d'un père chinois, quatre élèves se mettent à exécuter une symphonie de Haydn. Le révérend chef d'orchestre, le nez pincé d'une paire d'énormes besicles, dirige, anime, contient du regard et de sa baguette les jeunes virtuoses qui, fixant sur la musique leurs petits yeux retroussés, et suant à grosses gouttes, parviennent à interpréter assez bien une des plus belles compositions du grand maëstro.

Haydn exécuté en Chine par des Chinois ! Pourquoi le cacher ? nous étions tous vivement émus.

La mission compte environ quatre-vingts pères, mais la plupart sont éparpillés dans les différentes chrétientés des provinces de Kiang-su et de Nganhwei. Deux fois dans l'année, ils se réunissent ici pour faire des exercices, et consacrer ensemble quelques jours au repos, à l'échange des idées et à la jouissance du modeste comfort européen que le collége peut offrir à ces hommes dévoués dont la vie n'est qu'une série de labeurs, de périls et de privations.

A peu de distance de Sü-kia-wei, se trouvent une maison d'éducation de jeunes filles et un orphelinat dirigé par des sœurs[1]. La supérieure, jeune femme d'un extérieur agréable, au visage doux et spirituel, nous fait les honneurs de l'établissement avec la grâce et les manières aisées d'une personne de la meilleure compagnie. Son français est le parisien du faubourg Saint-Germain d'où elle semble être sortie pour s'ensevelir dans cette solitude, et y consacrer ses plus belles années, sa santé, probablement sa vie, aux tâches ardues de sa vocation. Par une faveur spéciale, nous sommes admis dans le pensionnat, d'ordinaire inaccessible aux hommes. C'est une grande cour entourée de petites chambres, où, groupées d'après leur âge, de cinq à seize ans, les jeunes filles reçoivent une instruction conforme à la

---

1. De la *Société des Religieuses auxiliatrices des âmes du purgatoire*, fondée par Mlle Eugénie de Smet, en religion mère Marie de la Providence, née à Lille en 1825, décédée à Paris le 7 février 1871.

place qu'elles rempliront dans le monde. Elles ont toutes bonne mine et sont simplement et proprement vêtues. Aucune ne m'a paru jolie, mais peut-être mes yeux ne sont pas encore assez faits aux hommes et aux choses de la Chine. Je ne suis donc pas un juge compétent de la beauté féminine telle qu'on l'entend dans l'empire du Milieu. Mourant d'envie de contempler cette rare apparition d'Européens, les demoiselles jaunes se conforment cependant au règlement qui veut que l'on redouble de zèle et d'application en la présence de la supérieure. Les unes, des livres à la main, répètent à haute voix leurs leçons; d'autres font des ouvrages à l'aiguille; quelques-unes de magnifiques broderies.

On nous mène dans l'orphelinat, l'asile des babies apportés aux sœurs par la famille ou ramassés sur la voie publique. Ces pauvres créatures, toutes des filles, de petits paquets d'os et de peau, respirant à peine, le plus souvent rongées d'affreuses maladies, couvertes de lèpre et de plaies, sont baptisées, lavées, pansées, élevées dans la maison si elles survivent, et plus tard mariées avec des coreligionnaires ou placées comme servantes dans les familles chrétiennes. Nous entrons dans une des salles. Elle est spacieuse, fort proprement tenue, et bien ventilée. Le long des murs sont disposés les berceaux contenant chacun deux enfants placées l'une en face de l'autre. Des religieuses, penchées sur elles, leur prodiguent les plus tendres soins. Étrange et merveilleuse péripétie réalisée dans le cours d'existences qui comptent à peine quelques heures! Hier encore, ces petits êtres, nés au bord de la tombe, gisaient sur un tas d'immondices, exposés à être dévorés par les cochons, ou à s'éteindre dans une lente et horrible agonie ; aujourd'hui ils ont trouvé des mères qui, pour les sauver, sont accourues de l'autre extrémité du monde.

La France est assez riche pour payer sa gloire, ses idées, ses caprices, parfois ses fautes et ses erreurs. Depuis Louis XIV, elle a tenu à se montrer partout, à frapper toutes les nations du prestige de sa grandeur. La poursuite de cette politique lui impose, il est vrai, sur ces terres lointaines, des sacrifices peu d'accord avec les intérêts matériels que ses nationaux peuvent avoir à y débattre comme négociants. Mais cette considération ne l'arrête guère. Elle s'est donné la mission civilisatrice de protéger ses coreligionnaires sous toutes les latitudes. N'allons pas trop au fond des mobiles, qui peut-être ne sont pas purement religieux. Les effets ont été et sont, il faut le reconnaître, des services rendus à l'humanité.

Dans le monde idéal, les Français sont le peuple le plus expansif. Ils ont, en faisant beaucoup de bien et beaucoup de mal, communiqué au monde civilisé leurs idées, leurs goûts et jusqu'à leurs modes. Mais aucune nation n'aime moins à se déplacer. Les émigrants français sont les moins nombreux et, sauf des exceptions honorables, n'appartiennent pas toujours à l'élite de la nation. La France offre à tous ses enfants l'espace et les moyens pour se nourrir, pour parvenir à l'aisance, parfois à la richesse et aux plus hautes fonctions d'État. Ceux qui la quittent trouvent rarement au dehors la fortune qu'ils ont dédaigné de chercher chez eux. Mais, à côté de ces émigrés qui ne réussissent pas toujours, on en voit d'autres qui, tout en vivant et agissant dans l'obscurité, s'entourent eux et leur lointaine patrie de l'auréole d'une impérissable gloire. En Chine, partout où vous voyez, au-dessus d'un consulat, flotter le pavillon français, vous apercevez dans le voisinage la flèche d'une église, et à côté, un couvent, une école, un hôpital. Là les intelligences s'ouvrent aux lumières de la civilisation, les cœurs aux vérités de la foi ; là se pansent les plaies des âmes et des corps, se soulagent les misères, s'exercent les vertus apostoliques de la charité et de l'abnégation. Tous les missionnaires et toutes les sœurs ne sont pas des Français. L'Italie, l'Espagne, la Belgique fournissent aussi leur contingent ; mais la grande majorité de ces héros chrétiens appartient à la France, et c'est la France qui les couvre de sa puissante protection

Bâti non loin de l'embouchure du Yang-tse-kiang, sur les bords d'une rivière profonde, accessible aux plus grands navires, Shanghai était, depuis un temps immémorial, le port naturel de Suchow, de cette ville riche et florissante, qui, grâce à sa situation sur le grand canal, au centre d'un réseau d'artères navigables, est considérée comme le principal emporium du Nord de la Chine. Des canaux et des criques relient les deux villes. La distance qui les sépare n'est que de quatre-vingt-dix milles. Déjà au milieu du siècle dernier, des agents de la Compagnie des Indes avaient recommandé d'établir une factorerie à Shanghai. L'exécution de ce projet s'est fait attendre pendant quatre-vingt-dix ans. Ce fut seulement à la suite de la première guerre, et en vertu du traité de Nanking[1], dont la principale clause ouvrait le territoire et le port de Shanghai aux étrangers, que les Anglais purent prendre pied dans cette ville. Cependant, si la naissance du *settlement* fut laborieuse, les progrès du nouveau-né furent encore plus lents, et sa vitalité resta longtemps problématique. Le climat passait pour malsain et l'était en effet, car le sol de cette immense plaine alluviale qui forme la province de Kiangsu, s'élève à peine au-dessus du niveau de la rivière. La pierre et le bois y manquaient, et le terrain était marécageux. A quelques pieds au-dessous de la surface, on trouvait de l'eau. Il fallait donc bâtir sur pilotis et faire venir la pierre de loin. Pendant une dizaine d'années on vivotait. Heureusement, le commerce de la soie avait pris un essor inattendu. D'autres étrangers arrivèrent. Les gouvernements de France et des États-Unis demandèrent et obtinrent des *concessions*, et les Chinois vendirent à vil prix les potagers et les champs qui entouraient la ville. C'est sur ces terrains que s'élèvent aujourd'hui les somptueuses constructions du Shanghai européen.

Au prix de grands sacrifices, on vainquit les difficultés du sol. Des travaux d'assainissement diminuèrent celles que le climat semblait opposer à l'ins-

---

1. Signé en 1842.

tallation permanente des blancs. Aujourd'hui les fièvres paludéennes ont presque disparu ; bientôt la prédiction de M. Medhurst se réalisera, et Shanghai sera une des villes les plus saines de la Chine.

L'organisation intérieure de la factorerie offrait des difficultés d'un autre genre. On avait à ménager les susceptibilités des autorités impériales, les préjugés du peuple chinois, les jalousies nationales entre les résidents anglais, français et américains, enfin à faire appel à l'esprit et à l'instinct autonomes si profondément enracinés chez la race anglo-saxonne, mais comparativement peu développés chez les Français. On avait espéré d'abord former un seul établissement cosmopolite. Ce projet échoua contre les répugnances justifiées, je crois, du gouvernement français. Les Américains, après de longues hésitations, finirent par consentir à une incorporation complète de leur concession dans celle des Anglais. Sir Rutherford, alors M. Alcock, consul général britannique à Shanghai, plus tard successivement ministre au Japon et en Chine, de concert avec ses collègues de France et des États-Unis, eut le mérite d'élaborer et de faire adopter par les possesseurs du terrain une constitution qui, modifiée dernièrement dans un sens plus libéral, régit aujourd'hui les *settlements* anglo-américains [1], mais qui, à l'égard de la concession française, a dû subir de profonds changements.

---

1. En 1854. Voir pour les détails : *The treaty ports of China and Japan*, par W. F. Mayers, N. B. Dennys et Ch. King, et les correspondances officielles publiées par le gouvernement français.

L'empereur étant le propriétaire du sol, ceux qui ont acquis des terrains ne sont, aux yeux de la loi chinoise, que des usufruitiers. Ils le sont devenus en vertu d'un bail à perpétuité, stipulant une redevance nominale payable au gouvernement. C'est à ces conditions qu'il est loisible aux sujets des puissances signataires des traités conclus avec la Chine d'acquérir des terrains dans les limites des concessions et, exceptionnellement, au dehors dans un rayon de quelques milles. Les contrats d'achat entre Chinois et étrangers sont déposés aux consulats respectifs, qui remettent à l'acquéreur un certificat, lequel, dûment légalisé par le taotai (le gouverneur, proprement dit le chef de cercle, toujours un gros personnage appelé Excellence), tient lieu de titre de propriété.

Dans la concession anglaise et américaine, la tâche des consuls, à part les fonctions judiciaires, est purement négative, et se borne à l'obligation d'examiner si les actes de la municipalité ne contreviennent pas aux stipulations des traités de Tien-tsin. Le *summa rerum* est confié à un conseil municipal composé d'un président et de six membres élus tous les ans par les propriétaires fonciers et autres résidents ayant le droit de participer à cette élection. C'est ce conseil, responsable envers le corps électoral, qui distribue et perçoit l'impôt, se charge de la construction et de l'entretien des jetées, ponts et chaussées, engage et solde une force de police dont la tâche, en dehors des devoirs de l'édilité, est de veiller au maintien de l'ordre public. Soixante-dix hommes choisis dans la troupe *constabulaire* de Londres suffisent à la peine. Les officiers de ce corps, comme tous les employés civils, sont nommés par la municipalité. Bien que les concessions étrangères comptent aujourd'hui une population chinoise de soixante-dix mille âmes, la tranquillité et la sécurité ne laissent rien à désirer.

La justice, pour les sujets britanniques, est rendue en première instance par les consuls et en dernier ressort par la cour suprême de Shanghai ; pour les autres résidents étrangers, par leurs consuls respectifs investis de pouvoirs judiciaires. Toutes les dépenses sont à la charge de la communauté. Le gouvernement n'y entre absolument pour rien.

On est aussi parvenu, non sans peine, à régler d'une manière simple et pratique les relations des résidents avec les autorités locales et l'intervention de celles-ci dans certains cas très-fréquents et souvent délicats et complexes où il s'agit de procès intentés au civil contre des résidents chinois, ou de délits et crimes commis par des Chinois sur le terrain des concessions.

Telle est la constitution qui régit le *settlement* anglo-américain, devenu aujourd'hui cosmopolite. Elle se distingue essentiellement du règlement de l'organisation municipale de la concession française [1]. En vertu de cet acte, le corps municipal se compose du consul de France et de huit conseillers municipaux dont quatre français et quatre étrangers, les uns et les autres élus par une assemblée électorale dont le consul donne et revise la liste. C'est encore le

1. Publié en 1868.

consul qui convoque cette assemblée, qui convoque aussi le conseil municipal, qui le préside et qui a le droit de le suspendre, sauf à rendre compte de sa décision au ministre de France à Pékin, lequel, le cas échéant, en réfère au ministre des affaires étrangères à Paris. Le conseil délibère sur le budget des recettes et dépenses municipales, sur la répartition des taxes, le recouvrement des impôts, etc., sur les projets de construction d'édifices publics, sur les travaux d'assainissement ou tout autre objet que le consul juge bon de lui soumettre. Les délibérations du conseil ne sont exécutoires qu'en vertu d'un arrêté du consul qui, sous réserve de l'approbation du ministre de France à Pékin, peut refuser de rendre exécutoires les délibérations relatives aux constructions publiques, aux expropriations, aux mesures de voirie et de salubrité. Le conseil nomme à tous les emplois qui se rattachent au service municipal, sauf toutefois l'approbation du consul, qui peut suspendre et révoquer les titulaires de ces emplois. Le consul veille exclusivement à la sécurité publique. Le corps de police, dont la solde est à la charge du conseil municipal, est exclusivement placé sous les ordres du consul, et c'est lui qui en nomme, suspend, ou révoque les agents.

Cette constitution, qui contraste si fort avec l'organisation du *settlement* anglais, répond à la situation donnée, mais elle fait de la concession française une colonie gouvernée par le consul, tandis que l'établissement anglais vit de sa propre vie, l'intervention du consul se bornant, comme on l'a vu, à l'exercice du contrôle négatif.

Les résultats du système anglais ont dépassé l'attente. Regardez cette ville de palais ; comptez, si vous pouvez, les mâts des bâtiments dont son port est hérissé ; voyez remonter et descendre les grands léviathans de la vapeur ; examinez les chiffres du mouvement commercial, et vous admirerez la vigueur, la vitalité de la reine du Yang-tse-kiang et de la mer Jaune, la solidité du puissant anneau qui soude à l'Europe, à l'Amérique, à l'Australie, l'immense empire du Milieu ! Et tout cela est l'œuvre d'une poignée d'hommes hardis et entreprenants ! Le canon de leur pays a ouvert le passage ; la brèche faite, ils s'y sont établis, et il n'est guère probable qu'on parvienne à les déloger.

C'étaient des hommes remarquables que ces *princes-marchands* des premiers jours, des *early days*. La tourmente en a éclairci les rangs, d'autres se sont retirés des affaires pour retourner en Angleterre. Aujourd'hui il ne reste que quatre maisons de cet ordre : Jardine, Russel, Herd et Gib-Livingston.

Durant mon court séjour, j'ai vu les sommités de la haute finance, et je dois dire que jamais je ne me suis trouvé en contact avec des hommes plus instruits dans leur sphère, et de manières plus agréables. Ne croyez pas tout ce qu'on a dit sur le compte des marchands de l'extrême Orient. Le témoignage que des hommes impartiaux et les connaissant à fond rendent ici sur les lieux à leur loyauté et parfaite honorabilité, réduit à néant les accusations si souvent lancées contre eux par des écrivains qui n'ont pas pu ou voulu voir la véritable situation des choses. Il y a là sans doute un point noir : le commerce de l'opium, aujourd'hui autorisé et dès lors parfaitement légal, mais restant immoral à mes yeux, en ce sens qu'il fournit un poison dont les effets délétères, d'après ce que j'ai pu voir moi-même, ne sauraient être exagérés. Ceux qui sont intéressés dans ce négoce n'essayent pas de le nier. Ils objectent tout au plus que l'excès des boissons alcooliques, si fréquent en Europe, produit des effets analogues ; que les fumeurs d'opium ne deviennent pas tous victimes de leur funeste habitude ; que beaucoup d'entre eux savent se contenir, et n'en éprouvent aucune suite fâcheuse ; que tout le mal d'ailleurs ne saurait être imputé aux Anglais, puisque la production de l'opium a pris dernièrement dans l'intérieur de la Chine un très-grand développement [1]. Le principal et véritable argument qu'on pourrait nous opposer, et en réalité ce n'en est pas un, on l'emprunte à des nécessités politiques qui ne permettent pas au gouvernement des Indes d'interdire la culture du pavot et la fabrication de cette drogue.

San-Francisco et Melbourne sont comme Shan-

---

[1]. Je retrouve les mêmes arguments reproduits par M. Medhurst dans son livre si plein d'informations authentiques : *The foreigner in far Cathay*, Londres, 1872. Une résidence de trente ans et son caractère officiel donnent à M. le consul britannique à Shanghai une autorité que personne ne pourra ni voudra contester. Il se distingue surtout par une grande et rare impartialité d'esprit. La seule partie faible de son ouvrage me semble être sa tentative pour excuser, évidemment malgré lui, le commerce de l'opium. Je cite le passage principal, page 88 : « Tout ce qu'on peut dire avec vérité, c'est que le vice est généralement répandu, surtout dans les districts maritimes et dans les grands centres commerciaux; que la grande majorité des Chinois s'y livrent avec excès, ruinant ainsi leur santé et

ghai l'œuvre d'individus et non de gouvernements, mais les capitales de la Californie et de la colonie australienne ont germé et grandi sur le sol de la patrie ; Shanghai est une plante exotique, croissant en plein air, exposée à tous les vents, manquant de jardiniers qui la soignent, de serre chaude qui l'abrite, vivant de sa séve, retirant par sa propre vigueur de ce sol étranger l'aliment qu'il lui faut. Sa courte existence, elle ne compte pas encore trente ans, n'est déjà qu'une série de luttes, d'épreuves, d'efforts admirables, de folies et de défaillances rachetées aussitôt par de nouveaux efforts couronnés de nouveaux succès. Comme Hercule au berceau, Shanghai a étranglé les serpents de la révolte. Des insurgés locaux, profitant du désordre général qu'avait causé la rébellion des Taepings, pénétrèrent dans la ville chinoise et s'y maintinrent pendant un an et demi[1]. Les factoreries furent respectées, grâce à la présence de quelques bâtiments de guerre et à l'attitude imposante des résidents. Ce fut alors que, pour la première fois, des familles chinoises, appartenant aux classes riches et aisées, vinrent cher-

---

leur existence, et que, dans ces dernières années, l'usage de l'opium s'est propagé rapidement dans le peuple. De toute manière, on doit se féliciter de voir que les Chinois se bornent à fumer de l'opium, et n'ajoutent pas à ce vice celui de l'ivrognerie. On peut reprendre quelque espoir en songeant à la production croissante de l'opium chinois. En effet, comme il est très-inférieur à l'opium importé des Indes, il est à la rigueur possible que la dépréciation de l'article en diminue le goût, ou bien que l'augmentation de la consommation (causée par le prix moins élevé du produit indigène) éveille l'attention du public (chinois) sur les effets ruineux de cette habitude et le détermine à résister énergiquement à ce genre de séduction. »

1. De septembre 1853 en février 1855.

cher asile dans les concessions et prirent l'habitude de vivre au milieu des *diables étrangers*. Néanmoins après la retraite des insurgés elles retournèrent dans leurs foyers. Mais bientôt des bandes rebelles se rapprochèrent de nouveau. On sait ce que veut dire en Chine rébellion. C'est l'incendie et le massacre indistinct et général, et, après, les épidémies et la famine. La grande province de Kiangsu subit ce triste sort. Des milliers de milles carrés y furent entièrement dévastés. Lorsque Suchow tomba au pouvoir des Taepings[1] et fut transformé en un monceau de ruines, des centaines de milliers de Chinois vinrent se réfugier à Shanghai, où quelques troupes anglaises, les résidents armés et embrigadés à la hâte, les soldats de marine des escadres anglo-françaises suffirent pour arrêter les flots de la rébellion. Cette lutte, qui a eu ses vicissitudes, ses joies et ses émotions, embrasse près de quatre ans[2] et forme un épisode singulier, fantastique et sans précédent, je crois, dans l'histoire du monde. Figurez-vous les insurgés, c'est-à-dire, encore une fois, des incendiaires et d'impitoyables massacreurs, figurez-vous les insurgés campés de l'autre côté de Suchow-Creek, à la distance d'un mille du centre de la ville anglaise. Ajoutez, chaque nuit, le lugubre spectacle de villages en flammes, et rappelez-vous que ces quatre années d'angoisses et de périls étaient en même temps l'époque de la spéculation la plus effrénée, de gains fabuleux, du luxe

---

1. Mai 1860.
2. De 1860 à 1864.

le plus exagéré. Il a été dit que les fuyards chinois comptaient par centaines de milliers. Il fallait les loger. On bâtissait à la hâte. Des quartiers composés de maisons adaptées à l'usage des gens du pays s'élevèrent comme par magie. Les riches négociants y employaient leurs fonds; ceux qui n'en avaient point bâtissaient avec de l'argent emprunté; commis, compradores, facteurs, domestiques, tout le monde prit part à la spéculation, et tout le monde y gagna. Shanghai nageait dans l'or. Au delà du *defense-creek*, la mort sous ses formes les plus hideuses, la ruine et la misère de millions d'être humains; ici, sur la rivière, des milliers de djonques, un grand nombre de bâtiments européens, des forces navales considérables; sur le Bund et dans les maisons des résidents, le faste du parvenu, doublement insolent en présence de tant de calamités.

Mais le sort si envieux, à en croire les pauvres et aveugles mortels, si enclin parfois à l'ironie, commençait à se lasser de tant de prospérités. Le contraste des misères des uns avec la joyeuse outrecuidance des autres semblait provoquer ses colères. Les maux de la Chine avaient fait la fortune des Anglais de Shanghai. Un enfant de leur nation, inscrivant son nom en lettres d'or dans les annales du Céleste-Empire, devait devenir l'instrument involontaire du châtiment.

Les armées impériales avaient été battues par les rebelles sur toute la ligne. Les forces anglaises suffisaient à peine pour la défense des concessions européennes et de la ville chinoise de

Shanghai. Plus tard elles purent nettoyer un rayon d'une trentaine de milles autour des factoreries. Mais il leur était impossible de s'engager plus avant dans l'intérieur, de délivrer définitivement la province Kiangsu du fléau de la rébellion. Cependant un aventurier américain, nommé Ward, avec un ramassis de *rowdies* de la pire espèce et quelques milliers de koulis, avait formé une bande que l'on appelait *Ward-force* et qui a rendu quelques services. Après la mort de Ward, le commandement passa à un certain Burgevin, réunissant tous les vices et toutes les audaces du condottière de bas étage. Ce monstre, renvoyé du service, passa à l'ennemi, aux Taepings, se brouilla avec leurs chefs, fut enfermé dans une cage, promené de ville en ville, et périt misérablement au passage d'une rivière. A cette époque, on apprit que le gouvernement anglais avait autorisé ses officiers à servir temporairement sous les drapeaux chinois. Un jeune officier du corps des ingénieurs royaux, le major Charles Robert Gordon, prit le commandement des débris de l'ancien *Ward-force*, l'organisa de nouveau, le porta à six mille hommes, en fit une excellente troupe, lui inspira les vertus du soldat, le conduisit de victoire en victoire, écrasa les rebelles et rétablit, en moins d'un an, la tranquillité dans toute l'étendue de cette vaste province.

L'investissement, plus ou moins étroit, de Shanghai avait duré près de trois ans. On espérait que la plus grande partie des immigrés s'y fixeraient définitivement. Ils avaient amené leurs familles et, grâce au contact avec les étrangers, gagnaient facilement leur vie. Les Chinois riches et aisés avaient, se disait-on, pris goût aux bienfaits, à la sécurité, aux jouissances de la vie européenne. Eux aussi resteront. Vaine et terrible illusion ! Le jour où la nouvelle de la prise de Suchow [1], l'un des grands faits d'armes de Gordon, arriva à Shanghai, les Chinois commencèrent à faire leurs préparatifs de départ. Les personnes des classes supérieures furent les premières à regagner leurs foyers dévastés ; la masse de leurs compatriotes ne tarda pas à les suivre. En moins de deux ans, la population chinoise, qui était de plusieurs centaines de milliers d'âmes, descendit à soixante-cinq mille [2]. Tous ces quartiers nouveaux, bâtis pour des locataires jaunes, furent abandonnés. Bientôt les terrains, achetés pour des sommes folles, ne présentèrent plus aucune valeur, et, comme la plus grande partie des maisons avaient été bâties à crédit, la

---

1. Novembre 1863.
2. Voici en chiffres ronds, puisés à des sources officielles, le tableau de la population indigène et étrangère de la concession anglo-américaine, de la concession française et de Hongkew (rive droite du Hwang-pu).

Concession anglo-américaine.	1862-1863	1865	1869
Chinois.	250 000	90 500	86 500
Étrangers.	3 000	5 130	7 200
Concession française.			
Chinois.	80 000	55 500	32 000
Étrangers (Français).	300		300

Le total des étrangers de 7500 comprend, avec les résidents, la population flottante des équipages des bâtiments. Depuis 1869, cette population flottante a diminué en raison de la diminution du ton-

banqueroute fut mise à l'ordre du jour. La consternation devint telle, que, pendant un moment, on désespérait de survivre à la crise. Mais si les tempêtes ravagent le sol, elles purifient l'air. Shanghai sortit de cette épreuve, meurtri, temporairement appauvri, mais régénéré, averti par ses fautes mêmes, et comprenant que, pour des raisons diverses dont je parlerai tout à l'heure, l'époque des gains fabuleux, des fortunes princières et soudaines, était close à jamais.

On ne peut comprendre Shanghai sans se rendre compte des mouvements commerciaux de tous les ports chinois ouverts aux étrangers. Et on ne peut se faire une idée exacte de ces mouvements sans connaître Shangai, qui est la reine, la métropole, la régulatrice du commerce européen avec l'empire du Milieu.

Il a déjà été dit que Shanghai doit, en grande partie, sa fortune et les conditions de son existence à sa position géographique. Situé à peu de distance de Suchow, le centre d'approvisionnement de plusieurs provinces; à peu de distance du Yang-tse-

---

nage des bâtiments, au fur et à mesure que la voile était remplacée par la vapeur. Aujourd'hui, d'après des renseignements que j'ai lieu de croire exacts, la population étrangère des trois concessions ne s'élève guère au delà de 6200, et se décompose ainsi qu'il suit :

Anglais	3200
Américains	1300
Allemands	700
Français	400
Toutes les autres nations	600
Population chinoise	100000
Cité chinoise et faubourgs, environ	125000

kiang, la grande route qui mène aux cantons producteurs de la soie ; à peu de distance de la mer, la route qui mène partout, et qui surtout mène en Angleterre, Shanghai est le plus grand entrepôt des articles anglais consommés par la Chine ; il les envoie dans le centre de l'empire par Suchow ; à Pékin et dans toutes les provinces du Nord, par la voie de Tien-tsin, et il concourt forcément avec le commerce européen du Sud, c'est-à-dire avec le commerce de Honkong qu'il commence à éclipser, de Canton qui n'est plus que l'ombre de ce qu'il était, de Macao, cette ville endormie sous son beau ciel, qui ne vit plus que de ses souvenirs héroïques, de la traite des koulis et de ses maisons de jeu.

Jusque dans ces derniers temps, Shanghai monopolisait le trafic du Yang-tse-kiang. Il en est encore, et il sera toujours, le principal entrepôt. Mais depuis l'ouverture des ports de Hankow, Chinkiang et Kinkiang, on remarque sur l'exportation de l'article du thé une petite diminution, la première de ces trois factoreries, située dans l'intérieur, à sept cents milles de l'embouchure du fleuve, commençant à expédier directement à Londres, à Odessa et à Melbourne. Règle générale, le thé des provinces de Kiangsi et de Hupeh est apporté par les steamers américains du Yang-tse-kiang, vendu ici, et réexporté en Europe et en Amérique. L'ouverture des petits *trade-ports* sur la côte a aussi, dans une proportion minime, il est vrai, réagi sur le marché de Shanghai. Mais il n'est guère probable que cette concurrence puisse lui apporter un dommage sérieux. Sa force distributrice reste intacte. Pour le comprendre, il est nécessaire de jeter un regard sur la transformation que le commerce européen en Chine a subie dans les dernières années[1].

Le temps des grands coups est déjà loin de nous. Alors des fortunes colossales se faisaient et se défaisaient rapidement. On spéculait ou, pour mieux dire, on jouait avec des éléments inconnus. Les hommes de génie *devinaient* les besoins du marché chinois, et, fondant leurs calculs sur les suggestions de leur instinct, réalisaient quelquefois des profits énormes. D'autres, moins bien inspirés, mais aussi téméraires, se ruinèrent au début même et disparurent de la scène. De concurrence, il n'y en avait presque pas. Par la puissance de leurs capitaux, un nombre très-restreint de grandes maisons écartaient les petits compétiteurs, et possédaient de fait le monopole du commerce avec la Chine. Entre elles,

---

[1]. Je résume ici les informations que j'ai puisées successivement à Shanghai, Che-fu, Taku, Tien-tsin, Pékin, Hongkong, Canton et Macao; et je m'abstiens à dessein de donner des chiffres. Ceux de mes lecteurs qui s'intéressent à cette matière les trouveront dans les rapports consulaires publiés par le gouvernement anglais et dans les *Reports on Trade* annuels, très-minutieux et remplis de détails intéressants, imprimés à Shanghai par ordre de M. Hart. Ce que je désire, c'est de donner au lecteur une idée générale des phases récentes du commerce européen, des causes qui les ont déterminées et des résultats qui probablement en seront la suite. M. Hart, l'inspecteur général, M. Hannon, commissaire des douanes chinoises, MM. les consuls des diverses nations, quelques sommités du haut commerce européen dans les différents centres que j'ai visités, enfin M. Charles Winchester, ancien consul à Shanghai, ont mis une extrême amabilité à me renseigner, et je saisis cette occasion pour les en remercier. Au reste, je n'ai pas besoin de dire que les informations que je donne sont parfaitement connues des personnes engagées dans le commerce avec l'extrême Orient, mais elles pourront offrir de l'intérêt au lecteur.

ces maisons rivalisaient de toutes les façons. On a entendu parler des steamers que deux de ces maisons, Jardine et Russell envoyaient régulièrement à Singapore, pour y prendre les dernières cotes du marché de Londres, et, grâce à leur vitesse extraordinaire, les apporter à leurs propriétaires en devançant de quelques jours, ou même seulement de quelques heures, l'arrivée de la malle. L'amélioration du service du *P. and O.* et des *Messageries maritimes*, sans parler du télégraphe établi depuis quelques semaines, a mis fin à ce genre de spéculation, qui mérite néanmoins d'être rappelé, parce qu'il donne une idée des allures du commerce de cette époque.

Aujourd'hui, il faut compter avec deux éléments nouveaux : la connaissance parfaite qu'on a acquise des besoins et des goûts du pays, et la concurrence croissante non-seulement d'un grand nombre d'Européens, mais aussi et surtout de négociants indigènes. Il en résulte ceci : d'abord, le don de la divination n'a plus de champ pour s'y exercer. On ne devine plus, on sait. Donc plus de spéculations en l'air, plus de jeu ni de profits fabuleux, plus de fortunes gagnées en un jour. On est devenu plus solide, plus prudent et plus raisonnable. Le commerce en Chine se fait comme il se fait à Londres ou à Liverpool. On peut s'enrichir, mais lentement et à la sueur de son front. Quand à la concurrence, elle est devenue possible depuis que, par l'établissement de plusieurs banques, tout le monde, tous ceux qui donnent des sécurités suffisantes, peuvent se procurer de l'argent. En d'autres termes, les banques ont détruit le monopole des *merchant-princes*.

Parmi les nouveaux concurrents, les Allemands et les Chinois commencent à compter. Comme au Japon, comme dans les États pacifiques de l'Amérique du Nord, comme partout où ils paraissent sur l'arène, les Allemands l'emportent sur les Anglo-Saxons par leur frugalité, la simplicité de leurs mœurs, l'habitude de se contenter de modestes profits. Mais les Chinois possèdent ces mêmes qualités à un plus haut degré. Naguère les marchandises anglaises, apportées par des bâtiments anglais, étaient consignées à des marchands en gros de la même nation; d'autres négociants anglais, soit à Shanghai, soit dans les petits ports, les débitaient en détail et les vendaient à des négociants indigènes qui les répandaient dans l'intérieur. L'article, avant d'arriver au consommateur, passait donc par rois mains. Aujourd'hui, dans les *trade-ports*, les Chinois achètent de l'*importeur* même les marchandises dont ils ont besoin, et les revendent directement au consommateur. De là une réduction notable dans les profits des maisons anglaises établies à Shanghai et à Hongkong, mais indirectement un avantage pour l'industrie et la navigation anglaises, par la raison que les productions, ne passant plus que par deux mains, se vendent à meilleur compte et par conséquent en plus grande quantité.

On peut attribuer à d'autres causes la diminution de l'importance, non du commerce en général qui au contraire augmente, mais du rendement des opérations individuelles. Ainsi, l'ouverture des petits ports et l'établissement de factoreries dans chacun d'eux ont attiré naturellement une partie des transactions concentrées auparavant à Shanghai et à Hongkong. L'ouverture du Yang-tse-kiang à la navigation étrangère tend, comme il a été dit plus haut, à priver Shanghai d'une partie de son importance comme entrepôt du thé, les trois ports situés sur les bords de ce fleuve commençant à l'exporter directement. De plus les thés noirs, recueillis dans le Hunan et le Hupeh et dirigés autrefois sur Canton pour être envoyés de là en Europe, prennent maintenant la voie plus courte de Hankow et du Yang-tse-kiang.

Un regard jeté sur la carte suffit pour comprendre à quel point le contre-coup de l'établissement des *diables étrangers* sur la circonférence et sur le fleuve Bleu se fait sentir au cœur même de cet immense empire.

En résumé, l'histoire commerciale des Européens en Chine se divise en deux époques séparées l'une de l'autre par les désastres qu'ont amenés les excès de la spéculation en bâtisses et l'exode des Chinois de Shanghai. La première est le règne du hasard, de l'imprévu, de l'audace le plus souvent couronnée de succès, du monopole, des folles espérances, du luxe effréné. La seconde époque, c'est la transformation lente, mais continue, qui n'a pas encore atteint aux limites de son développement; la concurrence des petits négociants rendue possible par l'établissement de banques; la cessation du monopole jusque-là possédé par les princes marchands; le concours de plus en plus envahissant des Chinois ; l'abaissement du prix des productions anglaises et en général européennes, et par conséquent l'augmentation de leur débit; enfin, dans les transactions, une plus grande solidité, des profits moindres pour les individus et des bénéfices croissants pour tous, c'est-à-dire pour l'industrie et le commerce anglais et européen. A ce dernier point de vue, qui est le seul auquel des juges impartiaux puissent se placer, la nouvelle phase mérite nos suffrages.

Mais les marchands établis en Chine, et même les chefs des grandes maisons, plus ou moins la totalité des hommes de commerce, les derniers arrivés comme les pionniers des premiers jours, en jugent autrement. Ceux-ci voient leurs profits d'autrefois de plus en plus réduits ; ceux-là, venus avec l'espoir de réaliser, comme leurs prédécesseurs, de grands bénéfices en peu de temps, n'ont pas tardé à être désillusionnés. Ajoutez pour les uns la nécessité de réduire l'état de leurs maisons trop opulentes par le temps qui court, et de modifier, dans les affaires, les allures trop larges, les routines trop libérales des jours meilleurs; pour les autres, les petites privations qu'ils doivent s'imposer afin d'équilibrer leurs dépenses et leurs recettes, et vous comprendrez les plaintes que l'on entend partout sur la stagnation des affaires, sur la décadence du commerce, plaintes motivées au point de vue des individus, mais contraires à la vérité par rapport au développement général de la navigation et du commerce étrangers. Il s'ensuit un mécontentement universel, senti et exprimé, il est vrai, à divers degrés, mais réel, profond et important, parce qu'il pourra à un moment donné influer gravement sur les relations politiques des puissances avec la Chine.

II

PÉKIN

Du 8 au 29 octobre.

Ennuis et longueur du voyage à Pékin. — Che-fu. — La barre de Taku. — Le Pei-ho. — Tung-chow. — Arrivée à Pékin. — Aspect général de la ville. — Scènes de la rue. — Le temple du Ciel. — Confucius et Bouddha. — La grande Lamaserie. — Boutiques et chinoiseries. — L'observatoire des Jésuites. — Le dernier mot du bureaucratisme. — Pei-tang. — Le cimetière portugais. — Les tombeaux des Ming. — Nan-Kow. — La chaîne de Mongolie. — La grande muraille. — Le palais d'Été. — Le climat de Pékin. — Les douanes impériales confiées à des étrangers. M. Hoart. — Situation du corps diplomatique. — La question des audiences. — Visite chez le prince de Kung. — Départ.

(8 octobre.) Le voyage à Pékin est toujours chose sérieuse. Dans les meilleures conditions, on met dix jours pour y aller de Shanghai et huit pour en revenir. Les steamers des grandes compagnies ne touchent aucun port au nord de l'embouchure du Yang-tse-kiang. Mais les bâtiments employés autrefois par Jardine et par Russell, pour apporter de Singapore les premières nouvelles d'Europe, et aujourd'hui pour faire le trafic des *treaty ports*, entretiennent de fréquentes communications avec Tien-

tsin. Les Jardine possèdent huit bâtiments; les
Russell, dix-huit, grâce à des capitaux chinois engagés dans leurs maisons! Parmi ces bâtiments, il y
en a de magnifiques qui écument toujours la mer
avec la rapidité des beaux jours d'autrefois; il y en
a d'autres qui ont subi l'influence des changements
survenus dans les dernières années. Le sort veut
que, sauf la sécurité, nous soyons tombés aussi mal
que possible. *Le Dragon* des Jardine est une coquille
de noix; bon dans la bourrasque, c'est un mauvais
marcheur. Nourriture, cabines, service détestables.
Mais le capitaine, vieux loup de mer, sait son métier.
L'état-major se compose d'un premier officier, d'un
second et de l'ingénieur. Sauf ces quatre Anglais,
tout l'équipage et les gens du service sont des koulis, car ici, comme dans les parages américains du
Pacifique, les matelots européens sont impossibles;
libres de tout contrôle et de toute discipline, ils s'adonnent à la boisson, au jeu, et désertent à la première occasion. De plus, sur deux ou trois points,
les phares font complétement défaut. Heureusement
des officiers de la marine de guerre française et anglaise ont fait la reconnaissance hydrographique
des côtes que nous allons suivre. Enfin, une courte
distance, cent vingt milles à peine du cap Shantung,
nous sépare des terres inhospitalières et à peine
connues de la Corée. Pour visiter Pékin, octobre est
le bon moment. C'est le pire pour la navigation. En
cette saison, la mer Jaune est fouettée par des coups
de vent du nord qui, s'élevant à l'improviste, soufflent avec une extrême violence pendant douze heures dans le golfe de Liatung, pendant vingt-quatre

dans le golfe de Pé-chi-li, et plus au sud, pendant trois à quatre jours.

Nous avons quitté Shanghai ce matin. Nous arrivons vers midi à l'embouchure du Yang-tse-kiang. Vu le gros temps, le capitaine fait jeter l'ancre près du phare. A côté de nous est mouillé un magnifique steamer de Russell. Il a quitté Shanghai il y a trois jours. Quelle belle perspective! C'est une tempête en règle. Une pluie glaciale tombe à torrents. Des rideaux noirs cachent les deux rivages. Au-dessous de nous bouillonne le fleuve. Des crêtes écumantes couronnent ses vagues boueuses. Dans la cabine, je passe le temps à faire la chasse aux cancrelats. Le steward sourit avec dédain. Peine perdue, dit-il dans son *pigeon* anglais [1], *many piecy beetly*. Il en paraît tout fier. « Aucun autre bateau des Jardine, me dit-il, n'en possède autant. »

Il n'y a que quatre passagers à bord, et ces quatre passagers, c'est nous-même, un jeune Anglais M. I. M., mon aimable compagnon de voyage à travers le Pacifique, que j'ai retrouvé à Shanghai, son ami un jeune Américain et M. Boyce. M. Boyce est l'architecte en chef et l'inspecteur des édifices du gouvernement anglais en Chine et au Japon. Allant fréquemment à Pékin et sachant un peu la langue chinoise, il veut bien nous servir de guide.

(9 octobre.) A neuf heures du matin, *le Dragon* quitte son mouillage et prend la mer, qui est af-

1. La langue franque dont se servent les Anglais et les Chinois.

freuse. Toujours vent du nord. Les bâtiments en destination pour le golfe de Liatung, au lieu de se diriger vers le nord, sont obligés de naviguer nord-nord-est. C'est un grand détour, mais le seul moyen d'éviter les bas-fonds formés par les immenses quantités de limon et d'autres matières que le Yang-tse-kiang amène de l'intérieur, du centre, des provinces occidentales et même des montagnes du Thibet !

(12 octobre.) Hier et avant-hier le temps était encore fort mauvais. Aujourd'hui tout est changé. La bourrasque s'est épuisée. Le soleil se plaît à dégourdir nos membres raidis, l'air est élastique et vivifiant. A huit heures du matin, nous sommes près du promontoire de Shantung. Les contours fantastiques des montagnes rappellent les côtes de Provence, mais la mer gris-vert avec des tons jaunes n'offre pas les belles teintes bleues de la Méditerranée. Pendant toute la matinée, nous côtoyons des falaises. A leur pied rampe un liséré vert parsemé de villages et de villes. Cela n'a rien qui surprenne, s'il est vrai que cette province de Shantung compte vingt-huit millions d'habitants.

A onze heures de la nuit, jeté l'ancre à Che-fu.

(13 octobre.) Che-fu est pour ainsi dire une colonie de Shanghai. Des spéculateurs du grand emporium y ont fait construire des maisons occupées aujourd'hui par cent vingt habitants européens et américains. Dans ce chiffre sont compris les inspec-

teurs et commissaires de la station navale française et les employés cosmopolites des douanes impériales. La concession s'étend au pied d'un petit promontoire couronné par l'habitation du consul d'Angleterre et par un phare chinois. La ville, peu considérable, des indigènes s'appelle Ten-Tai. En face, se développe une chaîne de rochers bas.

Nous touchons le port rempli de djonques construites à Bankok (Siam) pour le compte de négociants chinois. Il y a quelque mouvement sur la rade, et on prédit à cette factorerie un avenir brillant. Ce sera, dit-on, le centre du commerce avec la Corée et le littoral russe. En attendant, Che-fu ne peut se vanter que de son climat, le plus tempéré et le plus salubre de toute la côte. Aussi, pendant la saison chaude, la diplomatie et la haute finance se rencontrent ici. Alors cette solitude s'anime un peu. On voit quelques dames élégantes, quelques gentlemen en costume de baigneurs, tous logés tant bien que mal dans deux ou trois bicoques, et fort bien nourris par le signor Pignatelli, Italien entreprenant, qui a eu le courage d'ouvrir un hôtel, le meilleur de la Chine, sur cette plage inhospitalière. Tout est relatif en ce monde. A mes yeux, Che-fu est monotone, triste et laid. Mais pour les travailleurs de Shanghai, pour les exilés de Pékin, c'est un paradis terrrestre.

Nous avons déjeuné chez M. Mayers, le principal auteur d'un livre fort recommandable, intitulé : *The Treaty Ports of China and Japan*[1]. A midi, le *Dragon*

---

1. Cité plus haut.

se met en mouvement, traverse lentement le golfe de Pé-chi-li, arrive vers le soir devant la barre de Taku, et s'embourbe bravement dans la vase.

———

(15 octobre.) La marée montante nous remet à flot. La barre est franchie, et nous sommes entrés dans le Pei-ho. Cette rivière est aujourd'hui une mer, un océan. Tout le pays, des montagnes de Mongolie au golfe de Pé-chi-li, plus de dix mille milles carrés, est inondé, et deux millions d'habitants sont ruinés. Depuis le commencement du siècle[1], la province de Chi-li n'avait plus été si cruellement éprouvée. *Le Dragon* passe devant de nombreux villages, tous plus ou moins submergés. Des hommes accroupis sur le bord de l'eau cherchent leur nourriture à l'aide d'immenses filets qu'ils plongent dans le fleuve avec une sorte de bascule, et qu'ils retirent toujours pleins de petits poissons. Le paysage, le peu du moins qu'on en voit, le ciel clair et sans nuage, l'atmosphère sèche et opaque, les saules, les champs de maïs, les touffes de jonc, me transportent sur le bas Danube. Les maisons même, des huttes de boue, n'ont rien de particulièrement chinois. Les hommes seuls rappellent au voyageur la distance qui le sépare de l'Europe.

Le Pei-ho, si redouté des navigateurs à cause des fréquentes variations de son courant, l'est en ce moment bien davantage. Il y a quelques jours, un des steamers, en descendant, s'est échoué sur les

1. La grande inondation de 1803.

dalles de la grande route de Pékin, qui sont encore sous l'eau. De coude en coude, car le fleuve fait de nombreux détours, nous avançons lentement. Enfin vers midi nous apercevons la flèche d'une église, une vingtaine de voiliers allemands, norvégiens, danois, pavoisés en l'honneur du dimanche, une grande maison jaune, le consulat d'Angleterre. Nous sommes à Tien-tsin. Cette ennuyeuse navigation est donc terminée. Huit jours et sept nuits pour faire sept cent cinquante milles !

———

(16-19 octobre.) Ce matin, un obstacle imprévu, le refus net du taotai de la douane de me délivrer un passe-port, semblait mettre brusquement fin à mes pérégrinations dans l'empire du Milieu. M. Lay, le consul d'Angleterre, ayant demandé cette pièce indispensable, avait eu pour réponse un refus catégorique : « Cet étranger, lui faisait dire Son Excellence, n'a rien à faire à Pékin. Il n'aura pas de passeport. » A quoi M. Lay, se référant aux stipulations des traités, répondait : « Si vous lui refusez un passe-port, il s'en passera. » La réplique ne se fit pas attendre. « Je ne veux pas, répondit le gros personnage à queue noire, que votre étranger se rende coupable d'une infraction aux lois. Voici le passe-port. » Que dites-vous de cette manière de colorer une retraite ? Quant au passe-port, c'est un beau spécimen de calligraphie chinoise. Il est digne d'être mis sous verre.

Cette difficulté heureusement aplanie, nous nous établissons de notre mieux, et, au fait, très-bien, dans nos bateaux dont chacun est muni d'une grosse voile et équipé de trois rameurs. En Chine, sans compter les artères naturelles du pays, un immense réseau de canaux sillonne le territoire. C'est par eau que l'on voyage de préférence. De là le perfectionnement relatif de ce genre de locomotion. Au moment d'entrer dans mon *house boat*, je vois un Chinois de respectable apparence faire l'installation de mes effets, préparer mon lit et donner des instructions à A-kao, mon jeune page, charmant et intelligent enfant, qu'un de mes amis de Shanghai a bien voulu me céder pour le voyage. Le Chinois m'adresse la parole dans le plus pur français. C'est le P. Delmasure de Roubaix, lazariste, qui dirige ce qui est resté de la mission catholique de Tien-tsin.

Nous voilà en route. N'étaient les courants d'air et la trop grande proximité des rameurs, leurs ronflements pendant la nuit et l'odeur qu'ils exhalent nuit et jour ; n'était la lenteur de la marche, la laide monotonie du pays, une plaine nue et inondée à perte de vue, cette navigation ne laisserait rien à désirer. Il n'y a pas un souffle d'air, et nos hommes qui travaillent de seize à dix-huit heures par jour, sont constamment obligés de traîner les barques. Pendant qu'elles remontent péniblement, nous mettons souvent pied à terre, et, courant à travers champs, nous regagnons nos maisons flottantes aux heures des repas. C'est toujours avec une vive satisfaction que j'entends A-kao, debout sur la proue, crier à tue-tête : *bleakfast leady*. (Les Chinois ne peuvent prononcer l'*r*.) A un signal donné, le bateau de cuisine rejoint les quatre *house boats*; nous sautons dans le bateau de M. Boyce où, grâce aux provisions apportées de Shanghai et de Tien-tsin et à l'art de notre cuisinier indigène, d'excellents repas nous sont servis.

Les villages que je traverse à pied n'offrent aucun intérêt. Mais partout il y a foule. La population pullule. Les enfants m'appellent *diable étranger*, les hommes me regardent d'un air froid et se mettent à rire avec dédain dès que je suis passé, les femmes se cachent. Des colporteurs circulent de maison en maison et offrent en criant leurs misérables marchandises. Tout est sale, pauvre, mesquin, sauf la nature qui se complaît à créer d'innombrables Chinois.

Plus haut, l'inondation commence à se retirer. Nous voyons des champs bien cultivés, du coton, des fèves, la plante d'huile de castor, et des milliers de paysans occupés à labourer. Leurs charrues ont d'étranges attelages : ici un cheval et une bourrique, là un buffle, un âne et une vache. J'en ai vu même une qui était traînée par trois hommes et une autre attelée d'un âne et d'une femme. Pas un arbre en vue. Sur la rivière un grand mouvement de djonques, dont plusieurs sont d'un très-fort tonnage.

Aujourd'hui 19 octobre, à midi, arrivée à Tung-chow. La distance de Tien-tsin par eau est de cent vingt-six milles et de quatre-vingts par terre. La durée ordinaire du voyage en amont est de quatre à cinq jours. Le nôtre n'en a duré que trois.

Tung-chow, situé à treize milles à l'est de Pékin, est relié avec la capitale dont il est le port, car le

Pei-ho arrive ici du nord-est, par un canal et par la route royale toute pavée de dalles de marbre, mais complétement négligée et à peine carrossable. Une forêt de mâts s'étend à perte de vue et la plage grouille d'êtres humains, jaunes, sales, couverts de haillons. Tous sont occupés au chargement et au déchargement des bâtiments. Derrière cette fourmilière, à peu de distance du fleuve, s'élèvent les sombres murs crénelés de la ville. Plus loin on aperçoit une haute pagode à plusieurs étages. Sauf le ciel qui, comme on nous l'avait annoncé, est superbe, l'eau et la terre, la peau et les vêtements des habitants, les murailles et les bêtes de somme, tout est couleur de boue.

A peine avons-nous touché le rivage, qu'un cosaque de M. le général Vlangali, ministre de Russie en Chine, suivi d'un *mafu*, d'un palefrenier, vient à bord. Il me remet une aimable lettre de l'envoyé qui, prévenu par un messager de ma prochaine arrivée, m'envoie des chevaux, m'offre de nouveau son hospitalité et, en militaire expérimenté, me donne quelques renseignements utiles sur la manière de traiter l'excellent pony mongol qu'il me destine. Le cosaque fait mon bonheur. A tout ce que je lui dis en allemand, en français, en anglais, il répond par un seul mot d'un son difficile à saisir, mais prononcé énergiquement de manière à me remplir de confiance. J'ai su plus tard que c'était *slusheyu*, j'obéirai. — Je désire partir de suite. — *Slusheyu*. — Mes compagnons ont besoin de chevaux. — *Slusheyu*. — Comment traverser cette foule sans être suffoqué? — Toujours *slusheyu*. Et ce n'est pas là une vaine parole. Cet enfant des steppes me devine. Chez lui l'instinct remplace les connaissances linguistiques. Pour commencer, il me pilote admirablement à travers la cohue. A mi-chemin nous rencontrons un cavalier européen. C'est M. Starzoff, le chef de la plus importante maison russe à Tien-tsin et, je crois, en Chine. Il me mène hors de la ville dans un temple transformé en auberge où les rares voyageurs européens ont l'habitude de descendre, me présente à sa jeune femme, m'accompagne dans la ville, et, avec l'aide du cosaque, trouve des montures pour mes amis.

Nous faisons le tour des remparts. Les eaux bourbeuses du Pei-ho, si animées près de la ville, mais plus haut tout à fait solitaires, se perdent dans le lointain. Un mouvement du sol et quelques arbres interceptent la vue vers Pékin. A nos pieds, s'étend une mer de toits noirâtres. Les rues ressemblent à des crevasses. On n'aperçoit que les têtes des chameaux qui passent. La foule qui se bouscule en vociférant, reste invisible. Au bas de la muraille et sur notre chemin, s'amoncellent les immondices des générations. On est au troisième cercle de Dante :

Pute la terra che questo riceve.

En certains endroits le mur délabré offre à peine quelques pierres assez solides pour qu'on puisse y poser le pied. Mais l'horrible perspective de rebrousser chemin nous fait bravement franchir ces passages périlleux. Enfin, par les débris d'un escalier, nous descendons dans la rue.

Cependant la petite caravane s'est organisée.

Mme Starzoff est excellente écuyère. Elle a passé son amazone, et se met à la tête de la colonne. Les rues sont étroites et encombrées; le pavé, glissant. A chaque pas, j'entends M. Starzoff crier : gare aux chameaux! En effet ces bêtes nous toisent d'un air malicieux. Évidemment, les diables étrangers ne sont pas populaires en Chine : les chameaux et les mulets vous mordent, les chiens aboient à votre aspect, les ponies mongols ruent et se cabrent quand vous voulez les monter. Quoique pressant le plus possible le trot de nos montures, nous mettons plus d'une demi-heure pour traverser la ville.

Nos aimables hôtes de Tung-chow nous quittent au pont de Palikao, belle construction de marbre blanc ornée de sculptures bizarres, et, comme on sait, devenue célèbre dans la dernière guerre. La grande route se trouvant en fort mauvais état et encombrée de charrettes, de cavaliers, de piétons, nous continuons de suivre la rive méridionale du canal; l'heure est avancée; les portes de Pékin se ferment impitoyablement au coucher du soleil; force nous est donc de courir à bride abattue, tantôt sur des digues, tantôt dans des sentiers, tantôt à travers champs. Des touffes d'arbres, des villages, des maisons solitaires entourées de potagers, forment un agréable contraste avec la monotonie des bords du Pei-ho, et surtout avec les horreurs de la ville de Tung-chow.

En débouchant d'un chemin creux, une exclamation de surprise nous échappe, et, involontairement, chacun arrête son cheval tout court. En face de nous est le disque du soleil. Au-dessous de cet asire, et, pareil à un bandeau échancré d'un noir pâle et transparent, s'étend à perte de vue une immense muraille crénelée. Sur trois points, cette ligne droite est interrompue par les doubles toits des portes de la ville. A la nuance des tons, on peut mesurer les distances qui les séparent. Au-dessus de la sombre muraille, se laissent entrevoir, suspendues dans l'air bleu comme un mirage, les crêtes des collines du palais d'Été; et plus loin, semblables à des nuages, les montagnes de Mongolie. Une demi-heure après, nous pénétrons par la porte dite Tung-pien-men dans la ville chinoise, et, par une porte intérieure, dans la ville tartare. C'est le beau moment du cosaque. A notre approche, des gardiens armés se précipitent en avant pour nous barrer le chemin, mais l'aspect du cavalier russe agit sur ces cerbères comme un talisman. Nous passons sans être molestés. On ne nous demande pas même nos passe-ports. L'accueil le plus gracieux et le plus sympathique m'attend à la légation de Russie. Enfin nous voilà à Pékin! Ce rêve d'enfance s'est réalisé sur le déclin de mes jours.

———

Pékin, bâti plusieurs siècles avant notre ère, descendu au rang de ville provinciale après la dissolution[1] du royaume de Yen dont il était la capitale, conquis par Genghis-Khan[2], abandonné et rebâti, n'est redevenu la capitale de l'empire que depuis le

1. En 222 avant J. C.
2. En 1215.

commencement du quinzième siècle[1]. De cette époque datent son enceinte et ses plus anciens édifices. Pékin est donc une ville comparativement moderne. Ses murs rappellent nos châteaux forts des temps féodaux. Seulement ici tout est colossal, tandis qu'en Europe les constructions du moyen âge sont de petites dimensions. Les murs de Pékin ont de cinquante à soixante pieds d'élévation, vingt, quarante, cinquante pieds de largeur et une circonférence de plus de vingt milles anglais! Malgré cette grande étendue, seize portes seulement y donnent accès.

La capitale de l'empire se compose de deux villes, la ville tartare et la ville chinoise. Sur le plan, on voit deux parallélogrammes. L'un, qui est la ville tartare, pose verticalement l'un de ses petits côtés sur l'un des grands côtés de l'autre parallélogramme qui est la ville chinoise. Ces dénominations répondaient, il n'y a pas encore longtemps, à la séparation strictement maintenue entre les vaincus et les vainqueurs, entre les Chinois et les hommes du Nord venus de par delà les monts de Mongolie. Aujourd'hui, beaucoup de Chinois demeurent dans la ville tartare, et, en général, le temps a mitigé, sans toutefois l'effacer complétement, l'antagonisme entre les deux races. Au centre de la ville tartare, se trouve le palais de l'empereur, la ville impériale appelée la cité défendue, entourée de murs, et, comme son nom l'indique, inaccessible aux mortels. Les rues se croisent à angle droit. Il y

---

1. En 1421.

en a de larges et d'étroites. Des murailles cachent les habitations des riches aux regards des passants. Les maisons qu'on aperçoit sont de misérable apparence, des huttes de boue sans architecture et sans la moindre trace d'ornements. Dans la ville chinoise, où la vie commerciale et industrielle semble être concentrée, des rues entières ne contiennent que des boutiques fort bien fournies de produits indigènes et de quelques articles européens. Les pharmacies, les magasins de thé et les débits de tabac se distinguent par des devantures magnifiquement laquées et dorées, et par des enseignes colossales verticalement suspendues à des mâts dressés devant la porte.

Dans la ville tartare, les interminables rues qui la sillonnent du sud au nord, désertes par intervalles ou bordées de pauvres cabanes, s'animent sur d'autres points et se déroulent entre des boutiques élégantes ou des murs entourant des palais invisibles. Mais avancez de quelques pas, et vous retomberez dans la solitude ou dans la misère. Et pourtant vous n'avez pas dévié de la ligne droite, qui règne en souveraine dans la capitale de l'empire du Milieu. Les grandes artères, de larges digues pour la plupart, étaient autrefois pavées de marbre; le marbre aussi recouvrait les ruisseaux. Aujourd'hui tout est délabrement et ruine. Les temples sont mal tenus. Les résidences officielles des grands mandarins, toujours placées à l'angle des rues, ne se distinguent en rien des yamens des autres villes : une enceinte de palissade, un grand portail orné d'un dragon grossièrement peint, un ou deux mâts

de pavillons, et sur le seuil une foule de sollici-
teurs. Ces édifices publics, même l'hôtel des Ministres, le Tsungli-yamen, ne brillent guère par la
propreté. La poussière, ce redoutable et irrésistible
ennemi, les a envahis, flétris, couverts de ses tons
sales, saturés de ses odeurs infectes; car, avant de
s'établir définitivement dans ces hautes régions, elle
avait séjourné dans les plus humbles demeures et
tourbillonné dans les rues, qui ne sont guère en
maints endroits que d'immenses dépôts d'immondices.

Il n'est pas commode de se promener dans Pékin.
À pied ou à cheval, vous n'avez pas le temps de
regarder autour de vous, et cependant, si tout n'est
pas beau, tout est curieux, nouveau, intéressant.
Mais votre attention est absorbée par les trous que
la pluie a creusés dans la digue, par les profonds
sillons des charrettes, par de petites planches jetées sur les ruisseaux noirs et puants, par de longues files de chameaux à deux bosses, de la taille
d'un éléphant, que conduisent des Mongols à la
figure large, au nez épaté, au rire bête, à l'air franc
et loyal. Gare aussi aux fiacres! ils abondent. Ce
sont des charrettes attelées d'un ou de deux ponies,
couvertes de la moitié d'une tente cylindrique et
munies d'une sorte d'auvent qui abrite le cocher et
les chevaux. Ces véhicules primitifs circulent par
centaines, car la litière et la chaise à porteurs sont
le privilége des mandarins d'un certain rang. En
voici un! Quatre koulis portent sa chaise; ils marchent au pas accéléré; une demi-douzaine de domestiques suivent. Leurs livrées sont sales et usées, la

chaise de même. Mais le mandarin qui l'occupe a le visage et les mains propres; son linge est blanc; sa toilette, soignée; toute sa personne respire la haute bureaucratie. Muni d'une paire de besicles énormes, il est profondément absorbé par la lecture d'une liasse. C'est un conseiller d'État se rendant au Conseil et préparant son rapport. Un encombrement nous force, pendant quelques minutes, à nous arrêter près de sa chaise. Il nous toise d'un air dédaigneux, puis il retourne à ses papiers.

Impossible d'avancer. Prenons par cette rue solitaire qui longe le mur de la *cité défendue!* Mais voici de nouvelles difficultés : c'est une noce bourgeoise qui passe. Les fiancés, les proches parents, les autres membres de la famille, les amis, tous les invités sont en fiacre. Ils me rappellent Paris et ces jeunes couples avec leur cortége, qui en sortant de l'église se font voiturer au bois de Boulogne.

Nous errons ainsi pendant des heures qui nous paraissent des minutes. Nos ponies mongols, sauf quelques accès d'impatience, se conduisent à merveille. Nous avons longé la ville impériale ou défendue, située, fort incommodément pour le commun des mortels, au centre même de Pékin, brisant par suite la diagonale et obligeant les passants à faire de grands détours. Maintenant, nous débouchons dans la principale artère transversale du quartier du Nord, et le spectacle imposant d'un grand convoi se présente à nous. A en juger par sa magnificence, il transporte à son dernier asile la dépouille d'un ministre, sinon d'un membre de la famille impériale. On rectifie mon erreur : celui qui va rejoindre les esprits de ses ancêtres est tout simplement un petit employé de la quatrième catégorie. Mais le culte des morts et l'amour de la famille, cette vertu fondamentale du Chinois, expliquent la pompe déployée en pareille circonstance; malheureusement cette preuve des regrets dont on entoure le défunt est souvent une source d'embarras et de ruine pour les survivants. Le corps était porté sous un énorme baldaquin en drap écarlate richement et barbarement orné de franges et de brimborions en or. Devant le cercueil cheminait, dans une chaise vide tendue de blanc, l'âme du trépassé. La famille suivait dans plusieurs charrettes de louage. Tout le monde portait le deuil; les cochers de fiacre même avaient attaché à leurs chapeaux un chiffon blanc. La famille et les amis formaient la partie honteuse du convoi; mais le mort faisait son *exit* de ce monde en grand seigneur. A la magnificence du cercueil répondaient le nombre et la richesse des drapeaux, des parasols et des lances dorées ou laquées que portaient, devant le défunt, des hommes marchant deux à deux de chaque côté de la rue. J'appelle parasols de longs tubes de soie tantôt cramoisie, tantôt bleue, ornés de franges et richement brodés d'or, les uns couverts d'inscriptions, les autres de dessins bizarres, de dragons et de monstres. De distance en distance, des hommes habillés en *fou*, justaucorps, culotte et bonnet de soie écarlate, frappaient sur un gong et réglaient ainsi la marche du convoi. Plusieurs bandes de musique jouaient alternativement, c'est-à-dire remplissaient l'air de sons rauques et discordants.

Avec la pompe de cette funèbre scène contrastait l'indifférence des passants : je n'en ai pas vu un seul qui se soit arrêté. C'est tout au plus si on y jetait un regard, et encore d'un air maussade ; car les gens affairés n'aiment pas les encombrements. On est d'ailleurs blasé sur ce genre de spectacle qui se répète tous les jours et n'intéresse que les personnes en deuil et surtout le défunt.

J'aime à flâner dans Pékin ; car ici tout se passe autrement qu'ailleurs.

Nous sommes dans une rue qui mène à l'une des portes de la *cité défendue*. J'ai le plus grand désir d'y jeter un regard, et, comme les deux battants sont ouverts, je puis me donner cette satisfaction. Seulement, ce que je vois du Pékin réservé à l'empereur et ce que je connais déjà du Pékin accessible aux profanes, se ressemblent comme deux gouttes d'eau.

Notre attention est attirée par un groupe de gens du peuple criant et gesticulant autour d'un homme presque nu. Une femme chinoise, écumant de rage, se démène auprès de lui comme une possédée. Cet homme vient de voler un petit objet qu'il tient encore dans la main. Scène grotesque et horrible : il faudrait, pour la peindre, la plume de l'auteur de *la Danse macabre*. Tout d'un coup, le silence se fait. Un vieillard apparaît : la douceur se peint sur son visage, la dignité dans son maintien. Il fait subir à l'accusé et aux assistants un court interrogatoire ; puis il touche de la main l'épaule du voleur et s'éloigne. Tout le monde se range pour lui livrer passage. A une distance de deux cents pas, les bras croisés sur la poitrine et la tête inclinée, le malfaiteur le suit. Le vieillard était un agent de police. Le malheureux voleur, qui semble avoir d'autres peccadilles sur la conscience, est arrêté : il va en prison ; il sait ce qui l'attend : la torture, le bambou, la faim, la maladie, la mort.

———

Nous avons escaladé les murs et sommes au-dessus de la grande porte centrale conduisant de la ville chinoise à la ville tartare. Elle s'appelle Chienmên. Nous regardons vers le nord. A nos pieds, des huttes de boue, le quartier des Coréens ; plus loin, l'illusion d'une immense forêt, des cimes d'arbres saupoudrées de poussière. Au-dessus de cette masse mouvante d'un vert mat tirant sur le gris, s'élève, à notre droite, la tour de la mission ecclésiastique de Russie. Devant nous, les toits jaunes du palais impérial, un groupe d'édifices formant un carré et entourés de jardins ; le plus bel ornement en est la *montagne artificielle*. C'est le point culminant de Pékin. La principale porte qui donne accès dans la ville impériale ou défendue est peu éloignée de nous : elle nous fait face et me frappe par son aspect mesquin. Au reste, c'est dans les idées du pays. On cache l'opulence sous de pauvres dehors. Par delà la ville défendue, à une distance qui paraît très-considérable, on aperçoit les deux tours tronquées, ou plutôt non achevées, de l'église dite française. Plus près de nous, à notre gauche, surgit, au-dessus des têtes d'arbres, la cathédrale portugaise. Au-dessous de nous, des deux côtés de la porte dont l'entablement nous sert d'observatoire, se développent les masses imposantes des murs en talus qui séparent les deux villes. L'enceinte extérieure, couronnée de larges créneaux, s'appuie sur de solides contre-forts. Le dessin n'en est pas varié : il se compose de deux éléments qui se répètent sans cesse ; mais les effets des lois optiques, et la dégradation que la distance apporte dans les couleurs, vous permettent de mesurer, par la pensée, les énormes dimensions de cette œuvre gigantesque. Au pied des murs, le long d'un fossé, des files de chameaux vont et viennent.

Tournez-vous vers le sud et vous verrez un spectacle plus animé. Un pont magnifique de marbre blanc mène à la ville chinoise et à une longue artère toujours pleine de passants, de bêtes de somme, de charrettes : c'est le quartier industriel. A l'horizon, en face de vous, s'élève, au-dessus d'un rideau d'arbres, le triple toit du temple du Ciel. Vers le sud-ouest, une élégante pagode à plusieurs étages fixe vos regards. Au delà s'étend une plaine sablonneuse balayée par les vents du nord et de l'est qui se heurtent contre les murs, les fouettent avec furie, souvent même les couvrent à mi-hauteur des vagues de sable qu'ils ont soulevées dans les campagnes. Accumulées au pied de l'enceinte, ces dunes mouvantes menacent d'escalader la muraille ; mais la prochaine bourrasque, d'un seul souffle, les réduira à l'état d'atomes. Rien de triste comme le pays autour de Pékin : un steppe qui paraît sans limite. L'horizon se confond avec l'air toujours saturé de poussière. Aussi voyez-vous parfois les crêtes, rarement le pied des montagnes.

Pékin est un campement de barbares, bivouaquant autour de la tente d'un chef et donnant asile à ceux qui labourent la terre. Le nomade protégeant le cultivateur! Ah! c'est bien l'Asie, et je comprends que, dans l'imagination des peuplades du haut plateau central, depuis l'Ural jusqu'à Kashgar, de Kiachta au Hindukush, Shun-tian (Pékin) soit la ville des villes, le paradis terrestre, le centre du monde. Pour moi, c'est le type des anciennes capitales de la Bible; c'est Babel, c'est Ninive : grand, héroïque, barbare.

Après les promenades solitaires, les cavalcades en nombreuse et joyeuse compagnie. Nous sommes tous montés sur de bons ponies mongols, un peu rudes, un peu vils, enclins à se cabrer et à prendre le mors aux dents, comme il convient à des enfants des steppes, bien nourris d'ailleurs, bien soignés et fiers du noble sang qui coule dans leurs veines.

On a traversé la cité chinoise dans toute sa largeur, et on débouche sur une grande place irrégulière, en face d'un vaste enclos et de la porte, heureusement ouverte en ce moment, du Tien-tan, le temple du Ciel que visite l'empereur une fois par an, et qui, le reste du temps, est abandonné et fermé ; fermé surtout aux étrangers, depuis que des voyageurs américains, avec femmes et enfants, se sont imaginé d'organiser un pique-nique sur l'autel même du *sacrifice annuel*. Mais il y a des accommodements avec le ciel, surtout avec les gardiens du temple qui porte son nom. Seulement, pour y pénétrer, il faut une combinaison de ruse, de force et d'argent. La porte est ouverte; le hasard nous sourit. Conformément aux instructions d'un de nos aimables guides, nous faisons mine de continuer notre chemin. Lui-même lance son cheval au galop, traverse le groupe des gardiens qui veulent lui barrer le passage, et pénètre dans la première cour du temple. Nous le suivons, et nous voilà dans la première enceinte !

M. L...., avec ses yeux de lynx, s'aperçoit qu'une autre porte est entr'ouverte. Vite, nous piquons des deux, et, en quelques instants, nous sommes dans la seconde enceinte. Les gardiens, une demi-douzaine d'hommes dont les livrées, comme propreté et conservation, laissent à désirer, nous entourent avec des cris. C'est le moment d'ouvrir les négociations, et, pour MM. les interprètes, de faire briller leur connaissance de la langue et leur talent diplomatique. Bientôt les Chinois baissent le ton. Puis, en signe de respect, ils laissent retomber sur les épaules leur queue qui, selon l'usage des gens du commun, était roulée autour de leur tête. Encore quelques explications, et les mines courroucées ont fait place à des rires et à des démonstrations de déférence. Bref on s'entend. Il s'agit de calculer approximativement le nombre de coups de bambou que recevront les gardiens pour avoir admis les *diables étrangers*, et d'y conformer le nombre de taëls que nous avons à payer. Le compte étant réglé à la satisfaction des deux parties, nous sommes libres d'entrer. On nous prie seulement, d'un air piteux, de ne rien emporter et de ne rien détruire ; car, en ce cas, il ne s'agirait plus de bambou, mais de quelques têtes coupées. Cela passerait la plaisanterie.

Le temple du Ciel, avec son parc et ses cours entourées de murs et de fossés, occupe un terrain d'environ deux milles de circonférence. Le bois sacré, des cèdres et autres conifères, a l'air abandonné.

L'édifice principal est le sanctuaire des sacrifices annuels ; il a été construit au milieu du siècle dernier. Sur une terrasse circulaire, entouré de trois balustrades concentriques en marbre blanc, s'élève le temple, circulaire aussi, ou pour mieux parler, polygone. Les parois de l'édifice consistent en un grillage fantastiquement sculpté et émaillé de verroterie bleue. Trois toits superposés, affectant la forme de parasols, et composés de briques bleues, recouvrent cette construction, tout ensemble élégante et baroque, fine et sauvage, troublant l'œil par le croisement bizarre des lignes, et le caressant par la douce harmonie des couleurs : le blanc des balustres, le brun foncé des parois, le gros bleu de la toiture. Contemplées d'une certaine distance, les courbes des balustrades qui s'enfuient en descendant, et les courbes des trois parasols qui semblent se rapprocher, produisent l'effet le plus étrange. On est tout disposé à admirer l'invention et l'imagination de l'architecte. Mais ce n'est pas à lui que revient le mérite de cet effet. Il appartient à la grandeur des dimensions et aux lois de l'optique. L'imagination chinoise n'y est pour rien.

L'intérieur est interdit aux mortels, si ce n'est à l'empereur, aux princes du sang et aux personnes de la suite de Sa Majesté *Celestiale*. De grosses serrures semblent devoir nous arrêter sur le seuil du sanctuaire. Heureusement aucun des gardiens n'a jugé nécessaire de nous suivre. Sûrs de leur bastonnade et sûrs aussi de leurs taëls dont ils ont déjà empoché un à-compte, ils abandonnent le temple du Ciel à notre discrétion. On examine donc les serrures, et l'une d'elles a l'obligeance de s'ouvrir. Chacun de nous a la conscience de commettre une action indiscrète, mais la curiosité l'emporte. On pénètre dans l'intérieur. Quatre colonnes en bois, sculptées et peintes, reliées dans le haut par quatre poutres également peintes, supportent une galerie ornée de pilastres sur lesquels repose la coupole. Autant que la faible lumière m'a permis de m'en rendre compte, c'est une coupole plate; comme les colonnes, les pilastres, les parois, elle est ornée de boiseries peintes ou laquées, et elle est la seule que j'aie vue en Chine. C'est dans l'intérieur seulement que, grâce au contraste avec le jour du dehors, on peut apprécier la beauté riche et variée du treillage qui remplace les murs de la salle et ressemble au fin tissu d'une toile d'araignée. Aucune idole, rien qui vous rappelle que ce lieu est consacré à la prière. C'est un magnifique et colossal kiosque, digne rendez-vous du maître du ciel avec le maître de la terre.

L'autel découvert où se font les sacrifices annuels est une plate-forme circulaire de marbre blanc, haute de trente pieds et composée de trois terrasses dont les diamètres mesurent cent vingt, quatre-vingt-dix et soixante pieds. Ici, comme dans tous les autres édifices qui se rattachent au temple du Ciel, le chiffre trois domine. Le nombre des gradins est un, trois, neuf et ainsi de suite, toujours un multiple de trois. Il en est de même de tous les autres éléments qui entrent dans cette construction ; par exemple, les dalles du pavement et les balustres des galeries. Dans le temple de la Terre, situé au nord de Pékin, hors la ville, c'est le chiffre deux qui règne. On n'a pas su me donner le sens évidemment mystique de cette géométrie sacrée.

Nous avons aussi visité les cuisines avec leurs grands chaudrons où l'on cuit la chair des animaux sacrifiés ; le grand corridor qui mène à la salle des prières ; enfin les maisons occupées, à l'époque des sacrifices annuels, par l'empereur, par les princes du sang et par les grands dignitaires de la cour. Tous ces édifices sont en assez bon état de conservation, mais l'intérieur en est négligé et couvert de poussière. Cela tient peut-être à la minorité de l'empereur, qui ne visite pas encore les sanctuaires.

J'ai vu les temples les plus en renom, et partout j'ai été choqué de l'abandon évident où ils se trouvent et surtout de l'absence des fidèles. Les résidences officielles des hauts mandarins ne sont guère mieux soignées, parce que ces dignitaires, obligés de faire les frais de l'entretien de leurs yamens, conservent rarement leur position au delà de trois ans. Mais comment expliquer le misérable accoutrement de leurs scribes et de leur valetaille, l'état encore plus misérable des routes de l'empire et des rues de la capitale, des canaux, des ponts construits au siècle dernier avec des dalles de marbre et qui tombent aujourd'hui en ruines? Comment enfin se rendre compte de cet aspect général de décadence qui contraste si fort avec les qualités et les allures du peuple chinois, vigoureux, actif, intelligent, envahissant l'Amérique, l'Australie, l'Océanie, concourant partout, jusqu'à une certaine limite bien entendu, soit victorieusement, soit sur le pied de l'égalité, avec les nations les plus avancées au point de vue du progrès matériel ?

Cette question, comme tant d'autres, je l'ai adressée à des hommes qui, par leur situation, par leur expérience, fruit d'un long séjour en Chine, par leur connaissance de la langue, des hommes et des choses de ce pays, étaient plus que personne à même de me renseigner. M. Williams, missionnaire américain, auteur du livre intitulé : *The middle kingdom*, qui habite la Chine depuis trente-quatre ans; M. le général Vlangali, ministre de Russie; M. Wade, premier interprète de la légation pendant de longues années, aujourd'hui ministre d'Angleterre; M. Brown son secrétaire-interprète; M. Low, ministre des États-Unis; le géologue allemand baron de Richthoven, qui a visité plusieurs parties de l'empire et que j'ai vu partir pour les provinces éloignées de Kansu et de Sze-chuen; Mgr de la Place, vicaire apostolique à Pékin; M. Favier, de la même mission; M. Lenzi, interprète de la légation de Russie; M. Annecke, chargé d'affaires, et M. Bismark, interprète de la légation d'Allemagne, tous ces Messieurs, avec une amabilité qui m'a profondément touché, ne se sont pas lassés de répondre à mes questions, d'éclaircir mes doutes et de rectifier mes erreurs. Ces conversations si intéressantes remplissaient les premières heures de la matinée et abrégeaient singulièrement les soirées déjà longues de l'automne, que je passais toujours sous le toit hospitalier du général Vlangali ou dans le salon des autres légations.

« Cette décadance, ai-je demandé, est-elle seulement apparente, est-elle réelle ? Est-ce la nation ou seulement la dynastie qui s'éteint ? »

« C'est un thème, m'a-t-on répondu, fort complexe et difficile à épuiser. La Chine est le pays des contradictions. On y est encore essentiellement conservateur. Les idées, les mœurs, le costume, sauf des modifications insignifiantes, sont aujourd'hui ce qu'ils étaient il y a mille, il y a deux mille ans. Cependant nulle part on ne construit des édifices moins solides et moins durables. A l'exception d'une pagode à.... (le nom m'est échappé), dans la province de Kiang-si, dont la construction remonte au dixième siècle, il n'y a pas dans tout l'empire un seul édifice comptant plus de deux cents ou de deux cent cinquante ans.

« On est essentiellement patriarcal, et cependant, sauf huit ou neuf familles princières, il n'y a pas de noblesse héréditaire. Au contraire, la noblesse conférée par l'empereur descend d'un degré à chaque génération et finit par disparaître. Le fils d'un marquis, c'est-à-dire d'un homme dont le rang correspond à celui de marquis, sera comte ; son fils, baron ; son petit-fils n'aura plus de titre. Les princes du sang font exception à cette règle et l'étiquette leur accorde de grands priviléges. Les ministres même se trouvent vis-à-vis d'eux, à cet égard, dans une situation très-inférieure. En revanche, toute influence sur les affaires d'État est refusée aux princes du sang.

« Chacun peut parvenir aux plus hauts emplois, le fils d'un kouli aussi bien qu'un fils de prince, pourvu qu'il passe les examens de bachelier dans le chef-lieu de son district, de licencié dans la capitale de sa province, de docteur enfin aux grands concours de Pékin. Le docteur peut aspirer aux grades les plus élevés de l'échelle hiérarchique. Comme lettré, il fait partie d'un corps ou plutôt d'une multitude qui est une véritable puissance ; mais, pour jouir individuellement de sa part au pouvoir, il faut qu'il entre dans les carrières administratives, dont les portes lui sont ouvertes en proportion des grades académiques qu'il a obtenus. On dirait donc, et on peut dire avec raison, que la Chine est un état essentiellement bureaucratique. Et pourtant, il n'y a pas de pays au monde où le nombre des fonctionnaires soit si restreint. Dans cet immense empire, on ne compte pas au delà de douze mille mandarins [1], en prenant ce mot dans le sens le plus habituel, c'est-à-dire comme synonyme de salarié de l'État. Car, autre contradiction, nulle part au monde le principe du *self government*, l'autonomie des communes, n'est plus développé.

« Passons maintenant aux relations entre le sou-

---

[1] On sait que le mot mandarin a été donné par les navigateurs portugais du seizième siècle aux fonctionnaires grands et petits. Il vient du mot portugais *mandar*, commander, et est entièrement inconnu des Chinois.

verain et le peuple. Le Chinois est le sujet soumis et obéissant de l'empereur. L'empereur est le représentant de Dieu ou du destin. On lui doit une obéissance aveugle et illimitée. Il est empereur parce que Dieu l'a voulu. S'il est un mauvais prince, tant pis pour la Chine, mais cela n'altère en rien l'obligation de chacun d'obéir à ses décrets, quelque iniques qu'ils soient. De tous les crimes, le plus grand est la rébellion. Mais si la rébellion réussit, c'est qu'évidemment le Ciel l'a voulu. Si, par suite d'une rébellion victorieuse, un usurpateur s'empare du trône, il entre immédiatement en jouissance de tous les droits et privilèges, et ils sont illimités, du chef de la dynastie qu'il vient de détrôner. Le succès donne la légitimité, car le succès n'est-il pas dû à la volonté manifeste de Dieu ? Ainsi le premier devoir du citoyen est la fidélité absolue au souverain, jointe à la reconnaissance immédiate et absolue des faits accomplis. Il n'y a pas de contradiction plus frappante.

« Cela dit, j'en arrive à votre question. Le peuple chinois, ayant une si haute idée de la puissance et de l'autorité de l'empereur, s'en rapporte à lui pour une foule de choses. Le maintien de l'ordre public, l'exécution des lois, l'entretien des édifices de l'État, des ponts, chaussées et canaux, des forteresses et des ports de mer, est l'affaire de l'empereur et non du peuple. Or il se trouve que l'empereur actuel est mineur ; que son père était un homme débauché et borné qui ne s'occupait pas des affaires de l'État ; et que son grand-père a été ou passe du moins pour avoir été une intelligence médiocre. Le métier de souverain n'est pas une sinécure en Chine. Si l'empereur s'efface, s'il néglige de remplir ses devoirs, la chose publique est en souffrance. Aussi, voyez Pékin : les rues ressemblant à des gouttières ; les ruisseaux, privés des dalles de marbre qui les couvraient autrefois et dont les débris gênent aujourd'hui la circulation ; les temples, d'une saleté qui choquerait les fidèles, si les fidèles les visitaient ; les édifices publics, dans un état déplorable ; et, en dehors de la capitale, les canaux, les grandes artères du pays, à moitié ruinés ; les routes royales, transformées, selon la saison, en torrents desséchés, en rivières, ou en marais ! Tout cela est le fait des deux derniers règnes. Un prince énergique, actif, intelligent, fera disparaître, avec les traces du mauvais gouvernement de ses prédécesseurs, les marques de décadence qui frappent les yeux des Européens, mais qui n'étonnent pas les indigènes. »

Cette après-midi est consacrée à la visite du temple de Confucius, Wên-Miao, et de la grande lamaserie, le Yung-ho-kung, l'un et l'autre situés dans la partie nord-est de la cité tartare. De l'académie et du temple du grand philosophe au sanctuaire du grand Dieu, il n'y a qu'un pas. Mais, dans l'ordre des idées, la distance qui les sépare est énorme. On dit que la religion bouddhiste est la plus répandue sur terre. J'en doute, et je pense que le nombre des adhérents de Confucius, des rationalistes, est plus considérable. Mais les voilà en présence.

Voyons la demeure du philosophe. On entre par une jolie cour plantée de cyprès dont les branches, par des procédés connus, s'étendent horizontalement. Laissons aux savants le soin de déterminer l'âge de certaines pierres semblables à des cloches et couvertes de caractères non encore déchiffrés, ce qui ne peut nous surprendre, s'il est vrai que Confucius, cinq siècles et demi avant notre ère, les y ait inscrits de sa main. La salle est d'une magnificence creuse et vide. Aucune idole, rien que des inscriptions : les noms du philosophe et de ses disciples. Le tout couvert d'épaisses couches de poussière. Ici l'empereur apparaît annuellement pour faire ses prières.

Dans l'académie de Confucius, qui est située tout près du temple, et je crois, en fait partie, les œuvres complètes du sage et d'autres auteurs classiques, inscrites sur des tablettes de pierre noire, sont rangées dans une petite cour. Tous ces édifices ont un cachet académique joint à un air de cour qui répond assez à la situation et à la tournure d'esprit du chef de la secte ou plutôt du professeur pédant, élégant, docte, courtisan, solliciteur, nommé Confucius, et au rang élevé des protecteurs de ses mânes, les empereurs qui ont bâti et rebâti ces maisons qu'on appelle à tort temples, car elles n'ont rien à faire avec la religion. Kien-lung, dont le règne embrasse près des deux tiers du siècle dernier[1], a fait construire la jolie salle où l'empereur vient tous les dix ans s'asseoir sur un trône de bois richement

---

1. De 1736 à 1796.

sculpté pour entendre lire quelques morceaux des auteurs classiques.

Nous entrons dans la grande lamaserie de Yung-ho-kung. Les bonzes, tous des Mongols, sont réunis dans une salle pour dire leurs offices. Un d'eux, chargé de la surveillance, nous apostrophe avec brutalité. Par une distraction blâmable, j'avais oublié de quitter mon cigare. Comme punition, je dois être expulsé. Mais M. Lenzi, le premier interprète de la légation de Russie, mon aimable guide, apaise le cerbère, et les offices momentanément interrompus reprennent leur cours. Prêtres, novices, acolytes, tous vêtus de tuniques et de manteaux jaunes, tous la tête complétement rasée, sont accroupis sur de petites banquettes et chantent en chœur. Quant aux physionomies, je n'en ai jamais vu de plus stupides et de plus spirituelles. A côté d'hommes épuisés par les jeûnes, au regard éteint, à l'air ascétique, il y avait là des jeunes gens pleins de vie et de santé, de petits garçons dont les yeux étincelaient comme des charbons ardents. Quant aux voix, deux ou trois basses-tailles dignes de l'Opéra de Vienne et de Paris dominent les sons nasillards de la multitude. On sait, car cela a été souvent raconté par des voyageurs, combien les solennités des temples bouddhiques ressemblent aux cérémonies de l'Église catholique. Auprès de cette salle est le sanctuaire de Bouddha, une pièce sombre, étroite, mais très-haute et toute remplie par la statue colossale du Dieu. L'obscurité ajoute aux terreurs du lieu. Pour voir les détails, pour arriver aux larges épaules, aux longues oreilles de la divinité, il faut monter plusieurs étages.

A côté du temple sont les appartements, aujourd'hui en ruines, que l'empereur Yung-Mên fit bâtir pour préparer à ses treize fils une existence plus claustrale que princière. Les pièces, reliées par des corridors et percées de portes ayant la forme d'un cercle, sont fort petites, mais riches en jolis détails. La maison s'adosse au mur septentrional de la ville. J'y cours, car je ne me lasse pas de ce sauvage et sombre tableau.

Le grand intérêt de la journée est le saisissant contraste entre les temples de la raison et les sanctuaires de la foi, entre les jeux de l'esprit et les pratiques ascétiques, entre la spéculation philosophique et les croyances superstitieuses, entre Confucius et Bouddha. Passez d'une chapelle wesleïenne qui n'a que ses quatre murs et le pupitre du ministre à Saint-Pierre pendant la messe pontificale, et vous trouverez moins frappante la différence qui les sépare.

Confucius était moraliste. Il donnait des maximes, des conseils pleins de sagesse; mais, déclinant poliment la discussion sur un monde futur, il cherchait la source du bien et du mal dans la raison et dans la volonté de chacun.

On dit généralement que les Chinois sont nés sceptiques. Cela est-il bien constaté? Un fait que personne ne conteste, semblerait plutôt démentir cette assertion. Tous les lettrés sont sceptiques. Tout le peuple est croyant. Les lettrés ont été nourris de la lecture des œuvres de Confucius. N'est-il pas permis de penser que ce sont précisément les doctrines du philosophe qui, dans le courant de vingt-cinq siècles, ont façonné les esprits et développé les tendances sceptiques si commodes pendant la vie, si impuissantes à nous soutenir au moment où nous la quittons? J'avais lu dans le livre d'un missionnaire protestant américain, dont le titre m'échappe, que les lettrés, tous plus ou moins athées, reviennent ordinairement, lorsque la mort approche, aux croyances et aux pratiques bouddhiques. Des missionnaires catholiques m'ont confirmé le fait.

Mais si les lettrés n'admettent pas l'existence d'un Dieu quelconque, il n'est point de légendes si fabuleuses ni si absurdes qu'ils n'y croient, absolument comme nos esprits forts qui font parler les tables. En ce moment, dans le Nord de la Chine, l'événement du jour est la découverte près de Tien-tsin d'un petit serpent apporté par un paysan et exposé dans un temple. C'est un dragon, et ce dragon est un Dieu. La population entière, le gouverneur général de la province, le taotai, les magistrats de la ville sont allés en grande pompe adorer la petite bête. « Pensez-vous, ai-je demandé à quelqu'un dont le jugement fait autorité, que le gouverneur et les autres grands personnages considèrent leur visite au serpent comme un acte politique, comme une concession faite à la superstition populaire ou qu'ils partagent eux-mêmes cette superstition? — Je suis persuadé, m'a répondu mon interlocuteur, que le vice-roi est, comme le dernier des koulis, convaincu de la divinité du serpent. » Et, à l'appui de son opinion, il se mit à me citer plusieurs faits qui se sont passés de nos jours. Tout récemment encore le secrétaire d'une des légations était tombé malade ; on découvrit que la maison qu'il habitait était humide et le ministre s'empressa de faire exécuter les travaux nécessaires d'assainissement. Il en parla à un mandarin de haut rang, homme fort intelligent, fort érudit, supérieur enfin à la plupart des hommes de sa classe. « Ce n'est pas, lui répondit celui-ci, l'humidité qui rendait la maison malsaine. C'est *fonshué*, littéralement *le vent et l'eau*, c'est-à-dire un charme, les mauvais esprits. Pourquoi avez-vous fait bâtir cette cheminée si près de la maison de votre secrétaire? C'est par là que sortent les mauvais esprits! Ne le comprenez-vous pas? Pourquoi chercher une autre explication ? »

« Si la cathédrale portugaise, continua mon interlocuteur, n'a pas été détruite pendant les deux dernières persécutions des chrétiens, si elle subsiste encore, c'est sans doute à cause de l'extrême aversion que professent les Chinois contre la démolition des grandes maisons. Ils croient que de mauvais esprits se dégagent des décombres et infestent le voisinage. D'un autre côté, je pense que les lettrés, pour ameuter la populace de Tien-tsin contre les missionnaires et les religieuses, ont tiré parti de la peur (partagée probablement par eux-mêmes) que les tours élevées et autres points culminants inspirent à tout Chinois, comme attirant les mauvais esprits. La flèche de l'église catholique de cette ville irritait et inquiétait les habitants. Si on ne l'a pas complétement détruite, c'est que la solidité de la construction résistait à l'incendie et que l'ordre fut rétabli avant que l'œuvre de destruction eût été accomplie. Voyez ce qui est arrivé ici. Lorsque les deux tours de l'église française bâtie tout récemment eurent atteint une certaine élévation, le gouvernement s'en émut et intervint, prenant pour prétexte que, du haut de ces tours, des regards indiscrets pourraient plonger dans les jardins et dans les cours de la *cité impériale*. Mais la véritable raison était les esprits, et Mgr de la Place a sagement fait d'obtempérer aux vœux du Tsung-li-yamen. »

Ces gens si superstitieux ne sont pas fanatiques. On m'assure qu'en matière de religion, dans le peuple comme chez les lettrés, et ce qui est plus étonnant, dans le clergé bouddhique chinois, le fanatisme religieux est inconnu. Il n'en est pas de même chez les Mongols. Plus on se rapproche du Thibet, plus l'intolérance en matière de religion augmente. En Chine, on permet à chacun de sauver son âme à sa façon, et si, malheureusement, on fait une exception pour les chrétiens, c'est par des motifs politiques et non à cause de leurs croyances.

Les sectaires de Confucius, les Taoïstes, les Bouddhistes vivent paisiblement à côté les uns des autres, et on n'entend jamais que la paix soit troublée entre eux par des discussions religieuses. Lorsque Mgr Mouly, le dernier vicaire apostolique de Pékin, mourut[1], on lui fit, pour se conformer aux idées des Chinois, de pompeuses funérailles. Son corps fut porté au cimetière portugais dans un riche cercueil. Revêtus des habits sacerdotaux, les membres du clergé suivirent, la croix en tête. Tous les minis-

---

1. Décembre 1868

tres étrangers se joignirent au convoi, qui eut à parcourir les grandes artères menant à la porte de Ping-tsu-men. On sait que les rues ne sont qu'une digue élevée entre deux bas-côtés. Eh bien ! toutes les personnes en voiture que l'on rencontra, et parmi elles était un prince du sang reconnaissable à son carrosse vert, descendirent de leur propre gré sur les bas-côtés, abandonnant ainsi aux chrétiens ce que l'on nommerait chez nous le haut du pavé. Le peuple regardait avec curiosité et sans témoigner la moindre hostilité.

Il y a, à Pékin, trois ou quatre boutiques très-bien fournies de porcelaines, de sculptures en ivoire et en bois, de cloisonnés, de jades. Ici comme partout, le colifichet abonde, et les objets d'art qui méritent ce nom sont rares et hors de prix. On nous a offert deux jolis vases de vieille porcelaine pour quatre-vingts livres sterling ! Somme énorme vu les objets et vu surtout la valeur élevée de l'argent. Il est vrai que les amateurs indigènes et étrangers ne manquent guère. Les Européens ne peuvent faire le commerce dans cette capitale, où il y a très-peu de visiteurs étrangers et où les seuls résidents sont les membres des légations et les missionnaires. Mais les négociants chinois font des *battues* chez les particuliers, et expédient leurs achats à Shangaï, soit directement, soit par l'entremise des maisons européennes de Tien-tsin, les chinoiseries, surtout les cloisonnés, étant fort appréciées dans le monde élégant de Saint-Pétersbourg et de Moscou.

D'ailleurs les choses vraiment belles se trouvent rarement dans les boutiques. La meilleure manière de faire de bonnes acquisitions est d'acheter par occasion. Des marchands apportent aux légations des objets plus ou moins curieux; c'est un bazar improvisé qui se renouvelle plusieurs fois par semaine et donne un peu de variété à l'existence monotone des diplomates, dont les jours, hélas! se suivent et se ressemblent. Mais il ne suffit pas qu'on vous offre de belles curiosités, il faut encore savoir acheter, c'est-à-dire fixer soi-même le prix, et ne s'en départir jamais, c'est-à-dire être connaisseur et n'être pas pressé. Le propriétaire du vase ou du cloisonné à vendre l'emporte, disparaît pendant un mois, revient, se retire de nouveau, et finit, peut-être au bout d'un an, par accepter votre prix. L'un des plus fins connaisseurs en pareille matière est M. le général Vlangali. Flâner avec lui dans Pékin, examiner en sa compagnie les objets qu'on vient tous les jours étaler dans son jardin, est à la fois un plaisir, une étude et une tentation.

Somme toute, j'ai vu peu d'objets qui m'aient paru posséder une valeur intrinsèque et réellement artistique. Ce qui dans les productions des grandes époques me semble merveilleux, c'est la beauté du coloris et le fini du travail. Je pense que les Chinois ont moins de goût que les Japonais, que leurs couleurs sont plus voyantes et moins harmonieuses, leurs dessins moins riches d'invention et dépourvus de cet *humour* qui, à mon sens, fait le charme principal des produits japonais. Les jades, pierres excessivement dures et difficiles à tailler, sont particulièrement appréciés par les indigènes. Dans certaines boutiques on en trouve un grand choix. Tout homme de qualité doit porter une bague de jade vert ou blanc.

L'Europe est inondée de sculptures en ivoire. Ici j'ai vu un seul objet qui m'a paru un vrai bijou. Le reste ne sortait pas de la banalité. Au point de vue artistique, je préfère les sculptures en bois.

Les laques ne me paraissent pas comparables aux vieux laques du Japon. Quant aux porcelaines, contrairement à l'opinion générale, du moins à en juger parce que j'ai vu, je donne la préférence aux porcelaines chinoises. Il est bien entendu que je parle ici des grandes pièces de premier ordre. Le général Vlangali possède une petite mais précieuse collection de vases de la dynastie Ming et des empereurs du siècle dernier. Les plus anciens, ceux de Ming, datent probablement de la fin du seizième siècle ou des premières années du dix-septième. Ils se distinguent par l'éclat des couleurs; ceux du siècle dernier, par la hardiesse du dessin. Il est impossible d'y méconnaître l'influence de l'Europe. Comment expliquer cette étrange et curieuse analogie avec le baroquisme dont j'ai déjà signalé les traces dans les sculptures japonaises des règnes de Taïko-Sama et de ses premiers successeurs? En ce qui concerne la Chine, me dit-on, l'explication est facile. C'est aux jésuites, alors si haut placés à la cour de Pékin et constamment en relation avec l'Europe, d'où ils tiraient leurs livres, cartes, dessins et instruments, qu'il faut attribuer cette infusion, à fort petite dose il est vrai, du *baroquisme* italien, et plus tard du rococo français de l'époque Louis XV. Les vases qu'on fabrique maintenant à Pékin sont inférieurs sous le rapport de la pureté du dessin et du brillant des couleurs. Néanmoins on en fait encore de fort beaux; dans cette branche d'industrie, je ne vois aucune des traces de décadence que montrent les productions japonaises de ce genre, nommément les vases de Nagasaki. Quant aux cloisonnés, certes ils ne sauraient se mesurer avec ceux du siècle dernier. Le dessin des lignes est moins pur, moins correct, et l'émail n'offre plus ces nuances délicates si admirées dans les vieux cloisonnés. Nous avons visité l'atelier d'un céramiste. Rien de plus simple que ses outils et ses procédés. Au milieu d'une petite cour de quelques pieds carrés, est un feu autour duquel deux enfants se promènent en agitant des éventails pour le maintenir à la température voulue. A côté, dans un misérable hangar, deux ou trois ouvriers, sous la surveillance du maître, se partagent la besogne et produisent de fort jolies choses.

Pour ma part, je l'avoue, je ne puis m'enthousiasmer pour les chinoiseries. C'est artificiel, ce n'est pas artistique. La vraie beauté, la beauté classique y fait défaut. Plus les communications avec l'extrême Orient se multiplieront, plus se perdra en Europe le goût d'objets dont le premier mérite était précisément la difficulté de se les procurer.

M. Fritsche, jeune savant russe, envoyé par son gouvernement avec une mission scientifique, veut bien m'accompagner à l'observatoire des jésuites, situé sur la partie orientale des murs de la cité tartare, entre les portes Tung-pien-men et Chi-ho-men. Nous traversons le quartier qui occupe l'angle sud-est de la ville : une agglomération de huttes de boue et d'une multitude d'êtres humains de misérable apparence. Mais comme tout cela fourmille! Quelle est la population de Pékin? Les livres de géographie que nous avons dû apprendre par cœur dans notre enfance, en portent le chiffre à trois millions. C'est une exagération évidente! J'ai posé la question à M. Williams, la plus grande autorité en ces matières, et à deux diplomates qui y sont fort versés. Tous trois m'ont avoué leur ignorance. Les recensements faits par ordre du gouvernement impérial, m'ont-ils dit, ne méritent pas une entière confiance. On est donc réduit aux conjectures. Leurs calculs et leurs chiffres varient d'un million à huit cent mille et même à cinq cent mille. Lors de son ambassade, le baron Gros, homme instruit et studieux, a obtenu du prince de Kung des détails statistiques portant à cinq cent vingt-cinq millions le chiffre total de la population de l'empire et des États tributaires[1]. D'après M. Wade, la population de Chine, avant la rébellion des Taepings, s'élevait à quatre cents millions. L'opinion de quelques auteurs qu'elle aurait, depuis cette époque, diminué

---

1. *Livre-Bleu*, Chine I (1872), p. 6. — Voir sur la population de la Chine un article intéressant du docteur Martin, de la légation de France à Pékin. *Bulletin de la Société de Géographie*, juillet-août 1872.

de la moitié, est évidemment erronée. Nous voilà arrivés au bout de notre promenade : une tour basse et carrée, collée au mur de la ville.

Dans la cour, il y a deux planisphères supportés par des consoles de bronze, en forme de dragons, magnifiquement ciselés. Sur l'entablement de la tour, également en plein air, on voit plusieurs quadrants et un globe céleste sur lequel est marqué le ciel de Pékin ; le tout en parfait état de conservation. Mon compagnon m'assure qu'au point de vue scientifique ces instruments sont des chefs-d'œuvre. Ils ne le sont pas moins comme œuvre d'art.

Regardez cette muraille massive, cette longue enfilade de bastions crénelés, produits et agents de la force brutale ; à vos pieds, dans la ville, un dédale de huttes surmontées d'une forêt, au dehors le désert, puis des horizons qui fuient et, au-dessus, le dôme azuré. Partout un profond silence, interrompu seulement par des sons qui semblent descendre des régions célestes ; ce sont de blanches nuées de pigeons qui, d'une hauteur prodigieuse, font vibrer en passant leurs harpes éoliennes[1]. Tout, dans cette scène, est étrange, fantastique ou barbare, excepté ces instruments destinés à mesurer le ciel, abandonnés mais respectés par les hommes et par les éléments, restes éloquents d'une époque déjà lointaine où il semblait possible que des millions d'êtres humains, non par la force, mais par la persuasion,

---

1. A Pékin, les pigeons abondent. Ils sont tous munis d'un petit sifflet de bambou excessivement léger, qu'on leur attache entre les ailes pour les protéger contre les oiseaux de proie. Le son de ce petit instrument ingénieux varie selon le degré de vitesse du vol.

et à la double lumière de la prédication et de la science, fussent gagnés aux bienfaits de la civilisation !

Bien souvent, en me promenant dans Pékin, je pense aux chefs de nos chancelleries diplomatiques qui m'ont enseigné à copier une dépêche, à la bien plier et surtout à donner à chacun la courtoisie qui lui est due, à nuancer avec discernement la « parfaite », la « distinguée » et « la plus haute considération. » Ces dignes hommes, ces preux chevaliers de l'encre et du papier-ministre, dorment depuis longtemps du sommeil du juste. Que ne puis-je évoquer leurs mânes ? Comme ils se réjouiraient de voir une grande capitale toute peuplée de leurs semblables ! En effet, le Chinois me semble être né bureaucrate. Cela s'explique d'ailleurs par ce fait qu'il faut passer par les bureaux pour arriver aux grandes situations. Si les mandarins sont en fort petit nombre, beaucoup de Chinois possèdent les connaissances voulues pour devenir fonctionnaires. Observez, par exemple, les domestiques qui, au point de vue social, sont bien supérieurs à nos gens : à leur mise soignée, à la propreté de leurs ongles, on les prendrait pour des gentlemen. Quelle est l'essence du bureaucratisme ? Le culte de la routine. La routine est votre boussole, votre évangile, votre habitation et votre prison. Elle vous guide, elle vous éclaire et vous soutient dans le doute, elle vous abrite dans les tempêtes politiques. Les gouvernants tombent, les États s'effondrent, mais les bureaux restent. Après la bourrasque, on y retrouve les mêmes figures, les mêmes toilettes, les mêmes idées, s'il y en a, et les mêmes allures. Le logis est étroit, il n'y a pas de place pour le génie, mais le bon sens, les connaissances solides, le sentiment du devoir, la parfaite honnêteté trouvent à s'y caser. Pour les esprits inquiets, pour les gens hors ligne ou qui s'imaginent l'être, pour les récalcitrants, cette maison se transforme en prison.

Dans la capitale de l'empire du Milieu, tout respire le bureaucratisme. Le chapitre des fonctionnaires chinois a été souvent débattu dans nos causeries. On les taxe de rapacité, de vénalité, de cruauté. L'organisation de l'empire, la réunion, dans les mains du même fonctionnaire, des pouvoirs administratifs et judiciaires, l'indépendance dont jouissent les représentants de l'empereur dans les provinces, qui sont des royaumes, le manque de contrôle, l'obligation qui pèse sur eux d'envoyer au trésor impérial des sommes considérables, leurs modestes appointements qui seraient insuffisants s'ils ne trouvaient moyen de se revancher sur leurs administrés, l'habitude du Tsungli-yamen de leur faire rendre gorge à leur retour à Pékin, non au profit des moutons tondus, mais en faveur du trésor de l'État, tout cela et mille autres circonstances expliquent, sans les excuser, les exactions, les dénis de justice, les actes arbitraires dont on accuse les mandarins.

Heureusement la forte organisation de la famille et l'esprit d'autonomie, l'un et l'autre si puissants en Chine, surtout dans le midi, joints à l'horreur qu'on a de l'intervention du mandarin et du recours aux tribunaux, offrent les moyens de restreindre considérablement et salutairement l'action du pouvoir officiel, et de le remplacer, dans une très-large mesure, par le pouvoir patriarcal. Des tribunaux, où l'on voit siéger, à côté de l'homme le plus considérable par l'âge et la position sociale, les notables du clan ou de la municipalité, connaissent sans appel des matières civiles, et très-souvent même des matières criminelles. Tolérés, je crois, et non légalement constitués, ils ne peuvent prononcer un arrêt de mort. Cependant, plutôt que d'en référer au mandarin, plutôt que d'exposer le coupable à avoir la tête tranchée ou, ce qui est la dernière des ignominies, à être haché en morceaux, et à compromettre le sort de sa famille qui est ordinairement englobée dans sa ruine, le patriarche, après avoir rendu la sentence, dit au condamné : « Ton crime est d'un ordre tel que nous devons te remettre au taotai. Tu auras la tête coupée. Si tu veux échapper à ce triste sort, passe dans la chambre voisine, tu y trouveras une corde ou du poison. » Il n'y a pas d'exemple que le condamné préfère comparaître devant le mandarin.

Les délégués du pouvoir impérial ne sont donc pas populaires. On allègue comme excuse qu'ils se trouvent plus ou moins dans les mains de leurs subordonnés, très-peu nombreux aussi et battant monnaie comme ils peuvent. Mais tous les agents du pouvoir impérial ne sont pas de méchants hommes. Assez souvent ils gagnent l'estime et l'affection de leurs administrés et, à l'expiration de leur mandat, ils reçoivent d'eux, comme témoignage de regret, un parasol en soie écarlate sur lequel se lisent, brodés en or, les noms des donateurs. C'est ce parasol que le fonctionnaire, assez heureux pour en posséder un, ne manque jamais de faire porter devant sa chaise quand il se montre en public.

Un jour, me promenant dans les rues de la cité tartare, je vis passer avec grand fracas une bande de domestiques précédant et suivant une chaise à porteurs. C'était le ministre des finances, grand seigneur mandjou, et, comme chef d'une des huit bannières, ayant le rang de maréchal.

« La vie d'un homme d'État, disait dernièrement cette Excellence chinoise, est parfois semée d'épines. Voilà ce qui vient de m'arriver. Mon vice-chef de bannière demande à toucher ses appointements à partir du 1er du mois. Mais comme il n'est entré en fonctions que deux semaines après, cette prétention est inadmissible. Seulement en qualité de chef de bannière, je ne puis lui refuser mon appui. J'ai donc adressé une note au ministre des finances, c'est-à-dire à moi-même. Tout ce qu'on pouvait dire en faveur d'une prétention ridicule, absurde et contraire à la loi, je l'ai dit. Cela fait, en qualité de ministre des finances, j'ai réuni le conseil des revenus qui, se rangeant à mon avis, c'est-à-dire à l'avis du ministre des finances, a repoussé avec indignation les réclamations du vice-chef de bannière. Cette résolution dûment approuvée par moi, ministre de finances, a été, dans une note rédigée avec tous les ménagements que je me dois, communiquée à moi, maréchal de bannière. Néanmoins, en cette dernière qualité, je n'ai pu ne pas éprouver un vif déplaisir, partagé, cela va sans dire, par mon vice-chef de bannière. Aussi ne veut-il pas en démordre et, en ce moment, comme son chef et protecteur naturel, je suis occupé à rédiger une protestation assez énergique qui, je le crains, ne fera pas plaisir au ministre des finances. Le cas est grave, il est complexe; j'ignore comment cela finira. »

Il y a ici quatre églises et paroisses catholiques, toutes desservies par les prêtres de la congrégation de la mission, dite des Lazaristes : la cathédrale Nan-tang, *église du Sud*, communément appelée église portugaise, imposant édifice du dix-septième siècle; selon le goût péninsulaire, les ornements baroques y abondent. Les *Quinas*, le vieux blason du Portugal, que naguère encore on voyait au-dessus du portail de ce temple, œuvre de la piété et de la munificence des rois Très-Fidèles, ont été remplacés par les armes de France.

Pei-tang, *église du Nord*, située au centre de la ville, près de la cité défendue; c'est une belle construction gothique bâtie dans ces dernières années. Ses deux tours resteront inachevées; on ne sait pourquoi. A Pei-tang se trouvent la résidence du vicaire apostolique, la principale maison des Lazaristes en Chine et le séminaire. L'emplacement était autrefois occupé par un couvent de Franciscains, qui a disparu lors des grandes persécutions.

Les deux autres églises catholiques s'appellent, d'après leur situation géographique, Tung-tang et Si-tang, les *églises de l'Est et de l'Ouest*.

Le diocèse de Pékin compte vingt-sept mille chrétiens, et la ville huit mille. Parmi ces derniers, il y a beaucoup d'artisans respectables et presque tous les horlogers de Pékin. L'horlogerie a été introduite en Chine par les jésuites, et la foi chrétienne, conjointement avec cet art, s'est conservée dans les familles et propagée de père en fils.

Un dimanche, par une matinée brumeuse, je me fis porter à Pei-tang. On y célébrait la messe, à laquelle assistaient un grand nombre de fidèles, tous des indigènes, les hommes d'un côté, les femmes de l'autre. Dans la nef transversale, cinq ou six sœurs de charité étaient agenouillées au milieu des eunes filles, leurs élèves. Un des missionnaires joua de l'harmonium; puis, prenant place sur un escabeau, près de la balustrade qui sépare le chœur de la grande nef, il prononça, en langue chinoise, un court sermon. Tous les regards de cette foule pieuse s'attachèrent à ses lèvres. De ma place, je pouvais examiner à mon aise les visages tournés vers l'autel. J'ai retrouvé la coupe, mais non l'expression des figures qu'on rencontre dans les rues. De la confiance, du respect, de la sérénité; aucune trace du scepticisme, de l'ironie, de cette maussade indifférence qui se peignent généralement dans les traits des Chinois. Presque tous les étrangers, protestants et catholiques, qui ont visité les chrétientés de cet empire, sont frappés de l'influence que le christianisme exerce sur la physionomie et sur le maintien de ceux qui l'ont embrassé. Plusieurs auteurs anglais en parlent dans leurs relations de voyage.

Mgr de Laplace, évêque d'Andrinople et vicaire apostolique à Pékin, une des gloires de l'apostolat moderne, a bien voulu me montrer lui-même l'église, la maison et le séminaire. Le musée d'histoire naturelle, unique dans son genre, a été formé par le savant abbé David, lazariste. Les objets qu'on y voit appartiennent à la province de Che-li. La partie ornithologique de cette riche collection est la plus appréciée par les savants.

La collection des livres, formée en partie des débris de la bibliothèque des anciens jésuites, possède quelques beaux volumes et atlas, pour la plupart des éditions hollandaises données par les empereurs. Dans quelques livres on lit, tracés avec les grands et hardis caractères du dix-septième siècle, que le temps jaunit déjà, les mots : *Datum ab imperatore Kang-hi.*

Dans ma visite au séminaire, Mgr de Laplace m'engagea à ouvrir au hasard quelques pupitres. Chaque élève y renferme ses livres, ses écritures, ses rasoirs, de petites friandises, le tout disposé symétriquement et avec le plus grand ordre. Quelques-uns ont même trouvé moyen d'y suspendre de petites images sacrées ou d'y ériger un petit autel. C'est dans le génie de cette nation de savoir utiliser l'espace.

Au jardin, concert des séminaristes. Pas de Haydn comme à Sü-kia-wei, mais de la vraie musique chinoise exécutée avec des instruments étranges dont le son m'a paru agréable. J'ai surtout admiré une sorte d'orgue portatif ; ce sont des flûtes accouplées que le musicien place verticalement sur ses lèvres.

En manœuvrant les nombreuses clefs, ses doigts ont de la peine à éviter le contact de son nez, qui, par bonheur, est peu protubérant. Il y avait un certain *tremolo* assez doux à l'oreille ; mais comment décrire l'effet optique? Une série de chiquenaudes que l'artiste s'applique à lui-même et auxquelles, par des mouvements saccadés de la tête, il tâche vainement d'échapper. Je me tenais les côtes, et les jeunes virtuoses, loin de m'en vouloir, partageaient mon hilarité.

Les élèves sont évidemment bien tenus au physique et au moral. Ils ont l'air franc, modeste et bien portant. Leur seul aspect fait l'éloge du séminaire de Pei-tang et de ceux qui le dirigent.

Le *cimetière portugais* se trouve à l'ouest de Pékin, à deux milles de la porte dite : Ping-tzu-mên. Comme la cathédrale, comme la bibliothèque, il doit à la protection de la cour de Saint-Pétersbourg, peut-être aussi aux craintes superstitieuses des Chinois, d'avoir échappé à la destruction. M. Favier a bien voulu m'y conduire. Deux cents tombeaux environ renferment les restes des Pères de la Compagnie de Jésus qui ont, pendant plus de deux siècles, exercé leur ministère et sont morts dans cette partie de l'empire. Rien de saisissant comme le premier aspect de cette sombre nécropole. Les Ricci, les Schall, les Verbiest, ces grandes figures dont les noms, avec ceux de tant d'autres Pères, brillent dans les annales des sciences et de l'apostolat, sont ensevelis dans la partie la plus ancienne du *Campo-Santo*. Leurs monuments funéraires se composent de quatre éléments principaux : le sarcophage; une table, une seule et énorme pierre; cinq grands vases, les brûle-parfums; enfin les tablettes qui, couronnées de dragons et posées sur des tortues, donnent, en latin et en chinois, avec le nom du défunt, les dates de sa naissance et de sa mort. Tout est grandiose, magistral, solennel. Une croix colossale, plantée sur un point culminant, rappelle au visiteur que, dans ces mausolées, reposent les dépouilles de chrétiens [1].

---

1. Le P. Mathieu Ricci, né à Macerata en 1552, pénétra en Chine en 1583 et mourut à Pékin en 1610. Il obtint les bonnes grâces de l'empereur et laissa des ouvrages de morale et de géométrie. Le P. Jean Adam Schall, né à Cologne en 1591, arriva en Chine en 1622 et mourut à Pékin en 1666. Le P. Ferdinand Verbiest, né à Pitshen près de Courtray, en 1623, entra dans la mission de Chine en 1659 et mourut à Pékin en 1688. Il obtint la confiance et l'amitié du grand empereur Kang-hi (1661-1722), professa l'astronomie et dirigea la fonderie de canons. On a de lui un volume intitulé : *Liber organicus Astronomiæ apud Sinas restitutæ*.
Tout le monde connaît les attaques dirigées par les dominicains contre les jésuites au sujet de l'adoption de certains rites chinois. Le procès qui s'ensuivit, après avoir traversé de longues et nombreuses péripéties, fut jugé définitivement sous le pontificat de Benoît XIV. Ce pape défendit aux missionnaires de se conformer désormais aux rites chinois. Lorsque Rome eut parlé, les jésuites se soumirent aussitôt et sans réserve, mais ils soutinrent néanmoins : 1° qu'ils avaient toujours considéré comme purement civils et aucunement religieux les rites chinois concernant les honneurs rendus à Confucius et aux parents défunts; 2° que ce n'étaient pas les jésuites seuls qui jugeaient ainsi le caractère réel de ces rites ; 3° que certaines parties de ces rites, déclarées superstitieuses, avaient été éliminées longtemps avant que le Saint-Siége eût rendu son arrêt.
Cette cause célèbre me revint à l'esprit lorsque je vis tous ces dragons, ces tortues, ces symboles, païens en apparence, mais, selon l'opinion des jésuites, purement politiques et civils. On conçoit que des moines arrivant d'Europe et n'ayant aucune connaissance, ou bien une connaissance fort imparfaite des hommes et des choses de ce pays, se soient formalisés de ce qu'ils appelaient et croyaient être une trop grande déférence et une dangereuse innovation. Des hommes entièrement étrangers à ces discussions et fort versés dans

(23 octobre.) Ce matin, départ pour la grande muraille. A Pékin, les portes de la ville se ferment au coucher du soleil et ne s'ouvrent qu'à l'aube du jour. Les mulets et chevaux de louage qui transportent les voyageurs et leur nombreuse suite doivent être amenés de la campagne. De là un fâcheux retard. Nous n'arriverons guère au gîte avant la chute du jour, et, dans l'empire du Milieu, la nuit n'est pas l'amie du voyageur. Enfin, à neuf heures, notre caravane quitte la légation de Russie. M. Lenzi la dirige.

Pour arriver à la porte du Nord-Ouest, dite Tê-cheng-mên, nous avons mis une heure et demie. Mais le moyen de la franchir? Comment trancher ce nœud gordien formé d'êtres humains, de chameaux, de chevaux, d'ânes, de voitures, de chaises à porteurs, de bonzes, de paysans, de koulis? Entre les deux portes, l'intérieure et celle du dehors, la presse est telle que pendant un instant le désespoir nous prend. Enfin, on sort! Un village qui touche à Pékin nous reçoit dans sa longue et, je crois, unique artère, sale, bourbeuse et encombrée comme les rues les plus fréquentées de la capitale. Encore une demi-heure, et nous voici en rase campagne! Des groupes de saules, de petits étangs, des tertres de bouc alternent avec des champs cultivés et des fermes isolées. Sommes-nous en Moravie, en Hongrie

---

les questions de l'étiquette et des rites chinois m'ont assuré qu'il leur semblait extrêmement difficile de tirer une ligne de démarcation entre la religion et la politique, entre le culte des Dieux et les cérémonies qui symbolisent le respect dû à l'empereur et par là purement civiles.

ou en Chine? La ressemblance est frappante, et je me demande si c'était la peine d'aller chercher de l'autre côté du globe cette vulgaire et si peu intéressante monotonie.

La journée se passe à éviter la grande route tout inondée et à chercher les digues naturelles qui la bordent. Souvent ces dernières se terminent brusquement, et nos hommes de plonger dans la plaine, de s'embourber à mi-corps, de jurer, de gesticuler, de crier à tue-tête. De chemin, plus de trace. On marche donc au petit bonheur. Quelques-uns de nous voyagent en litières, d'autres à cheval. J'ai choisi le premier mode de locomotion, et bien m'en a pris. Tour à tour, je vois mes amis rouler avec leurs chevaux. Heureusement, nous naviguons dans une mer de boue, et personne ne se fait de mal. Les toilettes seules en souffrent. A chaque pas, mes deux mules trébuchent, et, comme nous longeons souvent des ravins, la perspective n'est pas toujours rassurante. Nos muletiers et palefreniers sont tous des Chinois mahométans. On les choisit de préférence, parce qu'ils sont moins hostiles aux Européens. Tel est l'antagonisme entre eux et leurs compatriotes païens, qu'ils se trouvent eux-mêmes plus d'affinité avec les chrétiens. « Nous sommes de votre religion, » nous ont-ils dit.

A neuf heures du soir, après une marche de près de douze heures, nous arrivons aux portes de la ville Chang-ping-chow. Mais elles sont fermées, impossible d'entrer. Mettons-nous à la recherche d'un temple! On en trouve toujours près des villes. On longe donc ces murs interminables. A la lueur incertaine de la lune légèrement voilée, les bastions crénelés semblent grandir et se prolonger à l'infini. Mais voici le temple. Le prêtre qui le dessert, assis dans la cour, fume sa pipe, et, sans se déranger, nous fait signe d'entrer.

(24 octobre.) La journée d'aujourd'hui marquera parmi mes souvenirs de voyage. Nous avons visité les tombeaux des Ming[1].

Ce sont des temples éparpillés dans une plaine séparée du reste du monde, sur trois côtés par la chaîne des montagnes mongoles, et vers Pékin par une élévation graduelle du terrain. On arrive par une avenue bordée de statues colossales, grossièrement sculptées : des rois, des chevaux, des griffons, des éléphants, des lions, des chameaux. Elles ajoutent à la tragique solennité du lieu. Jamais je ne me suis senti aussi seul.

Les tombeaux se trouvent derrière les temples, dont chacun est entouré d'un enclos. J'en ai compté treize, mais je crois que le nombre est plus considérable. Nous visitons la dernière demeure de l'empereur Tsuwên. Restaurée par Kien-lung[2], elle est aujourd'hui complètement négligée. Admirez d'abord les dimensions de la grande salle dont le toit est supporté par d'immenses colonnes[3], des troncs d'arbres naturels, cadeau, dit-on, d'un roi de Siam.

1. Les princes de cette dynastie ont régné de 1366 à 1644.
2. A régné de 1736 à 1796.
3. Celles du milieu ont soixante pieds d'élévation et une circonférence de près de douze pieds.

Visitez ensuite le sarcophage qui occupe un édifice séparé, puis montez sur la tour d'où vous pourrez jouir à votre aise de l'héroïque et funèbre beauté du site.

A nos pieds s'étend la plaine, déchirée par des lits de torrents. Vers l'est, à la distance de quelques milles à peine, s'élèvent, tout couverts de broussailles, les premiers contre-forts de la Mongolie. Décrivant une courbe immense, ils s'enfuient vers l'ouest. Leurs gorges sont inondées de ténèbres, leurs sommets ruissellent de lumière. Près de nous tout est brun-roux; plus loin, gros bleu de Sèvres. Les dernières hauteurs confondent leurs teintes azurées avec les tons, à peine plus tendres, du ciel. La végétation septentrionale, le peu qu'on en aperçoit, contraste avec le riche coloris du midi. Le temps est superbe, pas un souffle d'air. Un silence profond plane sur la nécropole.

Une marche de trois heures nous mène à Nankow.

En descendant péniblement un tertre, nous apercevons, à l'entrée même du défilé qui mène en Mongolie, cette petite ville entourée de murs délabrés et quelques touffes d'arbres. On se case tant bien que mal dans une des nombreuses hôtelleries fréquentées par les chameliers qui vont dans le Nord ou qui en arrivent.

Nous apprenons là que la route est complétement détruite et que la petite chaise à porteurs est le seul moyen d'arriver à la grande muraille. Cette prétendue route n'est d'ailleurs jamais praticable pour les charrettes. On est toujours obligé de les faire transporter à dos de chameaux, après avoir enlevé les roues.

(25 octobre.) Nous laissons notre caravane à Nankow, et, malgré l'obscurité, nous partons à cinq heures du matin. Voici notre véhicule : une misérable petite chaise, dépourvue de dossier, est mise sur deux brancards de bambou. Deux autres plus courts, placés dans l'axe longitudinal de la chaise et reliés par des cordes aux deux grands brancards, reposent sur l'épaule des quatre koulis, qui marchent l'un devant l'autre, deux à l'avant, deux à l'arrière. Munis de lanternes, ils avancent rapidement. Le chemin est le lit du torrent, rempli d'une eau bourbeuse et bouillonnante, et parsemé de blocs de rochers. C'est à gué, ou en sautant de pierre en pierre, qu'ils passent sans cesse d'une rive à l'autre. Pour garder l'équilibre, ils étendent leurs bras comme des danseurs de corde. Ils glissent, ils trébuchent, mais ils passent. Un de mes hommes est tombé au milieu même du courant, mais les autres l'ont soutenu, et il n'y a pas eu d'accident. Aussi notre confiance dans ces hommes que nous n'avons jamais vus, que nous ne reverrons jamais, est-elle sans bornes. Les longs voyages rendent fataliste. On a besoin de l'être quand on aspire à l'honneur d'être ce que les Yankies appellent élégamment *a globe trotter*, un trotteur autour du globe.

L'air est tiède, imprégné des âcres parfums qu'exhalent les buissons des Pyrénées ou de la Sierra Morena. Nous sommes sur la grande route de Mongolie. Djingis-Khan l'a suivie dans son invasion de la Chine. Ses hordes présentaient sans doute le même aspect que les hommes que nous rencontrons, et qui, assis entre les deux bosses de leurs bêtes, en traînent d'autres à leur suite.

Petite halte au fort de Tsu-yung-quan. Les savants se disputent sur les caractères dont l'une des portes est couverte. A la foule qui se presse autour de nous se mêlent plusieurs galériens. En Chine les forçats, loin d'être frappés de déshonneur, jouissent au contraire des sympathies du public. Ces hommes portent autour du cou un lourd anneau de fer et un autre au pied. Les anneaux sont attachés à une tringle de fer qu'ils tiennent dans la main comme une baguette. Ils semblent habitués à cette triste toilette, et les honnêtes gens conversent familièrement et en riant avec eux.

Plus nous avançons, plus nous sommes arrêtés par d'interminables files de grands et beaux chameaux à deux bosses. Ils viennent de Kiachta, d'autres y vont. M. Starzoff, mon hôte aimable du temple de Thung-chow, y envoie en ce moment une caravane de quinze mille chameaux, transportant soixante mille caisses de thé! Cela donne une idée de l'importance des relations commerciales de la Russie avec la Chine.

Le défilé se rétrécit de plus en plus. A un endroit appelé Vu-gui-tow, très-pittoresque avec son petit temple suspendu et encastré dans le rocher, en face d'un petit pavillon rouge, également collé au flanc de la montagne, la vallée offre l'aspect d'une simple rigole. Je ne pense pas qu'elle puisse avoir plus de quarante pieds de largeur.

La dernière partie du chemin est la plus pénible. Mais nos koulis, malgré les treize milles qu'ils ont parcourus en moins de cinq heures, ne trahissent aucune fatigue, et nous déposent vers dix heures au pied de la *grande muraille*, l'*ultima Thule* de mon voyage.

Assis sur le haut du mur, au-dessus de la porte, un pied en Chine et l'autre en Mongolie, nous pouvons à loisir contempler la célèbre muraille.

Vers le nord-est, après avoir traversé l'étroite vallée, elle suit la crête et les sinuosités des montagnes. De ce côté, toutes les hauteurs sont couronnées de tours. Le mur monte, descend, remonte en zigzag, disparaît et reparaît derrière les rochers. On ne peut se rendre compte des distances que par la dégradation des couleurs, des lumières et des ombres.

Vers le sud-est, le regard plonge dans la vallée que nous venons de parcourir. Les rochers se précipitent dans la gorge en s'entrelaçant. C'est un chaos de blocs dentelés brun foncé, gris, violacés, bleuâtres.

Vers le sud-ouest, la montagne se dresse tout près de nous. La muraille monte en serpentant, se replie à angle droit, escalade le sommet qui affecte ici les formes d'un dos de chameau à deux bosses.

Au nord-ouest, le défilé s'ouvre sur une petite plaine. Au delà, d'autres montagnes forment le second gradin et, à ce qu'on me dit, le dernier du plateau de la Mongolie. L'air opaque ne nous permet pas de les distinguer clairement. En ce moment, des caravanes traversent la plaine et s'engagent dans le défilé. Malgré la distance, les cris aigus des chameliers arrivent jusqu'à nous. Tout dans ce tableau est grand, sombre, sauvage. L'absence de soleil en augmente l'indéfinissable tristesse. C'est bien l'Asie centrale.

De retour à Nang-kow avant la nuit, malgré l'heure avancée, on fait encore une étape dans la direction de Pékin [1].

(26 octobre.) Nous avons passé la nuit Yanfan, dans une bonne auberge, bonne au point de vue chinois. A cinq heures, en route! Pendant toute la matinée, un brouillard épais nous a privés de la vue du pays. Heureusement vers midi, après une marche pénible de six heures, toujours dans des sentiers défoncés, les rideaux se déchirent tout d'un coup. Le soleil nous réchauffe doucement et inonde le pays de ses pâles lueurs. De grands murs d'enceinte, des édifices imposants, des pavillons, des kiosques, des coteaux boisés qui se mirent dans une vaste pièce d'eau et se découpent nettement sur le rideau clair des montagnes de Mongolie. Les flèches de deux pagodes, s'élançant gracieusement

---

1. Tout le monde sait qu'il y a deux murailles: l'intérieure et l'extérieure. Mais ni les savants chinois, ni leurs confrères d'Europe n'ont pu jusqu'ici résoudre le problème constamment agité à Pékin: laquelle des deux est la plus ancienne? Le parcours de la grande muraille est d'environ cinq cents milles. Le mur que j'ai visité est crénelé sur le côté qui regarde la Mongolie. La hauteur de cet étrange rempart varie de trente à trente-deux pieds et de dix à douze dans les endroits où il longe les précipices. Il est bâti d'une pierre granitique fournie par la montagne.

du milieu des arbres, donnent à ce ravissant point de vue la couleur du pays.

Nous sommes près du palais d'Été, à l'entrée de Yuen-ming-yuen, le *jardin magnifique et circulaire* de l'empereur. Cette partie de l'enceinte étant fermée, nous continuons vers Wanshow-shan. Chemin faisant, la caravane s'engage brusquement dans une impasse, laissant la route libre à deux ou trois cents cavaliers à la tenue martiale, bien habillés et armés les uns de fusils, d'autres, et ce sont les plus nombreux, d'arcs et de flèches. Ces soldats appartiennent à l'une des bannières mandjoues; ils sont connus pour leurs idées rétrogrades. L'aspect des Européens leur agace les nerfs, et on fait bien, si on peut, de se tenir à une respectable distance de ces guerriers conservateurs.

Après une courte négociation conduite à bonne fin par l'habile M. Lenzi, nous pénétrons dans une cour; puis, traversant des tas de briques vernies, des débris de statues, des colonnes renversées, nous entrons dans le parc, et, du haut d'un mamelon artificiel, nous pouvons contempler les restes encore imposants d'un monument créé par le génie d'une nation barbare[1] et converti en un morceau de ruines par les armées de deux grandes nations civilisées. Le peu qui reste debout et les débris de sculptures portent un cachet de rococo qu'on est fort surpris de rencontrer en Chine. Tout ici a un air de cour;

---

1. Pendant le long règne de Kien-lung (1736 à 1796). Ce palais a eu en 1860 tant de visiteurs, et tant de souvenirs en ont été apportés en Europe, on en a publié tant de descriptions, que je supprime ici les notes par moi prises sur les lieux.

on se sent transporté à Versailles, à Shœnbrunn, à Potsdam. Certes, ce n'est pas une ressemblance matérielle ; mais on y trouve de l'affinité.

Le déjeuner est servi dans le jardin, et notre Vatel chinois s'est surpassé. S'il est vrai qu'en Europe, même sur le sol classique de la France, l'art culinaire décline, et que les bons chefs deviennent de plus en plus rares, on ferait bien de s'en pourvoir ici. Le Chinois a du calme, il perd rarement la tête, et il possède, au plus haut degré, la première qualité du cuisinier, la délicatesse du palais. Pendant que nous nous livrons aux jouissances culinaires d'un excellent repas assaisonné par l'appétit, un gardien s'approche de nous en proférant, d'une voix courroucée, des paroles qui évidemment ne sont pas flatteuses. Il est mécontent de nous voir camper sous un portique hanté par les esprits qui, pas plus que ce cerbère, n'ont de tendresse pour les *diables étrangers*. Pendant longtemps l'imperturbable Lenzi feint d'ignorer la présence de ce personnage qui gesticule avec violence et crie comme un possédé. A la fin, il fallait bien parler : « Ote-toi d'ici, lui dit notre mentor avec un sourire gracieux, l'odeur de ta pipe nous incommode. — Vos viandes infectent. — Eh bien ! raison de plus, pour toi, de t'en aller. — C'est vrai, » dit-il, et il se retira. C'est, me dit-on, la manière de traiter les enfants du Milieu. Il faut être poli, calme et surtout logique.

En passant très-rapidement par la ville, nous ne voyons que des figures refrognées. Les habitants, naguère aisés grâce aux longues résidences périodiques de la cour, sont tombés dans la pauvreté depuis le sac et la destruction du palais.

———

Notre court séjour dans la capitale tire à sa fin. Nous avons constamment joui d'un temps superbe. Cette nuit, quelques coups de vent nous ont réveillés. L'air est redevenu calme; mais la température a soudainement baissé : au lever du soleil il a gelé. L'hiver commence, et il durera jusqu'à la fin de mars. Pendant cette longue époque, sauf un peu de neige qui tombe vers la fin de novembre et en février, et que les bourrasques balayent aussitôt, le ciel est serein, le soleil luit, et, sous l'action du terrible vent du nord-est, le froid devient très-sensible quoique le thermomètre descende rarement, et seulement pour peu de jours, à 15 degrés Réaumur. Des nuages de poussière enveloppent alors Pékin, pénètrent dans l'appartement le mieux fermé. Faire de l'exercice, monter à cheval, est impossible. Le printemps est court et désagréable; l'été, pénible à cause des chaleurs et de la boue. De juin en septembre, des pluies torrentielles tombent à courts intervalles, transformant les rues en tourbières et les rendant presque impraticables. Je comprends maintenant pourquoi le prophète Jonas a mis trois jours pour traverser Ninive. Pendant cette saison, les membres du corps diplomatique se réfugient sur les coteaux qui avoisinent le palais d'Été, ou à Che-fu. Octobre est le beau mois. C'est l'automne, et, à cette époque, à en juger par ce que j'ai vu moi-même, rien n'égale la beauté du ciel, l'air est doux et fortifiant, et tout le monde a la conscience ou l'illusion de la santé. Le climat n'est pas malsain; pas de fièvres et peu d'épidémies, sauf la petite vérole qui, en Chine comme au Japon, fait souvent de terribles ravages.

Comme séjour, le mois d'octobre excepté, Pékin est tout simplement un enfer. Aucune distraction, aucune ressource sociale en dehors de la petite colonie formée par les membres du corps diplomatique. Les PP. Lazaristes et le petit nombre de missionnaires protestants, absorbés par les devoirs de leur état, ne fréquentent pas les salons des légations. Cependant j'ai entendu peu de plaintes. Les jeunes diplomates, il est vrai, ont d'abord des accès de découragement; mais bientôt ils se font à cette réclusion un peu monacale, à cette vie de famille et de château, aux relations intimes et journalières entre eux et avec leur chef. Ce qui manque, ce sont les femmes. On en avait possédé sept; depuis le départ de Mme Low et de ses filles, ce chiffre s'est réduit à quatre. Les femmes et les filles des missionnaires anglais et américains ne comptent pas socialement. La plus grande harmonie règne d'ailleurs dans cette noble et à tous égards respectable colonie.

Les légations de Russie, d'Angleterre, de France occupent de vastes terrains. Un mur solide entoure les divers édifices, la maison du ministre, les *bungalows* des secrétaires, les dépendances, la chapelle, les écuries et les jardins. Ce sont des établissements dignes de ces grandes puissances. La légation de Russie, rebâtie ou restaurée sous la direction personnelle du général Vlangali, se distingue par une noble et élégante simplicité. Des maisons parsemées dans un jardin ; à côté, une vaste cour et des dépendances. C'est de là que j'ai vu partir des cosaques chargés de transporter la lourde malle à Kiachta à travers le désert de Gobi. Ces voyages s'accomplissent ordinairement en un mois. Les courriers de cabinet du gouvernement russe franchissent la distance entre Pékin et Kiachta, treize cents milles anglais, en quinze jours. Les membres de la légation prennent ordinairement cette route, jugée préférable dans la bonne saison (avril et mai), à la longue navigation sur la mer Jaune et sur l'Océan Indien. On se sert d'une charrette chinoise attelée de deux chameaux, et on emporte des vivres pour trente jours, durée ordinaire du voyage. A Kiachta, on trouve facilement à acheter des voitures ; on y trouve aussi, comme dans toute la Sibérie, une poste aux chevaux fort bien organisée et des auberges, enfin la civilisation. Par cette route, on franchit la distance de Pékin à Saint-Pétersbourg en deux mois.

Je ne puis passer sous silence un homme remarquable.

On sait que le gouvernement chinois, voulant mettre fin aux fraudes commises par ses employés de connivence avec des négociants européens et américains, a confié à des étrangers la direction et l'administration des douanes établies dans les ports ouverts. Le chef, portant le titre d'inspecteur général, est M. Hart, Anglais ; les autres fonctionnaires et employés, nommés par lui et placés sous ses ordres, appartiennent à différentes nations. On reconnaît à M. Hart des qualités hors ligne : de l'intelligence, de l'activité, de l'énergie. Il a suivi la carrière consulaire, puis a passé au service de la Chine et organisé les douanes. Il touche des appointements énormes, et paye à ses employés des salaires fort supérieurs aux traitements que donnent nos gouvernements. Il a donc le choix des individus, peut-être un peu au détriment des légations et des consulats. L'existence de cette institution est un hommage rendu au caractère honorable des Européens dans cette partie du monde, et elle honore aussi le gouvernement chinois, qui, en cette circonstance, s'est affranchi de ses préjugés anti-européens ; enfin elle fournit à M. Hart et à ses subordonnés l'occasion d'étudier le pays, de se créer des relations et, peut-être un jour, de rendre des services également utiles à la Chine et à l'Europe.

M. Hart est un homme jeune encore, fort bien vu jusqu'à présent au Tsungli-yamen. Il vient de se rendre populaire auprès des étrangers par la publication d'un Mémoire qu'il a « soumis au trône impérial ». Dans cette pièce curieuse, le chef des douanes, empiétant sur le terrain de la haute politique, dénonce les vices de l'administration chinoise, les fautes et les faiblesses des mandarins.

Les Européens établis à Pékin sont-ils exposés à des dangers ? A cette question, on m'a répondu que non. Mais on convient qu'il y a deux éventualités où ils courraient les plus grands périls : en cas de rébellion contre la dynastie actuelle, et si la guerre avec les puissances européennes était imminente, ou que le gouvernement la jugeât inévitable. Alors la haine contre les étrangers éclaterait, et les autorités manqueraient ou de la volonté ou des moyens nécessaires pour la contenir. Si nous ne sommes pas massacrés, ai-je entendu dire, on nous gardera en otages. Ce sera une seconde Abyssinie.

On aime à espérer que la dynastie ne disparaîtra pas de sitôt. « Les bases morales de cette société, m'a-t-on dit, sont une soumission fataliste à la volonté du souverain aussi longtemps qu'il l'est de fait, c'est-à-dire par la volonté du ciel. A ce *loyalisme* qui n'a rien de commun avec la question de droit, vient se joindre le respect des parents et de la vieillesse. Il en résulte une certaine stabilité, ou plutôt de l'immobilité. » Par ce raisonnement, on se rassure, et on tâche de rassurer les dames, fort agitées depuis les terribles massacres de Tien-tsin de l'année dernière. Un soir, à dîner, ma charmante voisine de table, je ne la trahirai pas, m'a dit à l'oreille : « Croyez-vous que nous serons tués? » Cela peint la situation.

Quant aux hommes, non-seulement le danger ne les préoccupe pas; il n'existe pas pour eux. Ce serait faire injure à ces âmes fortement trempées que de les croire capables du moindre mouvement de peur. Au Japon comme en Chine, diplomates, négociants, missionnaires, tous sont persuadés qu'ils n'ont rien à craindre. On ne songe au danger qu'au moment d'affronter la mort; comme les malades affectés d'une infirmité incurable ne s'en souviennent que lorsqu'ils en souffrent.

———

Les gouvernements ont-ils bien fait d'établir leurs missions à Pékin? Écoutons le pour et le contre :

Il y a d'abord la question des audiences. Quiconque approche l'empereur doit se prosterner, faire le kow-tow. C'est contre cette prétention qu'ont échoué les ambassadeurs, envoyés autrefois en Chine. Refusant de se soumettre à ce cérémonial humiliant, ils s'en retournèrent chez eux sans avoir pu remplir leur mission. Aujourd'hui, les représentants des puissances résidant à Pékin vivent aux portes du palais impérial, et se voient, par la même raison, privés de la faculté d'approcher le souverain auprès duquel ils sont accrédités. Au point de vue européen, cela est intolérable. Les Chinois, frappés des peines les plus sévères, s'ils osaient lever les regards sur la sacrée et divine personne du maître, obligés de fermer leurs portes et leurs fenêtres dans les rares occasions où il traverse la ville pour se rendre à quelque temple, les Chinois trouvent, au contraire, les prétentions des diplomates européens fort présomptueuses. Les membres du grand conseil, en touchant cette question avec les envoyés, se retranchent derrière la minorité de leur maître. « L'étiquette, disent-ils, fait chez nous partie des rites religieux. Nous ne pouvons, de notre autorité, consentir qu'elle soit violée. Le peuple nous mettrait en pièces. Attendez la majorité, car l'empereur seul pourra, s'il le veut, vous accorder les dispenses nécessaires, et encore est-il à craindre qu'une pareille concession ne lui fasse du tort dans l'opinion publique. »

L'admission des envoyés est considérée par les hommes d'État chinois comme une affreuse humiliation, comme un malheur national, parce qu'elle démontrera au peuple que le *Fils du Ciel* n'est ni le seul ni le plus puissant souverain de l'univers. Cela explique le peu d'insistance que les ministres d'Angleterre et de Russie ont apportée dans les pourparlers sur cette épineuse question; car ils n'ont aucun désir, et personne ne peut avoir le désir, de hâter la chute de la dynastie régnante. La diplomatie française est plus exigeante; si elle réussit, ce qui me paraît problématique, c'est au cabinet de Versailles que reviendra l'honneur d'avoir ouvert les portes du palais impérial, et c'est sur lui que pèsera la responsabilité des conséquences.

D'ailleurs, la solution de la difficulté reste renvoyée à l'époque de la déclaration de la majorité de l'empereur, c'est-à-dire à l'année prochaine.

Signalons d'autres inconvénients. Les intérêts commerciaux de l'Europe en Chine sont immenses.

Le mouvement des transactions avec l'Angleterre se chiffre à quarante-deux millions de livres sterling par an! Tout ce commerce se fait, non dans la capitale qui reste interdite aux négociants étrangers, mais dans les ports ouverts, nommément à Shanghai. C'est là que serait la place naturelle des légations. A Pékin, bloquées par la glace pendant près de six mois, il leur faut, pour correspondre avec l'Europe, sauf toutefois la voie de Sibérie, se servir des courriers que la douane chinoise à Chin-Kieng, l'un des trois *trade-ports* sur le Yang-tse-kiang, expédie à Pékin avec la malle de Shanghai. Ces messagers, s'ils ne sont pas détroussés ou tués en route, et il n'est pas rare qu'ils le soient, mettent quinze jours à franchir cette distance.

En revanche, m'a-t-on dit, la résidence de Pékin offre aux envoyés l'avantage d'être près des autorités centrales et loin des résidents européens.

Les relations avec les ministres chinois se réduisent à de rares visites au Tsungli-yamen, car jamais le prince de Kung ni ses collègues ne reçoivent le corps diplomatique dans leurs habitations particulières. Cependant on se voit, on s'abouche, on parvient parfois à prévenir des difficultés qui, à moins d'être écartées dès le principe, et cela suppose la présence des missions au siége du gouvernement, pourraient s'envenimer et amener des complications.

Les légations sont à l'abri de l'influence, non toujours bienfaisante, de l'atmosphère des ports ouverts. Les résidents sont des négociants. Ils n'ont en vue que leurs profits. Cela se conçoit. Mais il en résulte la fâcheuse tendance à établir, en toute occasion, une solidarité entre leurs intérêts commerciaux et les intérêts politiques de leur pays. La moindre entrave mise à la spéculation est considérée par eux comme une violation des traités. Chacun a recours au ministre de sa nation; on le rend responsable des pertes qu'on fait ou des bénéfices qu'on ne fait pas. Les entreprises commerciales sont élevées au rang d'affaires d'État, et le corps diplomatique se trouve avoir surtout pour mission d'aplanir des difficultés que de hardis spéculateurs ont souvent créées de gaieté de cœur. Vivant dans ce milieu, se trouvant constamment sous la pression d'exigences mises en avant par des hommes riches, intelligents, actifs, peut-être influents dans leur pays, disposant et usant de la presse, les représentants diplomatiques auraient de la peine à conserver la liberté d'esprit qu'il leur faut pour sauvegarder les grands intérêts de leurs pays.

(23 octobre.) Aujourd'hui, visite chez le prince de Kung, frère de l'empereur Hien-fung, et, par conséquent, oncle de l'empereur actuel Tung-chi, doyen des membres du grand conseil et l'homme politique le plus important de Chine.

On connaît le rôle que ce personnage a joué à l'avénement de son neveu. A l'approche des armées anglo-françaises, la cour s'était retirée à Je-ho. Hien-fung y mourut[1]. Son règne de dix ans avait été marqué par des malheurs et des calamités de tout genre : rébellion des Taepings, guerre anglo-française, appauvrissement de l'empire, décadence du gouvernement. Son fils n'ayant que sept ans, l'empereur mourant institua un conseil de régence composé de huit membres, tous réputés hostiles aux étrangers. Les plus notables d'entre eux étaient :

1. Le 22 août 1861.

le prince de I, proche parent du souverain; le prince de Ching et Shu-shu-en, frère cadet de ce dernier. Quelques jours après, le prince de Kung, chargé des soins du gouvernement pendant l'absence de la cour, eut à notifier aux ministres étrangers la mort de Sa Majesté. Dans sa circulaire on lisait : « Sa personne sacrée, assise sur un dragon, est montée au ciel. » Le retour du jeune empereur, longtemps retardé, conseillé et demandé avec instance par le prince de Kung, résolu enfin par les impératrices, n'eut lieu qu'en automne[1]. Deux jours avant l'arrivée du nouveau souverain, le prince, accompagné de troupes, se porta à sa rencontre, et, lorsque les membres du conseil de régence firent mine d'empêcher une entrevue, déclara qu'il emploierait la force. Ses adversaires intimidés n'osèrent pas faire de résistance. Le prince vit donc l'empereur, et, ce qui était plus important, les deux impératrices, l'une la veuve de Hien-fung, l'autre sa concubine, mère du souverain actuel. Cette dernière avait, par un brevet du défunt monarque, obtenu le titre d'impératrice.

A peine de retour à Pékin, le prince de Kung réunit le conseil de régence, et fit lecture d'une ordonnance du jeune empereur : Le conseil est dissous, ses membres destitués et privés de leurs dignités, la régence confiée à l'impératrice douairière. Ce coup d'État, concerté probablement avec les deux veuves de Hien-fung, lors d'un voyage récent du prince à Je-ho, frappa de terreur les mem-

---

1. Le 1ᵉʳ novembre 1861.

bres du conseil dissous. Les deux princes et Shu-shu-en seuls, au lieu de se soumettre à leur sort, osèrent se rendre avec éclat au palais, et y faire des remontrances bruyantes. Cet acte d'audace hâta leur ruine. Plusieurs décrets suivirent. Les censeurs et les neuf hautes cours furent invités à présenter des mémoires, dont quelques-uns, les plus importants, ont été publiés par les journaux anglais. Dans cette crise où il jouait sa vie, le prince de Kung déploya les qualités requises en pareil cas : présence d'esprit, sang-froid, courage. Les princes d'I et Ching furent arrêtés à Pékin; Shu-shu-en, à peu de distance de la capitale. Il voyageait avec ses femmes, et disposait d'une force considérable. Mais un frère cadet de Kung, chargé de cette mission délicate, surprit sa victime pendant la nuit, le fit prisonnier, et l'amena à Pékin.

Les trois conseillers étaient accusés d'avoir forgé le décret par lequel le monarque mourant avait constitué la régence. Cette accusation est-elle juste? On me dit que le fait n'a jamais été prouvé, mais qu'il est plus que probable. L'enquête et toute la procédure furent conduites avec une telle précipitation que, six jours après l'entrée de l'empereur, le jugement fut rendu. Les princes I et Ching, condamnés à être privés de la vie graduellement, c'est-à-dire à être hachés des pieds à la tête, obtinrent la permission de se suicider; en d'autres termes, ils furent étranglés en prison. Shu-shu-en, objet particulier de la haine de l'impératrice mère qu'il avait eu l'imprudence d'offenser, fut traité comme un malfaiteur ordinaire. Il eut la tête tranchée à l'endroit des exécutions publiques. Ce grand seigneur marcha au supplice avec un air de parfaite indifférence, décocha quelques sarcasmes contre ses persécuteurs, et mourut courageusement.

Le public de Pékin est comme tous les publics du monde : il aime le succès. Le prince de Kung devint et est resté populaire, en ce sens qu'on le croit le seul homme capable de gouverner la Chine. On lui sait gré aussi d'avoir déterminé les impératrices à transférer la cour à Pékin.

Cependant sa tâche n'était pas toujours facile. L'impératrice douairière, qui n'a jamais eu d'enfants, est d'un caractère doux et indolent. La mère de l'empereur actuel passe au contraire pour vindicative, remuante et ambitieuse. Elle a demandé et obtenu sa participation aux affaires de l'État. Les mémoires des hauts fonctionnaires et des différents conseils sont dressés aux ministres réunis dans le Tsungli-yamen; puis, avec l'avis du prince de Kung, envoyés aux deux impératrices, qui apposent ou refusent d'apposer leurs seings au bas du rapport de ce dernier. La situation du prince vis-à-vis de l'impératrice mère, qui favorise ses adversaires, est souvent assez délicate, et a été plus d'une fois compromise. Un moment la disgrâce de Kung a été complète. Par un décret publié dans la *Gazette de Pékin*, il fut destitué et privé de toutes ses dignités. La nouvelle se répandit comme un éclair, et produisit une consternation universelle. On voyait de hauts fonctionnaires verser des larmes. L'empire était considéré comme perdu. Les impératrices eurent peur, le décret fut révoqué au nom de l'empereur, et le prince réintégré dans ses fonctions.

C'est avec une vive curiosité que je me rendis ce matin auprès de cet homme remarquable. Après avoir rapidement traversé la partie orientale de la ville, nous arrivâmes au Tsungli-yamen. Un petit attroupement s'était formé à la porte de cet édifice de trop modeste apparence.

A peine eûmes-nous mis pied à terre que nous fûmes salués par Wên-siang, membre du conseil, l'un des deux grands secrétaires assistants, et par Tsung-Hsün, célèbre poëte, chargé de la correspondance avec les légations étrangères, l'un des ministres des revenus. Toutes les pièces importantes concernant la politique extérieure émanent de la plume de ce dernier. Ces dignitaires et un troisième ministre nous firent traverser un petit corridor menant dans un petit enclos. Là, au milieu de la cour, se tenait le prince de Kung. Il me prit par la main et me conduisit dans un pavillon à peine suffisant pour contenir une table ronde chargée d'une multitude de petits plats : de la viande épicée, des fruits confits et des sucreries. Mon noble amphitryon me fit asseoir à sa gauche; c'est la place d'honneur. Lui et les ministres, remplissant de petites soucoupes de ces diverses friandises, nous engagèrent à manger et surtout à boire. Le vin me parut fade et capiteux, et ce n'était pas sans de sinistres pressentiments que je répondais à leurs toasts. Heureusement on se contenta de me voir faire la pantomime d'un homme qui se livre à de fréquentes libations. Tsung, le ministre bel esprit, ne cessa de boire. Après chaque rasade, il me montrait le fond de son verre vide. Le prince de Kung riait à gorge déployée, parlait très-haut et disait que Tsung était un ivrogne. Vers la fin du repas, il eut la bonté de m'annoncer sa visite pour un des jours suivants, et, comme je lui exprimais mes regrets de ne pouvoir accepter cet honneur, mon départ étant fixé pour le lendemain, il remplit mon verre de nouveau en s'écriant : « Eh bien, s'il en est ainsi, il faut boire aujourd'hui le vin que le général Vlangali m'aurait offert à l'occasion de ma visite. »

M. Bismark, qui veut bien me servir d'interprète dans cette occasion, s'acquitte de ses fonctions avec une telle maestria que la conversation, assez banale du reste, ne tarit pas un instant. Je crois me trouver devant les personnages du célèbre roman : *les Deux Cousines*[1] : Pé-kong, le président du bureau des cérémonies, qui boit et rit avec les moniteurs impériaux, U et Yang. Le prince, de fort bonne humeur (ce qui, dit-on, ne lui arrive pas toujours), se mêla souvent à la conversation, et sembla fort goûter les mots spirituels de ses collègues. Je lui dis que sa célébrité avait pénétré jusqu'en Europe. Il répondit : « Vraiment, je ne sais comment je mérite cet honneur et à quoi je dois mes dignités. — A votre haute naissance d'abord, répliquai-je, et ensuite à votre courage et à votre sagesse. Par votre courage, vous avez obtenu la place que vous occupez, et par votre sagesse

---

1. Traduit du chinois par M. de Rémusat.

vous avez su et vous saurez vous y maintenir. » Le prince souriait. L'allusion à la crise si hardiment amenée et si adroitement traversée par lui, au moment de l'avénement de l'empereur, semblait le flatter. « Je ne sais que vous répondre, disait-il. D'un côté, je n'ose pas vous contredire; de l'autre, je ne puis faire mon propre éloge. Buvons encore un coup ! »

A un certain moment, la causerie sembla prendre une tournure plus sérieuse. Wên-siang me donna occasion de toucher une des questions brûlantes du jour, et fit mine d'entrer en discussion, lorsqu'un regard froid et sévère du prince l'arrêta tout court.

La séance ayant duré plus d'une heure, je crus devoir me lever de table. Le prince me promit de m'envoyer sa photographie dès qu'elle serait faite[1]. « Vous avez, lui dis-je, à penser à des choses plus importantes. Vous oublierez. — Non, répondit-il; d'ailleurs, se tournant vers l'un des ministres et d'un ton d'autorité fort marqué : toi, ajouta-t-il, tu n'oublieras pas. »

Nous fûmes reconduits avec le même cérémonial. En nous quittant, le prince me réitéra ses regrets de me voir partir, « d'autant plus, ajouta-t-il, que nous ne nous verrons plus. » Cette phrase de politesse fut dite avec une grande simplicité et avec une expression de vérité qui restera dans ma mémoire.

Yih-sin, prince de Kung, a environ quarante ans.

---

1. Il a tenu parole.

Il a, pour un Mandjou, des traits réguliers, un air languissant, la vue basse et l'habitude de cligner des yeux. Un sourire gracieux et un peu caustique précède ses plaisanteries. Avant de vous adresser la parole, il vous regarde fixement ; mais dès qu'il se met à parler, il baisse les yeux. Sa taille svelte est un peu au-dessous de la moyenne. Il a le teint mat et le visage fatigué. Au demeurant, l'insouciance, le laisser-aller et la simplicité du grand seigneur. On voit que c'est un homme un peu blasé, qui a trop joui du pouvoir pour ne pas en être rassasié, ce qui ne veut pas dire qu'il s'en dessaisira facilement et volontairement. Ses mains, un peu efféminées, se distinguent, selon la mode du pays, par l'énorme longueur des ongles. Les hommes de qualité les laissent pousser pour constater qu'ils ne font pas de labeurs manuels, tout comme on estropie les pieds des femmes chinoises pour les distinguer des femmes mongoles ; c'est une manière de rappeler que les Chinois ne sont pas nomades, puisque leurs femmes peuvent se passer de la faculté de marcher. La main gauche du prince est ornée d'une grande bague de jade vert. Son costume brille par la simplicité : une tunique bleu foncé ; le collet et les revers des manches bleu clair. A la toque, un bouton et une frange en soie cramoisie.

« Cet homme d'État, m'a-t-on dit, n'est pas un esprit supérieur, mais il possède à un haut degré le talent précieux de choisir des gens capables et d'employer chacun selon ses facultés. Il est courageux. Quand le jeune empereur saisira les rênes du gouvernement, la situation du prince pourrait devenir critique. »

Les trois ministres étaient exactement mis comme leur chef, à cela près qu'ils portaient suspendue à leur toque une magnifique queue de paon. Wên-siang appartient à la race dominante. Il a une figure agréable et les traits caractéristiques des Mandjous. Tsung-Hsün est Chinois et, différent en ceci de ses compatriotes, a l'air de ce qu'il est, bonhomme et viveur. Il ne cesse de répéter qu'il aime le vin et la poésie.

———

(29 octobre.) Enfin l'heure pénible du départ a sonné. Ce matin, presque tous les membres de la petite colonie sont encore venus me serrer la main[1]. Notre connaissance date d'hier, et il me semble que je laisse ici de vieux amis. La grande cour de la légation de Russie est fort animée. Nos adieux se prolongent. Les ponies mongols, tenus par les mafous, commencent à piaffer. L'aimable et spirituel maître de la maison, ses secrétaires et attachés, le ministre des États-Unis, ne nous quittent qu'au dernier moment. Que de poignées de mains et de « au revoir », au revoir en Europe bien entendu, et non en Chine! Enfin, en selle! Quelques-uns de ces messieurs, M. Lenzi en tête, nous accompagnent hors de la ville. Là nous lançons nos chevaux au

---

1. J'ai eu le regret de ne pas trouver à Pékin M. le comte de Rochechouart, chargé d'affaires de France, absent momentanément.

galop. Le cosaque, toujours à la hauteur de sa mission, a soin que les domestiques, les *boys*, ne restent pas en arrière. Bientôt la pagode de Tung-Chow est en vue, puis ses murs crénelés, enfin les mâts des djonques. A la tombée de la nuit, nos bateaux étendent leur grande voile, et, secondés par le vent et par le courant, nous nous éloignons rapidement de la capitale de l'empire du Milieu.

III

TIEN-TSIN

Du 31 octobre au 7 novembre.

Le *settlement*. — La cité chinoise. — Le Serpent-Dieu. — Le club des notables de Shiansi. — Les massacres.

Ce matin un bruit confus m'arrache au sommeil. Nos bateaux glissent rapidement entre une double haie de djonques ancrées devant un chaos de maisons et de huttes. Nous sommes à Tien-tsin. Une demi-heure après, on débarque au settlement européen. Un aimable accueil et une nouvelle désolante nous y attendent. Le vent d'ouest a chassé les eaux de la barre de Taku. Impossibilité absolue de la franchir. Nous voilà donc échoués ! Quand plaira-t-il à la mousson du nord-est de nous remettre à flot? Dieu le sait. Si la rivière est prise avant le changement du vent, nous hivernerons à Pékin. Heureusement, rien d'agréable, de doux, de poétique comme cette halte involontaire. On se dispute à qui nous aura. M. Boyce et mes jeunes compagnons sont casés au consulat d'Angleterre. Comme à mon premier passage, j'accepte avec un vif plaisir l'hos-

pitalité de M. Henry Beveridge, agent de Jardine et
Cie, beau type de la jeune Angleterre, du gentleman
qui travaille. Sa charmante femme, d'origine française, native de Hongkong, réunit tous les soirs, au
coin de son feu qui n'est pas de luxe et autour de
son piano dont elle fait vibrer les cordes avec virtuosité, MM. de Maisonneuve et Sallandrouze, les
commandants de la *Couleuvre* et du *Scorpion*, M. Dillon, consul de France, et un autre jeune Français
employé aux douanes chinoises. Quelquefois le
P. Delmasure vient compléter notre petit cercle. On
rit, on cause, on prodigue l'esprit ; on en a, car dans
ce petit salon on est en France. Au dehors, une atmosphère de glace, un ciel de métal poli. Les étoiles
brillent ; le Pei-ho roule ses eaux en silence ; le vent
souffle. Et quel vent ! Comme il vous coupe la
figure ! Ne vous en étonnez pas trop : il vient de
Sibérie.

Quant aux matinées, elles me paraissent trop
courtes. Je suis si affairé. J'ai visité trois fois la
ville chinoise, et je me suis créé une occupation qui
m'absorbe. Depuis les massacres, seize mois à peine
se sont écoulés. Ici on est encore sous le coup de ce
terrible événement. Se reproduira-t-il ? Les résidents se le demandent. Pour répondre à cette question, il faudrait remonter à la source du mal.
L'a-t-on fait? Les rapports du ministre et des consuls d'Angleterre contiennent une masse d'informations précieuses ; mais comme, à l'exception d'un
seul, tous les Français présents sur les lieux en ce
jour néfaste ont été tués, on n'a pu compléter par
leurs dépositions les renseignements fournis par

les agents anglais. Rassembler des notes, les ordonner, les comparer avec le *livre bleu* et avec les résultats des recherches immédiatement faites après la catastrophe par l'abbé Favier, lazariste de Pékin, voilà le travail que j'ai entrepris, et qu'avec le concours empressé de quelques résidents, j'ai pu accomplir pendant mes huit jours de relâche à Tien-tsin. J'ai eu la bonne fortune de voir et d'interroger trois indigènes : un mandarin, un domestique du consul de France et un chrétien de la maison des Lazaristes, tous diversement mêlés aux scènes sanglantes du 21 juin 1870. Ils ont répondu à mes questions avec une lucidité et une précision remarquables. A l'aide de l'ensemble de ces informations et d'un examen attentif des lieux, j'ai pu me former une idée, que je crois exacte, de ce qu'on appelle les *massacres de Tien-tsin*. Pourtant je n'ai découvert aucun fait nouveau, rien d'important qui ne se trouve dans le livre bleu et dans les dépositions recueillies par le P. Favier. Je n'ai pu dissiper l'obscurité qui enveloppe encore l'origine, le but, les vrais auteurs du crime.

C'est pendant que je me livrais à ce travail que m'est venue l'idée de publier mon voyage.

Visitons d'abord la ville chinoise. Quant aux concessions anglaise et française, elles seront bien vite décrites. Dans la première vous retrouvez, comme dans toutes les factoreries de Chine et du Japon, le *Bund*, c'est-à-dire un quai bordé de quelques maisons bien bâties. Ici, et cela prouve combien chacun doit pourvoir à sa sûreté, toutes les habitations sont entourées d'un mur solide. Chacune a son veilleur. Muni d'une crécelle, il fait pendant la nuit le tour de la maison, et ne cesse, par le bruit strident de son instrument, d'avertir les voleurs de sa présence et de troubler le sommeil paisible des habitants. J'ai vu plusieurs belles maisons occupées par les consuls d'Angleterre, de France, de Russie et de la Confédération Nord-Germanique, par M. Hannen, directeur des douanes impériales, par MM. Beveridge, Starzoff, mon aimable cicerone de Tung-chow et quelques autres Européens. On n'est pas nombreux. Cependant on a un club, et dans ce club j'ai vu organiser un bal. A cause de l'inondation, on y arrivait en bateau. On n'a pu réunir que trois danseuses. Et cependant on s'est amusé !

La concession française manque encore de maisons. Le petit nombre de résidents de cette nation demeuraient dans la ville chinoise. La mission dans la cité indigène étant définitivement abandonnée, on bâtit une église sur le terrain français.

Depuis les concessions jusqu'à la ville chinoise, on compte un peu plus de deux milles. Lors de ma première visite, les environs n'étaient qu'un seul et immense lac, rappelant Venise avec ses lagunes, moins les Alpes à l'horizon. Un sampan nous transporta par-dessus les prairies, échouant çà et là sur des tertres qui sont des tombeaux. A notre gauche, nous apercevons un temple appelé Elgin Joss-house, parce que le traité[1] y a été signé. Enfin la barque

1. De 1858.

s'arrête près d'un groupe de huttes de boue. Nous sommes arrivés. Assailli par des odeurs méphitiques, on se bouche le nez et on court : c'est la manière habituelle de pénétrer dans les villes chinoises, toujours entourées d'une ceinture d'immondices.

La ville proprement dite forme un carré. Ses murs sont crénelés et flanqués de tours aux quatre angles. C'est dans les faubourgs que se concentre la vie industrielle et commerciale. La ville et les faubourgs sont situés sur la rive méridionale du Pei-ho et du grand canal qui se réunit ici avec ce fleuve[1].

Un autre faubourg s'étend sur la rive septentrionale. C'est là, près du Pei-ho, sur le point où il fait une courbe, que s'élève la cathédrale appelée communément l'église française. Ce noble édifice, à peine terminé, a été détruit lors des massacres. Les murs, la flèche et les tourelles sont restés seuls debout. Comme les escaliers étaient brûlés, les sicaires des lettrés ne purent monter jusqu'au faîte pour achever l'œuvre de destruction. A côté de la cathédrale se trouvaient l'établissement des lazaristes et le consulat de France. Ces maisons, consumées par les flammes, ont complétement disparu. L'emplacement a été transformé en cimetière. Plus haut, à une distance d'environ cinq minutes, est le yamen du commissaire des *Trois Ports du Nord*. Derrière ces édifices s'étend un dédale de rues et de ruelles, habitées par la lie du peuple, par des gens turbulents et des malfaiteurs.

[1]. A Tien-tsin on m'a dit que ce cours d'eau n'est pas le grand canal, mais une rivière appelée Yü-ho. Je laisse aux géographes le soin d'éclaircir ce point.

Les deux rives communiquent entre elles par un seul pont de bateaux qu'on ouvre à certaines heures pour donner passage aux djonques qui montent et qui descendent le fleuve. Ajoutons que le courant du Peï-ho est ici très-fort, et rend le passage difficile, parfois même dangereux. Rien n'est donc plus aisé que d'interrompre la communication entre les deux rives. Il est bon de noter ce point.

A l'exception de la cité tartare de Pékin, où l'élément mongol prédomine, les villes chinoises ont toutes la même physionomie : un fossé, ou plutôt un cloaque, une enceinte crénelée, les portes avec deux ou trois toits superposés; puis des rues, des ruelles, des impasses étroites, sales, remplies de boue, de poussière ou d'immondices; des maisons sans architecture, des boutiques bien ou mal fournies, et celles où l'on vend des drogues, du thé ou du tabac, ornées de force dorures. Les habitations des gens riches sont invisibles; de hautes murailles les masquent. Deux ou trois yamens, plus ou moins délabrés, mais néanmoins imposants avec leurs deux mâts à l'entrée, leurs deux dragons en pierre ou en terre cuite dans la cour, et une foule de gens en guenilles se pressant aux abords, soit pour solliciter une faveur, soit pour recevoir des coups de bambou, et pire quelquefois. Çà et là un temple. Ne nous y arrêtons pas; cela ne vaut pas la peine, ni les coups de coude que les passants vous appliquent quand vous leur barrez le chemin. D'ailleurs le moyen de s'arrêter dans cette cohue d'êtres humains aux joues hâves, au teint sale, aux yeux hagards? C'est un fleuve profondément encaissé dans des rochers et charriant ici un mandarin ou un riche banquier porté dans sa chaise par des koulis en livrée, là des ballots de marchandises, des charrettes attelées de bœufs, des brouettes chargées de femmes. Il n'est pas beau le beau sexe, mais il est rare dans les rues. Les femmes de qualité s'y montrent fort peu, et celles du peuple seulement quand leurs affaires de ménage les obligent de sortir.

Nous approchons d'une des portes de la ville intérieure. C'est une voûte énorme toute construite en pierre de taille, surmontée d'un édifice à deux étages qui ressemble à la tour d'une pagode. Le passage est difficile. Les charrettes, les chaises à porteurs pataugent dans la boue. Les piétons chancellent sur des tréteaux élevés de trois à quatre pieds au-dessus du sol, et si étroits que deux personnes qui s'y rencontrent ont de la peine à passer. Est-ce un jeu de mon imagination? Est-ce un effet réel? Ces scènes de rues chinoises agissent sur moi comme un cauchemar. Il faudrait un Callot pour bien rendre ces diableries grotesques, ridicules, terribles. Plus nous avançons vers la porte, plus le courant devient fort. Ah! que ne puis-je revenir sur mes pas! Mais il est trop tard. L'entonnoir sombre, noir, étroit va nous engloutir. Mon guide, type de l'hercule anglo-saxon, se fraye passage. Je tâche de le suivre, mais la foule nous sépare. Si j'ai le malheur de tomber, on n'aura garde de me secourir. Ce sera un diable étranger de moins. Voilà tout! Il sera tombé par hasard; et c'est par hasard qu'on le broiera. Le hasard ne paye pas d'indemnités; il n'est pas exilé sur les bords de l'Amour; on ne lui tranche pas la tête. Et moi qui trébuche sur les bords des planches glissantes! A ce moment suprême, me voyant déjà sous les roues des charrettes, sous les pieds des ponies mongols et des portefaix, je saisis la tresse d'un grand monsieur qui marche devant moi. Y a-t-il situation plus bizarre et plus lamentable? Un honnête Européen se cramponnant à la queue d'un Chinois ; le Chinois tournant la tête avec rage vers l'homme qu'il remorque malgré lui, et dont il ne peu se délivrer, car la foule l'empêche de faire usage de s poings ; moi, toujours collé à son dos, et, faute de paroles, tâchant, par le jeu de ma physionomie, par de gracieux sourires, d'apaiser sa légitime colère !

———

Depuis quelques semaines, Tien-tsin est en émoi à la suite de l'apparition d'un Dieu métamorphosé en dragon, lequel dragon se montre aux mortels sous la forme d'un serpent trouvé par un paysan du Honan et exposé ici à l'adoration des fidèles. La pagode, de misérable apparence, qui lui sert de pied-à-terre, est située sur la rive septentrionale, dans le quartier le plus mal famé de Tien-tsin. Des ruelles tortueuses y mènent. Après avoir ôté nos chapeaux sur le seuil du temple, ce qui nous dispensera de tout acte de politesse envers la petite bête, nous sommes, grâce à notre ami le mandarin, introduits dans le sanctuaire. Les offrandes, parmi lesquelles des piles de corbeilles pleines de fruits, encombrent les abords. Sur l'autel, dans une assiette couverte d'une feuille de papier jaune, repose, roulé et immobile, un serpent long environ de quarante centimètres. Nous pûmes l'examiner à notre aise, autant du moins que l'obscurité artificielle le permettait. Cependant les croyants se succèdent sans cesse, se prosternent au pied de l'autel, déposent leurs dons et s'éloignent sans daigner faire attention aux trois étrangers.

En face de l'autel, on a dressé un théâtre où des comédiens jouent du matin au soir. Une table ronde et des chaises placées au milieu du temple sont réservées aux mandarins et aux notables qui accourent de près et de loin. Après avoir fait leur kow-tow, ils prennent place devant la scène, et il n'est plus question du Serpent-Dieu.

La garde d'honneur auprès du dragon est confiée à l'ancien mandarin militaire du district de Tien-tsin qui, lors des massacres, a joué, comme on le verra, un rôle plus qu'équivoque. Destitué pour tout châtiment, il obtint plus tard le commandement des forts de Taku. Mais il paraît que cet honorable militaire s'y ennuyait, ce que je trouve fort naturel, et qu'il cherchait trop souvent les distractions de Tien-tsin, ce qui lui valut la perte de son poste. Pour l'indemniser sans doute, on le nomma chambellan au service extraordinaire auprès du petit serpent. J'ai eu l'avantage de faire la connaissance de cet aimable personnage, et j'ai été frappé du contraste qui existe entre ses manières distinguées et son visage essentiellement patibulaire.

———

Placez-vous sous la protection d'un indigène de

qualité, si vous voulez visiter la ville chinoise avec fruit et plaisir. Aujourd'hui encore le jeune mandarin nous en fait les honneurs. C'est un type. Visage un peu pâlot, joues saillantes et bien arrondies, mains potelées, ongles en griffes, tresse abondante; la taille un peu épaisse annonçant déjà de l'obésité pour l'âge mûr; costume : deux tuniques matelassées de taffetas bleu, portées l'une sur l'autre, car il fait froid; la toque à bouton, de la couleur voulue; le tout, homme et vêtement, propre, soigné, élégant. Avec cela, les manières du fonctionnaire déférent ou impérieux, poli ou bref, selon le rang de l'interlocuteur, jamais familier.

Évitant les grandes artères, nous flânons de boutique en boutique. Je vois de très-belles pelisses. On sait que Tien-tsin est un marché considérable pour les fourrures. Nous entrons dans une maison d'opium; triste et écœurant spectacle! *Bad, bad*, disait notre mandarin. *Bad* et *good* constituent son vocabulaire anglais. Heureusement, M. Dillon, consul de France, qui a la bonté de m'accompagner, parle chinois avec une rare facilité.

Nous entrons dans le club des notables de Shansi. Cette province compte beaucoup de gens riches, et ceux qui viennent pour affaires à Tien-tsin ou qui y résident, recherchent la compagnie de leurs compatriotes. Vous pouvez les voir réunis tous les matins dans leur magnifique club. Nos meilleurs cercles de Paris, de Vienne, de Londres ne sauraient supporter la comparaison.

Ce vaste établissement consiste en plusieurs corps de logis et en plusieurs pavillons isolés où l'on se réunit pour causer ou recevoir des amis. Ce sont des pièces oblongues et étroites, meublées de tables et de chaises que, selon l'usage du pays, on a symétriquement placées le long des murs. Ceux-ci sont couverts d'un beau treillage sculpté. Dans la salle de spectacle ornée de magnifiques lanternes en porcelaine, on joue toute la matinée. Le président du cercle eut la gracieuseté de nous présenter le répertoire inscrit sur des bâtons d'ivoire longs de deux à trois pieds. Chacun de ces bâtons contient le titre d'une pièce. Nous choisîmes un drame historique. Les acteurs se hâtent de terminer le vaudeville qu'ils sont en train de jouer, et, en attendant que les loustics se transforment en héros, notre amphitryon nous offre un petit goûter. Le thé coule à flots. C'est à grand'peine que nous échappons au dîner. Cependant la salle se remplit. Plusieurs membres du club arrivent. Ce sont tous des gens fort bien placés dans leur pays, des lettrés, de gros marchands, dont quelques-uns, moyennant finance, ont acquis le rang de mandarins. Ils s'inclinent profondément les uns devant les autres, agitent leur tête et, légèrement penchés en avant, font le *chin-chin*, c'est-à-dire se montrent les poings, en les frottant et en leur imprimant une sorte de rotation ralentie ou accélérée selon le degré de respect et d'affection qu'ils se doivent. Puis ils s'approchent des tables carrées placées au pied de la scène et entourées chacune de quatre chaises. C'est le moment de se livrer à une nouvelle série de démonstrations. Personne ne veut s'asseoir le premier ni prendre la gauche qui est la place d'honneur. Ce combat de politesse terminé, et les acteurs s'étant fardés et affublés de riches costumes héroïques comme il convient aux grands personnages qu'ils ont à représenter, la pièce commence. C'étaient les mêmes grimaces que dans les autres théâtres chinois, le même bruit d'un orchestre infernal, les mêmes combats et processions, la même habileté des jeunes gens à imiter le son de voix, la démarche, les gestes des femmes. On sait que le beau sexe est proscrit de la scène.

Cependant la conversation avec le président du cercle ne tarissait pas. Entre beaucoup d'autres phrases polies, il nous dit : « L'Europe vaut mieux que la Chine. Vous avez le télégraphe et des chemins de fer, et le soir vos rues sont éclairées. Nous sommes arriérés. » Ce qui me frappe dans les lettrés, c'est leur politesse exquise, leurs manières aisées, qui vous font oublier que l'on est en Chine, mais aussi le vide de leurs conversations et la pauvreté de leurs idées.

Après nous avoir montré un beau temple où se voient d'horribles idoles, le président, dont j'ai oublié le nom, eut le courage moral de nous accompagner jusque dans la rue, et, en présence de la foule qui regardait avec curiosité, mais sans la moindre manifestation désagréable, de faire le *chin-chin*, de passer par toutes les phases du cérémonial chinois.

Hélas! oui, c'était faire acte de courage. On n'a plus eu, il est vrai, des actes de violence à déplorer, mais la méfiance subsiste. Elle est réciproque. Européens et Chinois prêtent l'oreille aux bruits sinistres, répandus périodiquement, d'une guerre prochaine et de nouveaux massacres. Encore en avril dernier, les indigènes se disaient entre eux qu'au premier jour on *laverait* (tuerait) tous les étrangers. Les négociants européens, au nombre de cinq ou six, ont conservé leurs comptoirs et magasins, mais ils n'osent plus passer la nuit dans la cité chinoise. Chaque soir ils se retirent aux concessions.

———

Un mois environ avant les événements dont je vais essayer de tracer la lugubre histoire, la grande ville de Tien-tsin jouissait d'une profonde tranquillité[1]. On y trouvait sans doute des gens qui ne cachaient guère leur aversion contre les étrangers; quelquefois des propos injurieux et menaçants étaient proférés, et on savait, on devait savoir dans les régions officielles, aux légations de Pékin comme aux consulats, que l'ensemble de la situation n'était guère satisfaisant. Dix années s'étaient écoulées depuis l'ouverture du grand empire, et aucun rapprochement réel ne s'était opéré entre les indigènes

———

1. J'écris l'histoire des massacres de Tien-tsin d'après les communications verbales de MM. les ministres accrédités auprès de la cour de Pékin ; des consuls étrangers résidant ici et à Shanghaï ; du P. Favier, lazariste, envoyé par ses supérieurs à Tien-tsin immédiatement après la catastrophe ; du Dr Frazer, médecin anglais ; de M. Startsoff, négociant russe, tous deux établis à Tien-tsin; enfin de trois Chinois interrogés par moi avec l'aide d'un habile sinologue qui a bien voulu me servir d'interprète. Ce sont : un mandarin, un domestique de M. Fontanier et un homme au service du P. Chévrier, supérieur de la mission de Tien-tsin, tous trois témoins du massacre. Je n'ai pas vu M. Coutries, le seul membre de la petite colonie française qui ait survécu au carnage. Mais j'ai eu connaissance de la relation qu'il en a faite à ses amis. J'ai eu la bonne

et les étrangers. Néanmoins, à part de petits incidents sans importance apparente, les cinq cent, ou sept cent, ou neuf cent mille habitants de la ville de Tien-tsin, tant diffèrent les évaluations, surtout les classes moyennes et inférieures, ne trahissaient aucune disposition malveillante ou hostile envers le peu d'Européens, missionnaires ou marchands, qui avaient osé quitter les *concessions* et s'installer au sein même de cette grande et populeuse cité.

En première ligne, se présentait le consul de France, le seul membre du corps consulaire qui, pour veiller sur les établissements catholiques, eût préféré l'exil de la ville chinoise à l'existence plus agréable et plus commode qu'on pouvait se créer dans les concessions. M. Fontanier, quoique d'un tempérament colérique, jouissait d'une considération méritée. Dans les derniers temps, les personnes qui le fréquentaient remarquaient que son caractère s'aigrissait. Les amis commençaient à se retirer. Outre M. Fontanier, un seul Européen résidait au consulat : son chancelier, M. Simon.

fortune de trouver au club du settlement le *Livre bleu* anglais : *China*, n° 1 (1871), et j'ai sous les yeux : *The Tien-tsin massacre*, par George Thin, M. D. Edimbourg, 1870 ; enfin *Memorandum sur les affaires de Tien-tsin*, imprimé à Fuchow en septembre 1870. L'auteur est le baron de Méritens, ancien secrétaire interprète de la légation de France à Pékin, puis commissaire des douanes chinoises. Ces deux brochures, sans donner un récit complet et suivi, ont de l'intérêt comme appréciation des événements et de la conduite tenue par les principaux acteurs et les principales victimes de la journée du 21 juin. On m'a aussi communiqué des lettres du P. Chévrier et du P. Ou, écrites quelques jours avant leur mort. En citant à l'appui de mon récit le *Livre bleu*, il est entendu qu'il s'agit de *Papers relating to the massacre of Europeans at Tien-tsin, presented to both houses of Parliament, China, n° 1 (1870)*.

Le plus proche voisin du consul était le Père lazariste Chévrier, supérieur de la mission catholique de Tien-tsin. Un mur bas séparait seul les cours du consulat et du presbytère; mais les relations entre les deux voisins s'étaient refroidies. Quoique d'un naturel doux et gai, M. Chévrier aussi avait cessé de voir le consul. Irrité par les représentations respectueuses mais vives de l'abbé qui pressentait le danger de la situation, M. Fontanier lui avait, dès le 9 juin, formellement défendu la porte du consulat. Un Père chinois du nom d'Ou, très-bon prêtre, zélé, instruit, aimable à tous, un lettré catholique, nommé Wang-san, et quelques domestiques, complétaient, en dehors des enfants de l'orphelinat, l'établissement de la mission, très-fréquenté d'ailleurs par les membres de la chrétienté indigène.

De l'autre côté de l'eau, au centre d'un des grands faubourgs, non loin du fleuve, dans une petite maison, à côté d'une petite église, vivaient des sœurs de Saint-Vincent-de-Paul au nombre de dix, dont six Françaises, deux Belges, une Toscane et une Irlandaise. Ces religieuses dirigeaient un hôpital et un orphelinat. Le docteur Frazer, médecin anglais, quoique établi aux concessions, quoique protestant, venait souvent pour donner ses soins à leurs malades. A en croire tous les témoignages, les sœurs étaient généralement aimées et respectées. La sœur Marie fut appelée dans beaucoup de maisons chinoises, et ne cessait, jusque dans les tout derniers jours, de visiter les demeures des pauvres.

Les autres résidents étaient des négociants français, anglais, suisses, russes, et une dame française, environ douze ou treize personnes.

Dans le monde chinois, Chung-hou tenait le haut du pavé. Il était l'un des premiers gardiens du prince héréditaire, orné des insignes du premier grade et d'une plume de paon à deux yeux, lieutenant général de la division Han-chün du drapeau rouge, l'un des vice-présidents du département de la guerre[1]. Mandjou de naissance et fort bien en cour, il avait, depuis dix ans, rempli les fonctions de commissaire des *Trois Ports du Nord*[2]. Comme le vice-roi de Nanking au centre, comme le vice-roi de Canton au sud, il était chargé de la direction de toutes les affaires relatives aux étrangers. Ceux-ci se louaient de sa bienveillance, de ses manières coulantes et de sa parfaite urbanité. Les agents des puissances, appelés à traiter avec lui, avaient de ce fonctionnaire la meilleure opinion. Vis-à-vis des autorités de la province et de la ville, sa situation était mal définie et par conséquent pleine d'embarras. Chung-hou n'avait pas de juridiction dans les affaires chinoises. A ce sujet, son influence sur le gouverneur général de la province, sur le taotai et sur les magistrats de la ville, ne s'exerçait que dans des voies confidentielles, par l'autorité que lui donnaient son origine mandjoue, son rang élevé et la faveur dont il jouissait à Pékin. Il avait, en outre, le commandement des troupes réunies à Tien-tsin, environ quatre mille hommes, tous armés et disciplinés à l'européenne.

1. *Livre bleu*, p. 83.
2. Ces trois ports sont: Che-fu, Tien-tsin et New-Chwang.

Le gouverneur général de Chih-li réside alternativement ici et à Pao-fing-fu, capitale de la province, située à cent milles de Pékin et à la même distance de Tien-tsin. Tseng-kwo-fan, le nouveau titulaire de ce poste, blessé de l'ingérence de Chung-hou, venait de changer presque tous les mandarins de son gouvernement. Il était absent à l'époque des massacres.

Les principaux fonctionnaires résidant à Tien-tsin étaient : Chou, le toatai ou chef d'administration dans les départements de Tien-tsin et de Ho-kien-fu ;

Chang, le chih-fu ou préfet de l'arrondissement de Tien-tsin ;

Enfin, Lin, le chih-hüen ou magistrat de la ville. A proprement parler, le chih-hüen en est le chef, et, quoique appartenant ordinairement à la catégorie des petits mandarins, il n'en exerce pas moins sur la population une grande influence. Il juge toutes les affaires et rend des arrêts de mort qui, pour être exécutés, ont cependant besoin de la confirmation du gouverneur de la province.

Il y avait enfin le chên-ta-shuai ou chef militaire du district.

Plusieurs jours avant le massacre, arriva le général Chên-kwo-shuai, natif du Hupeh. Compromis dans la rébellion, il avait plus tard trahi ses anciens camarades. En récompense, il fut élevé au rang de Ti-tu, ou commandant en chef d'un corps d'armée de troupes irrégulières. Tout ensemble la honte et la terreur du gouvernement, ce spadassin, adoré de la populace de Pékin, s'était fait remarquer dans les provinces par ses actes de violence et son hostilité contre les Européens. A Nanking, à Chinkiang, il avait essayé d'ameuter le peuple. Aucun devoir officiel ne l'appelait à Tien-tsin. Suivi d'une bande de cinq à six cents malfaiteurs, il vint de sa propre autorité; on ne tarda pas d'apprendre avec quelles intentions.

En dehors des régions officielles, la ville comptait et compte encore un nombre considérable de lettrés. On sait ce que c'est que les lettrés, ce qu'ils pensent et sentent à l'égard des intrus blancs. N'oublions pas les quarante-huit anciennes et plusieurs nouvelles corporations de pompiers. Les chefs des premières sont tous des lettrés. A ces hommes embrigadés et toujours prêts à troubler l'ordre, il faut ajouter les *imins,* ou les anciens volontaires contre les Taepings, également commandés par des gradués et autorisés au port d'armes. Néanmoins aucun signe de mouvement ou de préparatifs n'était visible. Le peuple se livrait à ses occupations. Tien-tsin se trouvait dans son état normal.

Ce fut vers la mi-mai [1] que la situation commença à se modifier. Des bruits alarmants furent mis en circulation : Des enfants avaient disparu. Ils avaient été volés par des gens à la solde des missionnaires. Les sœurs les avaient tués. Elles leur avaient arraché les yeux et le cœur pour préparer des charmes et des remèdes. Ce n'était pas la première fois que se disaient de pareilles absurdités. On pouvait donc

1. 1870.

espérer que ces nouveaux bruits s'évanouiraient comme les autres. Contrairement à cette attente, ils prirent de la consistance. Les dispositions, non de la populace, toujours et partout mauvaise, mais des gens respectables, s'altérèrent visiblement. Des terreurs vagues et superstitieuses s'emparèrent du peuple. Les bonnes sœurs, si bien vues naguère, ne rencontrèrent, en sortant, que des regards froids ou courroucés; personne ne se rangeait plus sur leur passage. Un soir, des groupes se formèrent devant leur maison, et il en fut de même le lendemain. Les accusations se multiplièrent. On cita des faits et on y crut. Aucun désordre, mais une émotion profonde et de plus en plus menaçante. Cette immense population de Tien-tsin frémissait, comme le feuillage d'une forêt tremble sous les premières rafales qui précèdent la tempête.

Le hasard semblait conspirer avec les auteurs de ces bruits sinistres. Une épidémie se déclara à l'orphelinat des sœurs. Plusieurs enfants moururent. On les enterra au cimetière des pauvres, derrière le consulat de France. Pendant quelques jours, une centaine de gens du peuple s'y rendirent[1] tous les matins. Beaucoup de cercueils furent ouverts et les ossements jetés çà et là; ceux des chrétiens, grossièrement outragés. Le P. Chévrier accourut. Il saisit un homme que l'on avait surpris violant des tombeaux, et l'emmena au consulat. Lui-même se rend chez M. Fontanier et le conjure d'intercéder auprès des autorités chinoises : il faut apaiser l'agi-

---

1. Pour la première fois le 4 juin.

tation; il sera facile aux mandarins, pour peu qu'ils le veuillent, de rétablir le calme; si on laisse faire les lettrés, il y aura des malheurs; nous sommes seuls, perdus au milieu de cette grande population; les concessions sont loin; et d'ailleurs, menacées elles-mêmes, elles ne pourront nous prêter de secours, puisqu'il n'y a pas une seule canonnière dans le Peï-ho. — Tel était le langage du supérieur de la mission. Sa démarche ne produisit aucun effet sur le consul qui, pour mettre fin aux importunités du missionnaire, le fit consigner à sa porte.

Cependant la situation empirait de jour en jour. Voici comment le P. Chévrier la dépeint dans une lettre écrite le 16 juin, cinq jours avant sa mort. — « Encore en retard et toujours en retard! Voilà plus de neuf heures et demie et il faut écrire à..., à..., et premièrement à vous. Enfin, priez que du moins je n'arrive pas au ciel après la fermeture des portes. Avant-hier la supérieure, accompagnée de sœur Sullivan, s'est résignée à se rendre chez notre consul. Deux Anglais qui ont visité l'établissement des sœurs ont conseillé cette démarche. Elles n'ont pas été mal reçues. Il n'a pas même été fait mention de moi. Mais, à l'égard des atroces calomnies qui se débitent et s'accréditent de plus en plus, il paraît que, pour le consul, le moment n'est pas encore venu d'en dire un mot à l'autorité chinoise. Un des bruits d'aujourd'hui, c'est que le grand et le deuxième catéchiste (chinois) sont au désespoir parce qu'on a tué la fille du premier et la femme du second. Aujourd'hui, Fête-Dieu, à peu près point de femmes à la messe! Les païens, ci-devant amis des chrétiens, se retirent et les considèrent comme de mauvaises gens. Aujourd'hui j'ai essayé de leur prouver qu'ils étaient d'heureux mortels. *Beati estis quum maledixerint vobis propter me. Gaudete et exsultate quoniam!* Mais cette doctrine n'entre pas très-facilement dans leur tête. La sœur Marie me disait aujourd'hui que quand elle se présente dans un village où autrefois elle était parfaitement accueillie, tout le monde fuit ou se cache. On me demandait si je ne craignais pas pour notre établissement parce qu'il y a des bandes organisées pour semer le désordre. Au milieu de toutes ces diableries, nous et les sœurs nous plaçons notre espérance là-haut, et ne désespérons pas d'en recevoir du secours. »

Irrité et plus inquiet qu'irrité de l'inaction étrange de M. Fontanier, le P. Chévrier courut aux *concessions*. Il s'adressa au consul général de Russie, lui communiqua ce qui s'était passé entre lui et M. Fontanier, et le pria d'user de son influence auprès de son collègue de France, et, de concert avec lui, d'agir sur Chung et sur les autorités de la ville. M. Skatschkoff, jugeant la situation comme le Père lazariste, se fit, sans perdre un instant, porter à la ville chinoise. Arrivé au consulat, on l'empêcha d'entrer, sous le prétexte que M. Fontanier était sorti. Il s'en retourna donc à la concession, après avoir par écrit demandé une entrevue. M. Fontanier vint le voir le lendemain. Mais, lorsque M. Skatschkoff se mit à lui parler de la situation du moment, il l'interrompit. « De quoi vous mêlez-vous? » lui dit-il, et il se retira.

Les incidents fâcheux se multipliaient. Un soir une jeune fille s'arrêta devant une boutique pour acheter du riz ; suivant l'usage chinois, elle n'entra pas, à cause de son sexe. Elle tendit donc son panier dans lequel il y avait des sapèques. Le marchand le remplit de riz et allait le lui rendre, lorsqu'il s'aperçut que la jeune personne avait disparu et qu'elle suivait un individu. Il sortit de sa boutique, et appela l'attention des voisins sur ce fait qui lui parut étrange. Évidemment, l'homme qui marchait devant la jeune fille était un ensorceleur. Comment en douter? Il fut suivi, insulté, traîné devant le chih-hüen, condamné à quelques coups de bambou, et, faute de preuves, relâché. Le peuple s'éloigna en murmurant.

Deux jours après, deux Chinois étrangers firent leur apparition dans le quartier de l'Ouest habité par des mahométans. Ils portaient un sac sur leurs épaules et conduisaient par la main deux petits enfants. On les questionnait pour savoir ce qu'ils venaient faire, lorsque les deux hommes se sauvèrent. Plus que jamais convaincu que c'étaient des ensorceleurs, on courut après eux, on les arrêta et on les traîna au yamen du chih-hüen. Dans leurs sacs furent trouvés des dollars mexicains (monnaie dont se servent habituellement les Européens) et quelques paquets de drogues. Mis à la torture, ils déclarèrent avoir effectivement ensorcelé les enfants au moyen de ces drogues. Les dollars leur avaient été donnés par les sœurs en payement du crime. Le chih-hüen admit ces dépositions. La loi prévoit le crime de l'ensorcellement. D'ailleurs, les aveux des deux hommes n'avaient rien de choquant pour l'intelligence d'un Chinois, fût-il même lettré et mandarin. Le chih-hüen en référa au chih-fu. Les deux hommes, convaincus sur leur propre aveu, d'un crime commis à l'instigation des sœurs, furent condamnés à mort et exécutés. C'était implicitement condamner les sœurs et rendre un arrêt de mort contre les Européens. Une proclamation du chih-fu porta le fait à la connaissance du public. Sans nommer les sœurs, il paraît que le premier magistrat se complaisait à constater l'indignation du peuple et les sympathies des mandarins. Charmés de cet acte de complicité qu'ils comptaient exploiter, les auteurs des désordres organisèrent une démonstration populaire. On se cotisa, et on présenta au chih-fu, en signe de reconnaissance, une ombrelle officielle où étaient inscrits les noms des donateurs. L'exécution des deux hommes avait eu lieu en conformité d'une circulaire de Tseng-kwo-fan, gouverneur-général de la province, alors absent de Tien-tsin. Ce haut fonctionnaire venait d'approuver le jugement sommaire et d'autoriser l'exécution des ensorceleurs. En d'autres termes, il avait publié la loi martiale à la suite de la fréquence de crimes imaginaires.

Le chih-fu, le mandarin militaire et le chih-hüen se rendirent chez Chung. Ils lui exposèrent la gravité du cas, et demandèrent l'autorisation, qu'il refusa, de faire une enquête sur les lieux, c'est-à-dire d'exhumer et d'examiner les cadavres ensevelis au cimetière des pauvres, situé, comme il a été dit, derrière le consulat de France. Dans cette réunion, les trois mandarins affirmèrent que les religieuses étaient coupables. Chung-hou soutint le contraire, et persista à refuser l'autorisation qu'on lui demandait. A la fin, intimidé par l'opinion publique qui déjà ne lui était guère favorable, il céda. Il fit comme Ponce-Pilate, il se lava les mains. L'enquête eut lieu. Ce fut le premier acte de la tragédie. On vit pénétrer dans l'enclos de la Mission, presque à l'ombre du drapeau français, les mandarins chinois suivis de la foule qui, par ses vociférations, anticipa le verdict du magistrat. Au cimetière plusieurs cadavres furent exhumés et examinés. A quelques-uns les yeux manquaient; cet effet naturel de la décomposition fut interprété comme une preuve convaincante de la culpabilité des sœurs et des missionnaires.

Un lettré catholique, qui dirigeait une école aux environs, accompagné d'un de ses élèves, vint un jour de fête à Tien-tsin. Le soir, en reprenant le chemin du village, ils s'arrêtèrent chez un restaurateur de la cité chinoise. Des gens attablés auprès d'eux remarquèrent que la prononciation du lettré — il était né sur la frontière de Mongolie — différait de celle de l'enfant. Preuve évidente que c'était un ensorceleur. On le battit cruellement avec des barres de fer rougies au feu et on le traîna devant le chih-hüen. L'enquête constata son innocence, et, sur la demande du P. Chévrier, l'infortuné lettré, qui avait une côte brisée, fut, au milieu des hurlements de la populace, transporté sur un brancard à la mission des lazaristes.

Le 17 juin, quatre jours avant les massacres, on avait arrêté, dans un village des environs, un jeune homme appelé Wu-lan-chên. Il était également accusé d'avoir ensorcelé un homme. Conduit devant le chih-hüen, il fit la déposition suivante[1] : « Je suis natif de Ning-chin-shien. J'ai dix-neuf ans. Mon père et mon grand-père vivent encore. Mon père s'appelle Wu-tsun ; il est dans sa quarante-cinquième année. Ma mère est née Fang. Je n'ai pas de frères. Je me suis marié dans le premier mois de cette année. N'ayant rien à faire à la maison, je la quittai le 18 février et.... me rendis à Tien-tsin, où je gagne ma vie comme batelier. Jusqu'à cette époque, je ne connaissais pas Wang-san du Ho-lou (de l'église catholique) ; mais le 13 juin, il me donna une drogue et me traîna à l'église. Je n'en ai pas franchi le seuil. Wang-san insista pour que je me fisse catholique. Je commençai par refuser. Wang-san me dit qu'il me tuerait. Il m'effraya et je consentis. Il donna quatre dollars à un nommé Tang avec ordre de les garder pour moi. Le 14, il me remit un paquet contenant une drogue soporifique, et me chargea de parcourir le pays et de recruter des hommes au moyen de cette drogue. C'était une poudre fine, enveloppée dans du papier. J'allai à Mu-chuang-tzu, et y rencontrai un homme d'environ vingt ans, vêtu d'une tunique bleue et d'un pantalon de même couleur. Je mis de la poudre dans le creux de ma

---

1. Le *Livre bleu*, p. 18, donne cette pièce curieuse. Je la reproduis *in extenso*, parce qu'elle répand une vive lumière sur les mœurs, les idées et les superstitions du peuple chinois. Le lecteur verra tantôt que les magistrats de Tien-tsin ont dû eux-mêmes reconnaître l'entière fausseté des dépositions de Wu, misérable instrument des secrets auteurs du carnage.

main et en frottai la joue de l'homme. Aussitôt il devint comme stupéfié et me suivit. Je retournai en toute hâte à l'église catholique et remis l'homme à Wang-san. En retour celui-ci me donna cinq dollars et un autre paquet de poudre. Je me rendis au village de Tao-hua-ssu, où je vis le nommé Li-so occupé à puiser de l'eau. Je l'étourdis avec ma poudre, et il me suivit comme avait fait l'autre individu. Mais je fus arrêté par les paysans et mené devant le magistrat. Sans me compter, il y a à l'église catholique sept hommes employés comme recruteurs. Chaque nuit, nous avons dormi dans l'enclos de l'église. Wang-san était notre chef. Tous les matins, il apportait, de la chambre intérieure, des paquets contenant de cette poudre. Il en donna un à chacun de nous, et nous remit en outre, pour notre nourriture, trois cents pièces de monnaie de cuivre. Lorsque nous n'avions amené personne, nous rendions la poudre à Wang-san (Ici il cite les noms de ses prétendus complices). Wang-san a environ vingt ans ; il a le teint blanc, légèrement marqué de petite vérole. Après qu'il m'eut drogué et conduit à l'église, il me donna un antidote. A peine l'eus-je pris, que je recouvrai ma connaissance. Wang-san m'a dit qu'après avoir pris de cette poudre, il faut faire une mixture où l'on met de l'herbe douce, la carapace d'une cigale, celle d'un autre insecte, séchée au feu et pulvérisée, et de l'huile de sésame. Cette décoction, bue pendant qu'elle est chaude, vous rétablit immédiatement. Hier, après m'avoir suivi, les villageois m'ont demandé ce qu'il fallait faire ; j'ai répondu qu'il fallait donner de cet antidote à Li-so et qu'il serait guéri dès qu'il en aurait pris. J'ai caché dans la ceinture de mon pantalon les cinq dollars que j'avais reçus comme récompense pour avoir ensorcelé l'homme de Mu-chuang-tzu. Je les ai perdus lorsqu'on m'arrêta. Pendant mon séjour à l'église catholique, Wang-san me donnait chaque matin, avant que je sortisse, une poudre rouge à priser. Après en avoir pris, je me sentais du courage, et ne songeais plus qu'à recruter du monde. Quand je rentrais le soir, quelques gouttes d'une drogue que me donnait Wang me rendaient la connaissance. Mais alors les portes étant fermées, je ne pouvais m'en aller. »

En conséquence, le chih-fu et le chih-hüen invitèrent Chung-hou à demander l'extradition de Wang-san. Mêmes hésitations et mêmes ménagements de sa part. Il ne peut, il ne veut pas faire cette démarche auprès du consul de France. Libre à eux d'agir selon leurs intentions et sous leur responsabilité. Ils s'emparèrent donc de cet infortuné. Le chih-hüen le fit mettre à la question et cruellement torturer. On le renvoya avec les chevilles broyées.

Le 19, le taotai se présenta au consulat. Il apportait la déposition de plusieurs témoins qui déclaraient avoir été victimes des recruteurs d'enfants, employés et soldés par les missionnaires. Il demanda au consul l'autorisation de faire une enquête. M. Fontanier n'eut pas de peine à démontrer que tous ces bruits étaient l'œuvre de la malveillance.

Quelques heures après, le chih-hüen accompagné d'un employé de la police parut au consulat. M. Fontanier se fit d'abord excuser ; mais, le magistrat insistant, il fallut bien le recevoir. Ce dernier fut donc introduit dans le salon pendant que sa suite envahissait le consulat. Une conversation animée s'ensuivit entre les deux fonctionnaires. Dans l'antichambre, on entendait les éclats de leurs voix. Le mandarin demanda avec insistance une enquête officielle au domicile des sœurs et des missionnaires, et osa menacer le consul du ressentiment de la population. Celui-ci, plus maître de sa colère, rompit l'entretien en déclarant qu'il ne traiterait cette affaire qu'avec Chung. Le chih-hüen se retira furieux et le consul se dispensa de l'accompagner à la porte, ainsi que le veulent les règles de l'étiquette. Au moment où le mandarin sortait, on entendit M. Fontanier dire : « S'il y a du tumulte, je vous en rendrai responsable. » Le secrétaire qui suivait le chih-hüen, s'approcha alors du consul et le pria à demi-voix de ne pas le mêler dans cette affaire.

Le même jour, le médecin anglais, le Dʳ Frazer, en sortant de la maison des sœurs, fut attaqué par la populace et ne dut son salut qu'à la vitesse de son cheval. Dans l'hôpital se trouvait un capitaine de la marine marchande anglaise. Quoiqu'il fût gravement malade, la supérieure s'empressa de le faire transporter aux concessions, craignant, disait-elle, qu'il ne périt avec les religieuses dans les massacres qu'elle prévoyait déjà.

Depuis quelques jours, le général Chên-kwo-shuai se trouvait à Tien-tsin. Son arrivée fut le signal d'une recrudescence de l'agitation. Les rues se couvraient de placards incendiaires. On provoquait à la vengeance contre les recruteurs et ensorceleurs d'enfants. En passant près d'un groupe de gens du peuple qui chuchotaient entre eux, le comprador d'un résident européen entendit ces mots : « Tuons les étrangers. » D'autres disaient : « Vite, vite, tuons-les ; c'est le moment, puisqu'il n'y a aucun bâtiment de guerre dans le fleuve. »

Le 20 juin, un rassemblement considérable se forma sur le quai. Quelques hommes plus audacieux que les autres jetèrent des pierres et des briques contre la mission et le consulat. La nuit dissipa les groupes.

Chung, informé par un message de M. Fontanier de la scène de la veille, se rendit au consulat. Tout en essayant de l'excuser, il parla du chih-hüen en fort mauvais termes, et se plaignit du peu de cas que les autorités avaient fait de ses observations. Ce fut en vain qu'il avait tâché de démentir les faux bruits répandus contre les missionnaires. À la fin, il avait dû laisser dire. Son attitude lui valait de nouveau, dans le public, l'épithète de « bras droit des Européens ».

Pendant que des confidences entremêlées de paroles aimables s'échangeaient entre les représentants de la Chine et de la France, l'un préoccupé de ses embarras personnels et se gardant bien d'insister sur la gravité de la situation, l'autre se complaisant dans une fausse sécurité, les missionnaires et les religieuses ne se livraient à aucune illusion. On savait que l'heure du martyre était proche. M. Coutries, un des résidents de la cité chinoise, avait rencontré le P. Chévrier dans la journée. « Venez demain, lui disait celui-ci, entendre la messe. Il est temps de se préparer à la mort. »

Le même soir arrivèrent au consulat M. Thomassin, l'interprète de la légation de France, et sa femme. Ce jeune couple venait d'Europe. On avait voulu les retenir aux concessions ; mais, étant pressés, ils préféraient passer la nuit dans la ville chinoise et le lendemain continuer leur route pour Pékin. Ils savaient qu'ils trouveraient l'hospitalité au consulat. Ils ignoraient qu'ils y trouveraient la mort.

Aux concessions régnait la consternation. Les résidents ne tremblaient pas seulement pour leurs compatriotes si gravement exposés dans la ville chinoise ; ils craignaient aussi pour eux-mêmes. Une députation, composée du docteur Frazer et de quatre notables, se rendit chez le consul d'Angleterre pour le prier de faire venir l'une des canonnières stationnées à Che-fu. M. Lay, craignant probablement d'augmenter les inquiétudes, fit semblant de ne pas les partager. Il avait déjà, dans la matinée du 20, écrit à Chung. Il le pria de publier une proclamation exhortant le peuple à la politesse envers les étrangers. A la suite de l'insulte reçue par le docteur Frazer, il réitéra sa demande dans une seconde lettre[1] envoyée à Chung le lendemain, quelques heures seulement avant la catastrophe. La veille, 20 juin, il avait mandé à M. Wade : « Nous avons besoin d'un bâtiment de guerre ; quand il n'y en a pas, les désordres de cette nature augmentent. Que l'esprit des Chinois soit très-hostile aux étrangers, dit-il ailleurs, c'est ce qui ne fait aucun doute.

1. *Livre bleu*. M. Lay à M. Wade, pages 19, 32.

Le feu a couvé sous la cendre; maintenant il éclate. » Il s'étonnait de l'inactivité de M. Fontanier à l'égard des sœurs. On se demandait, en effet, pourquoi on ne les envoyait pas aux concessions. S'il n'était plus possible de les faire sortir du couvent en plein jour et toutes ensemble, ne pouvait-on du moins les en retirer une à une pendant la nuit? Mais M. Fontanier ne fit rien, car il ne croyait pas au danger.

Le jour même des massacres, avant qu'ils fussent connus dans le settlement, M. Lay écrit à M. Wade[1]: « Mon pénible devoir est de vous mander que l'état de choses ici est très-peu satisfaisant. Depuis quelque temps, les Chinois menacent de tuer les étrangers ou de les chasser de Tien-tsin. Ces jours derniers, l'agitation a augmenté. Les Chinois ont manifesté leur intention de brûler l'église catholique et le consulat de France, et de tuer tous les étrangers.... Je ne pense pas qu'il y ait actuellement péril de mort ; mais j'ai des inquiétudes en ce qui concerne la propriété, nos magasins étant remplis de marchandises. Tous les jours on reçoit des rapports annonçant que nous serons chassés ou tués... » Il écrivit donc à Che-fu pour hâter le retour de la canonnière. Plus avisé que son collègue de France, qu'une fatalité inexplicable semble aveugler, M. Lay voit le danger ; mais il n'en mesure pas toute la portée. Dans la cité chinoise, le gong appelait déjà les assassins à l'œuvre, pendant qu'il écrivait les lignes qu'on vient de lire.

---

1. *Livre bleu.* M. Lay à M. Wade, page 21.

Nous voici arrivés au jour néfaste du 21 juin.

Suivant le pieux conseil du P. Chévrier, M. Coutrics s'était rendu de grand matin à la cathédrale pour assister à la messe de six heures. L'église était comble. Des chrétiens indigènes, croyant leur dernière heure venue, se pressaient autour des confessionnaux des deux Pères. Dès neuf heures, des attroupements beaucoup plus considérables que ceux de la veille se formaient devant la mission et le consulat. Bientôt des projectiles de tout genre volent contre les fenêtres. Un envahissement paraît imminent. Il était dix heures du soir ; le taotai, le chi-fu et le chih-hüen arrivent avec une suite nombreuse. Ils amènent Wu-lan-chên [1], l'homme dont on a lu la dénonciation contre le malheureux lettré de la mission. Reçus par le P. Chévrier qui avait lui-même demandé l'enquête, ils furent conduits partout, interrogèrent tous les domestiques, et avouèrent eux-mêmes qu'ils n'avaient rien trouvé de suspect. Le misérable Wu-lan-chên, confronté avec les deux missionnaires et les domestiques, se troubla, ne reconnut ni les personnes qu'il avait dénoncées ni les localités désignées dans ses dépositions antérieures. A la fin, les deux magistrats, pleins de dépit et au milieu des rires ironiques de la foule, se retirèrent sans faire le moindre effort pour calmer la populace et pour la faire écouler. Ils montèrent dans leurs chaises en disant qu'ils allaient en référer à Chung. Ce dernier venait de mander le chef de la mission, et le P. Chévrier s'empressa d'obéir à cet appel. Le haut com-

---

[1]. Il vit encore dans les prisons de Tien-tsin.

missaire commença par dire qu'il n'ajoutait pas foi
à ces bruits calomnieux. Néanmoins, pensant qu'il
fallait dissiper les soupçons, il le pria de faire connaître dorénavant aux mandarins, le nom, la prove-
nance, et, le cas échéant, la mort des enfants qu'on
aurait reçus soit à l'école de la mission, soit à l'orphelinat des sœurs. Le P. Chévrier y consentit de
grand cœur, et se hâta de retourner chez lui. Cependant la situation s'était aggravée. On lançait de
nouveau des pierres contre l'église, on poussait des
cris menaçants et on semblait prêt à se porter à de
plus grands excès. Des hommes appartenant aux
brigades de pompiers s'étaient mêlés au peuple. Leur
présence était de mauvais augure. Le P. Chévrier,
en rentrant, trouva toutes les vitres de l'église brisées. Néanmoins il se mit à table et feignit de manger, voulant ainsi rassurer les chrétiens et donner
l'exemple du courage et de la résignation. Le tumulte augmentant, il se présenta devant la populace et l'engagea à entrer dans sa maison pour se
convaincre de la fausseté des rumeurs répandues
sur les missionnaires. En même temps, il fit ouvrir
toutes les portes : il était alors une heure. La foule
se précipita dans la cour, et puis, comme saisie
d'une panique soudaine, se retira dans la rue ; mais
revenant de sa frayeur, elle envahit la maison.
Voyant qu'on allait toucher au moment suprême, et
n'espérant aucun secours du consul qu'il jugeait
perdu comme lui-même, le bon P. Chévrier fit un
dernier appel à Chung-hou. Il lui envoya par un
domestique sa carte de visite, — les cartes de visite jouent un grand rôle en Chine, — lui fit exposer

le danger de la situation, et demanda des troupes. Ceci fait à la hâte, les deux PP. Chévrier et Ou se réfugièrent dans l'église, qu'ils barricadèrent. Quatre chrétiens s'y trouvaient.

Après avoir entendu la confession du P. Ou, le P. Chévrier recevait le même service de son confrère, lorsque les portes de l'église cédèrent sous les coups. Les deux pères se sauvèrent dans la sacristie. C'est là que nous les laisserons, pour nous occuper du consul de France.

On se rappelle que le consulat et la mission se touchaient et n'étaient séparés que par un mur bas. L'édifice habité par M. Fontanier donne sur le quai, si on peut nommer ainsi l'espace laissé libre entre le fleuve et les maisons. Comme toutes les habitations européennes en Chine, le consulat était entouré d'une véranda. C'est de là qu'attirés par le bruit, le consul et ses deux hôtes, M. et Mme Thomassin, assistèrent tranquillement aux premières scènes de désordre. Le consul avait envoyé son lettré et M. Simon, son chancelier, auprès de Chung. Eux aussi devaient demander des soldats. Pendant que ces deux employés cherchaient à gagner le yamen du haut commissaire, M. Fontanier, voulant profiter du voyage de M. Thomassin, se mit à écrire à M. de Rochechouart, chargé d'affaires de France à Pékin [1].

« Notre petite ville de Tien-tsin, d'ordinaire si tranquille, mande-t-il à son supérieur, vient d'être troublée depuis quelques jours par des cris et des

---

1. *Livre bleu*. M. Fontanier au comte de Rochechouart, p. 20.

attroupements aux environs de l'établissement des sœurs de charité et du consulat. » Vient le récit des visites du taotai et de Chung-hou, ainsi que de la scène avec le chih-hüen, « un petit incident, dit-il, qui aurait pu prendre une mauvaise tournure sans l'intervention de Chung-hou, mais qui paraît aujourd'hui à peu près terminé, Chung-hou m'ayant en outre promis, d'ici à quelques jours, de publier une petite proclamation pour apaiser les esprits. »

En lisant ces lignes écrites à dix heures du matin, on croit rêver. Les cris dont la *petite* ville est troublée depuis quelques jours, une petite ville de six cent à sept cent mille habitants! Le *petit* incident, c'est-à-dire sa brouille avec le magistrat le plus important de la ville qui prépare déjà sa perte! la *petite* proclamation que Chung-hou promet de publier *dans quelques jours* pour apaiser les esprits! Mais, monsieur Fontanier, dans quelques heures vous serez un cadavre mutilé !

Chung envoya des agents de police. « Comment, s'écria M. Fontanier, je lui demande des soldats, et il m'envoie des mandarins! » Plein de colère, il descendit dans la rue, et leur signifia de se retirer. En effet, impuissants à disperser la foule, ils furent frappés eux-mêmes et disparurent. L'un d'eux, cruellement maltraité, se sauva dans le bac, et passa de l'autre côté de l'eau. Le messager du consulat voulait empêcher la foule de crier. Il fut battu et sauvé à grand'peine par le cuisinier.

A ce moment, M. Coutries, qui se tenait près de la porte du consulat, vit apparaître sur la rive droite du fleuve un Chinois richement vêtu et entouré d'une suite nombreuse. La foule le salua avec des acclamations de joie. Après avoir causé quelques instants avec le peuple, il se retira en montrant de la main le consulat, et, en se retournant, l'établissement inoccupé des jésuites. Aussitôt les cris et le sinistre bruit du gong recommencèrent, et l'on se mit à lancer des pierres contre la maison, jusqu'alors respectée, des pères de la Compagnie.

M. Fontanier, attendant vainement le secours qu'il avait demandé à Chung, résolut d'aller le chercher lui-même. Armé d'un revolver à six coups, et accompagné du chancelier M. Simon qui avait ceint un sabre, il quitta, malgré les supplications des domestiques, le consulat par une porte de derrière, et tâcha de gagner par de petites rues la résidence peu éloignée du commissaire des Trois-Ports. M. Coutries, muni d'un fusil et le principal domestique chinois du consul, voyant le danger auquel celui-ci s'exposait, coururent après lui dans l'espoir de le rejoindre.

On a vu que le P. Chévrier avait envoyé un homme de confiance avec sa carte et un message verbal pour Chung. Ce domestique aussi tâcha de gagner le yamen par les ruelles de derrière. Mais, assailli à coups de pierre, intimidé probablement par la foule et impuissant à la traverser, il rebroussait chemin, lorsqu'il aperçut le consul et son chancelier, le premier tenant un Chinois par la queue et brandissant de l'autre main son pistolet. Le Chinois était l'un des petits mandarins que Chung avait envoyés pour rétablir l'ordre devant l'église et le consulat. M. Fontanier, en proie à un accès de vive colère, accabla cet homme de reproches : « Comment ! s'écria-t-il, toi, un mandarin, tu n'exerces aucune influence sur ce peuple, et tu oses encore porter ton bouton ! Viens avec moi chez Chung-hou ! » Ces paroles entendues et répétées autour du consul, augmentèrent la fureur de la foule. De toutes parts on cria : « Il va tuer un mandarin ! » Arrivé devant le yamen, on en trouva la porte fermée. D'un coup de pied, le consul l'ouvrit, et accompagné de M. Simon et du mandarin, pénétra dans la seconde cour. Le domestique du P. Chévrier n'osa les suivre. Il distingua la voix courroucée du consul. « Comment, disait celui-ci, on menace notre vie, et vous ne faites rien pour nous protéger ! » Il n'entendit pas d'autre bruit. Peu après arrivèrent M. Coutries et le domestique de M. Fontanier. Ces trois hommes se consultaient sur ce qu'il y avait à faire, lorsque aux cris de : « tue, tue, » ils furent tout à coup assaillis par les soldats et la valetaille de Chung, rassemblés dans la première cour. Le domestique du consul fut renversé et reçut plusieurs coups de pique. Un secrétaire du haut commissaire parvint avec peine à le sauver. M. Coutries dut la vie à la protection d'un petit employé, son ami, qui le cacha dans un cabinet obscur. Le lendemain, Chung le fit conduire aux concessions. M. Coutries croit avoir entendu dire à son protecteur : « Il n'est pas Français, il est Anglais. » Le domestique du père lazariste profita d'un moment favorable pour s'échapper.

Que s'est-il passé dans l'entrevue du consul avec

le haut commissaire? On l'ignore, à moins qu'on ne veuille ajouter foi au récit de Chung-hou dont la véracité me paraît plus que suspecte. Voici en quels termes, le jour même des massacres, il rend compte au Tsungli-yamen de la dernière visite de M. Fontanier[1] : « Après avoir congédié le P. Chévrier, désirant dissiper les soupçons du peuple et rassurer les étrangers, je m'occupais de rédiger une proclamation que je comptais faire afficher immédiatement, lorsque vers deux heures j'appris que des rixes avaient eu lieu entre les gens de la cathédrale et quelques oisifs rassemblés devant l'église. Je venais d'y envoyer un officier pour rétablir la tranquillité, quand j'appris que M. Fontanier était venu au yamen. J'allai à sa rencontre. Le consul, qui était dans un violent état de fureur, portait à sa ceinture deux pistolets. Un étranger qui l'accompagnait était armé d'un sabre. Tous deux se précipitèrent à ma rencontre ; et, à peine arrivé près de moi, M. Fontanier se mit à parler d'une manière inconvenante, tira un pistolet de sa ceinture et le déchargea en ma présence. Heureusement personne ne fut atteint et M. Fontanier fut saisi. Comme il n'aurait pas été convenable pour moi d'en venir aux mains avec lui, je me retirai. M. Fontanier, en entrant dans la salle (de réception), brisa les tasses et autres objets déposés sur la table, et ne cessa de vociférer. Je me rendis de nouveau auprès de lui, et lui dis que la foule (qui stationnait aux abords

1. *Livre bleu*. Chung-hou au yamen des affaires étrangères, p. 21.

du yamen) avait pris une attitude menaçante; que toute la brigade des pompiers se trouvant avec elle, dans l'intention évidente de l'assister, je craignais des désordres, et que je le priais de rester. Mais lui, insoucieux de sa vie, se précipita hors du yamen. J'envoyai quelques hommes avec ordre de le rejoindre et de lui servir d'escorte. »

Telle est la relation de l'un des interlocuteurs. L'autre a péri quelques minutes après cet entretien. On devrait donc s'en tenir à la version de Chung. Mais, abstraction faite des mensonges que ce haut fonctionnaire n'a pas rougi d'avancer sur la mort du consul, et qu'il a été obligé de retirer, le récit qu'on vient de lire n'est admissible qu'en supposant que M. Fontanier ait complétement perdu la tête. Tirer un coup de pistolet dans l'intérieur du yamen, en présence du haut mandarin, sinon sur lui, était un acte de démence. Nul doute que le consul n'ait été tué sur place par les soldats qui stationnaient dans les cours, et que Chung-hou, l'eût-il voulu, n'aurait pu le sauver. D'un autre côté, comme on le verra tout à l'heure, il est constaté qu'en retournant au consulat, M. Fontanier[1] avait l'air d'un homme ivre. Mais si, en présence de la meute armée qui s'agitait autour de lui, en présence de la

---

1. Au dire d'un grand nombre de témoins oculaires, pour la plupart des chrétiens chinois, entendus par les Pères lazaristes. Son domestique, questionné par moi sur le coup de pistolet au yamen, garda le silence. Peu de temps après les événements, il avait affirmé avoir entendu un coup de feu. Plus tard il revint sur cette déposition. M. Coutries et le domestique du P. Chévrier, ce dernier également interrogé par moi, déclarent n'avoir entendu aucune détonation.

poltronnerie de Chung et de la trahison mal déguisée des magistrats, la raison de l'infortuné Fontanier s'est égarée, le trouble de son esprit n'a pas du moins étouffé la voix de son brave et loyal cœur. Son poste était au consulat. Il avait à protéger les missionnaires, ses voisins, M. et Mme Thomassin, ses hôtes. Ce fut vers le consulat qu'il dirigea ses pas. Il savait que c'était aller au-devant de la mort; qu'en restant auprès de Chung il se sauverait probablement; mais il n'hésita pas un instant à rejeter les offres du haut commissaire, et, suivi de son chancelier, il sortit du yamen. Une douzaine de petits mandarins, chargés par Chung de le protéger, l'accompagnèrent à pied[1]; le chih-hüen, d'abord dans sa chaise et ensuite à pied, marchait à côté du consul.

Celui-ci n'eut pas plutôt franchi le seuil du palais qu'il reçut un coup de lance dans le flanc. C'était sa première blessure. Il se trouvait alors dans un état de surexcitation extrême. On le vit gesticuler avec violence. Peut-être pour le modérer et l'empêcher d'irriter la foule, le chih-hüen le toucha de la main. Le consul se crut insulté. « Misérable chih-hüen, s'écria-t-il, misérable mandarin, vous ne faites rien pour retenir la populace? » Le magistrat secoua la tête en répondant : « Cela ne me regarde pas[2]. » On se trouvait sur le quai où débouchent plusieurs petites rues, à ce moment toutes remplies de gens armés de piques. Il se précipitèrent vers

---

1. L'un de ces employés était le mandarin que j'ai questionné.
2. Récits des chrétiens interrogés par le P. Favier.

les deux Européens. M. Fontanier fit feu sans atteindre personne, puis, se tournant vers le chihhuën, il lui tira à bout portant un coup de révolver. Celui-ci, petit et gros homme, voyant le pistolet braqué sur lui, eut encore le temps de se cacher derrière son domestique, qui, mortellement atteint, succomba quelques jours après. Et la foule de crier : « Il nous tue, tuons-le et tous ceux qui voudraient nous empêcher de le faire. » Ce fut pour le chih-huën et tous les mandarins de l'escorte le signal de la fuite. On se trouvait alors près d'une petite pagode à mi-chemin entre le pont de bateaux et l'église. Il était une heure et demie. Les deux Français, terrassés et percés de coups de lance, se relèvent, chargent la foule des furieux, s'ouvrent un passage, gagnent enfin la grande porte du consulat, où ils expirent sous les coups des meurtriers. À ce moment les PP. Chévrier et Ou, poursuivis par une horde d'assassins qui les ont traqués dans la sacristie, sautent par une fenêtre dans la cour du consulat, et tâchent de se cacher dans un petit pavillon entouré de rocailles. Mais les misérables qui viennent d'achever le consul et son chancelier, se ruent sur eux et les tuent.

Ces infortunés n'étaient pas les premières victimes. M. Thomassin et sa jeune femme avaient, pendant l'absence de M. Fontanier, quitté le consulat et s'étaient réfugiés dans une maison voisine habitée par des marchands suisses, MM. Borel. S'ils y restaient, ils étaient sauvés ; mais, pris de panique et espérant pouvoir gagner le bateau qui les attendait à peu de distance, pour les transporter vers Pékin, M. Thomassin, armé d'un pistolet et d'un sabre chinois, sortit avec sa jeune femme. Assailli par un coup de pierre, il eut l'imprudence de tirer dans la foule. Il fut sur-le-champ mis en pièces et sa femme tuée par un coup de hache sur la nuque[1]. Leurs corps, complétement dépouillés, furent jetés dans le fleuve et le surlendemain repêchés près des concessions. Après ce premier crime, la foule se lança contre le consulat et se mit à le démolir.

Lorsque le chih-huën vit le consul gisant mortellement atteint à côté de son chancelier, ce lâche sicaire fut saisi de frayeur. Il courut chez Chung : « Un malheur affreux, lui dit-il, vient d'arriver. On a tué le consul. Je compte sur vous; sauvez-moi ! — Comment vous sauver ? répondit le haut commissaire. J'aurai de la peine à me sauver moi-même. C'est vous qui êtes le magistrat de la ville. C'était à vous d'apaiser le peuple. Loin de remplir votre devoir, vous avez encouragé le désordre. Si le consul est tué, il reste à protéger les autres Européens et à empêcher le pillage[2]. » Quittant son costume officiel, Chung sortit ensuite de son yamen, et, se tenant prudemment près de la porte, contempla en silence le sinistre spectacle de la cathédrale, de la mission et du consulat consumés par les flammes.

* * *

On se rappelle que la partie la plus turbulente de

1. Constaté par l'autopsie du cadavre.
2. Ce curieux colloque est, ce me semble, de ces faits qui ne s'inventent pas. Le mandarin cité plus haut me l'a rapporté ; il dit y avoir assisté.

la populace de Tien-tsin habite le quartier de la rive septentrionale, et qu'un seul pont de bateaux le fait communiquer avec la ville intérieure et les grands faubourgs de la rive opposée où se trouvaient l'église, le couvent et l'orphelinat des sœurs de Saint-Vincent-de-Paul. On se rappelle aussi que les confréries des pompiers des deux rives sympathisaient avec les gens de sac et de corde qui, dirigés par des mains invisibles, ouvertement encouragés par le général Chên-kow-shuai, et sous main par le mandarin militaire du district, n'attendaient plus que le signal pour commencer l'œuvre de sang. Ce signal fut donné vers midi. Sur cinq points différents de la ville, le gong appela sous les armes les pompiers et les anciens volontaires. La plus simple prudence exigeait de fermer, dès le matin, la circulation entre les deux rives, et d'empêcher ainsi la réunion des forces disciplinées du désordre. Rien n'était plus facile. On n'avait qu'à ouvrir le pont en retirant un des bateaux dont il se compose. Ce ne fut qu'après le massacre du consul que Chung donna cet ordre. On était occupé à lui obéir, lorsque le général Chênkow-shuai parut sur le quai et demanda à traverser le pont. On n'osa pas lui résister, et il passa traînant après lui la horde des massacreurs. Sur la rive gauche la besogne était faite, les Européens tués, les maisons et l'église pillées et incendiées.

Maintenant aux sœurs !

Depuis une semaine environ, ces religieuses étaient en proie aux plus vives angoisses. La supérieure, comme on a vu, jugea la situation assez dangereuse pour renvoyer de l'hôpital un Anglais, malgré l'état précaire de sa santé. Le docteur Frazer, ce bon samaritain qui, tous les jours, souvent deux fois par jour, donnait ses soins aux malades de l'hôpital, avait failli être tué au moment où il en sortait. La vitesse de son cheval l'avait sauvé. Depuis cette aventure, il n'était plus retourné à la cité chinoise. La communication avec les pères Lazaristes était fermée aux sœurs, qui n'osaient plus, comme par le passé, se montrer hors de leur maison. Depuis trois jours, une foule compacte, poussant des hurlements sauvages, stationnait du matin au soir dans les environs du couvent. Toutefois la fuite était encore possible. La nuit, les religieuses auraient pu se retirer dans les concessions. Mais que seraient devenus les orphelins et les malades? Abandonnées de tout secours humain, entourées d'une populace de plus en plus fanatisée et évidemment toute disposée à se porter aux derniers excès, ces saintes et courageuses femmes résolurent de remplir leurs devoirs jusqu'au bout.

Voici leurs noms : la sœur supérieure Marie-Thérèse Marquet, née en Belgique, âgée de quarante-six ans; les sœurs Marie-Séraphine Clavelin, née en France, âgée de quarante-huit ans; Marie-Pauline Viollet, née en France, âgée de trente-neuf ans; Marie-Anne Pavillon, née en France, âgée de quarante-sept ans; Amélie-Caroline Legras, née en France, âgée de trente-six ans; Adélaïde-Marie-Angélique Lenu, née en France, âgée de trente-huit ans; Marie-Clarinde Andreoni, née en Toscane, âgée de trente-quatre ans; Alice O'Sullivan, née en Irlande, âgée de trente-quatre ans; Marie-Joseph

Adam, née en Belgique, âgée de trente-quatre ans, et Marie-Anne-Noémi Tillet, née en France, âgée de quarante-quatre ans.

Une centaine d'enfants se trouvaient à l'orphelinat.

Vers deux heures et demie, au bruit du gong et de pétards, des hordes criant : Mort aux Français ! mort aux étrangers ! arrivèrent devant le couvent. Le feu y fut mis, et la porte enfoncée en un instant. Les misérables se trouvèrent en face de la sœur supérieure, qui fut immédiatement traversée d'une lance, et achevée à coups de sabre. Les autres religieuses se réfugièrent dans les caves de l'église, dans le jardin, dans la pharmacie. Elles furent en quelques minutes saisies et massacrées. La rage de ces forcenés ne laisse guère douter que la mort des sœurs n'ait été immédiate[1].

Leurs corps furent déchirés et jetés dans les flammes. Quelques lambeaux de chair rôtie et des os calcinés, entassés dans la cour de l'hôpital, était tout ce qui restait de ces saintes filles[2]. Envoyées

---

1. D'après l'opinion du P. Favier. Ma plume se refuse à reproduire les détails du crime, tels qu'ils semblent résulter des rapports de M. Lay, *Livre bleu*, pages 24 et 28. Le P. Favier est persuadé que, vu l'excitation de la populace, les religieuses ont été tuées sur-le-champ, et que ce n'est que sur leurs cadavres que les massacreurs ont assouvi leur rage. Malgré les recherches les plus assidues faites par les autorités ecclésiastiques et consulaires sur la mort des sœurs, on n'a pu recueillir que des informations obscures et contradictoires. Cela s'explique aisément ; les chrétiens chinois s'étaient enfuis, et les voisins païens de la maison des sœurs, plus ou moins compromis dans les massacres, n'eurent garde de parler et surtout de dire la vérité.

2. « *The pious and good Sisters of Mercy,* » *The Tien-tsin massa-*

par le taotai au consulat d'Angleterre, ces dépouilles ne suffisaient pas pour former cinq cadavres complets. Qu'était devenu le reste? Les recherches les plus minutieuses du P. Favier et du Dr Frazer, dans les décombres de la maison, n'ont donné aucun résultat. On ne peut attribuer la disparition de tant de cadavres à la calcination, car dans ce cas on aurait trouvé quelques os. Probablement des lambeaux sanglants ont été enlevés comme charmes et distribués au peuple. D'après les dépositions d'un enfant de l'hospice, un homme l'a frappé sur la joue avec la main coupée d'une sœur, en disant : « Voilà ta mère (nom donné par les orphelins aux religieuses) qui te châtie. » Un des témoins chinois, cité dans le *livre bleu*[1], raconte que cent enfants de l'orphelinat, ou de l'école, ont été étouffées dans une cave où elles s'étaient réfugiées. Cette assertion ne s'est heureusement pas confirmée. Les enfants, affolées par la terreur, s'étaient cachées partout. Elles furent saisies, mises en prison et interrogées. N'ayant voulu rien avouer à la charge des sœurs, elles eurent beaucoup à souffrir ; mais au bout de six semaines elles furent remises par les autorités chinoises aux missionnaires envoyés à cet effet de Pékin.

Plusieurs chrétiens indigènes perdirent la vie aux abords du couvent. Les autres, traqués par les as-

---

cre, page 52, par George Thin M. D., vice-président de la branche *Chine septentrionale* de la *Royal Asiatic society*. Des Anglais résidant à Tien-tsin et à Shanghai, des protestants qui les ont connues et vues à l'œuvre, m'ont parlé de ces religieuses les larmes aux yeux.

1. Page 75.

sassins, se dispersèrent en tout sens, tâchèrent de se sauver chez des amis ou de sortir de la ville. Une femme fut jetée dans la rivière et retirée après qu'elle eût promis de déposer contre les sœurs (déjà massacrées) et de déclarer avoir été ensorcelée par elles. On la transporta au yamen pour y être interrogée[1], fait curieux et digne d'être relevé, parce qu'il est une des nombreuses preuves que les assassins procédaient avec méthode, et étaient dirigés par des gens sentant le besoin de se munir d'avance de *pièces justificatives.*

M. de Chalmaison, marchand établi dans la cité chinoise, fut massacré au moment où il sortait de sa maison. Une dame française, qui demeurait sous le même toit, courant dans une petite ruelle, fut sauvée par une femme qui la cacha chez elle. Dans la nuit, déguisée en Chinoise, elle se rendit à sa demeure et, la voyant abandonnée, elle revint sur ses pas, ne put retrouver son asile, et frappa à une porte. Reconnue à son accent étranger, elle fut tuée.

Un Anglais, qui demeurait dans le même quartier, dut la vie à la fidélité de son comprador. Ce dernier, après avoir caché son maître sur le toit de la maison, entre deux cheminées, ferma la porte et les fenêtres, et fumant tranquillement sa pipe, présenta aux hordes qui passaient la clef de la maison : « Entrez, leur disait-il, le propriétaire est allé aux concessions. »

Les deux marchands suisses, MM. Borel, furent sauvés miraculeusement. Depuis midi jusqu'au soir,

---

1. *Livre bleu.* Déposition d'un indigène, page 37.

ils restèrent bloqués dans leur maison. La populace apparut de temps en temps, mais, grâce aux supplications du comprador, elle finissait toujours par se retirer. Dans la nuit, Chung les fit conduire à la concession britannique.

Un M. Bassow et un jeune couple marié depuis quelques jours, M. Protopopoff[1] et sa femme, sœur de Mme Startsoff, tous trois établis dans les concessions européennes, s'étaient rendus dans la matinée à la ville chinoise pour déjeuner avec des marchands de leur nation qui demeuraient dans le quartier oriental de la cité. N'attribuant aucune importance aux attroupements, on s'était mis à table vers midi, lorsqu'un domestique chinois apporta la nouvelle « que l'église catholique avait été jetée dans l'eau. » On se décida à regagner les concessions le plus promptement possible. Le pont étant encombré, on prit le chemin du Hé-doune, *coté du sel*, c'est-à-dire de la rive gauche. Arrivés le matin en chaise, le jeune couple et M. Bassow repartirent de la même façon. Les trois autres Russes suivaient à pied, et, rencontrant des troupes de gens armés, se sauvèrent dans la guérite d'un gardien. Ils furent interrogés, et, après avoir fait constater leur nationalité russe, conduits à leur hong. M. et Mme Protopopoff et leur ami traversaient rapidement les rues du quartier du nord, lorsque, aux cris : « Voilà des étrangers, tuez, tuez ! » ils furent attaqués par une bande de massacreurs. Vainement dirent-ils qu'ils n'étaient pas

---

1. *Livre bleu*, pages 105-139 et d'après les communications verbales de M. Startsoff.

Français, qu'ils étaient Anglais; on leur répondit : « N'importe, nous tuerons tous les étrangers ! » Ils n'eurent pas le temps de sortir de leurs chaises, qu'on broya sur eux. Les deux hommes, qui tâchèrent de défendre la jeune femme, furent achevés à coups de sabre. L'infortunée Mme Protopopoff fut aussi massacrée, et les corps, complétement nus, enterrés dans un champ et pendant la nuit jetés dans le fleuve.

Quatre chapelles protestantes (anglaises et américaines) furent détruites ou fortement endommagées.

A cinq heures et demie, on entendit de tous côtés le tam-tam battre la retraite. Les différentes brigades des pompiers, jugeant leur œuvre accomplie, se formèrent en colonnes, et rentrèrent chez eux dans le plus grand ordre. La foule s'écoula. L'obscurité et le silence de la nuit succcédèrent à l'horrible orgie de la journée.

* * *

Pendant que le sang coulait dans la ville chinoise, la consternation régnait aux concessions. Dépourvus de tout moyen de défense, privés même du faible secours des canonnières, séparés de la scène des massacres par un sol plat où rien ne pouvait arrêter l'invasion des bandes, les résidents se considéraient comme voués à la mort. Une forte pluie qui tomba vers le soir les a probablement sauvés. Cependant on s'arma à la hâte. Mais que pouvait cette poignée d'hommes, si on était assailli par des milliers de gens ivres de sang, tous munis de piques ou de couteaux? Les missionnaires anglais et américains, avec leurs femmes et enfants, se réfugièrent à bord d'un steamer de commerce ancré dans le Pei-ho[1]. Le lendemain, de très-bonne heure, Chunghou parut aux concessions, et demanda à voir les consuls. Sa proposition d'envoyer des troupes pour la protection des Européens fut déclinée. M. Lay lui répondit fort bien que ses soldats étaient plus à craindre que le peuple. Chung raconta à sa manière les événements de la veille, nommément la visite et la mort de M. Fontanier. Ce dernier, disait-il, après avoir tiré sur lui deux coups de pistolet, avait été tué à ses côtés. Il avait fait recueillir son corps qui se trouvait à son yamen. Il promettait de l'envoyer avec les dépouilles des autres victimes.

Dans la journée, les mauvaises nouvelles de Tien-tsin se succédèrent avec rapidité. Les craintes d'une attaque se renouvelèrent. « Notre situation, écrit M. Lay au représentant de sa souveraine à Pékin, est terrible. Tous les hommes de la communauté montent la garde. Mais nous ne sommes pas en force. »

Devant leurs fenêtres défilaient, flottant sur la rivière, les corps mutilés de leurs amis. Le premier cadavre qu'on retira de l'eau était l'infortuné consul de France. L'histoire racontée par Chung était donc un conte. Son Excellence avait simplement menti. Le taotai envoya les restes des sœurs. La partie mâle de la population blanche étant occupée à veil-

---

1. En mandant ce fait à M. Wade, M. Lay ajoute : *and although this is against my wish as an appearance of danger, yet I have no power to stay them. Livre bleu*, page 23.

ler à la sûreté de l'établissement et les koulis se refusant absolument à toucher aux cadavres, le consul d'Angleterre et son subordonné les mirent dans des cercueils. Ce fut aussi M. Lay qui se chargea de rassurer les femmes, de répondre aux mille questions des hommes, de prendre les mesures de précaution nécessaires, tout en évitant d'augmenter les appréhensions ou plutôt la panique qui de plus en plus envahissait la petite communauté.

Dans la cité chinoise aussi, l'agitation continua. Les gens aisés, craignant les représailles des Européens et le pillage du peuple, se hâtèrent de quitter la ville. Les négociants convertissaient en marchandises l'argent comptant qu'ils possédaient. Les voleurs emportent plus volontiers et plus facilement de l'argent que des objets volumineux. Les lettrés continuèrent à crier et à faire crier mort aux étrangers! M. Lay craignait fort que le chargé d'affaires de France à Pékin ne voulût essayer de châtier les assassins avec des forces insuffisantes. « Si on tente, écrivait-il à M. Wade, un coup de main avec une ou deux canonnières, personne de nous ne survivra pour raconter l'histoire de la défaite et des nouveaux massacres. » Les femmes et les enfants furent embarqués à bord des bâtiments marchands.

Dans la ville chinoise, on vendait des éventails et des images représentant le meurtre de MM. Fontanier et Simon. Les autorités chinoises firent saisir ces atroces gravures, qui sont devenues assez rares. J'en possède deux sur le même sujet. Avec de légères variantes, on y voit le yamen de Chung, et au milieu, la cathédrale assez exactement rendue, la maison des lazaristes et le consulat en flammes, le consul et le chancelier renversés ; quatre assassins les frappent avec des sabres et des lances. Un homme accroupi pour nouer la courroie de sa chaussure, et tenant son sabre dans sa bouche, tourne la tête vers cette scène qui semble l'amuser. C'est le loustic de la bande. Plus loin, un fonctionnaire, au dire du public de Tien-Tsin, le chih-hüen, debout près de sa chaise et entouré de mandarins, contemple le meurtre. Des deux côtés de la rivière et sur le pont on voit accourir des hommes armés de piques. D'autres s'approchent en bateau. Des curieux assistent en agitant leurs éventails. Plus loin, on voit deux cavaliers, probablement le général Chên-kwo-shuai et le mandarin militaire du district, dignes tous deux, par leur conduite, de l'honneur de figurer dans ce tableau. Grossièrement fait, il respire le sang, et frappe par l'étrange contraste entre l'agitation des meurtriers et l'olympique quiétude des spectateurs.

Cependant des canonnières anglaises arrivèrent de Che-fu et de Shanghai. Chung adressa au peuple une proclamation qui ramena le calme. Ce fut une nouvelle preuve que les mandarins, pour peu qu'ils l'eussent voulu, auraient pu contenir le peuple ou rétablir la tranquillité troublée.

Plus tard, à l'approche de l'hiver, les alarmes recommencèrent. Quel sera le sort des habitants du settlement après le départ des canonnières qui ne peuvent s'exposer au péril d'être prises dans les glaces, et ont par conséquent reçu l'ordre de se rendre à Che-fu dès les premiers froids ? Le gouvernement anglais suggéra l'idée de faciliter aux résidents les moyens de s'éloigner de la concession pendant la durée des glaces. A Pékin aussi on agita la question de savoir si les légations devaient se retirer. D'accord sur ce point avec ses collègues, M. Wade était opposé à des mesures non justifiées, disait-il, contraires d'ailleurs à l'opinion générale des factoreries en Chine, et préjudiciables au prestige anglais dans cette partie du monde. Mais à Tien-tsin la situation devint de plus en plus critique. « Je ne suis pas poltron, écrit M. Lay à M. Wade, et je resterai à mon poste tant qu'on ne m'en chassera pas. S'ils nous attaquent, j'espère qu'ils seront bien reçus ; mais je ne puis exposer ma femme et mon enfant, et, si je les renvoie d'ici, ce sera le signal d'une fuite générale. Que dois-je faire ? » — « Ne faites rien, fut la réponse de M. Wade. Vous avez été sur le qui-vive pendant trois mois. Vous êtes nerveux. Il y a plus de crainte que de dangers à Tien-tsin. » Comprenez-vous cette situation ? Le consul tout prêt à faire le sacrifice de sa personne, mais tremblant pour la vie des siens; le ministre qui, dans un intérêt public, prend sur lui de le rassurer ! Vraiment, le service de Chine n'est pas facile. Rendons hommage au dévouement, au sang-froid, au courage imperturbable de ces dignes représentants d'un grand pays ! Au reste, les faits ont donné raison au représentant de la Reine. L'ordre n'a plus été troublé. Chung et le gouverneur général de la province, Tsêng, ce dernier envoyé expressément sur les lieux pour diriger l'enquête, surent imposer à la populace, contenir les lettrés et protéger le peu de voyageurs européens qui, en route pour Pékin ou revenant de cette ville, étaient obligés de traverser Tien-tsin.

C'est le moment de jeter un regard en arrière et d'examiner la conduite des principaux acteurs de cette lugubre tragédie.

* * *

On a accusé les missionnaires et les religieuses d'avoir, par leur imprudence, par un zèle indiscret de prosélytisme, provoqué les scènes dont ils sont tombés victimes. Le jour même des massacres, le 21 juin au matin, M. Lay écrit à M. Wade : « Les sœurs de charité ont été assez stupides pour acheter des enfants, etc. [1] » Il fut prouvé que cette assertion était erronée, et M. Wade, qui d'abord y avait ajouté foi, s'empressa, avec cette loyauté qui le distingue, de rectifier son erreur [2]. Une députation de négociants anglais, engagés dans le commerce de la Chine, se présenta chez lord Granville pour lui remettre un mémoire. On y lit : « La communauté à laquelle les sœurs appartiennent existe depuis trois cents ans, et on croit savoir que dans ce long espace de temps aucune plainte n'a jamais été

---

1. « *The sisters of charity have been very stupid in buying children and so on.* » Livre bleu, page 19. Ce passage a été universellement blâmé par les Anglais qui résident dans les trade-ports.
2. « *My impression that the original cause of the excitement was the belief that children received by the hapless sisters of Mercy were taken into their orphanage for unholy uses, remains unshaken : but I am assured that it is incorrect to assert that any of these infants were, as I had thought, purchased by the sisters.* » Livre bleu, page 68.

faite contre elles. On connaissait parfaitement leur manière de procéder. On soutient de la manière la plus catégorique qu'elles n'ont pas même donné de l'argent à ceux qui leur apportaient de petits enfants abandonnés[1]. »

L'accusation vague d'indiscrétion, élevée contre les pères lazaristes de Tien-tsin, ne semble guère mieux fondée. Ceux qui mettaient tant de prix à prouver que la colère du peuple et des lettrés était uniquement dirigée contre les religieux et religieuses catholiques et, les uns et les autres étant pour la plupart Français, contre leurs compatriotes, n'auraient certes pas négligé de spécifier leurs accusations, s'il leur avait été possible de trouver et de produire des faits à l'appui de leur hypothèse. Or aucun fait de ce genre ne se trouve dans le dossier de ce procès. Les dépositions absurdes du misérable Wu-lan-chên, évidemment payé par les lettrés, ont été retirées par lui, et les fonctionnaires chinois en ont admis l'entière fausseté[2]. D'ailleurs ces accusations s'adressent aux missionnaires catholiques et aux sœurs de charité en général. J'y reviendrai en parlant de la *question* des missionnaires. Ici je me borne à constater que le seul tort imputé aux sœurs de Tien-tsin est d'avoir admis des malades dans leur hôpital et des orphelins dans leur orphelinat. Une épidémie s'y était déclarée et plusieurs cas de mort y avaient eu lieu. Les insti-

---

1. *Livre bleu*, page 51.
2. Chung-hou au yamen des affaires étrangères, 21 juin 1870. *Livre bleu*, page 21.

gateurs du massacre en profitèrent pour ameuter
le peuple. Peut-on rendre les religieuses responsables de cette épidémie? Rappelons enfin, pour leur
défense, puisqu'elles ne peuvent plus se défendre
elles-mêmes, la mort ayant fermé leur bouche,
rappelons le fait constaté par un grand nombre de
protestants, par tous les résidents de Tien-tsin, que
pendant l'espace de huit ans et jusqu'à la mi-mai,
c'est-à-dire un mois avant les événements, les
sœurs ont été généralement aimées et vénérées ;
que, par rapport à l'admission des enfants, elles
n'ont jamais changé de conduite ; qu'à plusieurs
reprises la mortalité dans l'orphelinat avait été
aussi considérable que dans les jours qui précédèrent les massacres, et que pourtant les bruits malveillants répandus périodiquement sur les sœurs
et les prêtres de la mission se sont toujours promptement évanouis.

L'infortuné consul de France, en proie à un
étrange aveuglement, inaccessible aux conseils et
aux avertissements du P. Chévrier son voisin, du
consul de Russie son collègue, violent de tempérament, surexcité par la présence du danger qu'il
n'avait su ni prévoir ni prévenir, n'a rien fait pour
empêcher et tout pour accélérer la catastrophe. Il
en a été une des premières victimes. Ses fautes, ex-
piées par une noble mort, étaient des fautes de jugement et de caractère, les plus pardonnables chez
un fonctionnaire public, quoique ordinairement les
plus riches en fâcheuses, souvent en funestes conséquences. Si le consul avait bien jugé la situation,
il aurait, en temps utile, averti ses collègues, et tâ-

ché, par une démarche collective, de ranimer le courage de Chung qui craignait la populace et les lettrés, mais à qui il fallait faire craindre plus encore les plaintes du corps diplomatique à Pékin et sa disgrâce auprès du prince de Kung. Il fallait ensuite éloigner les sœurs et insister pour que, le matin des massacres, au moment où se formaient les premiers attroupements, le pont de bateaux fût ouvert et la circulation entre les deux rives interrompue. Après un examen réitéré et minutieux des localités, après une étude attentive du *Livre bleu* et à l'aide d'informations prises soit aux concessions, soit à Pékin, je dois me ranger à l'opinion de la presque totalité des résidents qui lors des troubles se trouvaient aux concessions. Leur conviction est que M. Fontanier, en suivant la conduite qu'on vient d'indiquer, aurait évité d'affreux malheurs; qu'il n'aurait peut-être pu empêcher la destruction des établissements, mais qu'il aurait sauvé les sœurs, probablement tous les Européens, et que, sans manquer à aucun de ses devoirs, il se serait sauvé lui-même. On s'expose à être taxé de dureté en jugeant avec sévérité la conduite d'un galant homme cruellement immolé. J'ai rendu justice au noble mouvement qui l'a fait marcher au supplice. Je n'ai pu taire ses fautes. Le premier, parfois le douloureux, devoir de l'historien, est la recherche, le respect, le culte de la vérité.

M. Lay aussi, quoique à un moindre degré que le consul de France, se trompait sur la gravité de la situation. Je le juge exclusivement d'après les correspondances signées de sa main. Sept jours après les événements, il écrit[1] à M. Wade : « Je n'avais pas l'idée alors que les choses fussent aussi sérieuses. » En effet, il n'en avait aucune. Sa conduite le prouve. Il a écrit deux fois à Chung, mais quand? Sa première lettre est du 20 juin, sa seconde du 21 au matin! c'est-à-dire de la veille et du jour même des massacres. Dans l'une, il prie le haut commissaire d'exhorter le peuple à être poli envers les étrangers, à respecter les chapelles et l'hôpital. Dans l'autre, se plaignant des insultes infligées au Dr Frazer, il engage le haut commissaire à faire expliquer aux Chinois, par une proclamation du chih-fu, qu'ils doivent être polis et ne pas molester les sujets de la reine[2]. Cela prouve que M. Lay n'a pas attribué à l'effervescence qui régnait dans la cité chinoise l'importance qu'elle avait.

On peut dire pour son excuse qu'il n'était pas sur les lieux mêmes; que des sœurs, une semaine avant la catastrophe, se trouvant en visite chez Mme Lay, ne semblaient pas croire au danger, et que la petite colonie russe partageait cette sécurité. S'il en eût été autrement, comment le jeune couple Protopopoff aurait-il osé se rendre à la cité chinoise le matin même du carnage? Leurs amis russes qui y résidaient, et avec lesquels ils déjeunèrent, ne paraissaient guère avoir été mieux renseignés. D'une autre part, il est certain que cette sécurité n'était pas générale. Le consul de Russie,

---

1. « *I had no idea then that matters were so serious.* » *Livre bleu*, page 32.
2. *Livre bleu*, M. Lay à M. Wade; cité plus haut.

le docteur Frazer, plusieurs des notables insistaient pour que des mesures de précaution fussent prises, surtout pour que le commandant de la station navale à Che-fu fût prié d'envoyer des canonnières. Après la catastrophe, la conduite de M. Lay a été admirable.

Quant aux fonctionnaires chinois, le plus haut placé d'entre eux, Chung, est, avec raison je pense, accusé de négligence et d'irrésolution. Impopulaire auprès des lettrés, par le fait même que ses fonctions l'obligeaient à entretenir des relations personnelles avec des étrangers, il se vit entouré d'une soldatesque mal docile à ses ordres, et de plus en plus excitée par l'ancien rebelle Chên-kwo-shuai. Il n'exerçait aucune juridiction, aucune action directe sur le taotai et sur les deux magistrats de la ville. Sa situation était fausse, son action gênée. Pour se conduire autrement qu'il ne l'a fait, il lui aurait fallu ce qui lui manque : du courage et de l'énergie.

Que le chih-fu et le chih-hüen aient indirectement favorisé les massacres, ce fait est aujourd'hui démontré et a été implicitement reconnu par le gouvernement impérial. On sait et une vieille expérience constate que, dans les temps ordinaires, les mandarins, par des proclamations, peuvent toujours prévenir les troubles. Des faits nombreux et tout récents le prouvent. Ainsi, pour n'en citer que deux : Le supérieur provisoire de la mission lazariste à Pékin, — le vicaire apostolique se trouvait alors en Europe, — craignant pour les sœurs de Pei-tang, résolut de les envoyer à Shanghaï et demanda pour elles une escorte. Le Tsungli-yamen s'empressa de le rassurer en répondant de la sécurité des établissements catholiques de la capitale.

A Tung-chow, sur le fleuve Bleu, il y a des missionnaires américains. Effrayés de l'attitude menaçante du bas peuple, il s'étaient enfuis avec leurs femmes et leurs enfants. Le taotai les fit prier de revenir, répondant de leur vie et de leurs propriétés. Dans les deux cas, les autorités chinoises surent parfaitement contenir les populations. Mais la conduite des deux magistrats de la ville de Tien-tsin se montra tout autre, et, si l'on n'a pu constater leur participation active aux meurtres, la proclamation du chih-fu et du chih-hüen suffirait seule pour établir leur complicité.

Le général Chên-kwo-shuai, cela est prouvé, a ouvertement encouragé et dirigé les assassins dans leur œuvre de sang; le mandarin militaire du district l'a secondé sous main. Au reste, peu importe aujourd'hui de constater la part qui revient, dans le crime, à chacun de ces misérables. Ce qui aurait pour les Européens un intérêt bien plus pratique, ce serait de mettre en évidence les auteurs des crimes et les motifs qui les ont fait agir. D'où est parti le coup, et contre qui a-t-il été dirigé? Malheureusement, ces questions capitales sont restées dans l'obscurité. Une masse de dépositions a été produite, mais aucun résultat positif n'en est sorti. Malgré les instances du corps diplomatique, le gouvernement impérial s'est constamment refusé à faire faire une enquête sérieuse sur l'origine et sur les auteurs des massacres.

Parmi les Européens, deux opinions se sont formées. Selon les uns, l'imprudence des missionnaires et des sœurs a réveillé d'abord les soupçons et ensuite les colères du peuple; une explosion spontanée a eu lieu, mais l'attaque a été dirigée contre les Français, les religieuses et les prêtres appartenant presque tous à cette nation, et non contre les autres étrangers. Parmi ceux qui soutiennent cette thèse, et leur nombre est très-restreint, M. Wade figure en première ligne. Une longue résidence dans le pays, des relations personnelles avec de grands dignitaires, avec des lettrés, avec des notabilités du commerce, une connaissance approfondie des hommes, des choses, de l'histoire et de la littérature de Chine, le large horizon d'une situation élevée, tous ces avantages, joints à une loyauté proverbiale, donnent aux opinions énoncées par l'honorable représentant de la reine Victoria une grande valeur, et font de lui, en pareille matière, une grande autorité. Dans la question qui nous occupe, M. l'envoyé britannique se fonde sur une appréciation générale de la situation du pays, et sur des faits rapportés dans la relation qu'on vient de lire. On entendait les meurtriers proférer le cri : « Tuez les Français! » Les trois marchands russes ont été épargnés après qu'ils eurent prouvé leur nationalité. Le grand argument de M. Wade est l'émotion produite par l'imprudence des sœurs. « Je crois de mon devoir[1], écrit-il à M. Lay, d'exprimer la conviction que, sans le soupçon conçu par les Chinois que des enfants

---

1. *Livre bleu*, page 45.

avaient été recrutés, aucune agitation n'aurait eu lieu dans le peuple, et que l'agitation produite par ces soupçons n'aurait pas eu de suite, si l'habitude des sœurs d'admettre dans leur hôpital un grand nombre d'enfants n'avait été considérée par les Chinois, dans leur ignorance, comme une preuve de la culpabilité de ces malheureuses femmes. Les colères du peuple une fois allumées contre elles, leurs compatriotes et coreligionnaires furent naturellement enveloppés dans la sentence de mort. J'apprends que même des indigènes catholiques furent arrêtés et maltraités, tandis qu'on mit en liberté les protestants chinois. »

Écoutons maintenant l'opinion contraire à celle qu'on vient d'exposer. La voici : le coup a été monté de longue main par les lettrés. La fureur du peuple, on l'accorde, fut dirigée d'abord contre les sœurs et les établissements catholiques, mais le véritable but des instigateurs était l'expulsion ou la destruction de tous les étrangers. M. Lay, autre autorité, car lui aussi connaît la Chine où il réside depuis des années, et il s'est trouvé près du théâtre des massacres, M. Lay écrit à M. Wade[1] : « Le cri (poussé par la populace) n'était pas : *Tuez les sœurs*, mais : *Tuez les Français*, et ensuite : *Tuez les autres étrangers.* » M. Wade lui répond : « Je ne puis admettre votre version d'après laquelle l'origine de l'explosion était la haine contre les étrangers en général[2]. »

S'il y a des hommes en Chine dont l'opinion sur

---

1. M. Lay à M. Wade. *Livre bleu*, page 32.
2. *Livre bleu.* Dépêche citée plus haut.

les événements du 21 juin fasse autorité, ce sont, je le répète, M. Wade et M. Lay, et, comme on voit, leurs manières de voir sont diamétralement opposées. Si trois Russes ont été épargnés, parce qu'ils avaient pu prouver leur nationalité, trois autres Russes ont été massacrés, quoiqu'ils eussent dit aux assassins : *Nous ne sommes pas Français, nous sommes Anglais* (ils auraient peut-être mieux fait de dire : Nous sommes Russes). Les deux faits sont constatés d'après le *Livre bleu* par des dépositions d'indigènes et confirmés par ce que m'en a raconté, sur la foi des recherches par lui faites, M. Startsoff, le beau-frère d'une des victimes.

Enfin, l'opinion que les massacres n'étaient que la réalisation partielle d'un programme plus vaste, et qu'il s'agissait d'exterminer les étrangers en général, est partagée par l'immense majorité, je dirai presque la totalité des résidents européens et américains. J'ai déjà rendu justice au caractère honorable de cette classe en général, et personne ne contestera à plusieurs des négociants étrangers une connaissance exacte des hommes et des choses de ce pays. Leur appréciation a donc également un grand poids.

Je ne passerai pas sous silence une troisième version fort répandue parmi les indigènes et accréditée surtout dans le haut commerce chinois. On prétend que les événements de Tien-tsin sont les premiers résultats d'une vaste conspiration ourdie au centre de l'Empire par des patriotes avec le but de provoquer la guerre contre les Européens et, comme conséquence, la chute du ministère Kung, sinon le renversement de la dynastie mandjoue.

En présence d'appréciations si diverses et pourtant si autorisées, il ne m'appartient pas, à moi simple touriste, de donner un jugement. Je me permettrai seulement de faire observer encore une fois que les recherches minutieuses faites sur les lieux par les soins des autorités consulaires et ecclésiastiques, que les dépositions de plusieurs indigènes et le témoignage unanime des résidents européens de Tien-tsin (cité chinoise et concessions) ont concouru à constater l'entière inanité des accusations d'imprudence et de zèle indiscret lancées contre les Pères et les Sœurs de la mission. Ces prêtres dévoués, ces bonnes et saintes filles ont été les victimes, ils n'ont pas été la cause des massacres.

La nouvelle des événements du 21 juin se répandit avec la rapidité de l'éclair dans l'intérieur et le long des côtes de l'Empire. A Wu-ching, non loin de Kiu-kiang, la populace brûla une église catholique dont le desservant était heureusement absent. A Hankow, l'agitation de la populace motiva les alarmes de la très-petite factorerie. Le consul d'Angleterre offrit un asile aux sœurs de charité qui s'y trouvent. Ces femmes courageuses, toutes des Italiennes, préférèrent rester dans leur maison, et ne furent pas molestées. Même Canton, malgré les quinze cents milles qui le séparent des bords du Pei-ho, ressentit le contre-coup de la catastrophe de Tien-Tsin. Le consul de France, craignant pour les sœurs de charité, les fit, malgré leurs protestations, transporter à Hongkong.

A Pékin, les événements du 21 juin donnèrent lieu à de longues négociations entre les chefs de toutes les missions et le prince de Kung. La part la plus active en revint naturellement à M. le comte de Rochechouart, chargé d'affaires de France. M. Wade aussi eut à intervenir spécialement, par suite du meurtre d'une sœur irlandaise, sujette britannique. Le *Livre bleu* donne plusieurs rapports diplomatiques et quelques pièces échangées avec et entre les autorités chinoises.

Le 3 août, les funérailles solennelles des victimes eurent lieu au cimetière de Tien-tsin. Les représentants de France et d'Angleterre, les amiraux Kellett et Dupré commandant les escadres anglaise et française dans les mers de Chine, les consuls, les capitaines des canonnières ancrées dans le Pei-ho, tous les résidents européens et américains suivirent les cercueils à leur dernière demeure. Chung reçut la procession. Le vicaire apostolique de Pékin fit le service religieux. Après la cérémonie, l'évêque, les deux diplomates et l'amiral Dupré prononcèrent des discours. La garnison ordinaire de Tien-tsin avait été renforcée par des troupes du prince de Kung et du gouverneur général de la province. Aucun incident, aucun symptôme d'agitation ne troubla la funèbre solennité.

Immédiatement après les événements, Chung fut désigné ambassadeur extraordinaire en France, avec la mission d'expliquer la conduite du gouvernement chinois[1]. Tseng-kwo-fan reçut l'ordre de se rendre à Tien-tsin pour faire des recherches sur les lieux et

---

1. Circulaire du comte de Rochechouart aux consuls de France en Chine. *Livre bleu*, page 230.

instruire le procès des individus accusés de complicité. Il arriva tard et ne fit rien. Une visite de M. de Rochechouart et la nouvelle, venue de Che-fu, que l'amiral Dupré se disposait à remonter le Pei-ho avec des canonnières, stimulèrent le zèle de ce haut fonctionnaire.

Après quatre mois de négociations et de procédure, l'arrêt final fut rendu sous forme de décret impérial[1]. Il fut déclaré que le chih-fu Chang-kuang-tsao et le chih-hüen Lin, à l'occasion du conflit survenu entre le peuple et les chrétiens, avaient négligé, avant l'événement, de prendre les précautions nécessaires et, après l'événement, de procéder avec promptitude à l'arrestation des coupables. « Par conséquent, continue le décret, Nous (l'empereur) les avons privés de leurs postes et remis au Hsing-pu (département des punitions) afin qu'ils soient châtiés. Après avoir été interrogés par Tseng-kwo-fan, ils furent renvoyés de nouveau au même département. Celui-ci propose maintenant que, en dehors de la destitution qui leur a été infligée conformément à la loi relative aux serviteurs de l'État incapables de contenir le peuple en cas de désordre, les deux fonctionnaires soient envoyés aux stations des frontières pour y servir (sous les drapeaux comme simples soldats). Leurs fautes, poursuit le décret, étant déjà très-sérieuses, ils les ont aggravées en s'éloignant de leur propre autorité et en s'arrêtant, selon leur bon plaisir, l'un à Shun-te et l'autre à Mih-yun. C'était se moquer (des autorités). »

1. Communiqué au corps diplomatique par le prince de Kung. *Livre bleu*, page 194.

Par conséquent, « une *punition extrême* sera infligée à Chang et à Lin. Le lieu de leur exil est changé. Ils iront à Hei-lung-chiang (dans la province de Tsituhar sur les bords de l'Amour) et y seront, pour l'expiation de leurs délits et pour l'avertissement d'autrui, employés aux travaux forcés. »

Ce décret n'a pas besoin de commentaires. Il décèle les préoccupations du prince de Kung, tout ensemble esprit éclairé et Chinois. Il regrettait les massacres et comprenait qu'il fallait donner des satisfactions; il tâcha de ménager les susceptibilités nationales. Puisqu'on doit sévir contre les coupables, que du moins ils soient punis selon les formes régulières de la justice du pays et non avec l'apparence d'une pression étrangère.

La condamnation des deux magistrats au service militaire sur les frontières ayant paru insuffisante au corps diplomatique, il fallut bien se résigner à faire davantage; mais, pour masquer cette nouvelle concession, on prêta aux inculpés un crime de fantaisie. Ils se sont éloignés sans la permission des autorités. Ils leur ont donc manqué de respect. C'est pour cela qu'on les a condamnés aux travaux forcés. M. de Rochechouart avait demandé leur vie. Mais sur ce point, le prince de Kung fut inébranlable. Vingt misérables qui avaient avoué leur participation aux massacres furent exécutés, et treize autres exilés pour dix et trois ans. Le général Chêng-kwo-shuai, qui le 21 juin avait commandé les massacreurs, fut traduit pour la forme devant le Hsing-pu et relâché. Grâce à sa qualité de Mandjou et de militaire, il échappa à toute punition[1]. Quant au mandarin militaire du district, fort coupable aussi, j'ai eu l'honneur de faire sa connaissance en visitant le petit Serpent-Dieu auprès duquel il fonctionnait comme chambellan.

Deux cent cinquante mille taels furent accordés à titre d'indemnité.

Connaissant l'importance des proclamations impériales et l'effet qu'elles produisent sur les masses, le corps diplomatique exigea et obtint, non sans grandes difficultés, qu'une proclamation fût répandue dans toutes les parties de ce vaste empire.

La proclamation raconte brièvement les événements : la crédulité du peuple, ses soupçons, ses colères, le massacre d'un grand nombre d'étrangers, « des actes évidemment criminels commis au mépris des lois. » Vient ensuite l'énumération des peines infligées aux coupables. Les deux fonctionnaires ont été punis avec une sévérité « insolite ». « On a voulu faire un exemple. » Le passage le plus important rappelle aux gens aisés, aux militaires et au peuple que, « depuis la conclusion des traités, les négociants étrangers peuvent se livrer au commerce et que les missionnaires peuvent prêcher, l'objet de leurs sermons étant de rendre les hommes vertueux, et le commerce étant avantageux aux indigènes autant qu'aux étrangers…. On n'a pas le droit, sous tel ou tel prétexte, de se rassembler ni de commettre des actes de violence. Quicon-

---

1. Il a, depuis, été exécuté en prison pour un crime étranger aux massacres de Tien-tsin.

que, méconnaissant la volonté expresse de l'empereur, agira contrairement aux lois, sera puni avec la dernière sévérité. Les fonctionnaires et le peuple de Tien-tsin seront pour les contrevenants, le miroir de Yin[1]. Que chacun tremble et obéisse! que personne ne résiste! Proclamation spéciale[2]. »

* * *

Suivez-moi au cimetière. Dans le vaste enclos qui naguère contenait l'hôtel du consulat et la maison des lazaristes, s'élèvent, disposés en deux groupes, treize grands tombeaux en pierre, se terminant, se-

---

1. C'est-à-dire le châtiment infligé aux deux fonctionnaires et aux gens du peuple compromis dans les massacres de Tien-tsin sera, pour ceux qui méconnaîtront le décret, le miroir de la dynastie Yin : ils y verront la punition qui les attend.
2. Annexe au rapport de M. Wade à lord Granville, du 24 octobre 1870. *Livre bleu*, pages 222 et 223. Pour compléter le récit qu'on vient de lire, il ne me reste qu'à emprunter au *Journal officiel* de Paris, du 25 novembre 1871, la note suivante :

« Le président de la République reçoit à Versailles l'ambassadeur Han-Tchéou (Chung-hou), qui présente les regrets et les excuses du gouvernement chinois pour les massacres de Tien-tsin. »

Le même journal, même numéro, contient le détail des réparations qui sont : Dégradation et exil du préfet et sous-préfet de Tien-tsin. Condamnation à mort et exécution de vingt et un meurtriers et déportation de vingt-cinq autres coupables. Indemnité de trois millions quatre cent cinquante mille francs pour les familles des victimes laïques et religieuses, pertes de marchandises et destruction des édifices de toute nature.

Le *Journal officiel* du 15 mars 1872 contient un décret nommant la commission chargée de répartir l'indemnité.

J'ignore quelles réparations ont été accordées aux victimes russes. Lors de mon séjour à Pékin, on touchait au terme des négociations conduites, d'après ce que m'ont dit des notabilités du commerce russe, par le général Vlangali, avec autant de fermeté que de prudence et de mesure, et surtout avec une parfaite connaissance de l'esprit chinois.

lon l'usage chinois, en demi-cylindre. Ici reposent, M. Fontanier en tête, les victimes laïques; là les PP. Chévrier et Ou, les dix Sœurs, le peu qui en reste, et quelques serviteurs chrétiens de la maison, tués avec les Pères. Des inscriptions seront placées sur les tombeaux par les soins des autorités chinoises, qui de plus érigeront ici un monument expiatoire où sera gravée une proclamation à demi satisfaisante.

Montons sur ce tertre formé par des décombres. Tout près de nous s'élance vers le ciel la flèche de la cathédrale, surmontée encore de la croix. Le fleuve sillonné de bateaux descend majestueusement, et disparaît à l'horizon entre deux forêts de mâts. En face est la ville, sombre, barbare, terrible. Ses bruits confus arrivent jusqu'ici. Autour de nous, le calme du sommeil, les tristesses de la mort transfigurées par les gloires du martyre!

IV

HONGKONG

Du 7 au 25 novembre.

Les aménités de la mer Jaune. — Physionomie de Hongkong.
Son commerce. — Son importance politique et militaire.

(7-19 novembre.) Passerons-nous l'hiver à Tien-tsin? Cela devient de plus en plus probable, car le froid, déjà intense, augmente; bientôt nous serons pris dans les glaces. La fuite seule peut nous sauver; mais le moyen de fuir quand le vent d'ouest chasse toujours les eaux de la barre, et empêche les bâtiments retenus devant Taku d'entrer dans le Pei-ho? Pas un steamer à Tien-tsin, et, s'il y en avait, ils ne pourraient sortir. Le capitaine de Maisonneuve résout la difficulté. Il a l'extrême obligeance de nous faire transporter à l'embouchure du Pei-ho dans le *Scorpion*, commandé par M. Sallandrouze. Arrivés le même jour à Taku, nous franchissons la barre dans le gig du capitaine. Une demi-heure après, nous sommes sains et saufs à bord du *Sinan-sing*, magnifique steamer de la maison Jardine.

Viennent les aménités de la mer Jaune, les coups de vent, les claires-voies enfoncées par les vagues, les douches d'eau glacée reçues au milieu du dîner; deux agréables journées de relâche à Shanghai, où l'hiver sévit déjà; puis de nouvelles bourrasques, des djonques chinoises presque coulées bas, le tout sous un ciel métallique sans nuages et par une température dont le seul souvenir me fait encore grelotter. Le canal d'Amoy se conduit on ne peut plus mal. C'est le bouquet. Vraiment, ces mers de Chine méritent leur détestable réputation. Mais, un matin, nous nous réveillons sous les tropiques. Le ciel nous sourit, le soleil nous réchauffe. De la côte, qui avec ses rocs escarpés et sa triple ceinture d'îlots rappelle la Norvége, de balsamiques senteurs nous arrivent par bouffées. Le 19 novembre nous etons l'ancre dans la rade de Hongkong.

———

Figurez-vous, en grand, le rocher de Gibraltar, regardant vers le nord. Là, en face, est la terre ferme. Montons tout de suite près du mât de pavillon, fièrement dressé sur le pic le plus élevé de la montagne. Le soleil, déjà bas, enveloppe le ciel, l'eau et la terre, de lumières crues, fantasques, exagérées. Malheur au peintre qui oserait reproduire ces effets; heureux celui qui y réussirait!

Vers le sud, le soleil et les brouillards se disputent des îlots qui, en ce moment, se détachent en noir sur un fond d'or liquide dans un cadre d'argent. Vers le nord, nous planons sur la ville, appelée officiellement Victoria, et vulgairement Hongkong. Elle s'étage sous nos pieds, et nous n'en apercevons que les toits, les cours et les rues; puis, la rade couverte de frégates cuirassées, de corvettes, de canonnières, de paquebots appartenant aux grandes compagnies, d'une infinité de bâtiments à vapeur et à voile de moindre tonnage. En face de nous, à la distance de trois ou quatre milles, une haute chaîne de rochers, nus, lézardés, avec ses teintes roses et cramoisies, ressemble à un immense bracelet de corail. C'est le continent. Vers l'ouest, les deux passes qui mènent à Canton et à Macao. Au nord-est, une troisième passe, celle par laquelle nous sommes venus. Elle se présente comme un lac que d'un côté bordent les rochers de la terre ferme, de l'autre les pics et les crêtes des rochers de Hongkong.

J'ai vu ailleurs des effets de lumière plus tendres et plus harmonieux; je n'en ai jamais vu d'aussi étranges.

***

Victoria est charmant, sympathique et imposant, anglais et tropical, un mélange de *cottages* et de palais. Nulle part ne se marient mieux la poésie de la nature et la prose de la vie des affaires, le confort anglais et l'exubérance enivrante du Midi. Les rues, bien macadamisées, bien entretenues, bien propres, serpentent le long du rocher, tantôt entre des maisons dont les façades un peu prétentieuses sont coquettement voilées par la véranda, tantôt entre des jardins, des haies de bambous, ou des balustrades de pierre. C'est Ventnor ou Shanklin, regardé à la loupe, sous un jet de lumière électrique. Partout des arbres : des banians, des bambous, des pins. On pourrait parcourir à pied tout Hongkong sans être exposé au soleil. Seulement on n'a garde de marcher à pied. On ne voit que des chaises. Les koulis, la tête abritée sous un immense chapeau de paille, vous portent au pas gymnastique. Rien de délicieux comme une promenade nocturne en chaise découverte. Dans les quartiers bas l'animation est extrême : des officiers, des soldats en uniforme rouge et au teint basané (des cypayes); des Parsis, des Hindous, des Chinois, des Malais; des dames européennes, dans des toilettes élégantes; des hommes et des femmes au teint jaunâtre, vêtus à l'européenne (des Portugais demi-sang). Plus vous montez, plus le calme se fait autour de vous. Insensiblement la ville devient campagne. Montez encore quelques pas et vous êtes au milieu de rochers dépourvus d'arbres, mais couverts de buissons odoriférants, et traversés par une belle route macadamisée, avec des échappées de vue d'une beauté merveilleuse.

Le général Whitfield, commandant militaire et temporairement gouverneur civil, M. Austin, *colonial secretary*, M. Caswick, de la maison Jardine, le juge M. Ball, les représentants de la maison Russell, toutes les personnes dont je fais la connaissance, me comblent d'amabilités. Les dîners, les pique-niques, les excursions en voiture, en bateau se succèdent. C'est l'hospitalité anglaise en grand et bon style. Le monde officiel et le haut commerce vivent ensemble sur un excellent pied ; mais les fonctionnaires civils, l'élément militaire et la marine semblent prédominer. Partout vous trouvez ce luxe solide qui m'avait déjà frappé à Shanghai et dans les autres ports. Je jouis de l'hospitalité du consul général d'Autriche, M. d'Overbeck, un des négociants considérables de Hongkong. Sa maison, moitié villa, moitié château, joint tous les agréments d'un *country house* anglais à toutes les splendeurs que fournissent les tropiques, contenues toutefois par un goût fin et châtié.

Nous avons passé l'après-midi à Eastcliff, et nous revenons en voiture, par le *hoppy valley*, l'heureuse vallée, heureuse parce qu'il y a là un peu plus d'ombre, un peu plus de brise, et un peu plus de fraîcheur qu'ailleurs. Nous suivons le bord de la mer ; le soleil a déjà disparu derrière le rocher que surmonte le mât de pavillon. Encore un de ces magiques et saisissants effets de lumière ! Le ciel orange et gris de perle ; les bâtiments en rade, noir-transparent sur un fond d'argent. Les rochers de granit, noir-violacé taché de jaune.

Le commerce de Hongkong a non-seulement partagé le sort du commerce de tous les établissements européens en Chine ; mais, dans les dernières années, il a changé de nature. Lorsque ce rocher fut[1] saisi par le gouvernement anglais et transformé en un second Gibraltar, Canton semblait devoir redevenir le grand foyer du mouvement commercial entre la mère patrie et la Chine. Cette prévision ne

1. En 1841.

s'est pas réalisée. Shanghai a remplacé Canton. La grande artère du Yang-tse-kiang attire les exportations du centre et même du midi de l'empire. Canton n'est plus qu'un souvenir. Néanmoins Hongkong est toujours une place commerciale de premier ordre. On y trouve aussi les trésors des grandes maisons étrangères établies à Shanghai et dans les autres ports ouverts.

Politiquement et militairement, on ne saurait exagérer l'importance acquise par cet îlot, depuis qu'il est entre les mains de ses possesseurs actuels. Je pense qu'aucun Anglais ne peut le visiter sans éprouver un mouvement de légitime orgueil. Hongkong est la main; les colonies du détroit de Malacca, Ceylan, Aden, Malte, le bras; l'Angleterre, la tête et le cœur du géant britannique qui tient dans son étreinte le midi de l'Asie et l'extrême Orient.

V

LES CHRÉTIENTÉS DU SE-NON.

Du 25 au 27 novembre.

Les villages de Si-kung, de San-ting-say et de Ting-kok. Historique des chrétientés du district de Se-non.

On sort du *tiffin*. Établis sur la véranda de M. d'Overbeck, nous jouissons de la fraîcheur de l'après-midi, car, quoiqu'il soit trois heures à peine, le soleil a déjà disparu derrière le pic de la montagne qui est Hongkong. En face de nous, de l'autre côté du bras de mer, les rochers du continent ruissellent de lumière. Chaque crevasse est visible. « Cette raie blanche, presque verticale, me dit-on, est le chemin qui mène de Kao-lung dans l'intérieur et à plusieurs villages habités par des A-ka. — Allons-y, dis-je. — Impossible, s'écrie un convive du consul. — Difficile, dit un autre. C'est un nid de pirates. Quand on y va, ce qui est rare, pour faire une partie de chasse, on est nombreux et armé jusqu'aux dents. Encore cet hiver, une canonnière anglaise a tâché de purger les eaux intérieures. Le résultat a été la capture d'une djonque échouée à dessein et abandonnée par les pirates. Rien de plus facile d'ailleurs que de se sauver dans un pays dont tous les habitants sont tour à tour cultivateurs et brigands. Ils manient la rame aussi bien que la bêche. Les colporteurs et petits marchands abondent. On n'a qu'à étendre la main pour les détrousser. L'occasion est trop belle, et l'occasion fait le larron. Renoncez à l'idée de visiter le district de Se-non. » A ces mots, le P. Raimondi, procureur de la Propagande de la foi pour les missions de Chine, et préposé à celle de Hongkong, sourit. « Je vous y mènerai, dit-il, et je réponds de votre sécurité. »

Avant-hier matin, nous sommes partis pour le Se-non, le P. Raimondi, un Père chinois qui parle latin couramment, et moi. En cinquante minutes, nous avons traversé le chenal qui sépare Hongkong de la terre ferme ; puis nous avons escaladé, par un petit sentier en partie pavé, cette muraille de granit qui forme comme une ceinture autour du continent chinois. De la crête, vue superbe sur Hongkong.

Pendant trois jours, nous avons voyagé et vécu avec une simplicité apostolique dans ce pays sauvage, et au milieu de ces populations de pirates, qui cependant commencent à se corriger, puisque les chrétiens ont tous renoncé au brigandage.

Nous avons passé la première nuit dans la chrétienté de Si-kung, et la journée du lendemain sur un petit îlot nommé San-ting-say, dont presque tous les habitants ont reçu le baptême. Le soir, nous sommes arrivés à Ting-kok, le point le plus important de la mission du Se-non. Les Pères y possèdent une maison comparativement spacieuse, dont la salubrité serait entière sans un rideau d'arbres qui empêche la brise de l'ouest d'y apporter un peu de fraîcheur. La superstition des habitants restés païens ne permet pas de pratiquer des trouées dans le bosquet. Cela déplairait aux esprits. Les nouveaux chrétiens se moquent déjà des alarmes et de l'ignorance de leurs frères non baptisés. Ce petit trait m'a frappé. Le plus grand obstacle que rencontre, en Chine, l'œuvre de la civilisation, est la superstition. Rappelez-vous la conversation d'un diplomate de Pékin avec son ami, le lettré, homme éclairé, très-instruit, très-civilisé, mais craignant de déranger les esprits, et, sous ce rapport, moins éclairé et moins civilisé que ne le sont les pauvres villageois chrétiens de Ting-kok.

Les autres chrétientés possèdent toutes une petite chapelle ornée ou dépourvue de la croix, selon la disposition amicale ou hostile des populations, et flanquée d'une misérable chambrette qui sert d'abri au missionnaire pendant ses nombreuses visites.

Ici, pareillement, la configuration du pays, sauf la végétation et le ciel, rappelle les côtes de Norvége. C'est un dédale de montagnes de granit et de bras de mer qui ressemblent tantôt à des rivières, tantôt à des lacs. Complétement nus vers le sud, les rochers se couvrent, sur leurs flancs septentrionaux, de pins rabougris et de palmiers nains à feuilles dentelées. Chaque petit coin de terre labourable est cultivé. Mais, le plus souvent, nous marchons dans des ravins semés de blocs de granit noirs, dont les arêtes étincellent au soleil de la zone torride.

L'île de San-ting-say se présente comme une aiguière noire, remplie jusqu'au bord de fleurs et de feuillages exotiques. Ces deux couleurs, le noir et le vert, le vert nuancé à l'infini, se marient fort bien. La communauté chrétienne de cette île est peu nombreuse, mais quelles bonnes figures! Ici, comme dans les autres chrétientés que nous avons visitées, notre arrivée produit une certaine agitation. De tous les points on afflue. Les hommes entrent dans la chambre des missionnaires; les femmes, les mères avec leurs babies suspendus à leur dos, défilent devant la porte, sans en franchir le seuil. Tous s'agenouillent et demandent la bénédiction. Maintenant je comprends l'influence et l'ascendant moral des Pères. Ils vivent avec le peuple, connaissent, partagent et soulagent ses souffrances.

Le district de Se-non compte six cent mille habitants. C'est de la mission apostolique de Hongkong, fondée après la prise de possession de cette île par les Anglais, que sont partis les missionnaires chargés d'explorer ce territoire, alors complétement païen. Le P. Borghignoli, de Vérone, s'y établit le premier[1]. Aujourd'hui, on y compte environ six cents chrétiens. Dans ce nombre ne sont pas compris les enfants de la Sainte-Enfance, c'est-à-dire les enfants ramassés dans les carrefours ou apportés aux orphelinats. Depuis quelques années, on comptait annuellement cent conversions, ce qui est considéré comme un très-bon résultat. Seulement, tous ces convertis appartiennent aux classes du peuple. Il n'y a pas d'exemple qu'un lettré se soit fait bap-

---

1. En 1863.

tiser. Deux Pères européens de la mission de Hong-kong résident alternativement dans les treize chrétientés qui, fondées toutes dans les huit dernières années, constituent la mission de Se-non. Le taotai du district réside à Nam-tao. Sans favoriser les missionnaires, il condescend à ignorer leur présence. Dans une occasion récente, il a même indirectement reconnu leur mérite en exhortant ses administrés, par une proclamation, à donner aux Pères leurs enfants plutôt que de les tuer ou de les exposer.

A Ting-kok, je quitte le Père procureur qui, suivi de don Andrea, le prêtre chinois, continue sa tournée d'inspection. Un jeune missionnaire, don Luigi de Bergame, m'accompagne à mon retour. Il a vingt-quatre ans à peine, et est ici depuis deux ans. Le soleil des tropiques, les fatigues et les privations de son existence errante, n'ont pas encore éteint, sur son mâle et beau visage, les fraîches couleurs de la jeunesse. Il a la taille svelte et élevée des enfants de sa terre natale, tels que le vieux maréchal Radetzky les affectionnait. « J'aime, me disait un jour ce grand capitaine, j'aime les Bergamasques; ils *naissent* grenadiers. » Cet excellent don Luigi, ce vaillant grenadier de la foi, marche devant moi d'un pas élastique. Une chaleur étouffante, qui m'accable, ne le gêne guère; c'est à peine s'il s'en aperçoit, tant il est habitué à parcourir ces sentiers sous ce même soleil, bien autrement cruel en plein été. Il me raconte ses labeurs, ses peines, ses déceptions et ses consolations, — une bonne conscience est, je crois, le plus net de ses revenus, — les péripéties enfin de sa vie apostolique, les souffrances de ses paroissiens, leurs petites ruses pour se soustraire à la vigilance haineuse et aux dénonciations des lettrés, leurs défaillances, qui sont rares, leur dévouement sublime, leur héroïque constance.

Des épopées villageoises, des chinoiseries animées, des fruits exotiques cueillis sur la branche!

VI

CANTON

Du 28 novembre au 2 décembre.

La rivière de Canton. — Shamien. — Les boutiques élégantes. — La tête de bonze. — Le temple et le couvent de la *bannière de l'Océan*. — Eng et sa maison. — La procession du Dieu de la guerre. — La grande prison. — Le prétoire. — Visite chez le vice-roi. — Fa-ti. — La cité des trépassés. — La place des exécutions. — Départ pour Macao.

Nous remontons le Pearl River. Voici Bocca-Tigris, connue aussi sous le nom de Bogues ; puis Wampoa, le port où les voiliers étrangers doivent décharger leurs cargaisons destinées pour Canton. Le pavillon anglais flotte sur la prison cellulaire du consul britannique, le seul européen établi dans cette petite ville. Plus loin, deux flèches s'élancent vers le ciel. Les Anglais les appellent *first-bar and second-bar pagodes*. Nous sommes sur le théâtre des premières rencontres entre les favoris roux et les queues noires. Ici s'est joué le prologue du grand drame à plusieurs tableaux, intitulé : *Ouverture de la Chine*. Les premiers actes étaient assez émouvants. Le rideau a baissé sur Canton, Nankin, Taku, Palikao, le palais d'Été, Tien-tsin. La suite prochainement. Le dénoûment est le secret de la Providence.

Assis sur la passerelle, je laisse la brise tiède du bateau caresser mes joues. La magnifique rivière roule ses eaux abondantes et placides entre des rives plates, couvertes de rizières, de cannes à sucre, de bouquets d'arbres gigantesques. Çà et là, des villages avec des tours qui ressemblent à des flèches gothiques ou à des châteaux crénelés. Mais ce ne sont ni des églises, ni des habitations féodales : ce sont simplement les dépôts des prêteurs sur gage. Pourquoi m'a-t-on détrompé? Il me semblait remonter le Rhin, un Rhin idéal, transfiguré par le soleil des tropiques.

Nous avons à bord un prisonnier chinois. Sur la route de Kao-lung, précisément la même que j'ai suivie hier, il a dévalisé et assassiné un marchand. Arrêté à Hongkong où il s'était réfugié, un policeman anglais le remettra aux autorités de Canton, sa patrie. Dans la nuit, il a essayé de se briser le crâne contre le mur. Le capitaine de notre steamer, en me le montrant, a la délicatesse de figurer par une pantomime expressive le sort qui l'attend. Un frémissement et un regard plein de désespoir sont la réponse du prisonnier. Et cependant ce malfaiteur, qui sait que demain sinon ce soir il sera pour le moins décapité, peut-être crucifié et lentement coupé en morceaux, se promène sur le pont, traînant ses lourdes chaînes, la tête enveloppée de bandages et d'emplâtres, et admire, bouche béante, les merveilles de la civilisation.

Il est midi ; devant nous un rideau vert dérobe encore à la vue la capitale du midi ; mais déjà se fait voir un dôme : c'est la cathédrale *française*. Sur l'arrière-plan, fort loin, se dessinent les montagnes *aux nuages blancs*. Elles méritent ce nom. Bientôt des masses de maisons se déroulent sur les deux rives du fleuve et sur l'île de Honan. Les détails de ce tableau ne se distinguent en rien de ce qu'on voit dans les autres villes chinoises, mais l'ensemble est imposant. Nous jetons l'ancre à l'entrée du quartier, composé tout entier de bateaux tenant lieu de maisons. Pour arriver au quai nous traversons à la rame la *rue* des hôtels. Outre les bateaux-auberges, il y a dans Canton-flottant des bateaux de thé, des bateaux de *fleurs*, des bateaux, *meublés* et ainsi de suite. C'est là que les voyageurs indigènes, arrivés le soir dans leurs djonques et devant repartir le lendemain, passent la nuit, les portes de la ville étant fermées au coucher du soleil. Sur la terre et sur l'eau, l'animation est extrême.

Je descends dans une maison de MM. Russell de Shanghai. Elle est bâtie sur l'emplacement de l'ancienne factorerie anglaise qui a été complétement démolie.

Le nouveau *settlement*, qui ne date, en effet, que de quelques années, s'appelle Shamien. On y voit encore peu de maisons, toutes élégantes et bien tenues, une belle église épiscopale desservie par l'*archdeacon* Gray, le club-house et surtout beaucoup de terrains à vendre ou plutôt à revendre. Un superbe quai de granit, de grands arbres, et la vue sur l'île de Honan, sont la gloire de ce quartier qui ressemble plutôt à une retraite champêtre qu'à un centre d'affaires [1].

L'*archdeacon* Gray vient me chercher ; il aura la bonté d'être mon guide. Personne ne connaît cette ville mieux que lui, et personne n'y est plus connu et plus apprécié. Comme tous les voyageurs étrangers, qui viennent ici, cherchent à le voir, et comme ceux qui l'ont vu ne l'oublient jamais, il ne peut en vouloir à ses nombreux amis de répandre sa photographie. C'est d'ailleurs un *public caracter*.

Le révérend Gray est né sur les frontières de l'Écosse ; il approche, je pense, de la cinquantaine, et exerce ici son ministère depuis dix-neuf ans. L'époque la plus remplie de sa vie coïncide avec l'occupation de Canton par les Anglais, quand la guerre et les maladies plus encore que les balles chinoises mettaient fin à tant de jeunes existences. Ce fut alors que les Cantonnais s'habituèrent à voir ce bon pasteur en chapeau-cylindre, en cravate blanche et en longue redingote noire, courir d'hôpital en hôpital, de poste en poste, soignant les malades, consolant les mourants et enterrant les morts. C'est de là que date la grande popularité du révérend Gray. Beau et noble visage, regard intelligent, favoris blancs comme la neige, taille élevée, épaules carrées, bras vigoureux ; l'ensemble on ne peut plus sympathique.

---

[1]. Tout le monde connaît l'histoire de l'ancienne factorerie de la compagnie des Indes à Canton, les événements qui de nos jours ont amené la destruction de cette factorerie, et plus tard la création d'un établissement comparativement secondaire. Canton, devenu accessible aux étrangers depuis la dernière guerre, a été plusieurs fois décrit. Je me borne donc à donner ici quelques fragments de mon journal.

Après l'avoir vu un quart d'heure, vous vous imaginez le connaître depuis votre enfance, et vous regrettez de ne pas avoir quelque terrible secret sur la conscience. Quel soulagement on aurait à le lui confier! En attendant, c'est à lui de me faire connaître les mystères de Canton.

Nous sommes dans les *faubourgs occidentaux*, quartier opulent, populeux, industriel. Les rues étroites sont garanties contre le soleil par des nattes. Au-dessous de cette tente glissent des flots humains. A Canton la voiture est inconnue et impossible. De chevaux, je n'en ai pas vu. C'est la ville des piétons et des chaises à porteurs. A chaque pas on est bousculé, mais doucement : Les Cantonnais semblent faits de coton. Un clair-obscur magique règne dans les rues élégantes. Ici comme partout en Chine, les enseignes, de longues planches laquées et dorées, suspendues perpendiculairement devant les boutiques, rappellent des coulisses de théâtre. La pénombre mitige et harmonise ce que les couleurs ont de trop criard. C'est comme une symphonie pour les yeux.

A chaque instant, mon guide s'arrête, saute de sa chaise, s'approche de la mienne et m'explique d'une voix de stentor les objets dignes d'attention.

Les boutiques sont toutes grandes ouvertes sur la rue et très-élevées. Sur le seuil on voit un petit autel consacré au Dieu tutélaire de la richesse ; au fond l'autel en boiseries sculptées et dorées des ancêtres du propriétaire. Celui-ci, vêtu simplement, mais avec élégance, vous sourit agréablement. Ses deux ou trois commis, image du décorum bureaucratique, vous font de profondes révérences. Sur le devant et le long des pavés de la boutique, les marchandises sont exposées avec un art qui ferait honneur aux meilleurs *étalagistes* de Paris ou de Vienne. Assis devant une table, deux ou trois *gentlemen* à la mine grave et pompeuse examinent minutieusement les articles qui les tentent. Le calme de ce tableau, l'échange des politesses entre les personnages qui y figurent, la beauté de la boutique, élevée, bien aérée, montrant tous ses trésors, contrastent singulièrement avec la foule bariolée, déguenillée parfois, qui passe rapidement dans la rue, se croise et s'entre-choque : courant d'êtres humains qui, tout en s'agitant dans cet étroit chenal, ne déborde jamais sur les deux rives. Preuve éclatante, dit mon guide, du respect des Cantonnais pour la propriété.

Ici on vend des jades et toute sorte de bijouterie ; là un Chevet chinois expose ses friandises ; plus loin, c'est « à la brioche économique » que les gens du commun trouvent des comestibles à bon marché : des rats, des souris, des gigots de chien, et jusqu'à l'épine dorsale de cet animal, qui est fort appréciée par les gastronomes.

Entrons chez ce boulanger. Sa boutique est décorée de diverses espèces de pain, de macaronis, de gâteaux. Une porte de derrière nous conduit dans une galerie qui s'étend à perte de vue. Plus de cent bœufs y sont employés à moudre le blé ; ils tournent dans un cercle. Par un procédé aussi simple qu'ingénieux, on pourvoit en même temps aux exigences de la propreté et aux demandes des cultivateurs qui viennent ici faire leurs provisions de fumier. En Chine, rien n'est jeté, ni perdu. Les matières les plus abjectes ont de la valeur. Nous passons devant une boutique fermée avec des planches qui sont toutes couvertes d'affiches. C'est la boutique d'un banqueroutier, et les affiches y sont apposées par les créanciers, qui font ainsi connaître le montant de leurs pertes.

Partout l'archdeacon est comme chez lui ; il entre, il sort, sans se préoccuper des boutiquiers. Il sait exactement où se trouvent les objets qu'il veut me montrer. Il les saisit, les met sur la table, et fait l'explication, exactement comme le custode d'un musée. Son musée, c'est Canton, et chose étonnante, personne n'y trouve à redire. On sourit avec bienveillance, et on le laisse faire. On le connaît, on l'aime. D'ailleurs, en Chine, barbe blanche commande respect.

« Vous n'avez jamais vu de près une tête de bonze, me dit-il, cela en vaut pourtant la peine. » Le hasard veut qu'en ce moment une douzaine de bonzes passent tout près de nous. Ils marchent un à un : *taciti, soli, senza compagnia*. « La tête de chacun, dit mon guide, est marquée d'autant de petites taches blanches qu'il a fait de vœux. Ce sont des brûlures. Vous pouvez voir. » A ces mots, il saisit la tête d'un des bonzes, l'abaisse à la hauteur convenable, et commence ses explications avec le sang-froid d'un professeur s'adressant à son auditoire. Les compagnons de celui dont nous allons examiner le crâne ont jugé prudent de s'esquiver à grands pas. « Voici le vœu de la chasteté. » Ici, un mouvement convulsif de la tête de bonze. — *Steady*, dit mon guide, et il continue. Les autres points blancs sont : vœu d'abstention du vin, vœu de ne pas tuer de porc, vœu de ne pas manger de viande, vœu de respecter, dans les étangs des temples, la vie des carpes, et ainsi de suite. De temps à autre, la tête, objet de nos études, remue, mais l'archdeacon la tient ferme, répète son « *steady,* » et poursuit son cours d'anatomie sacrée. A la fin il rend la liberté au bonze qui, plus surpris que fâché, après un échange de phrases polies et de *chin-chin*, s'empresse de rejoindre ses confrères. « Et les vœux des bras, s'écrie l'archdeacon, nous les avons oubliés. » Il appelle le bonze, qui bénévolement revient sur ses pas, retrousse la manche de sa tunique et nous laisse voir sur ses bras décharnés une foule de brûlures indiquant autant de vœux tous plus étranges les uns que les autres.

Nous venons de visiter, dans l'île de Honan, qui est en face de Canton et fait partie de la ville, le célèbre temple de la *bannière de l'Océan*. Reste à rendre visite à l'abbé. Nous entrons au couvent; il occupe un vaste terrain et est rempli de bonzes. A travers ce dédale de maisonnettes et de ruelles, l'archdeacon trouve son chemin tout seul. L'abbé, un petit vieillard aux traits fatigués, aux yeux ternes, au sourire fin, nous reçoit dans sa chambre à coucher. Tout y est propre et bien tenu. Une fine moustiquière protége le lit; les meubles sont élégants; sur les tables d'acajou faites à Hongkong, on voit des bibelots chinois et européens, et trois ou quatre pendules. Pas de luxe, mais tout ce qu'il faut pour concilier convenablement les exercices ascétiques qui sont obligatoires, avec une jouissance modérée des choses de ce monde. Cette habitation a je ne sais quoi d'ecclésiastique. Dans une autre pièce, hélas! nous apercevons la flûte fatale, la pipe à opium. Le digne prélat a cette faiblesse et, malgré des efforts réitérés toujours secondés et dirigés par le révérend Gray, il n'a jamais pu s'affranchir de ce triste vice. Comme tous les fumeurs, il sait qu'il se tue; par moments il se fait horreur à lui-même, mais la chaîne est trop solide, il ne peut la briser, et il revient avec délices à sa pipe enchantée. Le saint personnage mourra dans l'impénitence finale.

Dans un coin du jardin qui est immense se trouve le *cremarium*, où l'on brûle les corps des bonzes trépassés; dans un autre coin, on a érigé le mausolée : un cylindre en granit. Là se déposent les urnes cinéraires, soigneusement étiquetées. Les Chinois se préoccupent constamment de la mort; la pensée de mourir ne les effraye guère, mais ils ont horreur des cadavres. De là dans ce couvent une coutume barbare. Quand les médecins désespèrent de sauver un moine malade ou quand il est arrivé à un grand âge, on le transporte dans un édifice séparé qui est la demeure des moribonds. Ceux qui en connaissent l'intérieur savent qu'il n'en sortiront pas vivants.

Tout près, dans une sorte de magasin, on voit un grand nombre de cercueils placés verticalement et pourvus d'étiquettes où sont écrits les noms du propriétaire. Ces cercueils appartiennent à des particuliers et sont le plus souvent le don que des enfants affectueux offrent à leurs parents quand ils ont accompli leur soixante et unième année. Ces meubles, en attendant qu'ils puissent servir, sont déposés dans un lieu saint.

———

Dans l'île de Honan se trouve aussi l'habitation de Eng, chef de l'une des familles les plus nobles et les plus considérées de Canton. Eng, ses fils, ses gendres, leurs femmes et enfants, leurs tenanciers, domestiques et esclaves, plus de six cents personnes, occupent un groupe de maisons entourées d'une vaste enceinte. Rien du côté de la rue ne trahit l'opulence qui se cache derrière ces hautes murailles. La dépense annuelle d'Eng s'élève à environ vingt mille livres sterling.

L'archdeacon est ami de la maison. Aussi entrons-nous dans cette petite ville sans difficulté. Le vestibule est un arsenal. Dans les coins on a amoncelé des piques, des lances, des arcs et des carquois. Précaution nécessaire contre les voleurs, et démenti sans réplique, je le crains fort, à l'excellent témoignage que mon guide, toujours disposé à voir le bon côté de l'humanité, se complait à rendre aux vertus du peuple cantonnais. Nous traversons un grand nombre de salons de réception, de cabinets, de chambres d'étude. Sur notre chemin, nous rencontrons plusieurs enfants, chacun accompagné de son pédant qui d'un œil nous sourit gracieusement et de l'autre trahit la surprise de voir ici un inconnu. Dans sa main droite est l'insigne de son emploi, un instrument peu aimé de son élève. L'archdeacon est prodigieux. Il connaît parfaitement les détours de ce dédale. Sauf les appartements des femmes qu'il respecte, il pénètre partout. On dirait que c'est le seigneur Eng et non le révérend Gray. Les personnes que nous rencontrons ou que nous surprenons au milieu de leurs occupations nous laissent passer sans prendre garde à nous ou en saluant mon guide avec empressement.

Le jardin, plus beau que tous ceux que j'ai vus dans le nord de la Chine, renferme un étang à contours bizarres et que couvre entièrement en été la fleur du lotus. Sur les deux rives opposées s'élèvent deux pavillons destinés l'un pour les femmes, l'autre pour les hommes. On s'y réunit pour fumer et jouer.

Dans le pavillon des hommes nous trouvons Eng. Il est entouré de ses intendants et agents qui écrivent sous sa dictée, et, à notre entrée, se retirent respectueusement dans un coin de la pièce. Le maître de la maison se lève, quitte sa pipe, vient à notre rencontre, salue l'archdeacon comme un ami, et me prodigue les politesses voulues en pareil cas. Rien d'imposant dans son extérieur. Mais ses manières sont celles du grand monde. Il a la conscience de son importance, et n'éprouve aucun besoin de la faire sentir aux autres.

L'édifice le plus richement décoré ne contient qu'une seule pièce tout ouverte d'un côté et consacrée à la mémoire des chefs trépassés de la famille. C'est ici, dans la *salle des ancêtres*, devant leurs tablettes, que s'accomplissent les grands actes du *self-government* chinois : lecture du testament, donation entre-vifs, arrangement à l'amiable, enquête en matière criminelle, jugement et condamnation [1]. Ici sont écoutées les plaintes d'un mari trompé. Malheur à l'épouse coupable ! Elle paye de sa vie l'oubli de ses devoirs. Les faux pas du mari s'expient par le bambou.

Ce soir, bal au Shamien. La petite colonie y est au complet. Les marchands européens de Canton ne font plus de grandes affaires. Shanghai et l'ouverture du Yang-tse-kiang ont tué Canton; mais le noble style de leurs établissements est celui de leurs prédécesseurs plus favorisés par la fortune. Rien du parvenu, rien du nouveau riche. On voit que les *princes-marchands* d'autrefois étaient sortis des rangs de la gentry, indirectement de la noblesse d'Angleterre. Les factoreries par eux fondées, ils les ont dotées du comme-il-faut et des goûts luxueux qui caractérisent le *high life* du siècle dernier. J'exprimais cette réflexion à un monsieur âgé qui, comme moi, s'était frayé passage dans la salle à danser. Là, par une chaleur de 30° Réaumur — nous sommes précisément sous le tropique du Cancer, — trois ou quatre jeunes ladies, dans des toilettes d'une fraîcheur et d'une élégance irréprochables, et autant de gentlemen en cravate blanche, une fleur à la boutonnière, se livraient, avec le sérieux britannique voulu en pareil cas, au rude travail de la valse. « Sans doute, répondit avec un léger soupir mon voisin, ce luxe n'est pas proportionné à nos profits. Mais im-

---

1. Voir page 271.

possible de le modérer. Ce serait vouloir décourager les vieux et ôter aux jeunes la confiance dans l'avenir. *Leben und leben lassen.* Vivre et laisser vivre. »

Ce matin, de fort bonne heure, par une température de mai, qui au milieu du jour sera tropicale, je me promène tout seul sur les murs crénelés de la ville. Je regarde vers le nord, où se trouve Canton proprement dit, la vieille ville ; mais, comme à Pékin, on n'aperçoit que des arbres surmontés çà et là d'une pagode. La tour la plus élevée appartient à la mosquée mahométane. A l'horizon, les montagnes aux nuages blancs. Je descends dans le faubourg pour visiter l'église *française*. C'est une noble construction de style gothique. L'architecte est M. Lhermite, jeune Français mort trop tôt pour sa renommée et, selon moi, l'égal au moins des architectes les plus distingués de son pays[1]. A côté de l'église est la maison des missionnaires, et plus loin celle des sœurs que le consul de France, nous l'avons déjà dit, a cru devoir, à la suite des massacres de Tientsin, renvoyer à Hongkong. Les cinq prêtres des Missions étrangères de Paris me reçoivent avec empressement. Ils craignent pour leurs frères éparpillés dans le Sze-chuen, le Yünan, les provinces les plus éloignées. Quel sera leur sort si le parti anti-européen arrive à s'emparer du jeune empereur, ou si la

---

1. Le palais du gouverneur à Saïgon et l'hôtel de ville à Hongkong, les deux plus beaux édifices de ce genre que j'aie vus dans l'extrême Orient, sont l'œuvre de Lhermite.

dynastie vient à disparaître? De la muraille de Mongolie à Canton, de Pékin au fond de l'empire, le sol tremble sous vos pas.

———

En parcourant les faubourgs de l'ouest, nous avons visité l'habitation d'un notable, presque aussi magnifique que celle de Eng. Les jardins me semblent même plus vastes et plus beaux. On y a construit une salle de spectacle. Un étang la sépare d'un kiosque destiné aux spectateurs; les femmes et leurs amies en occupent l'étage supérieur. En général, les riches font de grandes dépenses pour amuser leurs femmes et leurs filles, *intra muros*, bien entendu.

La rue, fort étroite devant cette habitation, est encombrée de monde. Heureusement, on nous a réservé des places dans la baie d'une porte. C'est là que nous attendons, comme des milliers de curieux, le passage du Dieu de la guerre. Délogé de son temple que certains banquiers faisaient restaurer, il va rentrer solennellement dans son logis. Tout Canton paraît être sur pied. La rue ressemble à un chenal fouetté par la tempête. Les ruelles avoisinantes y vomissent sans cesse de nouveaux arrivants. De là un flux et reflux continus. Au milieu de cette cohue, des vendeurs de fruits et de sucreries balancent au-dessus de leurs têtes, dans la paume de leurs mains, des friandises coquettement arrangées sur un plateau. Personne ne songe à y toucher avant d'avoir déposé dans le plateau le nombre voulu de sapèques. Les choses se passeraient-elles ainsi en Europe? Le *mob* de nos capitales se conduirait-il aussi bien? Mon guide me le demande avec fierté.

Après une longue attente, le bruit sourd des gongs et une musique infernale annoncent l'approche du Dieu. Des agents de police armés de rotins ouvrent la marche. Comment la procession passera-t-elle? C'est un mystère; mais le bambou aidant, et la bonne volonté faisant le reste, la foule se range, et je vois défiler devant moi les tableaux changeants d'une féerie bizarre, indescriptible.

La procession a duré deux heures. Les éléments dont elle se compose se représentent avec régularité. Des koulis portant des étendards dont le haut bout repose sur une fourche qu'un autre kouli tient à grand'peine en équilibre; des écrans de forme bizarre, richement sculptés, laqués et dorés; des offrandes, des ustensiles divers, de riches parasols de brocard; des enfants de bonne famille montés sur des ponies et représentant des Dieux. Des jeunes filles, vêtues d'un costume historique ou de fantaisie et attachées à des tringles de fer, semblent voler dans l'air. Ce sont des courtisanes qui, voulant se donner l'apparence de la modestie, ont adopté pour la circonstance l'expression stupide et morne des femmes de qualité. Viennent ensuite les anciens du quartier, que saluent les acclamations du peuple; puis, des jeunes gens de classes respectables, mis simplement mais avec soin; des hommes armés de hallebardes, de piques, de vieux sabres et de massues. Des bandes de musique qui se succèdent à de courts intervalles, remplissent l'étroit passage d'un vacarme étourdissant. Le héros de la fête ferme la marche. Ce Dieu a l'air bon diable. Ses yeux écarquillés, sa bouche béante, ses oreilles colossales et plates n'effrayent personne. Mars n'a rien de martial. Quoique doré de pied en cap, c'est un piètre monsieur. Même les koulis qui le portent sur un misérable brancard ne semblent nullement pénétrés de la sainteté de leur mission ; ils fument, bavardent et rient. Tant il est vrai qu'il ne suffit pas d'être né dans l'Olympe, il faut encore justifier par ses qualités personnelles les avantages de position que le ciel a bien voulu vous donner.

La foule si inquiète, si turbulente, si avide lorsqu'elle attendait la procession, paraît satisfaite et comme rassasiée ; elle s'écoule lentement et paisiblement. Les richards cantonnais, en gens avisés, tâchent de se concilier l'amitié du peuple. Aujourd'hui procession, demain spectacle, un autre jour distribution de riz. *Panem et circenses.*

Avec tout le respect dû aux divinités, et même à un certain point, aux faux Dieux, j'avoue qu'un groupe de jeunes dames m'a, pendant cette cérémonie religieuse, donné bien des distractions. En face de nous, de l'autre côté de la rue, quatre jeunes filles ou jeunes femmes occupaient le vestibule d'une maison louée pour l'occasion. A en juger par la blancheur comparative de leur teint, par leur maintien, leur toilette simple mais élégante, ce sont de grandes dames. Mon guide confirme ma supposition. Elles sont coiffées à ravir, et deux d'entre elles passeraient, même en Europe, pour des beautés. Des femmes de leur rang doivent avoir l'air apathique et ennuyé. C'est de rigueur quand on se montre en public. Les lois de la bienséance l'exigent. Mais, dès qu'on se parle, dès qu'on sourit, le masque tombe; c'est ce qui a lieu dans le petit vestibule : les traits s'animent, les petits yeux fendus en amande jettent des éclairs, et un petit air goguenard, railleur, sceptique, remplace la mine conventionnelle de tout à l'heure. Une matrone très-fardée, très-corpulente, le portrait frappant de Mme Thierret, du Palais-Royal, paraît avoir la charge de duègne. Elle commet l'imprudence de se choquer de la direction que prend mon lorgnon; et cette direction en effet n'est pas toujours celle de la procession. Elle se poste donc à la porte, et empêche les jeunes dames de voir et d'être vues. De là, comme par un fil électrique, établissement immédiat de communications avec le diable étranger; ordre formel à la duègne de laisser le passage libre aux regards, et pour moi pleine facilité de contempler cette scène de *high life* chinois. Des gentlemen âgés s'approchent des dames, s'inclinent profondément en leur montrant les poings, obtiennent en retour un sourire gracieux, leur font servir du thé, se retirent respectueusement. Elles cependant, assises sur de petits escabeaux, causent, rient, font jouer les éventails et jouissent du bonheur de faire niche à la matrone.

―――

Un ordre du vice-roi nous ouvre les portes de la grande prison. C'est un terrain oblong divisé en plusieurs cours et entouré d'une double galerie. La galerie intérieure se compose de salles et de cellules occupées par les hommes ; la galerie extérieure, qu'un étroit couloir découvert sépare de la grande muraille d'enceinte, est réservée aux femmes.

Dans les cours, se bousculent les détenus. La plupart seront exécutés au prochain semestre. On sait que, sauf des cas exceptionnels, les exécutions en Chine ont lieu deux fois par an, au printemps et en automne. A Canton, c'est un vrai carnage. Parmi les détenus, les uns traînent péniblement leurs lourdes chaînes, d'autres les portent avec une désinvolture révoltante. A en juger par leurs physionomies, les plus effrontées et les plus abjectes que l'on puisse imaginer, les malheureux ne sont pas des innocents, ou, hélas ! ils ne le sont plus. Cette atmosphère infecte, ce contact permanent avec le vice, doit étouffer les derniers restes de sentiments honorables et humains qu'ils ont pu apporter dans ces lieux maudits. Un d'eux me disait : « Je suis accusé de meurtre, mais je nie. » Le garde-chiourme répondait par un sourire sardonique qui voulait dire : « La torture te fera parler. » Un jeune homme s'approche de nous, et nous regarde d'un air hébété. A l'âge de quinze ans, il a empoisonné son maître d'école, crime que la loi chinoise assimile au parricide. Sa jeunesse l'a préservé d'une mort cruelle. Tous les ans son père, qui appartient à une famille respectable, adresse une demande en grâce au vice-roi ; le vice-roi l'envoie au Tsungli-yamen, qui de son côté la soumet à la décision de l'impératrice régente. La requête est toujours rejetée.

Nous entrons dans une salle de la galerie. C'est

l'heure du repas. Ces affamés se jettent sur leur maigre pitance et la dévorent comme des bêtes féroces. Le cliquetis des chaînes tient lieu de musique de table. Comparer cette scène aux repas de ménagerie serait faire tort aux fauves.

Dans une pièce dépourvue de fenêtres et dont la profonde obscurité est traversée par de vagues reflets de lumière arrivant d'un sombre vestibule, nous devinons, derrière une grille massive, plutôt que nous ne les distinguons, des hommes condamnés au terrible supplice de la cangue. Ils gémissent, ils pleurent, ils soupirent. Les uns sont couchés sur le sol ; d'autres, debout, s'appuient contre le mur. Plusieurs sont accroupis ; quelques-uns marchent lentement en cercle. Tous remuent sans cesse, cherchant ce qu'ils ne pourront trouver, le repos. A notre apparition, ils s'approchent de la grille, nous lancent des regards de haine, de vengeance, de désespoir, de vrais regards de damnés, puis ils s'éloignent et disparaissent dans l'obscurité.

Il est d'autres cachots enveloppés de ténèbres, d'où partent des cris affreux, des hurlements accompagnés du cliquetis des chaînes et du bruit sourd du bambou.

Dans une petite pièce, comparativement propre et bien tenue, des *gentlemen* fument leurs pipes et prennent leur repas servi par leurs propres domestiques. Ce sont des privilégiés, des condamnés qui, à des prix exorbitants, se sont procuré une chambre séparée. La location de ces cellules est un des revenants-bons du mandarin directeur de la maison. D'autres pièces sont transformées en salles de jeu.

Excellente manière de battre monnaie et en même temps d'achalander les prisons !

Nous pénétrons dans la galerie extérieure, réservée aux femmes et séparée, comme je l'ai dit, par un étroit couloir découvert, de la haute muraille qui règne autour de la prison. C'est le sublime du genre horrible, ou plutôt c'est l'abîme des abominations ; l'imagination de Dante a pu seule s'élever aussi haut et descendre aussi bas. Ce qu'elle lui a fait entrevoir, avec l'aide de son génie, je l'ai vu de mes yeux, en chair et en os. Partout, la femme dégradée s'abaisse au-dessous de l'homme dégradé. Faite d'une étoffe plus fine, plus délicate, elle tombe de plus haut et elle tombe plus bas. On se trouve ici en face de toutes les horreurs physiques et de toutes les abjections morales. Et, dans cet infâme réduit, sont enfermées, à titre d'otage, pêle-mêle avec les condamnées, des femmes et des jeunes filles honnêtes dont les maris ou les pères se sont soustraits aux poursuites de la justice ! Fuyons ces lieux, puisque nous le pouvons !

Devant la porte, des squelettes vivants et enchaînés sont forcés de garder certaines attitudes Un écriteau placé sur leur poitrine dit qu'ils sont exposés à « la risée publique ». Quel sujet d'hilarité !

Au moment où nous traversons la grande cour qui précède la prison, un spectacle émouvant s'offre à nos regards. Une trentaine d'hommes, arrivés à l'instant même, reposent sous l'ombre d'un sycomore. On voit là des adolescents, des hommes dans la force de l'âge, des vieillards ; quelques-uns semblent appartenir aux classes aisées. Ce sont des ensorceleurs ou recruteurs; leur métier est de fournir aux *barrancoes* de Macao des émigrants involontaires. Ces malheureux sont liés quatre à quatre au moyen de leurs queues et de fortes cordes. Accroupis sur leurs talons ou couchés par terre tout près les uns des autres, ils ressemblent à un troupeau de moutons. C'est la mort qui les attend, et, avant la mort, la torture. Ils le savent. Tout Chinois sait son code par cœur. L'expression de leur figure le dit clairement: les uns pleurent en silence, d'autres poussent de profonds soupirs, quelques-uns semblent en proie à des terreurs folles. Aucun ne parle. En repassant, une heure plus tard, nous les retrouvons fumant des cigarettes que de bons samaritains leur ont données. Tout entiers à cette jouissance, ils oublient momentanément leur sort affreux. L'indifférence et l'apathie ont détendu leurs traits tout à l'heure contractés par le désespoir.

———

Le prétoire, une petite cour oblongue, se trouve près de la grande prison. Le juge assis, dans une galerie ouverte, devant une table chargée de dossiers, a le clerc à sa droite, l'interprète à sa gauche; tous deux se tiennent debout. En face, à quelques pas de la table, est la place réservée aux accusés. Des deux côtés se rangent cinq ou six agents subalternes du tribunal. Le bourreau et ses aides, appuyés contre le mur, à côté de leurs instruments tachés et rouillés par le sang, attendent le signal pour en faire usage. L'archdeacon et moi nous nous plaçons à côté de l'interprète. Parlant un peu moins haut qu'ailleurs, seule concession qu'il fasse à la majesté du lieu, mon guide me traduit les parties essentielles des interrogatoires. La cour est vide, pas un spectateur, sauf les deux étrangers. Ni les juges, ni les assistants ne font attention à nous ; ils affectent même de ne pas s'apercevoir de notre présence.

Le juge est un homme d'une quarantaine d'années, peut-être de cinquante. Visage pâle, œil de chat, vitré d'un pince-nez colossal, expression rébarbative, toilette simple mais soignée, ongles en griffes, au pouce une grosse bague de jade ; l'ensemble de la personne, respectable, imposant, hideux. Ce Minos chinois est penché sur la table et ne quitte pas des yeux deux cahiers, dont l'un est écrit à l'encre noire et l'autre à l'encre rouge. Derrière son siége se tiennent ses domestiques. De temps en temps, l'un d'eux lui passe par-dessous le bras une longue pipe et la retire aussitôt, son maître se contentant de quelques bouffées. Quoique le juge comprenne et parle parfaitement la langue du midi, il est censé ne savoir que le *mandarin*, la langue du nord, d'où résulte la nécessité d'un interprète. Il ne prend jamais lui-même part à l'interrogatoire. C'est l'affaire du clerc et de l'interprète, qu'il dirige d'ailleurs en leur adressant quelques paroles à voix basse. Silence profond dans l'auditoire. L'avouerai-je ? l'aspect du juge me glace d'effroi. Rien d'humain dans cette figure de métal. Pas de trace de miséricorde ni de charité. Je regarde autour de moi, et je trouve sur toutes les physionomies la même expression. Je me mets à la place des accusés, et la sueur me monte au front

On a amené un prisonnier, ou plutôt on l'a apporté dans un panier. Hier, ici même, il a subi la question. On lui a broyé les chevilles. Aujourd'hui c'est un paquet de chair et d'os, incapable de répondre. La vie s'enfuit. Sur un signe du juge on l'emporte.

Un jeune homme du peuple, chargé de chaînes, est introduit. Il se met à genoux à la place réservée aux accusés. Les accusés sont toujours agenouillés devant le tribunal. La peur et la ruse se confondent sur ce visage ignoble, où le crime et le vice semblent avoir laissé leurs traces indélébiles. Après les questions habituelles sur la famille de l'accusé, sur ses parents, ses grand-père et grand'mère, l'interprète lui dit : « Tu as volé seize dollars? » L'accusé nie d'abord avec obstination. Sur un mouvement de la main du juge, le bourreau s'avance. A son aspect la terreur saisit le misérable. Il s'empresse de faire des aveux. — Oui, il a volé, il avait faim, c'était pour acheter du riz. — Dans quelle boutique? Serait-ce dans telle ou telle rue, théâtre d'un autre crime, d'un meurtre, probablement commis par ce même homme? Ici l'accusé pâlit, bégaye, sanglote, implore la miséricorde du juge et nie. L'interprète, qui jusqu'ici a tâché de l'intimider, prend tout d'un coup un ton doucereux. « Pourquoi nier, mon enfant? dit-il, avoue, et tu n'auras qu'à te louer de nous. Voyons, qu'on lui ôte ses chaînes. » Le bourreau obéit. — « Et maintenant, mon enfant, parle. » Mais mon enfant ne s'y laisse pas prendre. Ici commence entre ces deux hommes une lutte d'audace, de mensonge et de ruse : l'un sachant qu'il y va de sa vie, l'autre que sa réputation d'inquisiteur est en jeu. Le ton câlin de celui-ci contraste avec sa mine haineuse et avec la terreur croissante qu'on lit sur la figure de l'accusé. En somme ce dernier nie. Sur un mot du juge, dit à faible voix, le bourreau et ses aides se jettent sur lui, le terrassent, l'étendent sur le sol, lui enlèvent une partie de ses vêtements ; puis, accroupi sur ses talons, le bourreau, en comptant à voix haute, lui applique, avec un long bambou, au moins une centaine de coups. J'avoue que j'étais près de me trouver mal, et mon excellent archdeacon ne semblait guère plus solide que moi. Les assistants nous regardaient avec dédain. Je n'oublierai jamais le rugissement du malheureux. Après quelques minutes, il cesse de crier. Ce n'est plus qu'une masse inerte. Impossible de passer aujourd'hui au second degré de la question, c'est-à-dire de lui briser les chevilles. On l'entraîne donc, ou plutôt on l'emporte.

Le jeune voleur ou assassin est remplacé par deux gentlemen de respectable apparence : un négociant et son premier commis ; celui-ci, un jeune homme mis avec élégance, celui-là d'un âge déjà avancé. Ils sont accusés d'avoir fait passer du sel en contrebande. Après s'être profondément inclinés devant le juge, ils se mirent à genoux. Ni l'un ni l'autre n'avaient l'air fort ému. L'homme âgé commença par plaider *guilty* : il s'avoua coupable. Le commis cherche à se défendre. — Il n'a fait qu'obéir aux ordres qu'on lui avait donnés. Il n'a pas su qu'il contrevenaît à la loi. Il a, il est vrai, donné du riz à des employés de la douane. Mais est-ce un crime de nourrir les affamés? — Pendant qu'il parlait, son patron, en proie à une inquiétude visible, ne le quittait pas des yeux, et tâchait par des signes de lui imposer silence. Cette scène est soudainement interrompue par le juge. Il tire de sa poche une grosse montre anglaise, la consulte attentivement, puis il lève la séance. On emmène les deux marchands qui ont évidemment graissé la patte à certaines gens. Le juge suivi de ses hommes, et sans daigner nous honorer d'un regard, part solennellement; le clerc et l'interprète ferment leurs encriers et roulent les dossiers. Le bourreau et ses aides serrent dans un réduit leurs terribles ustensiles. Tout se passe au milieu d'un profond silence, avec ordre et systématiquement. Ce prétoire est un enfer, mais un enfer bien organisé.

M. Hughes, consul d'Angleterre *par intérim*, veut bien m'accompagner au yamen. Une décharge de petits pétards échelonnés dans la cour salue les arrivants. Le vice-roi vient à notre rencontre et nous mène dans un pavillon bien sculpté, bien doré, bien laqué, et ouvert sur le jardin. Le soleil déjà bas pénètre, à travers des feuillages exotiques, dans la salle du festin, où, assis autour d'une table carrée, nous nous livrons aux jouissances d'un repas chinois. Le vice-roi ne cesse de choisir des friandises dans les petites soucoupes étalées sur la table, et d'en charger mon assiette. Je lui rends sa politesse de la même manière. Le vin de Champagne est servi dans des tasses. Les domestiques sont nombreux et proprement mis. L'ensemble de la scène semble avoir été emprunté à un écran de vieux laque.

Ami personnel du dernier empereur, et maintenu depuis neuf ans dans son gouvernement, le plus important de Chine puisqu'il embrasse les deux grandes provinces de Kwang-tung et de Kwang-si, le plus difficile aussi à cause du contact avec les étrangers, Yue est un des hommes considérables de l'empire, fort bien vu en cour, et destiné, dit-on, à entrer prochainement au ministère. On vante son intelligence et sa douceur. Il a soixante-deux ans et l'extérieur d'un homme d'État vieilli dans le maniement des grandes affaires : physionomie noble et spirituelle, œil clair, sourire fin et caustique. Il portait son costume officiel, tunique bleu foncé avec revers bleu clair, le devant, au-dessus de la poitrine, richement brodé d'or. Autour du cou, un immense rosaire. Une magnifique plume de paon descendait de sa toque ornée du bouton de cristal.

La conversation roula sur divers objets. Grand échange de compliments, mais peu de phrases banales.

Au départ, nous eûmes à traverser plusieurs pièces et couloirs. Le vice-roi nous accompagna jusqu'à nos chaises : à chaque porte nous fîmes chin-chin. Or il n'y a rien de plus ridicule pour un Européen comme cette manière de se saluer. Vous élevez les deux poings à la hauteur du front, et vous leur donnez un mouvement de rotation, tandis que, légèrement inclinés l'un vers l'autre, vous

vous regardez fixement entre les yeux. Mais le vice-roi s'acquitta de ce devoir burlesque avec grâce et dignité. Il m'a ouvert l'intelligence sur le chin-chin : aussi depuis ma visite à son yamen, lorsque je vois des gentlemen chinois exécuter cette gymnastique, je n'éprouve plus aucun besoin de rire. Comme antidote à la trop grande familiarité des manières américaines qui nous envahissent, j'oserais humblement recommander à ceux et à celles qui donnent le ton dans nos salons d'Europe, l'acclimatation du chin-chin.

———

Dans le village de Fa-ti (*champ de fleurs*) se trouvent les jardins des fleuristes qui fournissent Canton. Quel goût étrange, je dirai presque perverti ! Le singulier plaisir de métamorphoser des orangers en vases, du buis en dragons avec des yeux de porcelaine, du laurier-rose en monstres, des cyprès en djonques ou en faisans ! Et toutes ces plantes poussent, fleurissent, se reproduisent, péniblement, il est vrai, et gauchement, comme les femmes marchent gauchement et péniblement sur leurs pieds mutilés. Le principe est le même. Le génie de cette nation, cruelle et subtile, se complaît à mutiler sans tuer.

———

En descendant un des nombreux ruisseaux qui se jettent dans le Pearl River, nous entendons le bruit du gong mêlé à des cris de douleur. C'est un voleur qu'on promène dans la grande rue d'un village mal famé. L'homme au tam-tam précède le pénitent, le bourreau le suit en le rouant de coups. Les villageois assistent bouche béante. Ce spectacle semble les amuser. J'ignore s'il les corrigera.

Il fait presque nuit. Nous sommes sur la partie sud-est de la circonférence de la ville, dans la *cité des Trépassés*. Figurez-vous tout un quartier habité par des cadavres. C'est ici que sont déposés provisoirement les corps des natifs de Che-kiang morts à Canton, en attendant que leurs parents viennent les chercher pour les transporter dans leur province. Chaque cercueil est placé dans une chambre ardente que précède un petit vestibule. C'est le système des corporations, si essentiellement chinois, appliqué aux morts. La plus grande propreté règne dans cette nécropole. Pas la moindre odeur qui trahisse la décomposition. On passe de catafalque en catafalque. Un homme muni d'un flambeau nous précède. Quelle lugubre promenade!

Nous traversons les gémonies. C'est une petite rue, bordée d'un côté de boutiques où l'on fait de la poterie, et de l'autre d'un mur de brique. Heureusement on ne *travaille* pas de ce côté ; mais nous voyons, le long du mur, les instruments dont on se sert : des tables sur lesquelles on étend l'homme pour le hacher en morceaux, des croix, de petites cages où l'on expose les crânes, des vases remplis de colle pour *décharner* les têtes. Tous ces ustensiles, on le voit bien, ont servi récemment. Ici, à l'époque des exécutions, le sol est, à la lettre, trempé de sang. Hâtons-nous de passer outre !

———

(2 décembre.) Le vice-roi a eu la gracieuseté, pour mon voyage à Macao, de mettre à ma disposition le *Peng-chao-hoy*, vapeur de l'État, affecté au service des douanes. C'est un magnifique steamer commandé par un ancien officier de la marine autrichienne, le capitaine Vasallo, natif de Prague. A cinq heures du matin, il vient me prendre dans son gig, et, après avoir éveillé les paisibles habitants du Shamien par le bruyant salut des canons, le pavillon rouge et blanc de l'Autriche flottant, je crois, pour la première fois, à côté du dragon du Céleste-Empire, le *Peng* descend le fleuve des Perles, en filant douze nœuds par heure. M. Bowra, inspecteur des douanes impériales à Canton, et M. Thomas, l'un des résidents de cette ville, veulent bien me tenir compagnie.

Qui n'a pas vu Canton n'a pas vu la Chine. Pékin est l'Asie centrale, la ville de la Bible, le camp par excellence, la tente des nomades pendant une halte. Canton représente la Chine ; Pékin, la Mongolie. Canton est le centre d'une immense population civilisée, raffinée, pervertie. Dans ses rues palpite la vie chinoise. A chaque pas, l'œil est surpris, charmé, dégoûté.

A l'heure du déjeuner, nous nous réunissons dans la cabine de notre aimable capitaine. Là nous sommes en pleine Autriche : meubles, tentures, tapis de

Vienne. Sur les murs, les portraits de l'Empereur, de l'Impératrice, de l'Archiduc Maximilien, et des vues de notre commune et lointaine patrie. Au repas, on sert du vin de Gumpoldskirchen, bien connu et fort apprécié du Viennois.

A deux heures de l'après-midi, le steamer double le fort da Barra, sur lequel on voit flotter les vénérables quinas de Portugal. Un quart d'heure après, nous débarquons à Macao.

VII

MACAO

Du 2 au 4 décembre.

Sa décadence. — La question des koulis. — Progrès de l'élém n
chinois. — Camoës.

Macao est une petite presqu'île formée de trois monticules réunis par une sorte de plateau tout couvert de maisons. Un isthme forme la communication avec le continent. Sous ce rapport, l'analogie avec Cadix est frappante.

C'est jour de fête. Mêlé à un groupe de jeunes élégants mis avec cette recherche exagérée et de mauvais goût qui caractérise l'Ibérien endimanché des classes moyennes, je vois arriver en chaise et descendre péniblement sur le perron de l'église les beautés macaaises tout enveloppées de leurs *capas* de soie noire. Elles ont le teint basané, les yeux fendus, et ressemblent à de gros paquets de chair. Suivies de leurs duègnes et domestiques malais, elles pénètrent dans l'église, et, comme cela se pratique en

Portugal, s'asseoient indolemment sur leurs talons, murmurent leurs prières et font jouer leurs éventails. Si les servantes, comme toutes les femmes du peuple, ont le teint plus foncé et les yeux plus fendus que leurs maîtresses, c'est qu'elles ont plus de sang chinois ou malais dans les veines; elles sont moins grasses, et portent des capuces de calicot de couleur aussi criarde que possible. Il n'y a plus à Macao douze familles portugaises pur sang. Dans ce nombre ne sont pas compris les médecins, les fonctionnaires civils et militaires que le gouvernement envoie à certaines époques et qui, misérablement payés, sont rapatriés quand ils ont fait leur temps. Les jours où les employés portugais venaient ici pour faire fortune appartiennent à l'histoire, ou pour mieux dire aux mythes. Personne ne prospère ici, excepté les *koulis brokers* et les propriétaires des maisons de jeu. Fermez celles-ci, m'a-t-on dit, supprimez la traite des koulis, et vous verrez l'herbe croître dans Macao. En dehors des Portugais, on compte trois résidents anglais et cinq allemands, les uns et les autres des négociants sans affaires. Parfois, assez rarement, le gouverneur les réunit à une soirée. Pour les races germanique et lusitanienne, c'est le seul endroit où elles se rencontrent, sauf toujours les rues qui sont désertes, et font contraste, sous ce rapport, avec le quartier chinois qui est exubérant de vie et d'activité. Là se succèdent des boutiques bien achalandées et flanquées d'énormes enseignes, des restaurants remplis de consommateurs, des tripots de jeu toujours combles. Entre une double ligne de maisons basses construites dans le style indigène, se bousculent des colporteurs qui offrent leurs marchandises en poussant des cris aigus ou en chantant, des koulis chargés de caisses ou portant des chaises, d'innombrables piétons, hommes, femmes, enfants. C'est la vraie Chine; mais franchissez ce coin-là, et vous êtes dans une ville de province du Portugal. Personne dans les rues, si ce n'est quelques soldats qui flânent en fumant leur cheroute; très-rarement, une chaise remplie à déborder par une des dames dont nous avons fait connaissance sous le porche de l'église. Les maisons en pierre, blanchies ou badigeonnées en rouge ou en jaune, portent le cachet de la mère patrie. On peut dire que pas une d'elles n'est plus ancienne que l'an 1622 et que très-peu sont plus modernes que 1650. Derrière les maisons et de chaque côté, au-dessus de murailles ornées de vases avec des agavés, ou couronnées de massives balustrades en pierre, nous apercevons des cèdres, des arbres des banians, des buissons exotiques aux feuilles luisantes. La magnifique cathédrale de Saint-Paul, bâtie par les jésuites à la fin du seizième siècle, et transformée en caserne sous le ministère Pombal, a été il y a quelques années dévorée par les flammes. Il n'en reste que la façade, qui, bien que surchargée d'ornements, est fort belle. Les autres églises sont des constructions baroques ou sans aucune prétention artistique. Des rampes, des escaliers, de lourds balustres vous rappellent Abrantès, Santarem, Viseu. A chaque pas, des édifices imposants. Ce sont d'anciens couvents de moines et de religieuses, transformés aujourd'hui en casernes sans soldats, en musées sans aucun des trésors qu'ils sont destinés à héberger, en bureaux, ceux-là bien fournis d'employés qui meurent de faim. La *Praya grande*, ou le quai, est une suite de maisons tournées vers la mer et regardant au sud; elle rappelle la Junqueira de Lisbonne. Par une hyperbole un peu forte, les Macaais la comparent à la Chiaia de Naples. Ici on jouit, en été, de la mousson du sud-ouest, et, dans toutes les saisons, d'une fort belle vue sur la côte de la terre ferme et sur l'archipel qui l'entoure. Ces îles, dépourvues de toute végétation, sauf quelques broussailles brûlées du soleil, arrêtent vos regards par leurs contours fantasques et se décorent des changeants effets de lumière que le ciel, moins beau pourtant que celui du midi de l'Europe, ne cesse de leur prodiguer.

L'élément chinois gagne constamment du terrain. Rien de plus naturel. Le Chinois représente la vie; le Portugais le sommeil, sinon la mort. Aussi voit-on des Chinois établis dans beaucoup de belles et anciennes maisons portugaises. J'en ai visité quelques-unes. La métamorphose est complète. L'image de la madone, qui certes n'a manqué à aucune de ces habitations, est remplacée par l'autel des ancêtres. Plus de trace de la simplicité de l'ameublement, du dédain pour les commodités de la vie, qui caractérisent les intérieurs des gens de race ibérienne. Vous retrouvez ici les mille inutilités qui charment le Chinois riche ou aisé, les joujoux, les rouleaux d'étoffe ou de papier peint, les ustensiles étranges, les vases de porcelaine, les brimborions que nous avons habitude d'appeler chinoiseries.

Tandis que les résidents anglais et allemands se retirent parce qu'ils ne peuvent plus faire d'affaires, tandis que l'élément portugais, par une suite d'infusions multipliées de sang asiatique, se vicie et s'éteint, le Chinois, grâce à son activité et à sa sobriété merveilleuses, opère ce que son gouvernement ni par la force ni par la ruse n'a pu obtenir : il vient, sous l'ombre même du drapeau portugais, reprendre possession du territoire conquis jadis par les héros lusitaniens[1].

L'accroissement de l'élément chinois, si odieux aux Portugais, a donné lieu à un règlement qui rappelle les lois par lesquelles la Californie tâche de se défendre contre l'envahissement de la race jaune. A Macao, il est défendu aux Chinois de bâtir des maisons de style indigène sur la *Praya grande* et dans les rues adjacentes. Mesure injuste, impolitique et impuissante. Il en résulte que les Chinois achètent les maisons portugaises. Dès que celles-ci ont passé dans les mains des indigènes, elles doublent de valeur. Je demeure ici dans un magnifique et spacieux hôtel entouré d'un beau jardin, tout près de la *Praya grande*. Le propriétaire, qui a des raisons pour ne pas le vendre, l'a loué à un négociant de Canton dont la famille passe ici l'été, au prix minime de quarante dollars par mois ! Vendue à des Chinois, elle représenterait au moins le double de sa valeur actuelle.

Les causes de la décadence du commerce sont :

---

[1]. Le gouvernement chinois n'a jamais reconnu l'occupation de la presqu'île de Macao par les Portugais.

la concurrence des Chinois et l'ouverture des *treaty-ports*[1].

Tout conspire donc pour la ruine de Macao. C'était pourtant le grand emporium des premiers marchands portugais ; c'était, depuis la moitié du seizième siècle, pour l'extrême Orient, un foyer de science catholique. C'est encore aujourd'hui le lien qui rattache ce rameau de la race portugaise à la foi et à la civilisation.

J'ai reçu plusieurs visites aujourd'hui. Le gouverneur, vice-amiral Sergio de Souza, me semble mériter sa popularité. Les rues sont propres et les routes bien entretenues ; tout ce qui a rapport à l'édilité est parfait ; c'est son mérite. Les koulis lui causent beaucoup de soucis ; il m'a dit qu'il fait tout ce qu'il peut pour régulariser et moraliser la traite des jaunes. Les négociants étrangers qui sont venus me voir parlent avec amertume de la stagnation croissante du commerce : « Canton, disent-ils, n'est plus rien, et Macao n'était, pour ainsi dire, qu'une succursale de Canton. Les bâtiments qui avaient embarqué du thé noir dans ce dernier port, venaient ici compléter leur cargaison. Mais le thé n'arrive plus ni à Canton, ni à Macao. Il cherche les ports du Yang-tse-kiang. Donc, pas de bâtiments, pas d'affaires. Il n'y a que la traite des koulis qui donne des profits, et les hommes qui se respectent, les Anglais et les Allemands, ne participent pas à

1. Voir page 219.

ce trafic infâme. Voilà les résultats de la pusillanimité du gouvernement anglais. Ce qu'il nous faut, c'est une politique énergique. » Ainsi plus on souffre, plus on devient belliqueux. Aux yeux de ces négociants, la grande panacée, c'est la guerre.

———

J'ai visité fort en détail les barrancoës. C'est un grand édifice couleur de sang, et contenant plusieurs vastes salles. Sur les murs, des placards écrits en gros caractères chinois indiquent les conditions auxquelles les koulis s'engagent, soit pour le Pérou, soit pour la Havane. A leur arrivée de la terre ferme, on les enferme dans les barrancoës; puis on les réunit, on leur lit les conditions de l'engagement, et on leur demande, à trois ou quatre reprises, s'ils sont toujours résolus à partir. Quand ils ont donné leur consentement définitif, ce dont il est pris acte devant notaire, ils sont considérés comme liés. Il arrive souvent qu'au dernier moment ils déclarent vouloir rentrer dans leurs foyers. Un jour, sur huit cents koulis, on en a vu trois cents demander leur rapatriement. Comme ils n'avaient pas pris l'engagement définitif, on les a renvoyés sur le territoire chinois. Ceux qui s'engagent sont conduits à bord. Ces transbordements ont lieu trois fois par semaine. De grands bâtiments, tous de fins voiliers, ancrés en rade, partent au moment où leur chargement est complet. Ils doublent, selon la destination et la saison, le cap Horn ou le cap de Bonne-Espérance, et sont ordinairement trois mois en route. En ce moment, on construit des bateaux à vapeur qui remplaceront les bâtiments à voiles. Le gouverneur a mission de veiller à ce que le nombre des émigrants fixé par les règlements ne soit pas dépassé.

Des témoins fort impartiaux m'assurent que l'amiral Souza a la meilleure volonté de pourvoir au bien-être des émigrants, et surtout d'empêcher qu'aucun d'eux ne soit embarqué contrairement à sa volonté. C'est dans cette intention qu'il favorise une pratique assurant aux capitaines une prime d'une livre sterling et à leur premier officier une prime de cinq shillings pour chaque kouli qu'ils auront débarqué en bonne condition soit à Callao, soit à la Havane. Mais les efforts bienveillants du gouverneur portugais, très-énergiquement appuyés par les autorités chinoises qui font impitoyablement mettre à mort les recruteurs, ces efforts très-louables sont bien souvent paralysés par la vénalité des agents subalternes, par la connivence et la cupidité des *brokers* (espagnols ou portugais), par les capitaines qui, après avoir pris à Macao leur cargaison complète de chair humaine, entassent à fond de cale d'autres malheureux qu'à l'aide des *brokers* et des recruteurs chinois, ils ont été chercher dans quelque crique ou baie solitaire de la côte.

Enfin, on ne doit pas oublier les mille ruses que les ensorceleurs emploient pour ramasser des recrues. Voici un des artifices le plus fréquemment employés : l'agent va de village en village, raconte qu'il est décidé à échanger sa misère actuelle contre le sort brillant qui l'attend en Amérique. On le croit sur parole ; il fait des dupes, les conduit à Macao, passe avec eux par toutes les formalités voulues

Arrive le moment fatal de la déclaration définitive. Les émigrants font queue devant la table du notaire en suivant un étroit couloir de planches semblable à ceux qu'on voit devant nos théâtres ou devant les bureaux des chemins de fer. Le recruteur, par un excès de politesse, laisse ses victimes entrer avant lui. Pendant qu'elles s'engagent, il s'esquive.

Somme toute, si je ne me trompe, la traite des koulis vaut la traite des noirs. Pendant la traversée, toujours horrible, ceux-ci souffraient peut-être un peu plus. Mais une fois arrivés à destination, les esclaves trouvaient, dans l'intérêt même de leur propriétaire qui tenait à conserver son capital, une garantie de bien-être comparatif. Les koulis n'ont pas cet avantage; et on me dit que leur sort est d'autant plus lamentable, qu'ils appartiennent à une race plus civilisée et plus intelligente que les nègres.

C'est à Macao que Camoës a composé son poëme. Dans un jardin, mal tenu mais d'une beauté indescriptible, entre des rochers naturels et de vieux arbres, on montre, sur une colline, la Grotte du Poëte. Une profonde solitude y règne; le silence n'est interrompu que par le bruissement des feuilles; l'œil jouit d'une vue enchanteresse sur la ville, la mer, la côte et l'archipel. Involontairement j'ai pensé au chêne du Tasse à S.-Onofrio. Dernière et mélancolique analogie entre ces deux grands et malheureux contemporains!

Sur une pierre on a inscrit quelques vers des *Lusiades* : des plaintes sur de royales ingratitudes.

On aurait pu mieux choisir. Pourquoi rappeler les misères du pauvre gentilhomme? Pourquoi ne pas plutôt suivre le barde dans les régions éthérées du Parnasse, où, entouré de ses pairs, il célèbre ses plus beaux triomphes? L'inspiration, le besoin de chanter qu'éprouve le rossignol, le patriotisme, le dévouement à ses rois, ont fait vibrer les cordes de sa lyre et non l'espoir d'obtenir des faveurs de cour, un peu d'or ou un ruban. A quelques pas de la grotte se trouve une voûte où, selon la légende, il aurait à travers une fente observé les étoiles. Pauvre Camoës, la tienne s'éclipsait alors, mais elle a reparu à l'horizon, et elle y brillera jusqu'à la fin des temps.

VIII

HOMWARD-BOUND

Du 6 décembre au 13 janvier.

Départ de Hongkong. — La question des missionnaires. — État de la Chine au point de vue de ses relations avec les puissances européennes. — Arrivée à Marseille.

A midi précis, *le Tigre*, des Messageries maritimes françaises, quitte le port de Hongkong. Avec l'aide de la mousson du nord-est qui le pousse, nous pouvons espérer arriver en trente-huit jours à Marseille.

En quittant l'extrême Orient, je me sens assailli de bons souvenirs, des souvenirs surtout du cordial accueil qu'on m'a fait. Le croiriez-vous? sauf mes premiers jours à Yokohama et pendant que je voyageais dans l'intérieur, où il n'y a pas d'Européens, je n'ai pas une seule fois, depuis que j'ai quitté l'Amérique, couché dans une auberge.

En Europe, je préfère l'hôtel ; mais ici c'est autre chose. Vos amis découvrent votre itinéraire, préviennent les correspondants qu'ils ont dans les villes que vous visiterez. Le vapeur qui vous transporte entre dans le port. Une flottille de sampans, de petits canots, d'embarcations de tous genres, l'entoure aussitôt. Dans un gig équipé de rameurs en livrée, vous apercevez un jeune élégant, blanc de pied en cap, la main au gouvernail, le cheroute à la bouche. Il se précipite à bord, vous cherche, vous devine, vous emmène. Ses *boys* avec les vôtres s'occupent des bagages. Vous voici à terre, et installé dans une belle chambre, un peu obscurcie par la véranda. Le bain est tout prêt. Votre toilette est faite, le dîner annoncé. Vous entrez dans le salon, où la maîtresse de la maison, en grande toilette, vous fait l'accueil le plus aimable. Le plus souvent charmante, elle est certainement charmée de vous voir. Tout le monde l'est ; car vous allez rompre la monotonie, l'ennui qui est le ver rongeur de la vie coloniale. Un Européen fraîchement débarqué, qui vient pour s'amuser et non pour faire concurrence, ce *rara avis*, est toujours le bien venu. Quoiqu'elles ne soient pas à dédaigner, je ne parle pas des jouissances matérielles ; je relève seulement les avantages intellectuels que vous donne cette belle et parfois princière hospitalité. Vous entrez d'emblée dans la famille, et en même temps dans un monde nouveau ; chaque heure est riche d'enseignements. Comptez les moments perdus vis-à-vis de vous-même dans les auberges d'Europe ! Ici, du matin au soir, vous n'entendez parler que des affaires locales. Pendant que votre hôte est à son comptoir, vous causez ou vous vous promenez avec sa femme, ou vous jouez avec les babies, ou vous vous faites donner des leçons de *pigeon english* par leur bonne chinoise. Bref, vous ne voyez et n'entendez parler que de la Chine et du Japon. A toute heure vous y êtes.

Profitons des loisirs de la traversée pour résumer nos impressions. Examinons ce qui, en ce moment, agite tant les communautés étrangères des « ports » : la question des missionnaires, les relations futures de la Chine avec l'Europe.

* * *

Malgré les efforts que le gouvernement français avait tentée par l'intermédiaire de M. de Lagrenée pour obtenir un édit de tolérance en faveur des chrétiens, notre religion restait sévèrement interdite dans l'empire du Milieu. Les missionnaires qui l'enseignaient, les indigènes qui la professaient, étaient, comme par le passé, exposés à des persécutions périodiques et à des vexations continuelles. Leur sort, leurs propriétés, leur vie même, dépendaient du bon plaisir du mandarin. Ce qu'ils pouvaient désirer et obtenir de mieux, c'était qu'il daignât ignorer leur existence.

Les traités de Tien-tsin et les conventions de Pékin [1], conclus par la Chine avec l'Angleterre et la France, ont mis fin à cet état de choses.

« La religion chrétienne, dit l'article 8 du traité anglais, telle qu'elle est professée par les protes-

---

1. Le traité anglais fut signé à Tien-tsin le 26 juin 1858, et une convention additionnelle à Pékin le 24 octobre 1860. Le traité français de Tien-tsin porte la date du 27 juin 1858 et la convention de paix de Pékin celle du 25 octobre 1860.

tants et les catholiques romains, commande la pratique de la vertu et enseigne à l'homme qu'il doit traiter les autres comme il voudrait être traité lui-même. Par conséquent, ceux qui enseignent cette religion auront les mêmes titres à la protection des autorités chinoises, et ne pourront être poursuivis ou contrecarrés, pourvu qu'ils vaquent paisiblement à leurs affaires et ne commettent aucune violation des lois. »

L'article 13 du traité français, beaucoup plus explicite, est ainsi conçu :

« La religion chrétienne ayant pour objet essentiel de porter les hommes à la vertu, les membres de toutes les communions chrétiennes jouiront d'une entière sécurité pour leurs personnes, leurs propriétés et le libre exercice de leurs pratiques religieuses ; et une protection efficace sera donnée aux missionnaires qui se rendront pacifiquement dans l'intérieur du pays, munis de passeports réguliers. Aucune entrave ne sera apportée par les autorités de l'empire chinois au droit, qui est reconnu à tout individu en Chine, d'embrasser, s'il le veut, le christianisme et d'en suivre les pratiques, sans être passible d'aucune peine infligée pour ce fait. »

L'article VI de la convention additionnelle conclue avec la France à Pékin ajoute une clause importante : Les établissements religieux et de bienfaisance qui ont été confisqués aux chrétiens pendant les persécutions seront rendus à leurs propriétaires avec les cimetières et autres édifices qui en dépendent.

La totalité des chrétiens (catholiques) chinois est évaluée, très-arbitrairement sans doute, à cinq cent mille, et, par d'autres, à un et même à deux millions. Les chrétientés les plus considérables se trouvent dans les provinces de Sze-chuen, Kiang-su, Ngan-hwei et Chi-li. Dans ce vaste empire, environ cinq cents missionnaires européens, dont les trois quarts sont français, et cent soixante à deux cents prêtres chinois se partagent la cure des âmes.

En voici le détail : les prêtres (français) des Missions étrangères de Paris, dans les provinces de Kwang-tung et de Kwang-si (ils n'ont guère encore pu prendre pied dans le Kwang-si) en Sze-chuen, Yun-nan et Kwei-chow; de plus en Mandjourie, en Corée (d'où ils viennent d'être expulsés) et au Thibet.

Les dominicains (espagnols) : en Fuh-kien, Hunan et dans l'île de Formosa.

Les prêtres (français) de la congrégation de la mission dite des lazaristes : en Che-kiang, Chi-li septentrional (Pékin), Chi-li occidental et Kiang-si

Les jésuites (français et quelques italiens) en Kiang-su, Chi-li méridional et Ngan-hwei.

Les franciscains (italiens) en Shan-si, Shen-si, Kang-su et Hu-peh.

Les prêtres (italiens) de la propagande de la foi (à Rome): dans le Honan, où l'esprit hostile des populations ne leur a pas encore permis de pénétrer; dans l'île de Hongkong et dans le district de Se-non (Kwan-tung).

Les prêtres de la congrégation belge pour les missions de Chine, en Mongolie.

Les sœurs de Saint-Vincent de Paul (françaises) à Pékin, Ning-po, Shanghai, Hang-chow (Che-kiang), et dans les îles de Chusan.

Les carmélites à Shanghai.

Les sœurs auxiliatrices des âmes du purgatoire (françaises) à Sü-kia-wei.

Les sœurs de Saint Paul de Chartres (françaises) à Canton, et, depuis les massacres de Tien-tsin, à Hongkong.

Les sœurs (italiennes) de la communauté milanaise dite de Canossa à Hongkong.

Dans chaque province, il y a un vicariat général. Sze-chuen et Chi-li en comptent trois. Selon le nombre des prêtres et des chrétientés, chaque vicariat se subdivise en plusieurs districts.

La congrégation de la Propagande de la foi (à Rome) est le lien entre le Saint-Siége et les missions. Son procureur-général, aujourd'hui le P. Raimondi, qui réside à Hongkong, lui sert d'organe auprès des vicariats apostoliques. C'est lui qui, par circulaire, leur fait connaître les ordres ou les vœux du Pape ; et le service est si bien organisé, que les lettres du procureur-général arrivent aux vicariats les plus éloignés dans l'espace de deux mois et demi.

Les prêtres chinois appartiennent tous à des familles converties depuis deux ou trois siècles. On n'admet à la prêtrise aucun néophyte qu'en vertu d'une dispense spéciale, rarement demandée et plus rarement accordée. Les prêtres indigènes sont croyants, studieux, souvent zélés, mais peu énergiques, craintifs et incapables de diriger. Ils recherchent avec avidité les discussions théologiques ; mais, plus subtils que profonds, ils dépassent rarement une certaine limite dans les sciences. Vis-à-vis des missionnaires européens, ils sentent et parfois ressentent leur infériorité ; mais, traités avec douceur et discernement, ils deviennent d'excellents collaborateurs. Sous le rapport des mœurs, ils ne laissent rien à désirer. Ils ne sont jamais promus aux grades élevés de la hiérarchie.

Les sœurs indigènes sont très-bonnes et font beaucoup de bien, mais elles aussi ont besoin d'être constamment dirigées.

Pour qu'une mission puisse fleurir, il faut que les missionnaires entretiennent des relations fréquentes et régulières entre eux. Dans beaucoup de provinces, les distances énormes mettent un obstacle insurmontable au commerce continu et personnel, si désirable pourtant, des membres de la même mission. Mais, en créant de nouvelles chrétientés, on tâche de faire en sorte que les stations se touchent, et que les prêtres puissent se voir une ou deux fois par mois.

Les pionniers du christianisme sont les catéchumènes. Allant de village en village, ils éveillent la curiosité, répondent aux questions qu'on leur fait et laissent souvent derrière eux des germes de conversion. Les prêtres indigènes font alors leur apparition et ce n'est que lorsque le terrain est dûment préparé, que les missionnaires arrivent pour achever l'œuvre et fonder une chrétienté. En ce qui regarde les femmes, les premiers soins de l'apostolat sont confiés aux sœurs indigènes. Elles procèdent comme les catéchumènes, réunissent les femmes et les jeunes filles dans la maison de quelque ami, leur exposent les dogmes fondamentaux, éveillent en elles le désir de se convertir. C'est pour les missionnaires le moment de se présenter, de compléter l'instruction et de conférer le baptême. Les chrétiens néophytes sont rarement ardents, mais ils restent fidèles, tant qu'ils vivent dans leur commune. Ceux qui voyagent beaucoup, qui s'absentent longtemps de leurs foyers ou s'établissent dans des contrées païennes, perdent facilement la foi, sans toutefois apostasier ostensiblement. Les vieux chrétiens sont fort attachés à leur religion. En Sze-chuen, où ils sont très-nombreux, ils ont le sentiment de leur force et se défendent vigoureusement, parfois les armes à la main, contre les persécutions suscitées par les lettrés.

Les dangers inhérents à l'apostolat en Chine sont connus. La misérable existence des missionnaires et des sœurs l'est moins. Aussi les rangs de ces hommes et de ces femmes dévouées s'éclaircissent-ils avec une rapidité effrayante. « Nous sommes partis d'Europe, il y a dix ans, me disait un missionnaire; avec les six sœurs, nous étions vingt-quatre. Tous ont disparu, à l'exception de quatre, moi compris.

« Les diplomates et consuls supportent très-bien le séjour en Chine. La grande mortalité parmi les missionnaires ne saurait donc être attribuée au climat; elle s'explique plutôt par la vie que nous menons, surtout par la nourriture chinoise, par le manque de secours médicaux et par des privations de tout genre. »

Pendant mon voyage en Chine, les missionnaires formaient le sujet constant des conversations. Le memorandum du prince de Kung[1] et les massacres de Tien-tsin avaient mis les prêtres et les sœurs à l'ordre du jour. Tout le monde débattait *la question des missionnaires*. Écoutons les étrangers établis dans « les ports », le gouvernement chinois, les missionnaires, enfin les représentants des puissances chrétiennes.

Je ne saurais mieux reproduire l'opinion des *trade-ports* qu'en faisant un nouvel emprunt au livre du consul d'Angleterre à Shanghai[2]. M. Medhurst est anglais et protestant :

« C'est maintenant la mode, dit-il, de se plaindre des missionnaires protestants et de les comparer, d'une manière défavorable pour eux, avec leurs collègues romains. Rien n'est moins juste. J'éviterai ce genre de parallèles et me bornerai à envisager les uns et les autres au point de vue de leur activité en Chine.... On voit peu les missionnaires catholiques, quoique leur nombre, comparé à celui des protestants, soit légion. Leur système est, dès leur arrivée, de pénétrer le plus avant possible dans l'intérieur, d'éviter soigneusement tout contact avec les marchands européens, de se déguiser en Chinois, et de travailler dans l'obscurité et sans relâche aux différentes stations occupées par leurs frères depuis de longues années, si ce n'est depuis des siècles. Leur dévouement est remarquable, leurs succès sont étonnants, et je suis de ceux qui

---

1. Annexé à la circulaire du Tsungli-yamen du 9 février 1871.
2. *The foreigner in far Cathay*. Le lecteur me pardonnera l'anachronisme que je commets en insérant dans le texte de mon journal, écrit en 1871, des passages d'un livre publié en 1872.

pensent qu'ils ont fait et font encore beaucoup de bien. Ils tachent de gagner des prosélytes par le moyen de l'éducation, procédé nécessairement lent, mais dont le résultat, en ce qui concerne le nombre et la solidité des conversions, n'en est que plus satisfaisant. Dans les villes et les villages où il y a une mission romaine, on est sûr de trouver un noyau de familles chrétiennes dans lesquelles la foi s'est transmise de génération en génération, et j'ai été souvent frappé par la tranquillité et l'air de respectabilité que l'on rencontre dans ces communautés, surtout en les comparant avec les habitants païens qui les environnent, comme aussi par l'obéissance et l'attachement que témoignent les convertis à leur *père spirituel*, nom qu'ils donnent habituellement aux prêtres. »

M. Medhurst regrette les clauses qui ont été insérées dans les traités français. Selon l'auteur, par suite de ces concessions, les prêtres catholiques, obligés jusqu'ici de vivre dans la retraite, se sont enhardis à demander la restitution des propriétés confisquées depuis longtemps pour des motifs politiques, et dernièrement même à s'arroger une juridiction sur les membres indigènes de leur église, qu'ils poussent à s'affranchir de leurs devoirs de sujets chinois.

Les missionnaires catholiques (et protestants) commettent aussi une faute en érigeant des églises magnifiques et de hautes flèches sans le moindre égard pour les préjugés des chinois.

Enfin l'auteur blâme les sœurs de charité d'accueillir des enfants dans leurs orphelinats et de fournir par là aux ennemis de tous les étrangers un prétexte pour répandre des bruits calomnieux.

D'autres, moins modérés que M. Medhurst, élèvent la voix contre les missions en général et en contestent l'utilité pratique. Comme tout le monde pourtant, comme tous ceux du moins qui m'ont parlé de cette matière, ils admettent la supériorité des missionnaires catholiques sur leurs confrères protestants. Les établissements catholiques datent de deux à trois siècles. L'enseignement et la propagation de la foi n'ont jamais été interrompus, et, parmi les nombreuses chrétientés répandues sur toute la surface de ce grand pays, il y en a de fort considérables. Les missionnaires romains connaissent la Chine mieux que personne, et c'est par eux qu'on reçoit les meilleures et les plus sûres informations des points les plus reculés et les plus inaccessibles de l'empire[1]. Tout cela, on l'accorde volontiers, mais on craint que les missionnaires ne deviennent trop exigeants, et, en indisposant les mandarins, n'entravent indirectement le commerce.

A quoi bon, dit-on, prêcher l'Évangile? Les Chinois ne le comprennent pas. Ils ne sont pas mûrs pour les dogmes et vérités du christianisme. Laissez agir le temps, et vous verrez. Civilisez d'abord, et puis convertissez! Déjà cette grande muraille qui entourait la Chine n'existe plus. Nos canons

---

1. En transmettant à lord Granville la proclamation du prince de Kung sur les massacres de Tien-tsin, M. Wade ajoute : « Nous apprendrons par les missionnaires romains dans quelle mesure cette proclamation aura été répandue. » *Livre bleu*. Chine, n° 1 (1871), p. 222.

l'ont ébréchée, un élément nouveau a pénétré dans ce pays naguère fermé au dehors et aujourd'hui de plus en plus ouvert. Cet élément nouveau, c'est nous. Nous leur apportons des idées, nous leur donnons l'exemple de la sécurité, de la propreté, des rues bien pavées, bien balayées, bien éclairées, des chemins de fer, du télégraphe. Ajoutez l'influence des Chinois qui reviennent d'Amérique, d'Australie, des détroits (de Malacca). Ils y ont pris, dans une certaine mesure, les goûts, les idées, les habitudes des Européens. Voilà les vrais missionnaires. Quand les Chinois seront assez éclairés pour rire de leurs superstitions, ils se feront peut-être chrétiens. Si les prêtres catholiques, au lieu de prêcher, si nos missionnaires anglais, allemands, américains, au lieu de vendre des Bibles, se mettaient à répandre de petites brochures sur les connaissances utiles, des journaux illustrés, des traités populaires de physique et de mécanique, ils hâteraient la transformation de cette nation.

Lorsque vous répondez : « Mais les émigrés reviennent de Californie[1], d'Australie, de Singapore, plus Chinois, plus hostiles aux étrangers qu'ils ne l'étaient en s'y rendant, » on sourit et on se tait. Cependant tout le monde ne partage pas ces illusions.

« J'ai constamment trouvé, dit M. Medhurst[2], que le Chinois ne s'améliore pas par le contact avec les étrangers... Les classes dominantes nous tolèrent, mais elles salueraient le jour où elles verraient

1. Voyez vol. I, pages 232-234.
2. *The foreigner in far Cathay*, page 176

la dernière factorerie démolie, le dernier de nos bâtiments renvoyé de leurs côtes. Les émigrants qui reviennent, retombent instinctivement dans les anciennes ornières, et regardent leur séjour à l'étranger comme une épreuve heureusement subie et terminée. Même des Chinois d'un certain rang, qui ont dernièrement visité l'Occident avec un caractère quasi-diplomatique, ne se montrent guère touchés par ce qu'ils ont vu, et ne sont nullement disposés à seconder les progrès de la civilisation. » L'auteur cite Chung-hou, le commissaire des Trois-Ports à Tien-tsin. Il l'a vu s'embarquant pour l'Europe, à bord d'un magnifique steamer des Messageries françaises, et il l'a visité à Londres au fashionable Grosvenor-hôtel. Dans ces deux occasions, le luxe qui l'entourait ne semblait nullement éveiller l'attention de ce grand personnage, pas plus que ne l'aurait touché la misérable installation dans une djonque ou la malpropreté d'une hôtellerie chinoise. M. Medhurst pense que l'esprit de cette nation est incapable de se dégager des idées et coutumes traditionnelles.

Ainsi le public des « ports » veut que la Chine se civilise ; il doute de l'efficacité des missions ; il a très-haute opinion des qualités personnelles des missionnaires catholiques, mais il les considère plutôt comme un embarras. Quant aux religieuses, on blâme, comme M. Medhurst, ce que l'on nomme leur imprudence, mais on ne parle d'elles qu'avec admiration. Tel est, en Chine, sauf de rares exceptions, le bilan moral des missionnaires catholiques dans les factoreries européennes.

Les missionnaires protestants n'y sont pas plus populaires; ils le sont peut-être moins que leurs confrères catholiques. On les accuse de faire le commerce, de s'occuper trop des biens de ce monde et de leurs familles, d'importuner les consulats de leurs réclamations. Comme exemple, on cite qu'après les massacres de l'année dernière ils ont, outre la réparation de leurs chapelles, demandé des indemnités pour la cessation des bénéfices qu'ils tiraient de la vente de leurs Bibles, interrompue forcément à l'issue des troubles de Tien-tsin.

Écoutons M. Medhurst, moins prévenu sur leu compte que la plupart des résidents étrangers : « Les missionnaires protestants sont presque tous mariés, s'établissent dans les ports ouverts, se bâtissent aux concessions ou aux alentours des maisons à l'européenne, et vivent plus ou moins dans la société des étrangers. Quoiqu'ils prennent soin de faire constater leur abstention de toute transaction commerciale, les indigènes pensent qu'ils s'y livrent. J'ai dit qu'ils sont mariés : certes je n'ai rien à objecter contre l'état conjugal, et je n'entends pas plaider la cause du célibat, d'autant moins que je connais plus d'un couple dévoué dont les efforts réunis ont produit beaucoup de bien. Néanmoins je pense, en tant qu'il s'agit de la Chine, que les hommes et les femmes non mariés sont plus à même que tout autre de s'acquitter des devoirs du missionnaire. Leur temps et leur attention pourront être consacrés tout entiers à l'œuvre de l'apostolat; il leur sera plus facile d'éviter le contact avec leurs alentours européens, et de vivre dans la retraite au sein des populations indigènes. Il leur sera aussi plus aisé de gagner le respect et la bienveillance des Chinois, qui regardent le célibat comme un des principaux éléments du sacrifice de soi-même. »

L'auteur reconnaît d'ailleurs les succès relativement importants obtenus par les membres des différentes sociétés bibliques. Quant à moi, j'ai rencontré peu de missionnaires protestants, et ceux que j'ai vus m'ont paru mériter la considération dont ils jouissent auprès de leurs coreligionnaires. Le nombre des conversions au protestantisme semble être minime; mais, si les missionnaires anglais, américains et allemands font entrer peu de brebis dans le bercail, ils ont, dans les quarante dernières années, beaucoup contribué à répandre en Europe la connaissance de la Chine.

Je crois avoir, dans les lignes précédentes, résumé exactement et de toute façon consciencieusement, les jugements des factoreries sur les missions des diverses communions chrétiennes. Les marchands viennent pour faire fortune, les prêtres et les religieuses pour sauver les âmes. On vit dans des mondes différents. On ne s'entend pas. C'est tout simple.

Voici maintenant les plaintes du gouvernement chinois telles qu'il les a formulées dans son fameux mémorandum [1].

Les dispositions des traités concernant le com-

1. Du 9 février 1871. Déjà le 26 juin 1869 le Tsungli-yamen avait, sur la même matière, adressé une note à sir R. Alcock, alors ministre d'Angleterre à Pékin.

merce, y est-il dit, donnent d'assez bons résultats. Les stipulations relatives aux missionnaires manquent au contraire leur but, et compromettent les bonnes relations avec les étrangers.

Les missionnaires ont conféré le baptême à des bons et à des méchants, même à des rebelles. Ils appuient les réclamations mal fondées des mauvais hommes. De là l'impopularité de la religion catholique. La nation ne distingue pas entre catholiques et protestants, ni entre étrangers et étrangers. Vainement le gouvernement a essayé d'éclairer le public. La Chine est un vaste empire!

Déjà avant les massacres de Tien-tsin l'animosité croissante contre la propagation de la religion chrétienne avait fixé l'attention du gouvernement. A la suite de ces événements, des mandarins ont été envoyés en exil, des meurtriers exécutés, des indemnités payées. Mais si des explosions de cette nature se répétaient, l'emploi des mesures de répression deviendrait de plus en plus difficile.

Dans le passé, les hauts fonctionnaires de la Chine et des pays étrangers ont commis la faute d'employer des palliatifs. Les étrangers demandent et la Chine concède l'adoption de mesures propres à aplanir les difficultés du moment. Les exigences des étrangers sont souvent inadmissibles, et semblent être mises en avant pour placer la Chine dans une fausse position. Le gouvernement chinois désire que les missionnaires soient soumis aux règlements qui existent dans d'autres pays; qu'ils observent les lois du pays, et qu'il leur soit interdit de s'arroger des droits et une autorité qui ne leur appartiennent pas, de donner du scandale, d'entourer leurs actes de mystère (allusion aux orphelinats). Sous tous les rapports, leur conduite devrait être conforme aux doctrines qu'ils enseignent. Loin de là, ils oppriment les non-chrétiens, et exaspèrent le peuple en dénigrant Confucius. Ils encouragent les chrétiens à se soustraire à leurs obligations de sujets de l'empire, à refuser le payement des impôts; ils plaident la cause des récalcitrants devant les tribunaux, délient des fiancés de la promesse du mariage, et provoquent, pour des intérêts de fortune, des zizanies dans les familles. Ils importunent les autorités, demandent, le cas échéant, des indemnités exagérées, et n'hésitent pas à soustraire les chrétiens à l'action de la justice; quelques-uns d'entre eux se servent, dans leurs correspondances, de sceaux et de titres auxquels ils n'ont aucun droit. Enfin ils abusent de l'article VI de la convention avec la France pour demander la restitution d'anciennes propriétés de l'Église, sans avoir égard aux sympathies et préjugés du peuple et à l'augmentation de la valeur des terrains qu'ils réclament.

Aujourd'hui, ils constituent un État dans l'État; voyant avec quelle sévérité ont été punis les hommes impliqués dans les massacres de Tien-tsin, ils s'enhardiront de plus en plus. Le résultat sera un soulèvement du peuple que les autorités seront impuissantes à contenir. Grande serait la responsabilité des gouvernements s'ils hésitaient à prendre, de concert avec la Chine, des mesures de précaution en prévision de telles éventualités.

Par conséquent, le Tsungli-yamen propose :

L'entière suppression des orphelinats ; si cela était impossible, l'exclusion des enfants non-chrétiens ; de toute façon l'enregistrement des enfants et la libre admission des personnes de leur famille qui viennent les visiter. Le secret observé maintenant fait naître des soupçons. Les gens du peuple sont toujours persuadés qu'on arrache aux enfants le cœur et les yeux. Au reste, de semblables instituts abondant en Chine, les orphelinats chrétiens n'ont aucune raison d'être.

Il devra être interdit aux femmes de fréquenter les mêmes chapelles que les hommes ; les femmes ne pourront être missionnaires.

Les chrétiens connus pour être de méchantes gens devront être expulsés. On demande aussi des listes périodiquement revisées, où figureront les membres de chaque chrétienté, et des règlements nouveaux sur les passe-ports des missionnaires.

En résumé, on accuse les missionnaires vivant dans l'intérieur de réclamer une position semi-officielle, égale à celle du mandarin de la province ; de contester l'autorité de celui-ci à l'égard des chrétiens indigènes ; de soustraire ceux-ci à l'action de la justice, et, par conséquent, d'attirer dans leur communauté les gens de mauvaise vie ; de recruter des enfants pour les orphelinats par des moyens illicites et contrairement à la volonté des parents. Dans cette accusation sont englobés indirectement la légation et les consulats de France, soupçonnés d'appuyer en secret, sinon ouvertement, les prétentions exagérées des prêtres catholiques.

Les missionnaires, en répondant à ces accusations, ne contestent ni la popularité dont ils jouissent, ni l'autorité morale qu'ils exercent dans les chrétientés. Les mandarins sont peu nombreux. Il y a des districts d'un ou deux millions d'habitants, administrés par deux ou trois mandarins. Ceux-ci ignorent ordinairement ce qui se passe au sein de ces populations et ils s'en soucient fort peu. Personnellement, ils ne sont pas toujours hostiles au christianisme; quelques-uns ne font aucun obstacle à la propagation de la foi. Ils administrent la justice tant bien que mal, et ils perçoivent les impôts. Il y a de bons et de mauvais mandarins; mais, règle générale, on les évite tant qu'on peut. Le gouverneur de la province, le taotai du district, le chi-fu, sont des personnages dont l'apparition seule suffit pour donner le frisson. Les villages ont une constitution municipale fort libre. Ils s'administrent eux-mêmes. Là où le christianisme prend racine, les missionnaires acquièrent malgré eux un grand ascendant. Le Chinois veut être dirigé. Il aime l'autorité, car il en sent le besoin, et il préfère celle du missionnaire qui lui fait du bien à l'autorité du mandarin qui ne se montre que suivie de l'exécuteur des hautes œuvres et avec l'intention de ramasser et d'emporter le plus d'argent possible.

Les missionnaires nient qu'ils excitent les sujets à la rébellion, mais ils admettent qu'ils les encouragent à ne pas assister aux cérémonies païennes, et à ne pas contribuer aux frais de ces cérémonies.

Ils avouent qu'ils plaident, auprès des mandarins, la cause des chrétiens persécutés pour leur religion, et ils déclarent ne pouvoir refuser l'entrée dans le giron de l'Église, pourvu que la conversion soit ou semble sincère, à des hommes réputés mauvais par le mandarin, le but de la religion chrétienne étant de sauver les âmes et, par conséquent, de corriger les méchants.

Le traité entre la France et la Chine ayant stipulé la restitution des anciennes propriétés de l'Église, les missionnaires ne font qu'user d'un droit en demandant, le cas échéant, l'intervention des consulats ou du ministre de France. Si ceux-ci considèrent leur demande comme inadmissible ou comme intempestive, ils abandonnent ou ajournent leurs réclamations. De toute manière, si quelqu'un avait à se plaindre de leur importunité, ce seraient les autorités diplomatiques et consulaires de France, et non les mandarins chinois.

En ce qui concerne le fait de s'être arrogé des titres et des sceaux, c'est là une question de tact, d'appréciation individuelle et d'obéissance au supérieur. Le missionnaire doit, avant tout, donner l'exemple de l'humilité; mais les vicaires apostoliques sont des évêques, des princes de l'Église, et, en usant de leur sceau, ils ne se rendent coupables d'aucun empiétement sur la juridiction du mandarin. En Chine, le sceau est le seul symbole de l'autorité officielle que donnent les hautes fonctions de l'État. Le sceau du vicaire constate, aux yeux des chrétiens indigènes, sa situation de pasteur et d'évêque. Même avant les traités, les vicaires généraux se sont constamment servis de leurs sceaux. D'ailleurs, le Tsungli-yamen ne l'ignore pas, les contestations sur des questions d'étiquette se présentent très-rarement.

Quant aux orphelinats, tout le monde sait comment les choses se passent. Jamais les prêtres ni les sœurs n'ont acheté d'enfants. Dès qu'un asile est établi, les enfants affluent de tous côtés. Ils sont apportés soit par leurs parents, soit par des voyageurs chrétiens ou païens auxquels les parents les ont remis à cet effet. Jamais on n'expose les enfants mâles, à moins que la misère, l'impossibilité absolue de les nourrir n'y contraignent leur père. Les filles, considérées comme une charge, sont jetées dans la rue ou dans la rivière ou bien enterrées vives. Il est même des gens aisés qui s'en débarrassent de cette manière. Mais, quand on sait qu'il y a un orphelinat dans le voisinage, la voix de la nature se fait écouter; les parents apportent leurs enfants aux missionnaires. La mortalité des jeunes garçons est très-grande, par la raison que les parents ne s'en séparent qu'à la dernière extrémité; les enfants ont donc souffert de la faim. Admis dans les orphelinats, ils engraissent et prennent les apparences de la santé; mais, au bout de quelques mois, ils tombent soudainement malades, et la plupart dépérissent et meurent. Parmi les jeunes filles, la mortalité, quoique considérable aussi, est moins grande, par la raison qu'elles ont été exposées ou portées aux asiles des sœurs immédiatement ou peu de jours après leur naissance. Elles n'ont pas eu le temps de contracter les maladies qui naissent de la faim. Il est trop vrai que beaucoup de ces enfants meurent, mais beaucoup aussi reprennent force et santé. Tous ces êtres abandonnés auraient péri misérablement sans l'intervention des missionnaires et des religieuses. Dans les ports des traités, on taxe les sœurs d'imprudence. On leur dit : Le nombre d'enfants que vous sauvez est trop peu considérable pour compenser le mal que vous vous faites à vous-mêmes, et indirectement à nous tous, en donnant lieu à des soupçons et à des bruits calomnieux contre tous les Européens. A ce reproche, nous, les missionnaires et les sœurs, nous répondons que, d'abord, nous contestons le fait. Les religieuses sont partout entourées de la vénération de la population. A Ning-Po, par exemple, les indigènes de toutes les classes les saluent quand elles se montrent et les pauvres bateliers du grand bac refusent d'accepter d'elles de l'argent[1]. On pourrait citer une foule d'autres preuves. Ce n'est que dans les derniers temps que les lettrés sont parvenus à exciter le peuple contre nous. Et, ne l'oubliez pas, nous sommes des missionnaires, nous voulons sauver non-seulement la vie de ces enfants, mais aussi leurs âmes. Dès qu'ils nous sont remis, s'ils n'ont pas atteint l'âge de raison, ils sont baptisés; ceux qui ont plus de sept ans sont d'abord instruits et ensuite baptisés. Vous souriez? Soit. A chacun son point de vue. Chacun remplit ses devoirs comme il les entend. Aussi longtemps que des inconvénients graves n'en résultent pas pour les autres, les autres n'ont pas le droit de se plaindre de nous. Vous nous

---

1. Ce fait m'a été confirmé par un résident anglais protestant de Ning-po.

rappelez Tien-tsin. Nous n'admettons pas que la mortalité parmi nos orphelins ait été la cause des massacres. C'était le prétexte et une arme dans la main de ceux qui les ont provoqués, préparés et dirigés; le but de ces hommes était et est l'extermination ou l'expulsion, non-seulement des missionnaires, mais de tous les étrangers.

Quant aux doléances du Tsungli-yamen, elles ne sont pas sincères. On les met en avant pour nous priver du droit d'*exterritorialité;* pour nous soumettre aux lois du pays, c'est-à-dire au bambou et à la torture; pour revenir à l'état de choses antérieur à la guerre et aux traités; et cela au su et du consentement des puissances avec lesquelles on les a conclus.

Beaucoup de ces arguments se retrouvent dans les réponses que les ministres d'Angleterre et des États-Unis ont faites à la circulaire du Tsungi-yamen, et qui ont été communiquées au Parlement anglais. La note du chargé d'affaires de France, inspirée par son gouvernement, n'avait pas été officiellement publiée, mais on en connaît le texte :

« Si la pensée qui a dicté le memorandum prévalait, écrit M. le comte de Rochechouart au Tsungli-yamen[1], nos rapports avec le Céleste-Empire seraient profondément troublés, sinon rompus. » Les huit articles sont ensuite réfutés dans un langage fort énergique. « Aucun d'eux, dit la note en terminant, n'est acceptable, aucun ne paraît sérieusement proposé. Le gouvernement français croit que les

---

1. Pékin, 14 novembre 1871.

chrétiens causent des soucis au gouvernement chinois, il croit bien plus encore qu'on se sert d'eux comme d'un prétexte. » Il serait superflu de reproduire ici les notes des envoyés d'Angleterre et des États-Unis. J'en relève cependant quelques passages.

M. Wade saisit cette occasion pour recommander de nouveau la création d'un code international applicable aux *cas mixtes*, et pour exhorter le gouvernement chinois à admettre loyalement le principe des relations officielles avec les puissances, en d'autres termes, à établir des légations permanentes auprès des cours étrangères. « Ce n'est pas une panacée contre tous les maux, dit-il, mais ce serait le moyen de rendre les guerres moins fréquentes ; ce serait la seule garantie efficace contre le retour de différends internationaux. De cette manière on mettrait fin, entre le Yamen et les Légations étrangères, à ces récrimininations incessantes qui, à Pékin, rendent la vie si dure aux agents diplomatiques. La Chine doit pouvoir se faire entendre, et elle doit connaitre ce qui se passe au delà de ses frontières. »

M. Low appuie sur ce fait que presque toutes les plaintes du gouvernement chinois ont pour sujet des prêtres et des chrétiens vivant dans les provinces de Sze-chuen et de Kwei-chow, c'est-à-dire fort loin des endroits habités par les consuls, les marchands et en général par les étrangers. De là l'impossibilité d'obtenir des témoignages impartiaux. Le moyen le plus sûr de prévenir les troubles dont on accuse les missionnaires, ce serait, selon le représentant américain, l'établissement de consulats dans ces contrées et l'ouverture de ces mêmes provinces au commerce étranger.

Lord Granville, dans sa dépêche à M. Wade, servant de réponse au memorandum chinois, recommande, comme M. Low, l'ouverture de l'intérieur de la Chine au commerce étranger.

Le véritable intérêt de cette correspondance diplomatique est dans les rapports que MM. Wade et Low adressent sur cette matière à leurs propres gouvernements.

« Le memorandum chinois, écrit M. Wade à lord Granville, est mal fait. Il contient, à côté de quelques affirmations faciles à réfuter, des accusations insoutenables. Mais, considérées dans leur ensemble et comparées à ce que j'ai appris par de longues conversations, durant ces huit dernières années, ces pièces confirment ma conviction que, pour protéger les missionnaires contre l'hostilité des classes lettrées, il faut de deux choses l'une : ou les puissances protectrices devront, l'épée à la main, appuyer les missionnaires dans toutes leurs prétentions (*out and out*), ou bien elles devront y apporter certaines restrictions. Ces restrictions devraient, d'un côté, laisser aux missionnaires toute la latitude d'action qu'ils peuvent désirer s'ils ne visent qu'à rendre la Chine chrétienne, et, de l'autre côté, elles devraient fournir au gouvernement le moyen de déclarer aux conservateurs indigènes, blessés par les prétentions actuelles des missionnaires, que ces prétentions ne sont pas autorisées par les puissances protectrices....

« Il n'est que trop juste d'ajouter que, selon le

témoignage unanime des missionnaires romains, le gouvernement fait ce qu'il peut pour prévenir des collisions avec les chrétiens. Les trois quarts des missionnaires catholiques, en tout quatre à cinq cents, sont Français, et les Chinois non-chrétiens désignent la religion catholique romaine par les noms de religion de France ou religion du Seigneur des cieux.

« Très-souvent j'ai entendu énoncer ici des appréhensions au sujet de l'ascendant *romaniste*[1]. Aussi la crainte de voir les romanistes se recruter parmi les ennemis du gouvernement et dépasser à la fin, en nombre, les sujets bien intentionnés, ou de voir les chrétientés se jeter complétement dans les bras de la France, cette crainte, quoiqu'on ne l'avoue pas, doit avoir réellement inspiré le memorandum. »

M. Low, ministre des États-Unis, dit dans son rapport à M. Fish :

» Je ne crois pas et, par conséquent, je ne saurais affirmer que toutes les plaintes contre les missionnaires catholiques soient vraies, raisonnables ou justes; mais je pense que quelques-unes de ces doléances ne sont pas dépourvues de fondement. Et, quoique je me rende parfaitement compte des difficultés et des dangers, ma loyauté m'oblige (*candour compels me*) de dire que le remède ne se trouve pas à la portée de la diplomatie, mais qu'il est en dehors de son action. Une saine politique autant que les sentiments religieux et moraux des nations chré

---

1. M. Wade se sert constamment des mots *romanisme* et *romaniste*, employés surtout par les missionnaires anglais, mais qui ne sont pas d'usage dans les correspondances diplomatiques.

tiennes s'oppose à ce qu'on revienne sur ses pas, quels que soient les avantages qu'une semblable conduite puisse assurer à l'industrie et au commerce. Les considérations d'humanité aussi exigent que le droit d'être gouvernés et punis d'après les lois de leur pays soit maintenu pour tous les étrangers. D'un autre côté, les gouvernements doivent veiller à ce que leurs officiers, agents et sujets, n'empiètent pas sur les droits des Chinois, et que les stipulations des traités soient également observées.... Qu'une abstention rigoureuse de toute intervention entre les chrétiens indigènes et les autorités chinoises entraîne pour les premiers des persécutions, c'est une éventualité possible et même probable; mais peut-être une pareille conduite finirait-elle par seconder plutôt la cause des missionnaires.... Le remède, si remède il y a, la France seule est appelée à l'employer. C'est à cette puissance, dans son propre intérêt comme dans celui de tous les résidents étrangers, d'enlever aux Chinois toute juste cause de plainte. »

En résumé, M. Wade et M. Low se rencontrent dans la conviction que la diplomatie est impuissante à résoudre ce qu'on appelle la question des missionnaires. Seulement ils arrivent à des conclusions opposées. Le ministre d'Angleterre insinue, indirectement, d'abandonner les missionnaires à leur sort. Ce conseil ne lui est pas nécessairement inspiré par un sentiment hostile, ou un manque de sympathie pour l'œuvre de l'apostolat. Je suis loin de le penser. Des catholiques fervents partagent l'opinion de M. Wade, et demandent la cessation de tout protectorat. Tout à l'heure j'examinerai cette théorie. M. Low, avec une liberté d'esprit et une élévation de sentiments remarquables, revendique, au contraire, pour les prêtres le maintien des droits et priviléges que les traités assurent à tout étranger résidant en Chine.

En Europe, le memorandum chinois donna lieu à un échange d'idées entre les grands gouvernements[1]. Le cabinet français avait énoncé le désir qu'on répondît au Tsungli-yamen par une note collective. Le gouvernement britannique déclina cette proposition, en se fondant sur la différence qui existe entre les traités français et les traités anglais, relativement aux missionnaires catholiques et protestants en Chine. Par conséquent, chaque envoyé présenta sa note séparément, mais tous répondirent par une fin de non-recevoir. Pour le moment, les choses en resteront là[2].

La tragédie de Tien-tsin et les revers récents de la France ont un moment compromis le protectorat qu'elle exerce sur les missionnaires et les chrétiens indigènes. Des voix se sont élevées pour suggérer une nouvelle combinaison qui, à première vue, se recommande par sa simplicité. Les missionnaires catholiques, a-t-on dit, sont de simples étrangers, absolument comme les marchands résidant dans les ports. Ces prêtres seront donc protégés par le mi-

---

1. En juin et juillet 1871.
2. En novembre 1871, l'incident du memorandum était considéré comme terminé. « Nous vous avons fait des propositions, disait le prince de Kung aux ministres. Vous n'en voulez pas? Bon, n'e parlons plus. »

nistre et les consuls de leur nation : les prêtres français, par les agents de la France; les dominicains espagnols, par ceux du gouvernement espagnol; les italiens (franciscains et prêtres de la propagande de la foi de Rome), par le ministre et les consuls du roi d'Italie. Ou bien, si le Saint-Siége s'opposait à cette solution, ne pourrait-on placer tous les missionnaires, catholiques et protestants, sous le protectorat collectif des puissances représentées à Pékin? On formerait un conseil composé des ministres de Russie, d'Angleterre, d'Allemagne et d'Italie, enfin du représentant de la France catholique, et ce conseil jugerait en dernier ressort toutes les questions relatives aux missions.

Ce projet a été sérieusement débattu à Pékin, et communiqué confidentiellement aux ministres chinois, qui l'ont accueilli avec faveur. Il n'en a pas été ainsi des missionnaires. Tous, français, espagnols, italiens, belges, ont, à l'unanimité, repoussé cette combinaison, et déclaré qu'ils préféraient le maintien du protectorat français[1].

D'autres voix se sont élevées en faveur de la cessation de tout protectorat. L'état si florissant de l'Église en Chine sous les grands empereurs de la dynastie actuelle semblerait recommander de revenir à l'ancien état de choses. Le protectorat entraîne mille inconvénients : d'abord, et ce n'est pas le moindre, l'ingérence de ceux qui l'exercent au nom

1. J'ai appris à mon retour en Europe que le Saint-Siége a défendu aux dominicains et aux franciscains, sous peine d'excommunication, d'avoir aucun rapport, soit officiel, soit privé, avec les représentants des gouvernements espagnol et italien.

de la France, dans des affaires essentiellement ecclésiastiques. L'envoyé à Pékin, les consuls dans les ports, obligés de sauvegarder les intérêts de l'Église, responsables dans une certaine limite de la sécurité des missionnaires, appelés, s'ils le jugent convenable, à appuyer les réclamations de ces derniers, n'ont-ils pas le droit d'exiger en retour que les protégés les tiennent un peu au courant de leur conduite, et, là où le spirituel touche au temporel ou dans les moments critiques, écoutent les conseils des représentants officiels de la puissance protectrice? Théoriquement, cette prétention n'est que logique et juste. Mais, en pratique, il en résulte des inconvénients, des difficultés inextricables, des froissements pénibles pour les deux parties, scandaleux s'ils sont ébruités, et parfois extrêmement compromettants. Rappelez-vous les malheurs de Tien-tsin : un consul qui se mêle des affaires de la mission ; qui veut tout réglementer, tout diriger jusqu'à l'orphelinat des sœurs; qui ferme sa porte aux Pères parce qu'ils ont osé faire des remontrances; qui, par esprit d'opposition, se trompe sur la gravité de la situation, précisément parce que les Pères tâchent de la lui faire comprendre. Du temps de la grande Chine, les jésuites se protégeaient eux-mêmes, ou plutôt ils savaient obtenir la seule protection efficace, celle des empereurs. Sans doute les mauvais jours sont venus : les jours des persécutions. Tant pis pour les missionnaires ou plutôt tant mieux ! C'est l'occasion pour eux de gagner la couronne du martyre. Et d'ailleurs la protection de la France qu'a-t-elle valu à Tien-tsin?

Ce raisonnement, que je n'ai du reste entendu faire par aucun missionnaire, mais par des laïques, ne me semble guère soutenable. On ne peut pas comparer la Chine d'aujourd'hui à la Chine de Kang-hi. L'arrivée et l'établissement des Européens dans les ports, et des légations à Pékin, a complétement changé la situation. Les anciens jésuites avaient su, pendant près de deux siècles, se concilier la faveur de la cour. Personne ne les soupçonnait d'arrière-pensées politiques. Aujourd'hui, chaque missionnaire catholique passe pour être un agent de la France, et par conséquent est suspect. Quant aux doctrines professées par les prêtres dans leurs écoles et orphelinats, les ministres chinois ne s'en occupent guère. Ce qui leur déplaît, ce qui irrite l'opinion publique, c'est la présence des missionnaires dans l'intérieur de l'empire, leur manque de respect pour Confucius et l'introduction de rites étrangers. Ajoutez le nombre croissant des conversions. Des personnes dignes de foi m'attestent que, depuis 1860, le nombre des chrétiens (catholiques) en Chine s'est énormément accru. De là aussi un redoublement de haine et d'appréhensions de la part des lettrés, et, pour le gouvernement chinois, l'obligation de prendre des mesures restrictives ou du moins de s'en donner l'apparence.

« Retirer, m'ont dit des membres éclairés de l'apostolat de Chine, retirer aux missionnaires toute protection diplomatique, ce serait leur enlever la jouissance des bénéfices du traité français, les mettre hors la loi, les livrer aux persécutions, aux haines des mandarins ; ce serait compromettre gravement l'existence même des chrétientés. Sans doute des conflits peuvent avoir lieu entre les protecteurs et les protégés. Aucun législateur n'a encore réussi à tracer la ligne de démarcation entre le spirituel et le temporel ; car la séparation de l'Église et de l'État est une chimère, ou bien elle est le divorce entre l'État et l'Église, et, en dernière analyse, la dissolution de la société chrétienne. Il faut donc renoncer à l'espoir de trouver une solution, une règle générale. Mais, dans toutes les difficultés qui se présentent, prêtres et diplomates ou consuls doivent tâcher de marcher d'accord. D'ailleurs où sont ces conflits? Nous ne connaissons pas un seul cas où les missionnaires ne se soient inclinés devant la décision du ministre de France à Pékin. Si nos réclamations lui paraissent justes et non intempestives, il les appuie; dans le cas contraire, il refuse ou ajourne son concours, et tout est dit. Aujourd'hui on voit résider à Pékin des représentants de grands pays non catholiques : de la Russie, de l'Angleterre, des États-Unis. Nous n'avons qu'à nous louer de leur conduite et à les remercier de leurs sympathies ; mais il nous faut, à côté d'eux, un avocat qui prenne la défense des intérêts de notre religion, et qui, grâce aux droits que lui donnent les traités, ait autorité pour parler en notre faveur, et cette mission, l'Autriche étant absente, ne peut être remplie que par la France officielle, très-catholique — en Chine. »

Quelle est la situation intérieure de l'empire? Que se passe-t-il à la cour, au sein du Tsungli-yamen, dans les têtes et les cœurs de ces innombrables lettrés qui exercent une si grande influence sur les destinées de leur pays? On comprend combien il est difficile, même aux diplomates vivant au siége du gouvernement central, de pénétrer ces mystères. Voici ce que j'ai pu apprendre sur ce point.

Tandis que les puissances sont résolues, m'a-t-on dit, à maintenir les positions acquises, à assurer à leurs nationaux les avantages garantis par les traités, à veiller à ce que le gouvernement impérial remplisse fidèlement ses engagements, les Chinois, au contraire, n'ont qu'un désir, celui de se soustraire aux obligations que les traités leur imposent, et de préparer dans l'ombre l'expulsion des étrangers. Ce vœu, ce sentiment plus ou moins ardent, se trouve au fond du cœur de tout Chinois. C'est surtout le rêve de la classe si influente des lettrés et des petits mandarins. Les masses, absorbées par les misères de la vie quotidienne, n'ont pas le temps de s'occuper de politique. Mais les antipathies contre l'étranger n'en subsistent pas moins dans le peuple, et les lettrés ont soin de les nourrir par des rumeurs sinistres, par des bruits calomnieux, par d'innombrables libelles, par des prédictions de massacres et de pillage.

Quelle est la conduite du gouvernement central en présence de ces dispositions?

La dynastie régnante subit le sort de celles qui l'ont précédée : elle dégénère, suite naturelle de l'omnipotence dont les fils du Ciel sont investis et de la vie claustrale qu'ils sont condamnés à mener. Le fondateur et ses successeurs immédiats étaient des hommes de valeur, des hommes d'action ; mais, à peine arrivés au faîte, ils commençaient à descendre. Ces races de despotes s'énervent et dépérissent promptement. Après une enfance entourée de trop de soins, après une jeunesse précoce et, grâce aux complaisances des courtisans, blasée avant le temps, vient l'âge mur qui est l'âge caduc, l'âge de l'imbécillité, de l'impuissance physique et morale. Or le gouvernement chinois est par excellence un gouvernement personnel. La volonté de l'empereur fait marcher tous les rouages de l'administration. Quand cette volonté fait défaut, la machine s'arrête. La Chine ne comporte donc pas l'existence de rois fainéants, de souverains idiots. Ainsi s'expliquent la chute des dynasties et l'état précaire de la famille régnan

Quant à Tung-chi, l'empereur actuel, il n'a pas encore eu l'occasion de se faire juger. On sait seulement qu'il est impatient de se soustraire à l'autorité un peu pédante de l'impératrice régente, désireux de saisir le gouvernement, et entouré de confidents ambitieux. Ceux-ci, pareillement pressés d'avoir leur part au pouvoir, espèrent y arriver en arborant le drapeau national de la haine contre l'étranger. Les personnages les plus influents de la camarilla sont l'impératrice-mère et le *septième* prince, frère cadet de Kung qui est le *sixième*. Dans cette coterie, on est persuadé, et on tâche de persuader à l'empereur que les défaites subies n'ont eu d'autre cause que l'infériorité des armes chinoises ; qu'aujourd'hui les troupes impériales sont équipées et armées de manière à repousser toute agression et à terrasser l'ennemi ; qu'un mot de Sa Majesté suffira pour réunir des forces innombrables et irrésistibles. Malheureusement, les membres du ministère sont d'incapables poltrons, ou plutôt ce sont des traîtres, ce sont les auteurs des traités humiliants, de l'installation des étrangers dans les ports, de tous les maux enfin qui, depuis douze ans, ont fondu sur la Chine.

L'attitude de ces courtisans qui s'appuient sur la mère du souverain, sur l'alliance étroite avec les lettrés et les petits mandarins, sur les sentiments patriotiques du pays, porte la consternation au sein du Tsungli-yamen. Et cela se conçoit; car, en Chine, les hommes d'État, en perdant le pouvoir, perdent aussi la vie. La conduite des ministres témoigne du trouble de leur esprit. Au lieu d'accepter la lutte, au lieu de démontrer à l'empereur la fausseté des accusations dont on tâche de les accabler, l'inanité des rêves qu'on caresse à la cour, l'impuissance de la Chine de sortir victorieuse d'une seconde guerre avec une ou plusieurs grandes puissances européennes, le prince de Kung, d'ailleurs le membre le plus éclairé et le plus courageux du grand conseil, et ses collègues donnent dans le piége qu'on leur tend. Ils acceptent la situation d'inculpés, protestent de leur innocence, prêtent la main à des mesures réclamées par ceux qui poussent à la guerre. C'est ainsi qu'ils ont consenti à renvoyer la plus grande partie des instructeurs et commandants étrangers des navires chinois; qu'à leur connaissance les troupes sont systématiquement excitées contre les étrangers, et les travaux de fortification, la construc-

tion de bâtiments de guerre, poussés avec vigueur.
Quant aux obligations des traités, le ministère, également dans le vain espoir de désarmer ses adversaires et de se conformer aux exigences de l'opinion publique, s'étudie à restreindre autant que possible l'application des stipulations, à se montrer difficile vis-à-vis des réclamations du corps diplomatique, à élever de son côté des prétentions inadmissibles. Le fameux mémorandum sur les missionnaires[1] n'a pas eu d'autre but que de faire taire pour un moment les récriminations du parti anti-étranger.

Le carnage de Tien-tsin et l'indignation qu'il a soulevée dans les concessions européennes, ont aggravé la situation. La polémique des journaux anglais publiés dans les ports, les injures qu'ils déversent constamment sur le gouvernement chinois, ne sont pas restées un secret pour les grands mandarins, qui voient, dans les articles et brochures, une ferme volonté chez les marchands anglais d'amener la guerre. Grâce aux pamphlets que les missionnaires anglais et américains font paraître en langue chinoise, la camarilla, le Tsungli-yamen, les lettrés et petits mandarins sont assez exactement informés de l'état de l'Europe, des désastres que la France vient de subir, de l'accroissement de la puissance allemande, des embarras de l'Angleterre vis-à-vis de l'Amérique et de la Russie.

Il y a donc des tiraillements dans les plus hautes sphères du gouvernement, des hésitations dangereuses mais explicables au sein du ministère, et

---

[1]. Du 9 février 1871.

dans le pays une agitation sourde, suite de la propagande active qui se fait contre les étrangers. Du nord au sud, des bords de la mer Jaune aux frontières du Thibet, les combustibles sont accumulés par la patiente agilité qui distingue le Chinois. Les ministres tâchent, il est vrai, de maintenir la tranquillité; des instructions en ce sens, l'ordre d'étouffer les difficultés et d'éviter les conflits avec les étrangers, ont été donnés aux gouverneurs des provinces; mais, dans l'état actuel de l'opinion, une étincelle suffirait pour déterminer une explosion.

Telle semble être la situation de la Chine à l'intérieur. Jetons maintenant un regard sur ses relations avec l'étranger.

Toutes les grandes puissances, dans les onze dernières années, ont conclu des traités avec la Chine, mais la Russie et l'Angleterre ont seules, dans cet empire, à sauvegarder des intérêts permanents en ce sens qu'il ne dépend pas de la volonté de ces gouvernements de les sacrifier à d'autres considérations. Un grave échec de la Russie à Pékin détruirait son prestige dans l'Asie centrale; un échec de l'Angleterre compromettrait sa domination aux Indes.

La France protége les missionnaires et assure aux chrétiens indigènes, dans les limites des traités et de ses forces, le libre exercice du culte catholique. Belle et noble mission qu'elle s'est donnée, mais que, ce qu'à Dieu ne plaise, elle pourrait à la rigueur abandonner sans porter atteinte à sa situation de grande puissance en Europe. Au point de vue de son commerce, assez important, le gouvernement français a fort peu à demander à la Chine. Tous les articles français destinés à la consommation des étrangers dans les ports des traités, sauf la soie, entrent libres de droits. Quelques-uns de ces produits, par exemple la parfumerie, commencent à être appréciés par les Chinois, et, de ce chef, l'importation a augmenté dans les dernières années.

Les États-Unis s'approchent, au fur et à mesure que se multiplient les communications à la vapeur avec la Californie. Cependant le nombre des négociants américains établis en Chine est peu considérable, et quelques-uns travaillent avec des capitaux chinois. La navigation à vapeur et les intérêts qui s'y rattachent forment donc le seul lien qui unisse le Céleste-Empire à l'Amérique du Nord. Aussi le principal but de celle-ci est de découvrir des mines de charbon de terre et de les exploiter au profit de ses steamers. Militairement, sa base d'opération — ses arsenaux de l'Atlantique — se trouve plus éloignée que Portsmouth et Cherbourg. On sait d'ailleurs que sa marine de guerre n'est pas proportionnée à l'étendue de son territoire, et que l'opinion publique aux États-Unis ne favorise guère les expéditions lointaines.

La navigation marchande de l'Allemagne, toujours considérable, a un peu diminué dans les deux dernières années. Les bâtiments portant le pavillon de la Confédération germanique du Nord avaient été durant la guerre bloqués dans les ports de Chine et de Japon par les navires de la station française, très-forte à cette époque. Cependant les Chinois prenaient l'habitude de se servir des vapeurs anglais et américains qui font le cabotage, et il faudra quelque temps au pavillon allemand pour regagner l'importance qu'il possédait naguère. Les commerçants de cette nation établis dans l'extrême Orient réclament donc de leur gouvernement une protection plus efficace, la création d'une marine de guerre suffisante pour la défense en cas de guerre et la prise de possession d'un grand territoire où l'on puisse attirer une partie de l'émigration du Vaterland et qui devienne une sorte d'Australie allemande. On avait d'abord songé à Formose; le climat malsain de cette île a fait abandonner cette idée. Pendant mon voyage, on parlait de la Corée. Telles sont les aspirations de la colonie allemande, peu nombreuse, mais active et entreprenante, des tradeports.

L'Autriche n'a jusqu'à présent aucun motif pour envoyer des forces navales dans l'extrême Orient. Aucun intérêt politique, aucun intérêt sérieux de commerce ne l'y appelle. Son industrie si florissante, occupée à pourvoir aux besoins de la monarchie, concourant pour certains articles avec l'industrie étrangère sur les marchés de l'Europe et du Levant, n'est pas encore en état ni obligée d'aller chercher des débouchés aux antipodes. En signant, comme toutes les autres grandes puissances, un traité avec la Chine, le gouvernement autrichien s'est assuré sa place en Asie pour des éventualités futures; il a établi un consulat dans le plus grand port du Céleste-Empire et, afin que son consul pût procéder à l'échange des ratifications du traité, il lui a conféré un caractère diplomatique. Cette mission temporaire qui a atteint son but sera, je suppose, supprimée. Des complications sur des questions étrangères à la monarchie peuvent surgir dans ces lointains parages. Refuser, pendant qu'elle y est représentée, tout concours à ses alliés ne saurait lui convenir ; coopérer, sur une grande échelle, à la défense d'intérêts qui ne sont pas les siens, paraîtrait au point de vue d'une saine politique absolument inadmissible ; se borner, comme le ferait par exemple l'Espagne, à montrer son pavillon à la suite des flottes anglo-françaises, serait indigne du rang de premier ordre qu'elle occupe en Europe. L'absence diplomatique semble donc indiquée.

La Russie touche à l'empire du Milieu, sur une étendue de plusieurs milliers de milles. Chaque progrès nouveau qu'elle fait au centre du continent, la rapproche de la Chine ou ajoute indirectement à l'ascendant dont elle y jouit. Ses premières relations, motivées par des besoins religieux et dépourvues alors d'un caractère strictement officiel, remontent au règne de Pierre le Grand. Des prisonniers russes, amenés vers la fin du dix-septième siècle à Pékin, y avaient formé une sorte de colonie. Quoique mariés avec des Chinoises, ils avaient conservé et transmis la foi chrétienne à leurs enfants. En vertu d'une convention entre les deux cours, des prêtres du rite grec vinrent s'établir à Pékin. C'étaient les curés de la colonie russe. Cette *mission ecclésiastique*, dirigée par un archimandrite et se renouvelant tous les dix ans, existe encore aujourd'hui. Elle s'est toujours abstenue de faire de la propagande, et, dans plusieurs occasions importantes, elle a servi d'intermédiaire entre les deux gouvernements. Les relations officielles de l'empire chinois avec l'Angleterre et la France, conséquences d'une guerre désastreuse pour lui, datent de l'année 1860. Ses rapports avec la Russie embrassent presque deux siècles.

Les résidents russes sont peu nombreux. Établis à Tien-tsin et près de Hankow sur le Yang-tse-kiang, ils font le commerce du thé. Presque tous sont Sibériens. Les principaux d'entre eux sont nés à Kiachta, c'est-à-dire sur la frontière de la Chine. Ils apprennent et parlent le chinois. Le sang tartare qui coule dans leurs veines établit une certaine affinité entre eux et les Mandjous, qui en Chine, sont la race dominante. On se connaît donc depuis longtemps, et on s'entend facilement. Aussi le peuple chinois distingue-t-il entre « les Russes » et « les étrangers. » Sous cette dernière désignation, il comprend toutes les autres nations étrangères représentées dans les ports ouverts.

La situation du ministre de Russie envers ses nationaux est celle d'un père de famille. En cas de difficultés entre des sujets russes, en cas de discussions entre Russes et Chinois, il réussit facilement à faire écouter ses conseils à ses compatriotes. Il appuie les prétentions motivées ; mais il choisit son temps, et, s'il le faut, sans provoquer de réclamations, sans faire de bruit, il subordonne les intérêts des individus aux intérêts du pays qu'il représente. Il n'a pas à compter avec l'opinion publique passionnée des « ports », avec les journaux de Shanghaï et de chaque petite factorerie, avec les brochures des missionnaires américains, avec les interpellations du parlement anglais et les articles du *Times*. Mais, comme tout ce qu'il fait est connu de tout le monde, sa conduite ne manque pas de contrôle ; seulement il a la liberté de la régler d'après les instructions de sa cour et d'après les conseils de sa raison et de sa conscience. Il en résulte pour lui une situation bien moins difficile que celle de ses principaux collègues, et des relations courtoises et presque cordiales avec le gouvernement chinois.

Le corps consulaire russe, réduit au plus strict nécessaire, se compose d'un consul général établi à Tien-tsin, qui tient l'exequatur pour tous les ports de Chine, d'un agent à Shanghai et d'un autre à Hankow, tous deux des marchands.

Le Chinois est sceptique, il ne croit que ce qu'il voit, et il voit la Russie ; il la voit puisqu'il la rencontre sur ses frontières : au nord-est, au nord, au nord-ouest ; il la touche pour ainsi dire du doigt. Il croit donc à la Russie. Il ne peut douter de l'existence de l'Angleterre et de la France ; les souvenirs pénibles qui se rattachent à la manière dont il a fait leur connaissance, sont trop récents pour s'être déjà effacés. Quant aux autres États, il ne les connaît que par ouï-dire. « L'Autriche, m'a demandé le vice-roi de Canton, un grand littérateur et un des hommes d'État les plus marquants, se trouve-t-elle au nord ou au sud de la Russie ? L'Angleterre est à l'ouest. » Pour lui aussi, on le voit, le point de départ de sa connaissance du globe, c'est la Russie.

Tels sont les avantages de cette puissance en Chine. Ils se fondent sur sa situation géographique, sur une certaine affinité de race et sur la force des choses, sur les décrets de la Providence que l'homme d'État, à moins d'être aveugle, doit admettre, alors même qu'il lui est refusé d'en pénétrer les desseins. La Russie, je n'ai pas besoin de le dire, est surveillée de près. Des deux côtés du Pacifique, des yeux clairvoyants sont fixés sur elle. Ses progrès dans l'intérieur du continent, c'est elle-même qui les fait connaître. Les journaux de Saint-Pétersbourg, les communications des savants russes donnent occasionnellement des informations sur la marche et les succès des forces qui opèrent au centre de l'Asie. Je ne pense pas que le gouvernement cherche à les soustraire à la connaissance du monde. Les nouvelles arrivent tard, vu les distances et l'absence de communications rapides. Mais tôt ou tard on sait la vérité. On sait que la Russie, à l'égard des territoires et ports de l'Amour gelés pendant six mois, ne caresse guère de projets chimériques ; qu'elle ne songe pas à un antagonisme maritime avec d'autres puissances. On sait et on voit que, sur le haut plateau qui sépare la Sibérie des Indes, la Chine du bassin de l'Aral et de la Caspienne, la Russie marche et progresse sans cesse, obéissant, comme naguère les Anglais aux Indes, à des nécessités impérieuses, remplissant comme eux une mission qui ne pourra ne pas profiter à une grande portion du genre humain. J'ai été frappé de trouver aux États-Unis, au Japon, en Chine, parmi les résidents anglais, un grand nombre d'hommes sérieux qui, tout en prévoyant des complications si les armées russes se rapprochaient trop des Indes, jugeaient cette puissance avec impartialité.

A Pékin, la tâche de la diplomatie russe se réduit à sauvegarder les intérêts que je viens d'indiquer. Commercialement, la Russie ne demande rien à la Chine ; politiquement, ses frontières étant rectifiées, elle demande qu'on ne lui suscite pas de difficultés dans l'Asie centrale.

La situation de l'Angleterre est tout autre. D'énormes intérêts de commerce réclament sa protection. Ses échanges annuels avec le Céleste-Empire atteignent le chiffre prodigieux de quarante-deux millions de livres sterling. Ils arriveraient à des proportions plus grandes encore, si tout l'empire était ouvert aux produits de la fabrication anglaise, aujourd'hui admis seulement dans seize ports et frappés — contrairement à l'esprit des traités, disent les Anglais ; légalement et régulièrement, soutiennent les Chinois — des droits de transit que perçoivent les douanes intérieures. Ainsi, ouverture de l'empire tout entier aux produits de l'industrie européenne, admission des pavillons de commerce étrangers dans les rivières, établissement de communications libres et directes entre les provinces de l'Ouest, le Sze-chuen, le Yûnan et les Indes (par l'Iravaddy), abolition des douanes intérieures ou libre transit des articles européens, voilà les conquêtes auxquelles vise l'Angleterre. Je dis l'Angleterre : Manchester, Leeds, tous les grands centres manufacturiers de la mère patrie que je distingue ici de ses enfants établis à Hongkong, à Shanghai et dans les autres ports ouverts de la Chine. L'industrie anglaise exige donc l'ouverture de l'empire et le libre transit; et le gouvernement de la Reine ne peut, quand même il le voudrait, se refuser à poursuivre ce but. Pour l'atteindre, il emploie tous les moyens de persuasion dont il dispose, et il redoublera d'efforts à l'occasion de la révision des traités; mais, par des considérations financières et politiques, par des motifs d'humanité, par mille autres raisons, il recule et reculera le plus longtemps possible devant l'emploi de la force. Il sait d'ailleurs que, si de ses exigences commerciales sortait la guerre avec la Chine, vu l'immense disproportion des intérêts en jeu, il ne pourrait compter sur le concours armé d'aucune autre puissance.

Et ici qu'il me soit permis de toucher en passant une matière que j'ai souvent entendu discuter. C'est la question de la solidarité entre les puissances représentées à Pékin, dans le cas où des complications graves viendraient à troubler les relations de l'une ou de l'autre de ces puissances avec la Chine. Cette solidarité si désirée, espérée même, est le grand argument qu'on oppose à l'opiniâtreté des autorités chinoises. Vous vous trouvez, leur dit-on, en face non de l'Angleterre, ou de la Russie, ou de la France, ou des États-Unis, mais de nous tous. C'est cet argument que M. Hart emploie aussi à plusieurs reprises dans son mémoire. Est-il besoin de démontrer combien il est fallacieux? Peut-on sérieusement espérer que les puissances qui ne prennent aucune ou prennent peu de part au mouvement commercial des ports ouverts, tireront l'épée pour appuyer les prétentions de l'Angleterre? que l'Angleterre combattra pour les intérêts politiques de la Russie en Asie, ou pour la protection plus efficace des missionnaires catholiques? que la Russie rompra avec la Chine pour maintenir le prestige de l'Angleterre aux Indes? Et cependant ces illusions subsistent. Tant il est vrai que l'homme est toujours enclin à croire ce qu'il désire. Sans doute il y a des intérêts communs, et, pour la défense de ces intérêts, il sera peut-être possible d'établir un concert entre les puissances et un langage analogue et même identique entre leurs représentants à Pékin. Mais de là à une action militaire commune qui amènerait, qui serait la guerre, il y a loin. Les gouvernements le savent bien et le Tsungli-yamen aussi. C'est dans les concessions étrangères que se rencontre cette illusion.

J'ai parlé ailleurs de la situation, moins prospère qu'elle n'était naguère, quoique très-satisfaisante encore, des commerçants européens des trade-ports. On a vu que les profits individuels diminuent, tandis que l'importation des produits anglais augmente. J'ai donné l'explication de ce fait. Il en est résulté, dans les *settlements* ou *concessions*, je ne dirai pas un mécontentement universel, mais un malaise moral, et comme conséquence une certaine agitation, un penchant à la critique du gouvernement anglais et de ses principaux agents en Chine, une animosité croissante contre le Tsungli-yamen et contre les mandarins en général, enfin le désir, fort naturel, d'en arriver à une crise et, par la crise, de revenir au bon vieux temps avec ses grands et rapides profits. Deux courants divers agissent donc sur la légation et les consulats de Sa Majesté Britannique : le courant qui vient de la patrie : développement graduel et pacifique des relations commerciales au profit de tous; et le courant des ports : réclamations individuelles, interprétations du traité dans le sens des prétentions de chacun, menaces, actes de représailles, et, s'il le faut, coups de canon. On accuse le gouvernement britannique de mollesse, le ministre, à Pékin, de complaisances, de sympathies pour les Chinois; on reproche aux autorités impériales leur fausseté et leur insolence, et on demande aux consuls et aux commandants des bâtiments de guerre le châtiment immédiat des prétendus coupables. Beaucoup d'exemples et beaucoup de bonnes raisons peuvent s'alléguer en faveur de la méthode recommandée par les factoreries. C'est en agissant de cette façon, c'est-à-dire par son intervention consulaire directe et spontanée, appuyée sur des forces navales, que M. Medhurst a réglé ses comptes avec le vice-roi de Nanking [1], et le consul Gibson avec les mandarins de Formosa. Les trade-ports applaudissaient; mais de Londres arriva un désaveu. Il n'appartient pas aux consuls, disait le *Foreign Office*, de procéder à des actes de représailles, ni aux capitaines des bâtiments de guerre de leur prêter main-forte. C'est au gouvernement central, par l'organe de la légation de Pékin, que les plaintes et réclamations doivent s'adresser. Le consul de Shanghai fut blâmé, celui de Formosa destitué, les officiers sévèrement réprimandés. Les communautés anglaises répondirent par une explosion de colère. De toutes parts on protesta contre ce qu'on appelait un abandon des intérêts britanniques.

1. En 1868.

Une députation de négociants de la Cité de Londres, engagés dans le commerce avec la Chine, se rendit auprès de lord Granville et s'exprima ainsi : « Les inquiétudes de nos amis, que nous partageons, ont fort augmenté, nous ne pouvons le cacher à Votre Seigneurie, en présence de la politique de concession et de complaisance que le gouvernement de Sa Majesté a récemment adoptée vis-à-vis du gouvernement chinois, tandis qu'il serait si nécessaire d'insister sur l'observation du traité et de se tenir prêt à demander satisfaction en cas d'injustice et d'injure. Nous n'avons pu oublier le prompt arrangement des difficultés survenues dans l'île de Formosa, grâce à l'intervention du consul Gibson. Au lieu de le remercier du service rendu et de l'en récompenser, ce fonctionnaire a été sévèrement blâmé et destitué. Nous avons appris, à notre grand regret, que l'amirauté a défendu aux officiers des stations navales en Chine de débarquer des hommes en aucun cas, même quand il s'agirait de protéger la vie de sujets britanniques, etc. » Je cite les paroles des négociants de la Cité, parce qu'elles sont l'écho fidèle, quoique tempéré, des doléances de leurs amis en Chine.

Le gouvernement impérial et ses principaux mandarins donnent lieu à d'autres plaintes. M. Hart les a résumées dans son mémoire. Accusé de sympathies chinoises, l'inspecteur général des douanes impériales jouissait, au sein des communautés européennes, d'une médiocre popularité. Il racheta sa faute, si faute il y avait, en déposant au pied du trône de l'empereur de Chine une pétition, ou plutôt une mercuriale, d'une sincérité, et, vu la position de l'auteur qui est aux gages du gouvernement chinois, d'une témérité sans exemple. Au courage de M. Hart répondit la longanimité ou le superbe dédain du prince de Kung et de ses collègues. En Europe, dans les États les plus libres, la destitution de l'auteur aurait suivi de près la présentation d'un pareil écrit. Dans l'empire du Milieu, les choses se passent autrement. En présence des sanglantes critiques que le subordonné leur adressait, à la face de la Chine et du monde, les ministres de l'empereur passèrent tranquillement à l'ordre du jour. M. Hart garda sa place et la Chine son assiette. Le *statu quo* fut maintenu. Certes aucun Européen n'est plus à même que M. Hart de connaître les rouages du gouvernement, ses vices et ses qualités, et, à ce titre seul, le mémoire de ce haut fonctionnaire anglais au service du Céleste-Empire mériterait notre attention.

« En Chine, dit-il, les races de l'Occident ont trouvé un abîme de faiblesse. A quoi bon un code admirable, quand l'observation des lois s'est relâchée! L'administration, presque excellente en principe, est devenue une misérable machine. Les fonctionnaires tiennent leur emploi pendant un court espace de temps. Il s'ensuit que le nombre des agents qui font bien est restreint, et grand le nombre de ceux qui ont recours à des pratiques peu honnêtes.

« Les impôts de guerre sont énormes, mais le payement de la solde est toujours arriéré de plusieurs mois, parfois de plus d'une année. Sur le papier, les soldats comptent par millions, mais en réalité l'armée est une collection de valétudinaires et d'ignorants imbéciles qui, en temps de paix, au lieu d'être exercés, gagnent leur vie comme koulis. Pour livrer bataille, on fait une razzia sur les gens réunis au marché, et on les arme de bêches transformées en sabres et en lances. Les troupes tartares qu'on voit en temps de paix s'exercer à l'arc et à la fronde ne font que poser. Ce sont des gens énervés et bons seulement à apprivoiser des oiseaux. Quant à l'apparition des rebelles, on a réussi à éviter une rencontre ; une homme se tuera avec toute sa famille pour obtenir des titres à la compassion impériale. Supposez les deux forces en position ! Si les rebelles se retirent, les autres avanceront en masse ; mais, si les rebelles ne reculent pas immédiatement, les soldats (de l'Empereur) sont les premiers à s'enfuir. Les officiers représenteront naturellement l'affaire comme une victoire, et, en confirmation de leur rapport, feront tuer un ou deux hommes paisibles, ou bien, si quelques villageois n'ayant pas la tête rasée tombent entre leurs mains, ils les tueront, sous le prétexte que ce sont des rebelles à *longs cheveux*. C'est pour les officiers une occasion de demander une récompense de leur mérite.

« L'étude des livres est en théorie le moyen d'acquérir des connaissances, et les lettrés savent aujourd'hui faire des vers et écrire des essais. C'est ce qui leur ouvre le chemin aux fonctions publiques. Mais de connaissances utiles ou pratiques, ils n'en ont aucune idée. Comment peut-on, avec de pareils administrateurs, remédier aux maux, extirper les abus, ou faire des réglements qui inspirent du respect? Le peuple est soumis à des exactions continuelles.

« Ainsi, des lois bonnes en elles-mêmes produisent des maux incalculables, à tel point que, même ceux qui par nature sont soumis et de bonne conduite deviennent difficiles et se jettent dans le désordre.

« Tout, administration civile, administration militaire, est fondé sur le mensonge. Ceux qui sont chargés de faire exécuter les lois ne visent qu'à leur profit; les gardiens de la bourse publique ne songent qu'à ramasser une fortune; et les hommes au pouvoir font semblant de ne pas avoir d'yeux. L'intérêt du bas peuple ne peut monter assez haut pour parvenir à la connaissance des personnages haut placés, et les ordres d'en haut ne peuvent assez descendre pour être connus du peuple. Comment répondre de celui-ci, comment empêcher que son mépris pour les gouvernants n'éclate un jour en rébellion ouverte? »

L'auteur passe aux affaires étrangères. Les traités ont réglé la question des frontières avec la Russie, la question des missionnaires catholiques avec la France, les questions de commerce avec les trois puissances, mais principalement avec l'Angleterre. Qu'arriverait-il si la Chine violait ses engagements avec la Russie? M. Hart garde le silence sur ce point Si la Chine manque à ses engagements par rapport aux missionnaires, toutes les puissances *catholiques* viendront, selon M. Hart, défendre cette cause qui leur est commune. S'il y avait, de la part du gouvernement chinois, infraction aux privilèges accordés au commerce, ce serait une offense qui atteindrait *toutes* les puissances. Si l'empereur persiste à refuser l'audience aux ministres étrangers, ce ne sera pas une cause de guerre immédiate, mais il est à craindre que les étrangers ne lui cherchent querelle sous quelque autre prétexte. Enfin l'auteur du mémoire réclame l'établissement de légations permanentes en Europe, et, pour les marchands étrangers, la permission de s'associer avec des négociants chinois pour la construction de chemins de fer, de lignes télégraphiques et de bateaux à vapeur.

Je résume la situation de l'Angleterre en Chine. L'importance énorme de l'industrie et du commerce britanniques engagés dans cette partie du monde, l'espérance motivée d'atteindre un plus grand développement, ne permettraient pas au gouvernement anglais, quand même il le voudrait, de quitter les positions qu'il a prises dans l'extrême Orient. Mais s'il est impossible d'abandonner ces positions, il est difficile de maintenir le statu quo. On a vu pourquoi. D'un côté, les résidents peu satisfaits de leur situation, identifiant volontiers leurs intérêts individuels avec les intérêts publics de l'Angleterre, multipliant par là des discussions irritantes avec le gouvernement chinois, prenant le verbe haut et demandant à la mère patrie une politique « ferme et énergique » qui, mise en œuvre, deviendrait une politique de menace et de guerre. De l'autre côté, le le gouvernement de la Reine, obéissant aux inspirations d'une saine politique, et par conséquent ne voulant et ne pouvant suivre une pareille ligne de conduite. Aussi, pour amoindrir le danger de complications imprévues et incalculables, a-t-il retiré, aux consuls et aux officiers de ses stations navales le pouvoir d'user de représailles, sous leur propre responsabilité, envers les autorités locales. Mais, en insistant pour que les réclamations soient adressées par les voies diplomatiques au gouvernement central de Pékin, ne se livre-t-il pas à des illusions dangereuses? Ne suppose-t-il pas, ai-je entendu dire à Shanghai, à Tien-tsin, à Canton, ne suppose-t-il pas une Chine imaginaire, bien différente de celle qui existe réellement? Dans l'empire du Milieu, tout est autre que chez nous : les idées, les croyances, les lois, les traditions, les usages, les notions du droit et de l'honneur. Aux relations de la Chine avec l'étranger manque la base commune d'un droit international. L'organisation de l'intérieur est l'opposé de celle qui régit les États civilisés de l'Europe : ou plutôt cette organisation fait entièrement défaut. Si les États européens ressemblent au corps humain dont chaque partie exerce certaines fonctions, dont le sang circule d'après des règles fixes, dont les muscles obéissent à la volonté, la Chine est un immense polype ou plutôt une agglomération de corps divers n'ayant de commun entre eux que l'origine de leur race, la haine de l'étranger, l'orgueil et la présomption, ces deux ennemis de toute amélioration, la force de l'inertie, les armes de la ruse et de la trahison. Comment, pour ne donner qu'un exemple, demander au gouvernement central le libre transit, puisque cela supposerait l'abolition, au moins partielle, des lignes de douanes qui entourent chaque province, et dont les produits fournissent en très-grande partie au gouvernement provincial le moyen de faire marcher l'administration et de livrer au trésor impérial le tribut annuel, seul lien moral qui existe entre le cœur et le reste du polype ?

Comment recommander la création d'un code international, si indispensable pour les procès entre Chinois et étrangers, et pour ce qu'on appelle les cas mixtes, alors que les idées du droit en Chine sont si différentes des nôtres ? Comment se bercer de l'illusion qu'il soit possible d'en arriver à un *modus vivendi* tant soit peu tolérable ? Renonçons donc à de vaines tentatives qui ne feront que dévoiler notre entière impuissance. Ayons le courage d'envisager la situation telle qu'elle est. Reconnaissons franchement et virilement que nous sommes placés dans ce dilemme : ou quitter la Chine, ou la prendre, en prendre une portion — les autres puissances pourront faire de même —, et gouverner les pays occupés, d'après les lois et principes des États civilisés ! Et, en effet, au point de vue de la logique abstraite, c'est la seule solution radicale possible. Seulement la politique ne comporte pas toujours les solutions radicales et logiques, et le gouvernement anglais est trop éclairé pour seconder de tels projets.

Il y a, dans la vie des individus comme des nations, des moments où il faut savoir temporiser, vivre au jour le jour, tout en préparant les moyens d'atteindre le but voulu quand le moment propice se présentera. C'est le cas des gouvernements étrangers en Chine. Dans l'état actuel des choses, on fera bien, ce me semble, de renoncer à l'espoir de régler d'après des principes généraux les différends qui naissent tous les jours. Chaque cas devra être jugé et traité isolément, dans les limites du possible, et autant que le comporteront les circonstances données et les hommes auxquels on a affaire. Si le gouvernement central est impuissant à imposer à ses satrapes éloignés la stricte observation de ses engagements internationaux, il est évident que les gouvernements étrangers se chargeront d'ouvrir l'intelligence obtuse du fonctionnaire prévaricateur, ou, s'il manque de bonne volonté, de lui infliger le châtiment que son propre gouvernement est incapable de lui appliquer. Seulement, ces actes d'intervention ne pourront se justifier que par une nécessité impérieuse, et le jugement sur la question de savoir si l'intervention doit avoir lieu ne peut appartenir qu'au représentant diplomatique à Pékin, et non aux agents consulaires des trade-ports. Non que je doute le moins du monde de l'intelligence des hommes distingués et honorables chargés de veiller sur le commerce des sujets britanniques et, en bien des cas, sur la sûreté de leurs propriétés et de leurs vies. Mais chacun de nous a l'horizon de sa situation, et celui des consuls est naturellement plus restreint que l'horizon du ministre à Pékin. C'est à lui, dans chaque cas donné, de peser les divers éléments, de décider si des actes coercitifs sont nécessaires, si la situation politique de la Chine et de l'Europe les comporte, dans quelle mesure et à quel moment il conviendra d'y procéder. Les références à Pékin, vu les grandes distances et, pendant l'hiver, l'extrême difficulté des communications, ont leurs inconvénients ; mais l'action des consuls sous leur propre responsabilité en offrirait de bien plus graves : elle exposerait l'Angleterre à se voir tout à coup, et pour ainsi dire à son insu, engagée dans une guerre avec la Chine. C'est probablement en suivant cet ordre d'idées, et non dans la supposition erronée que la Chine puisse être traitée sur le pied des États civilisés, que feu lord Clarendon a retiré aux consuls et concentré dans les mains du représentant de la reine à Pékin les pouvoirs nécessaires pour employer, le cas échéant, des mesures coercitives. S'il en est ainsi, tout esprit non prévenu doit rendre hommage à la sagesse de cette mesure.

Un dernier mot sur les efforts qu'on fait ou qu'on désire faire pour répandre en Chine les bienfaits de la civilisation. C'est un beau et noble sentiment ; et si des voyageurs étrangers éprouvent le besoin, à leurs propres risques et périls, de prêcher aux Chinois l'évangile des connaissances utiles, du télégraphe et du chemin de fer, personne ne trouvera à y redire. Mais ce n'est pas là la tâche des diplomates et des consuls. Ce que M. Low a dit au sujet des missionnaires et des chrétiens indigènes s'applique aussi, ce me semble, à la propagande de la civilisation. Cette œuvre se trouve placée, pour répéter le mot profond de M. l'envoyé des États-Unis, en dehors de la mission et de l'action de la diplomatie. Les diplomates et les consuls ont pour tâche de sauvegarder les intérêts de leur pays, et non de se mêler des affaires du pays où ils exercent leurs fonctions. Les plus sages conseils qu'ils puissent offrir seront accueillis avec méfiance, ne fût-ce que parce qu'on les croira intéressés. J'ai toujours vu que les ambassadeurs qui prennent un intérêt trop vif au pays où ils résident ont fini mal, et, chose plus grave, ont compromis les intérêts de leur propre pays. D'ailleurs les Chinois ne sont pas si obtus qu'on semble le croire. S'ils ne veulent pas du chemin de fer et du télégraphe, ce n'est pas qu'ils méconnaissent l'avantage qu'il peut y avoir à vaincre le temps et l'espace; c'est peut-être parce que, loin de vouloir multiplier et accélérer les relations avec l'Europe, leur intention est, au contraire, de s'en isoler et de rendre les communications difficiles, ou, mieux encore, impossibles. La preuve qu'ils apprécient parfaitement, là où il leur convient, les progrès de nos sciences, ce sont les travaux de leurs arsenaux organisés d'après le système européen, les steamers de guerre construits dans ces arsenaux, le perfectionnement de leurs armes, les forts à l'européenne érigés sous l'inspiration des augures, non dans l'intérieur, non sur les frontières du nord, mais sur la barre de Taku et dans les ports ouverts, en face des concessions européennes.

Pour convertir les Chinois à notre civilisation, il faudrait donc agir sur leur cœur plus que sur leur esprit, bien plus ouvert qu'on ne croit généralement. Il faudrait savoir retourner les volontés.

Les Chinois ne sont pas comme les Japonais, ces enfants charmants gouvernés par des enfants terribles; ce sont des hommes sérieux; ils adopteront notre civilisation quand ils nous auront compris, et ils nous comprendront le jour où ils voudront.

Hélas! mon cher journal, j'aurais bien des choses encore à inscrire sur tes pages ; mais tu enflerais outre mesure. Soyons modeste ; ne présumons pas trop de la patience de ceux qui nous liront. Déjà ne dira-t-on pas : ce touriste, comment ose-t-il prendre la parole sur des matières qu'il n'a pas eu le temps d'approfondir ? A ceci nous répondrons : L'extrême Orient est encore une terre presque inconnue. Aux maîtres de la science la gloire des grandes découvertes, aux humbles ouvriers le petit mérite d'avoir concouru à l'œuvre dans la mesure de leurs moyens.

Heureux ceux qui, par un beau temps, ont la bonne fortune de voyager à bord du *Tigre*, d'avoir pour commandant le capitaine Boilève, et pour compagnons de voyage mes aimables voisins de table ! Ce sont six semaines de villégiature. La monotonie de la traversée est rompue par des tableaux lumineux encadrés dans l'Océan : Saïgon, Singapore, Ceylan, les roches de Socotora, Aden ; plus loin, ou pour mieux dire, plus près de la chère patrie, les déserts de l'isthme de Suez, la cime de l'Ida couverte de neige, l'Etna, la Corse, les côtes de l'Italie !

(13 janvier 1872.) Nous sommes devant Marseille. Le crépuscule nous inonde de ses lueurs blafardes.

La terre se dérobe à nos regards sous un rideau blanc; mais ses bruits confus nous arrivent, comme au théâtre on entend parfois le bruit de la scène à travers la toile qui va se lever. Maintenant, les premiers rayons du soleil, d'un pâle soleil d'hiver, déchirent les voiles, et, dans une éclaircie, sur le pic de son rocher, apparaît la flèche de Notre-Dame de la Garde.

FIN

APPENDICE

RÉSUMÉ DES ÉVÉNEMENTS QUI SE SONT PASSÉS AU JAPON, DU MOIS DE SEPTEMBRE 1871 AU MOIS DE SEPTEMBRE 1872.

A la fin d'août 1871 fut mis à exécution un projet nourri secrètement depuis nombre d'années par les réformateurs politiques. C'était la publication d'un décret changeant les *han* en *ken*. Dorénavant les *han*, c'est-à-dire les territoires semi-indépendants, administrés par des gouverneurs héréditaires comme l'étaient les *daimios*, sont assimilés aux *ken*, ou domaines impériaux, dont les gouverneurs sont nommés par le gouvernement central et choisis parmi les *samurais*, hommes à deux glaives, et parmi les *kuazokus*, hommes nobles. Tous les gouverneurs héréditaires furent renvoyés le même jour. Les employés subalternes reçurent l'ordre de remplir leurs fonctions comme par le passé jusqu'à ce que de nouveaux arrangements fussent pris à leur égard. Un autre décret enjoignit aux nobles de revenir à Yedo dans le courant du mois d'octobre, sous le prétexte mensonger que dans l'origine ils avaient été envoyés de la capitale dans les différentes provinces. Comme de raison, cette mesure trouva de la résistance sur plusieurs points du territoire. Poussé par des meneurs qui appartenaient à la classe des hommes à deux glaives et qui étaient irrités de perdre leur pouvoir et leur importance, le peuple se leva dans quelques-unes des provinces, au jour fixé pour le départ des *ex-daimios*, et alla jusqu'aux menaces pour les empêcher de partir. Mais nulle part le mouvement n'offrit la moindre chance de succès, tant il était mal organisé. Il fut bientôt étouffé par les troupes du parti chargé de faire exécuter les nouvelles réformes. A la fin de décembre, tous les *ex-daimios* étaient de retour à Yedo, et depuis ce moment ils n'ont plus aucune importance politique.

Par suite de cette transformation des daimiats en domaines impériaux, le gouvernement fut nécessairement forcé de prendre à sa charge les obligations pécuniaires des princes. Ces derniers avaient l'habitude d'émettre de grandes quantités de papier-monnaie non convertible et ayant cours seulement dans leurs propres domaines. Dans plusieurs provinces ce papier avait baissé de 9 pour 100. Pour trancher la difficulté, le gouvernement a décidé que le papier-monnaie des daimiats serait échangé au cours du 29 août. Il y avait en outre les dettes contractées par les princes envers les marchands étrangers et indigènes. On obligea ces derniers à patienter ; mais parmi les marchands étrangers il s'en trouvait à qui cette subite interruption des transactions commerciales causait un sérieux embarras. Tous les jours de nombreuses réclamations arrivaient des ports ouverts. La plupart furent accueillies, et, avant la fin du mois de janvier 1872, le trésor impérial avait affecté à cette liquidation plus de deux millions et demi de dollars. Une faible partie seulement de ces dettes avait été contractée à Yokohama, le plus grand des ports ouverts et celui où règne le plus d'activité. Ce fait est curieux à noter, et prouve que les négociants de cette ville sont moins disposés que les habitants des établissements plus récents à abandonner le commerce de la soie et du thé et le commerce dit d'importation, pour se livrer, dans l'espoir d'un gain plus rapide, à celui des fusils et des bateaux à vapeur.

Le système de l'administration a également subi quelques graves changements. Vers la fin d'avril, le ministère de la censure a été réuni à celui des peines. Au commencement de septembre, toute l'administration intérieure, qui jusque-là se partageait entre le ministère de l'intérieur et celui des finances, a été confiée à ce dernier. Lui seul est maintenant chargé des recettes et des comptes de l'État, de l'encouragement des manufactures, de la publication des actes du gouvernement, de la monnaie, des postes et du recensement de la population. Le conseil d'État s'occupera dorénavant de toutes les affaires qui formaient le ressort du conseil législatif et des huit départements, appelés désormais la chambre gauche et la chambre droite. L'ancien conseil d'État portera le nom de chambre principale. La chambre droite était composée des ministres et des vice-ministres des huit départements. Ses membres devaient se réunir six fois par mois. Mais peu à peu ce projet fut abandonné, et pour le moment il n'existe plus que sur le papier. Les attributions du conseil législatif sont peu définies, ce qui correspond d'ailleurs parfaitement à la tournure d'esprit de ses membres, qui sont pour la plupart des théoriciens politiques. Il est chargé, à ce qu'on dit, de préparer les projets de loi ; mais il ne peut ni les voter ni les promulguer. Ce soin appartient à la chambre principale, qui se compose du premier ministre et de quatre conseillers d'État. Ces derniers sont choisis dans les clans puissants de Satsuma, Chôshiu, Hizen et Tosa. Dans le budget, on a prévu en outre la nomination d'un ou deux vice-ministres d'État. Tel est ce que, en Europe, on appellerait le gouvernement de S. M. le Mikado. De tous les souverains absolus, il est celui qui possède le moins d'autorité. C'est ce qui donne naissance au bruit que le temps n'est peut-être pas éloigné où il pourrait se trouver forcé d'abdiquer pour céder la place à un président de la république. Dans tous les cas, il a été de plus en plus dépouillé de ses prétendus attributs divins. Le premier pas dans cette voie a été l'ordonnance du 27 septembre (1871), enjoignant aux fonctionnaires de ne plus paraître devant Sa Majesté dans le costume de cour national, si ce n'est aux solennités officielles. Ce costume a été finalement aboli au mois de février (1872), pour être remplacé par un habillement européen au choix de chacun. Comme les tailleurs, les cordonniers et les chapeliers japonais sont incapables de confectionner des vêtements tant soit peu semblables aux nôtres, on ne voit que des accoutrements qui feraient rougir un insulaire des Sandwich.

Le 1ᵉʳ octobre (1871), un autre décret a annoncé que le

Mikado sortirait fréquemment à l'avenir, soit en voiture, soit à cheval, et que le public, dans ces occasions, devrait s'abstenir des manifestations respectueuses qui jusque-là avaient été en usage (!) Le lendemain, effectivement, le mikado s'est rendu aux résidences particulières du premier Ministre et du ministre des affaires étrangères Iwâkura, et a donné un déjeuner, dans le palais de Hmagotén, à tous les grands fonctionnaires d'État. Le 1ᵉʳ janvier (1872), il est allé inspecter l'arsenal de Yokosuka, à quelques milles de Yokohama. Des témoins oculaires racontent que sa suite portait les costumes européens les plus inimaginables, et que la foule a été autorisée à approcher Sa Majesté tant que durait la visite. Jusqu'à présent, quand on écrivait certains caractères chinois qui expriment une partie des noms du Mikado et des noms de son père et de son grand-père, il était de rigueur, en signe de respect, d'omettre un des signes ; une notification du mois de mars (1872) abolit cet usage. Elle mérite d'être mentionnée ici, comme caractérisant la politique générale des hommes actuellement au pouvoir. On a aussi fait visiter au Mikado les bureaux des différents départements et les écoles civile et navale, sous prétexte de lui faire connaître les rouages de l'administration et les moyens employés pour le développement intellectuel de son peuple. A la fin de juin (1872), il a quitté Yedo pour faire une course en mer sur les côtes occidentales du Japon. L'escadre était composée de neuf vaisseaux de guerre. Il en est revenu au commencement de juillet. Durant tout ce voyage, il portait un habit européen fait par un tailleur indigène de Yedo. Cet habit était tellement surchargé d'or et de broderies, qu'on distinguait à peine le drap. L'aspect grotesque que cet accoutrement donnait à Sa Majesté a sans doute provoqué à Kagoshima les remontrances de Shimadzu Saburô contre les progrès rapides de la *dénationalisation*.

Mais le souverain n'est pas le seul qui subisse l'influence de l'esprit de nivellement dont ses ministres sont animés. Les hommes à deux glaives ont reçu l'autorisation, c'est-à-dire l'ordre de cesser de porter leurs armes. Fort heureusement, ils profitent de cette autorisation, ce qui est d'un grand avantage pour la sécurité publique. En compensation, ils ont été privés du privilége de passer les barrières sans payer les droits de péage! A l'avenir, les samurais devront s'abstenir de tuer les personnes appartenant aux classes inférieures, à moins d'une provocation sérieuse, tandis qu'ils pouvaient jusqu'ici s'adonner à ce genre d'exercice sans encourir le moindre châtiment. Désormais le mariage est libre entre les trois classes de la noblesse, les samurais et le peuple. Ce dernier pourra porter des pantalons et des manteaux, privilége qui appartenait jusqu'ici aux samurais. Il lui est permis aussi de monter à cheval. Pour faire disparaître toute distinction de classes, un journal semi-officiel a publié, au mois de mai dernier, un projet de décret abolissant les nobles et les gentilshommes. Complétons ce tableau en ajoutant que les mendiants et les ouvriers en cuir, qui depuis un temps immémorial étaient des parias, ont été l'an dernier affranchis de toute incapacité civile et assimilés au peuple. Mais on aura de la peine à faire disparaître les préjugés qui existent contre eux.

Outre les changements administratifs signalés plus haut, il y en a eu d'autres encore dans le courant de l'année qui vient de s'écouler (1871). Le département chargé de la promulgation de la religion d'État, appelée shintô, occupait autrefois le même rang que le conseil d'État et un rang supérieur aux autres départements de l'administration. Il vient de leur être assimilé par un décret du mois de septembre. Par la nature de ses fonctions, il était particulièrement propre à faire réussir les attaques récemment dirigées contre le bouddhisme, et que l'on jugeait nécessaires pour assurer au Mikado la stabilité de son autorité. Ces mesures provoquèrent un grand mécontentement. Le 26 mars (1872), de grand matin, dix bouddhistes fanatiques essayèrent de pénétrer dans le palais avec l'intention — telle est la version officielle — de déposer une pétition aux pieds du Mikado. Ils furent tous massacrés sur place. Si ces malheureux n'avaient réellement pas d'autre projet que de présenter une requête, la manière de les débouter de leur demande était un peu rude. Mais peut-être venaient-ils avec d'autres intentions que le gouvernement connaissait, et que ses organes ne veulent pas nous faire connaître. Quoi qu'il en soit, peu de temps après, pour se concilier les sentiments des bouddhistes, on a aboli le département du shintô, et on a créé à sa place un département de l'instruction religieuse, chargé également des intérêts du shintô et du bouddhisme. De nouveaux grades et de nouveaux titres furent institués, et conférés indistinctement aux prêtres de toutes les croyances. La meilleure part même en revint aux bouddhistes. Un grand soin est apporté aux questions religieuses. Beaucoup de Japonais croient que la seule solution possible est la liberté des cultes, y compris le culte chrétien. A la fin de l'année dernière parut une remarquable brochure dans ce sens. Elle était écrite en chinois, et s'évertuait à prouver que la civilisation de l'Occident, l'objet de toutes les convoitises du Japon, était partout le produit de la religion chrétienne, et que, par conséquent, c'était une insigne folie d'admirer les fruits et de condamner l'arbre.

L'auteur a la hardiesse de conseiller au Mikado de se faire baptiser et de se mettre à la tête de l'Église du Japon. Le christianisme, devenant pour ainsi dire le directeur du progrès au Japon, le Japon pourrait, sous son égide, devenir peu à peu une petite Europe en Asie. L'effet que cet ouvrage doit produire sur les hommes d'État indigènes est difficile à prévoir, mais cela vaut certes mieux que les lâches invectives contenues dans la brochure antichrétienne publiée il y a quatre ou cinq ans. Toute la nation a l'air d'être devenue plus tolérante, et on est en droit d'espérer que le temps des persécutions est passé (?)

En octobre (1871) on a commencé à diviser tout le pays en préfectures d'égales dimensions. L'étendue des districts gouvernés par les daïmios était variée à l'infini. Les plus grands avaient cent fois plus de terres cultivées et taxées que les plus petits, tandis que chaque district avait un nombre égal d'employés. En outre, plusieurs des daïmios possédaient des terres situées en dehors de leur province et très-éloignées du siège de leur gouvernement. Quatre ou cinq mois furent employés à compléter la nouvelle organisation. Une liste

officielle fut alors publiée, contenant les noms des nouvelles
préfectures et des villes, des terres taxées, des provinces et
des départements, ainsi que des anciens daimiats et des domaines impériaux récemment amalgamés. Les villes sont au
nombre de trois : Tôkai (Yedo), Kiôto et Osaka. Il y a
soixante-douze préfectures, dont chacune en moyenne est
un peu plus petite qu'une province. L'île principale que les
Européens appellent Niphon, Kiuskiu et Shikoku, en contient soixante-huit. L'île de Yezo, étant considérée comme
colonie, n'est pas comprise dans la nouvelle circonscription
administrative. On lui a donné le nom d'Hokkaidô. Il n'est
pas sans importance de faire observer que presque rien n'a
été changé aux districts gouvernés autrefois par les daimios
indépendants (*kokushi*), même quand cela était contraire au
principe nouvellement établi : qu'une préfecture ne doit pas
s'étendre au delà des limites d'une province.

Le problème le plus difficile à résoudre en ce moment pour
le gouvernement est la question de savoir dans quelle mesure
il pourra sans danger priver les samurais de la pension héréditaire dont ils jouissaient depuis bientôt trois siècles. Au
point de vue européen, ils ont autant de titres à conserver
ces pensions qu'un marchand à garder un bien acquis par le
commerce. Mais dans un pays où le mot « droit » n'existe
même pas, tout se décide par la loi du plus fort. Les samurais sont les descendants de paysans qui, il y a plus de huit
siècles, furent arrachés à la charrue pour former une classe
à part. Les terres qu'ils avaient cultivées jusque-là furent
données à des hommes moins robustes qui, à partir de ce
moment, eurent à faire double labeur et à payer double taxe.
Les samurais, du moins la plupart d'entre eux, sont des paresseux, mais en même temps c'est la classe la plus intelligente du pays, et, si on leur enlève leurs pensions héréditaires, on pense que le commerce et l'agriculture leur offriront
de quoi se maintenir au même niveau. D'autre part, n'ayant
pas été élevés à ce métier, il est probable que beaucoup de
ces hommes tomberont dans la misère. Différents projets ont
été mis en avant et en partie exécutés. Un de ces projets
consiste à payer sur les fonds de l'État une somme ronde

équivalant à cinq ans de revenu, à ceux qui demanderont la permission de rentrer dans la classe des marchands ou des agriculteurs. Le gouvernement n'a pas réussi à faire accepter cet arrangement par les samurais en corps, et probablement le manque d'argent est cause qu'on ne le leur a pas imposé de force. On croit que la récente mission de l'assistant-vice-ministre des finances en Europe a pour objet de contracter un emprunt à cet effet, et que sous peu ce projet deviendra exécutoire. On conçoit difficilement le bénéfice qui en résultera pour la nation, car il n'est pas question de diminuer les charges des paysans, bien que l'abolition des pensions héréditaires donne aux surtaxes dont ils sont frappés leur véritable raison d'être. Mais le gouvernement dépense beaucoup et ses besoins sont grands. C'est aussi la cause de l'émission énorme et jusqu'ici illimitée de bank-notes non convertibles. Sans parler de la facilité de contrefaire les bank-notes imprimées au Japon, il y en a des quantités en circulation qui ont été fabriquées à Francfort; et dernièrement de nouvelles commandes y avaient été faites. La Monnaie est très-occupée depuis le mois d'avril 1871, mais ces pièces ne figurent encore que dans les cotes de la Bourse.

Le gouvernement s'occupe beaucoup de la politique étrangère. L'année dernière une mission a été envoyée à Pékin pour négocier avec la Chine un traité sur le modèle de ceux que le Céleste-Empire a conclus avec les puissances occidentales. Le gouvernement chinois, tout en paraissant indifférent à ces ouvertures, ne les a pas repoussées et a réussi, par une rédaction habile, à modifier essentiellement le sens de l'article sur la médiation, cet article devant être conforme à une clause sur la médiation insérée dans le traité de la Chine avec les États-Unis. Le cabinet du Mikado n'en eut pas plutôt connaissance qu'il expédia en toute hâte un employé à Tien-tsin pour enjoindre à l'envoyé japonais de revenir immédiatement. Cet ordre arriva trop tard. Le traité venait d'être signé. A son retour à Yedo, le négociateur fut mis à la retraite. Le gouvernement chinois, blessé par ces procédés, témoigna son mécontentement en refusant de reprendre les négociations.

Le gouvernement japonais n'était pas plus heureux dans ses relations avec la Corée. Il y envoya lettres et courriers pour vanter les bienfaits de la civilisation européenne, mais sans jamais obtenir de réponse. Dernièrement il y expédia un employé du ministère des affaires étrangères, qui partit sur un vaisseau de guerre pour faire une dernière tentative. Le succès de sa mission paraît fort douteux. La Corée, en effet, semble résolue à conserver ses anciennes institutions.

Tous les traités du Japon avec l'étranger contiennent une clause en vertu de laquelle ces traités peuvent être revisés sur la demande qu'adresserait à cet effet l'une des parties contractantes à l'autre, une année à l'avance à partir du 1er juillet 1872. Aussi le gouvernement japonais vit-il approcher cette date avec de grandes appréhensions. Il craignait surtout qu'on ne lui demandât, en faveur des Européens, la liberté des cultes et celle de voyager dans toute l'étendue du territoire. Ce fut sous l'empire de ces préoccupations que l'on conçut l'idée d'envoyer une ambassade à toutes les cours de l'Europe qui avaient des traités avec le Japon. Cette ambassade, composée d'Iwâkura, vice-ministre d'État, de Kidô, conseiller d'État, de Okubô, ministre des finances, de Itô, vice-ministre des travaux publics, et de Yamaguchi, assistant-vice-ministre des affaires étrangères, s'embarqua à la fin de décembre 1871 sur le paquebot américain allant à San-Francisco. Ce fut à Washington que Iwâkura forma le projet de reviser les traités en Europe, tandis que la révision ne devait avoir lieu qu'après le retour de l'ambassade au Japon. En conséquence, trois de ces ambassadeurs restèrent aux États-Unis. Okubô et Itô furent envoyés à Yedo pour y réclamer des pleins pouvoirs. Cette demande n'agréait pas au ministre et au vice-ministre des affaires étrangères. Ils s'y opposaient tous les deux. Espérant négocier eux-mêmes la révision après le retour des ambassadeurs, ils n'avaient nulle envie de céder à d'autres les récompenses qu'ils en attendaient. Le ministre alla même jusqu'à donner sa démission; mais n'ayant pas été suivi par le vice-ministre, il la retira aussitôt. On offrit à ce dernier le poste de ministre-résident à Londres, et on lui donnait à entendre que, si les traités

étaient revisés en Europe, il serait un des ministres plénipotentiaires. Sur ces entrefaites, les pleins pouvoirs furent
délivrés, et Okubô et Itô repartirent pour Washington à la
fin de juin.

La ligne télégraphique de Nagasaki à Yedo est achevée et
l'on annonce pour le 11 octobre l'ouverture définitive du
chemin de fer de Yedo à Yokohama. La plus grande partie
du parcours avait été livrée à la circulation, du moins pour
le transport des voyageurs, au commencement de juin. Huit
trains par jour allaient dans chaque direction. Au mois d'août,
la moyenne des voyageurs était de 2300 par jour. Ce nombre
doublera probablement dès que toute la voie sera achevée,
et que la partie plus timide de la population se sera faite à
ce nouveau mode de locomotion. Outre cette ligne, il s'en
construit actuellement une autre entre Kiôto et Osaka. Différents chemins de fer sont à l'étude : l'un qui ira de Osaka
par Kiôto et Tsûruga, sur la côte occidentale ; un second de
Kiôto à Yedo par l'intérieur, avec une bifurcation pour Nü-
gata par Shinano ; un autre encore de Yedo au détroit de
Tsugaru, en face du port de Hakodaté. Nécessairement, des
années passeront avant que ce réseau puisse être achevé,
attendu qu'on est obligé d'engager, à des prix énormes, des
ingénieurs et des employés européens, sans parler du matériel roulant qui ne saurait être manufacturé dans le pays.

EXTRAIT D'UNE LETTRE DE YOKOHAMA, DU 29 AVRIL 1872.

Si vous étiez ici, je ne crois pas que la vue de l'état actuel
des choses vous donnât grand espoir pour l'avenir de ce pays.
Les hommes au pouvoir semblent n'avoir qu'un souci : *déna-
tionaliser* le Japon aussi vite que possible, et le faire ressembler à un État européen. Ils vont trop vite en besogne. Impossible de prévoir ce qui en résultera. La première conséquence probable de cette politique sera qu'ils ruineront le
trésor public. L'appauvrissement inévitable du pays amènera
une réaction. La grande panacée des hommes au pouvoir est
la confiscation de toutes les propriétés; c'est ainsi qu'ils se
sont emparés de toutes les terres appartenant aux établisse-

ments religieux des bouddhistes et des shintôites, et que dernièrement ils ont obligé tous les propriétaires de Yedo d'acheter des titres de propriété, en payant de nouveau le prix de leurs terrains. La ration de riz de la classe à deux glaives a été réduite à presque rien, sans que pour cela les charges des paysans aient été allégées. On a fait déposer leurs sabres aux samurais et le dernier projet des réformateurs les plus avancés est d'abolir tout à fait la classe des nobles. On veut faire croire que toutes ces choses se font dans l'intérêt du Mikado, mais son établissement est aussi mesquin que par le passé. Il reste bien encore quelques bons vieux Japonais, mais je dois avouer que, plus je vois ce peuple, moins je l'aime. Malgré leur rage à imiter les Européens et l'ostentation qu'ils mettent à s'instruire, je suis persuadé qu'ils nous méprisent avec la même insolence qu'autrefois. Leurs soldats, tout en étant habillés et exercés à la française, ne connaissent pas de plus grand plaisir que d'insulter les étrangers. Il en est de même des marins, qui ont la prétention d'être façonnés à l'anglaise. Les hommes les plus importants du gouvernement ont même l'air de se croire assez forts et assez sages pour pouvoir mettre de côté le principe de l'*exterritorialité*, et je ne serais pas étonné que, lors de la révision des traités, ils vinssent nous proposer de placer les Européens sous leur juridiction, en nous offrant en échange la liberté de voyager dans l'intérieur. Cette idée est préconisée aussi par des Européens au service du Japon et par un mauvais petit journal rédigé par un jurisconsulte d'Europe. Qui est-ce qui se chargera de mettre à la raison ces réformateurs présomptueux ?

EXTRAIT D'UNE LETTRE DE YOKOHAMA,
EN DATE DU 3 OCTOBRE 1872.

Il n'y a pas de nouvelles importantes à vous mander, si ce n'est la petite révolte de Kôshiu, situé à cent milles anglais à peu près de Yedo. Elle est due à une ordonnance du département des finances élevant la mesure qui servait au calcul de l'impôt sur le riz et qui avait été en usage depuis trois siècles. On dit que les samurais, désespérés par la perte de leurs pensions héréditaires, se sont joints aux insurgés.

FIN DE L'APPENDICE.

TABLE DES MATIÈRES

Pages.

DEUXIÈME PARTIE. — JAPON.

(SUITE ET FIN.)

IV. YEDO.

(Du 14 au 18 septembre.) — Conclusion. — Une partie fine chez Yaozen. — Audience du Mikado. — La légation d'Angleterre. — Départ 3

V. ÔSAKA.

(Du 19 au 22 septembre.) — Kobe et Hiogo. — La barre du Yodogawa. — Ôsaka. — Son importance commerciale. — Sa physionomie. — La rue des théâtres. — Le château de Taiko-Sama. — Le Chi-fu-chi 26

VI. KIYÔTO.

(Du 22 au 25 septembre.) — Sur le Yodogawa. — Fujimi. — La capitale de l'Ouest. — Le palais du Mikado. — Le château du shogun. — Les temples. — Vue sur Kiyôto. — Guion-machi 44

VII. LE LAC DE BIVA.

(Du 25 au 27 septembre.) — Otsu. — Le lac. — Ishyama. — Le gouverneur et son dai-sanji. — Ôwaku. — Udji. — Retour à Ôsaka. — Les arts au Japon 79

VIII. NAGASAKI.

(Du 28 septembre au 2 octobre.) — Le Papenberg. — Deshima. — Les chrétiens indigènes. — Situation politique du Japon 106

TABLE DES MATIÈRES.

Pages.
TROISIÈME PARTIE. — CHINE.

I. Shanghai.

(Du 3 au 8 octobre; du 14 au 16 novembre.) — Physionomies diverses des « concessions ». — La ville chinoise. — Sü-kia-wei. — Une symphonie de Haydn exécutée par des Chinois. — L'Orphelinat des Sœurs. — Fluctuations et état actuel du commerce 187

II. Pékin.

(Du 8 au 29 octobre.) — Ennuis et longueur du voyage à Pékin. — Che-fu. — La barre de Taku. — Le Pei-ho. — Tung-chow. — Arrivée à Pékin. — Aspect général de la ville. — Scènes de rue. — Le temple du Ciel. — Confucius et Bouddha. — La grande Lamaserie. — Boutiques et chinoiseries. — L'observatoire des Jésuites. — Le dernier mot du bureaucratisme. — Pei-tang. — Le cimetière portugais. — Les tombeaux des Ming. — Nan-Kow. — La chaîne de Mongolie. — La grande muraille. — Le palais d'Été. — Le climat de Pékin. — Les douanes impériales confiées à des étrangers. — M. Hart. — Situation du corps diplomatique à Pékin. — La question des audiences. — Visite chez le prince de Kung. — Départ........................... 226

III. Tien-Tsin.

(Du 31 octobre au 7 novembre.). — Le *settlement*. — La cité chinoise. — Le serpent-dieu. — Le club des notables de Shiansi. — Les massacres 306

IV. Hongkong.

(Du 7 au 25 novembre.) — Les aménités de la mer Jaune. — Physionomie de Hongkong. — Son importance politique et militaire.. 376

V. Les Chrétientés du Se-Non.

(Du 25 au 27 novembre.) — Les villages de Si-kung, de Santing-say et de Ting-kok. — Histoire des chrétientés du district de Se-Non.. 382

TABLE DES MATIÈRES.

ages

VI. Canton.

(Du 28 novembre au 2 décembre.) — La rivière de Canton. — Shamien. — Les boutiques élégantes. — La tête de bonze. — Le temple et le couvent de la *bannière de l'Océan*. — Eng et sa maison. — La procession du Dieu de la guerre. — La grande prison. — Le prétoire. — Visite chez le vice-roi. — Fa-ti. — La cité des trépassés. — La place des exécutions. — Départ pour Macao............ 388

VII. Macao.

(Du 2 au 4 décembre.) — La décadence. — La question des koulis. — Progrès de l'élément chinois. — Camoës....... 418

VIII. Homward-Bound.

(Du 6 décembre au 13 janvier.) — Départ de Hongkong. — La question des missionnaires. — État de la Chine au point de vue de ses relations avec les Puissances européennes. — Arrivée à Marseille.................................. 428

APPENDICE.

Résumé des événements qui se sont passés au Japon, de septembre 1871 à septembre 1872........................ 487
Extrait d'une lettre de Yokohama, d'avril 1872............ 496
Extrait d'une lettre de Yokohama, d'octobre 1872.......... 497

FIN DE LA TABLE DES MATIÈRES.

13692. — PARIS, TYPOGRAPHIE LAHURE
Rue de Fleurus, 9

www.ingramcontent.com/pod-product-compliance
Lightning Source LLC
Chambersburg PA
CBHW071704230426
43670CB00008B/908